《红楼梦》整本书阅读课例研究

余党绪——主编

上海教育出版社

序一

中学生能否读好《红楼梦》，语文老师是关键

张庆善

中学生整本书阅读《红楼梦》是这些年的一个热门话题，不仅在教育界、红学界引起广泛关注和热烈讨论，而且在社会上、在许多中学生家长那里更是议论不少。“中学生要不要整本书阅读《红楼梦》？”“中学生能不能整本书阅读《红楼梦》？”“中学生怎样整本书阅读《红楼梦》？”一段时间以来，说什么的都有，反对的、支持的、疑惑的等等。人们的关注和讨论是很正常的，毕竟这关系到广大中学生的学习和基础教育问题。在中国的中学教育中，只要是涉及高考，就成了千家万户关注的天大的事情。当然我们注意到，今年以来对于中学生“要不要”“能不能”整本书阅读《红楼梦》的讨论，反对和质疑的声音似乎小了很多，人们更关心的是中学生怎样整本书阅读《红楼梦》的问题。

坦率地说，中学生“要不要”“能不能”整本书阅读《红楼梦》原本不是一个问题。对于任何一个有一定文化和阅读能力的中国人来说，怎么能不读一读中国最伟大的

古典名著《红楼梦》呢？就像英国人阅读莎士比亚的作品、俄国人阅读普希金和托尔斯泰的作品一样，这是每一个有文化的中国人都要读的，这也是衡量一个民族文化素养的标志。

读古今中外名著当然要“整本书”读，“整本书”了解、理解、认识，这同样不是一个问题。当然，在不同的年龄段，阅读能力不同，阅读要求也不一样。但对高中生来讲，已经具备了整本书阅读古今中外名著的能力。现在出现了中学生“要不要”“能不能”整本书阅读《红楼梦》的疑问，这本身就是一个大问题。正因为以往我们的中学基础教育忽略了中学生整本书阅读能力的训练和人文素养的提高，教育部才在《普通高中语文课程标准（2017年版2020年修订）》中提出整本书阅读《红楼梦》的要求，并明确指出：“通过阅读整本书，拓展阅读视野，建构阅读整本书的经验，形成适合自己的读书方法，提升阅读鉴赏能力，养成良好的阅读习惯，促进学生对中华优秀传统文化、革命文化、社会主义先进文化的深入学习和思考，形成正确的世界观、人生观和价值观。”“探索阅读整本书的门径，形成和积累自己阅读整本书的经验。重视学习前人的阅读经验，根据不同的阅读目的，综合运用精读、略读与浏览的方法阅读整本书，读懂文本，把握文本丰富的内涵和精髓。”这里说得非常明确，今天我们倡导中学生整本书阅读《红楼梦》，不是为了高考，不是权宜之计，而是着眼于提高中学生的阅读鉴赏能力，着眼于培养良好的阅读习惯，着眼于提高中学生的人文素养。从长远来讲，这更是关系到整个中华民族人文素养的提高，这就是我们要求中学生整本书阅读《红楼梦》的根本目的。

那么，中学生应该怎样整本书阅读《红楼梦》呢？我认为探索这个问题，有两个重要的前提：（一）一定要实事求是，即从当下中学基础教育和中学生的实际情况出发，科学地评估今天中学生整本书阅读《红楼梦》面临的具体问题。我们不仅要从概念和理想的愿望出发，还要从中学生的实际情况出发，做好引导、辅导工作，尤其做好切实可行的教学方案。

（二）落实中学生整本书阅读《红楼梦》，虽然主体是中学生和语文老师，但关键还是在于语文老师。对广大中学语文教师来说，如何辅导、引导中学生整本书阅读《红楼梦》是一个新的课题。语文教师不仅要真正认识到当下提倡中学生整本书阅读《红楼梦》的重要意义和必要性，还要熟悉《红楼梦》，要真正知道怎样引导、辅导学生去整本书阅读《红楼梦》。因此，广大的中学语文教师非常需要一本或一套整本书阅读《红楼梦》的辅导教材，如果有这样的辅导教材，这对广大的中学语文教师来讲无疑是非常重要、非常需要的。

有人曾建议由我主持编撰一套整本书阅读《红楼梦》的辅导教材，我说我不行，也做不好，因为我不了解中学生，更不了解中学基础教育。我曾多次说过，最有资格给中学生讲《红楼梦》的就是语文老师，因为他们了解学生。因此，我特别希望由真正的红学家、教育家和中学语文老师一起，针对中学生整本书阅读的实际情况，做出一本或一套教学参考书、辅导资料，那是最好的了。所以，当余党绪老师把《〈红楼梦〉整本书阅读课例研究》书稿发给我看，并希望我能为之作序时，我非常高兴，这样的“《红楼梦》整本书阅读课例研究”正是我所期待的。我非常感谢余党绪老师和各位参与编撰的老师、朋友，感谢他们编撰了一本很有特色、很有针对性的《〈红楼梦〉整本书阅读课例研究》。这是目前我看到的一本很具有实际指导意义的《红楼梦》整本书阅读的教学参考书。

我早就知道余党绪这个名字，他是上海师范大学附属中学的老师，是上海市特级教师。这些年他写了不少研究《红楼梦》的文章，他的文章写得非常漂亮，他的文笔、他的许多观点，尤其是他不同一般的思辨能力，都给我留下极为深刻的印象。在 2022 年 5 月参加安徽师范大学文学院举办的“2022 年《红楼梦》整本书阅读专题研讨会”上，余党绪老师与其他几位中学老师的发言，都非常精彩，很接地气，他们真正了解当下中学生《红楼梦》整本书阅读面临的问题和困难，也真正懂得应该怎样引导、辅导中学生整本书阅读《红楼梦》。

在本书“总论”中，余党绪老师拎出这样一些问题：

> 死活读不下去，该怎么办
>
> 小说内容多，重点是什么
>
> 学习任务重，教学怎么办
>
> 高考或涉及，怎样考才合适

这么多的“怎么办”正是语文教师辅导中学生整本书阅读《红楼梦》必须面对和要解决的问题。现在的实际情况是：“多数学生不愿读，读不懂，不会读，读不好。在《红楼梦》的阅读教学中，既要培养学生的阅读兴趣与耐力，又要训练阅读方法，以此保证学生通读全书。”这里面提到“兴趣”“耐力”“训练”几个词，有很强的针对性。我们只有真正了解当下中学生的生活、思想、情趣，真正了解中学基础教育情况，包括阅读和教学的时间安排问题，不同地区、不同学校教学条件和教学水平的差异问题，等等，一句话，只有从实际出发，有针对性地开展教学和引导，我们才能有效地“开启《红楼梦》的阅读之旅，帮助学生寻找理解文本丰富内涵和精髓的幽径，进而真正实现‘整本书阅读与研讨’学习任务群的价值”。

关于中学生整本书阅读《红楼梦》的教学指导参考书，它不同于红学家的学术专著，也不同于现在社会上到处可见的“细读”“细说”之类的书，而是针对中学生整本书阅读需要的指导，因此无论是内容设计还是写法都要符合其需要。余党绪老师主编的这本书就很注意“总体把握”与“案例呈现”的关系，既注重案例的分析，又有问题意识；既可以帮助老师有针对性地制定教学方案，又能激发中学生的阅读兴趣。《〈红楼梦〉整本书阅读课例研究》正是这样一本具有实际指导意义和可操作性的书。我注意到这本书的参与者都是非常优秀的中学语文老师，而参与点评的除了中学语文老师外，还有詹丹、俞晓红等对《红楼梦》整本书阅读深有研究的著名红学家，这种结合真是难得，可谓相得益彰。这本书的课例研究非常有特色，诸如《荒唐言与辛酸泪：十二周通读〈红楼梦〉》《甄贾玉石警世情：〈红楼梦〉开篇导读》《续前缘寻愁觅恨：宝黛初会的爱情寓言》……可谓篇篇精彩，课例选择得当，教学设计合理。而每一篇点评，也都非常精彩，具有深化、点题和启示的作用。

中学生整本书阅读《红楼梦》，重在欣赏、审美、感悟。好好欣赏《红楼梦》传神般的描写、生动鲜活的语言、栩栩如生的人物形象。特别是细细品味人物的性格特征，加深对生活、对人生、对人情世故的感悟，感受《红楼梦》的美妙和精彩。通过细细品味《红楼梦》人物的性格特征，达到深入领会作品的内涵，体验人物的命运遭遇和内心世界，把握人物的性格特征，品味作品的语言魅力，提高审美能力的阅读目的。中学生阅读《红楼梦》，不仅要了解全书的主要故事、主要人物的性格和命运，还要深刻认识作品的价值和意义；不仅要全面了解《红楼梦》写了什么，是一部什么样的书，还要了解《红楼梦》“好”在哪里，它在中国文学史上和世界文学史上有怎样的地位，等等。因此，我认为无论是“读”还是“导”，应以认识《红楼梦》的思想艺术成就和文化价值为主，以欣赏、审美、感悟为主。要重视引导学生开阔全书观照的视野，重视对作品结构线索、艺术特色、叙述特点的了解。

最后，我借用余党绪老师在本书“后记”中的两句话作为结束语：

让阅读真实发生，让学习真实发生！

这应该是我们的共同愿望和期待！

是为序！

序二

读原著，赏课例，为《红楼梦》阅读教学插上翅膀

王本华

余党绪老师是名师。其“名”，是因为在课堂教学上富有创造，在教学科研上卓有建树。而这两者的结合点，从理论上说是对批判性思维有独到研究，从实践上说是对读写思辨有深入思考。

大约10月份，他突然发微信给我，说是编写了一本《〈红楼梦〉整本书阅读课例研究》，盼望我能写个序。我第一感觉是，不能写——《红楼梦》何其“大”也，全国那么多“红学”研究者，我不过就是一个“浅尝”者；再转念，似乎也可以说说——现如今《红楼梦》与中学语文教学发生了联系，是统编高中语文教材推荐的必读书目，党绪老师的书又是围绕该书做的课例研究，我作为一个教材编者来“凑凑热闹”也未尝不可。于是我便答应下来。之后党绪老师快递来了400余页厚厚的书稿。

接到书稿的一刹那我有些后悔了，因为内心产生了矛盾：是让老师们读这一本厚厚的指导书，还是花更多时间去读原汁原味的《红楼梦》？何况现在出了那么多阅读

指导的书，该听谁的？但是已经答应了，不能反悔。于是我翻检目录，阅读前言、总论、课例、后记，细读其中几个章节，发现这一本书大有其妙处。

余党绪老师从不同角度渐次阐述《红楼梦》与整本书阅读任务的关联、站在课程论角度如何看待《红楼梦》、整本书阅读教学的五个环节与思辨读写，从立论到对内容的解说都充满着辩证思考，是他一贯倡导的批判性思维的真实体现。比如“按照‘整本书’的规律教，教出‘这本书’的个性来”是他对整本书阅读教学追求的概括，体现着从一般到个别、又从个别上升到一般的辩证过程，与统编高中语文教材大力推动阅读方法和策略的指导是一脉相承的。他还提到三个“必须追问”，这也不仅仅是读这一本书要面对的，而且是整本书阅读都会面临的问题，需要我们深思。又如“死活读不下去，该怎么办”，这恐怕是《红楼梦》阅读教学当中遇到的普遍问题。党绪老师用“读不下去”“读不进去”和“读不出来”三个短语指明症结所在，进而提出探寻《红楼梦》的“整”、从“兴趣”走向“志趣”、追求《红楼梦》的经典价值等阅读引导方案，并就教学中的“加压”和“减压”与读者分享，具有浓厚的思辨意味。我想，老师们如果能在读课例之前，把前言、总论先读明白了，理解了，那么对如何引导学生阅读《红楼梦》、把握《红楼梦》的精髓也就心里有数了。

课例的五个部分就是按照五个环节顺次安排的，包括通读指导、总体梳理、专题研讨、主旨探究、融合运用，体现《红楼梦》阅读的完整过程。每个课例关注不同的阅读重点，由来自全国各地的教师撰写。令我眼前一亮的是，每个课例后边都有点评，点评人几乎都是语文界的名人，对《红楼梦》或《红楼梦》教学都有自己的思考和研究。课例是从某个角度或围绕某一核心问题梳理的课堂教学实录，师生互动，环节清晰，读起来有很强的现场感。我相信，很多课例中展示的教学环节可以直接用于教师自己的课堂。点评更是值得读者们关注的内容，这里有对课例精彩之处的评价，也有对其不足之处的商榷，更有由课例生发出去的对相关问题的多重思考，可以引发读者多向度的认识和理解。这些课例和点评与红学家的研究全然不同，但是在课程学上具有重要意义，它们就像自助餐，每一道菜都有可以称道的地方，每一个人都可以根据自己的需求和爱好自由选择，从中获取丰富的营养。

值得一提的是“后记”，原以为后记应该就是一些感谢的话，一读才发现，20余页的文字几乎将党绪老师自己践行经典阅读的历程、新课程与新教材条件下的《红楼梦》整本书阅读、《红楼梦》阅读教学的关键，以及这本书的来龙去脉等，都交代得清清楚楚。特别是《红楼梦》教什么、教师需要怎样的贮备、如何依据学情进行三个层次的课程教学设计等，相信可以给读者很多的启发。

在今天，整本书阅读已经成为语文课程内容的一个重要组成部分，而不是可有可无的点缀（以前教学大纲或课程标准只是在课外阅读中提出整本书阅读建议，就大多数教师来说，其实就是点缀），所以每位教师都不能小觑。整本书阅读的目标是什么？培养阅读兴趣，扩展阅读视野，形成阅读方法，建构阅读经验，养成阅读习惯，等等，恐怕都是应有之义。而其中兴趣与习惯的养成尤为重要，因为我们的终极目标是：让阅读成为孩子们未来生活的一部分。

在今天，我们强调深度学习，强调思维进阶，“整本书阅读的高阶性与复杂性，为这些深度学习提供了更切实的实践空间”。我相信，教师如果能在深入阅读原著、理解原著的基础上，再读一读这本书，对于引导学生有效开展《红楼梦》整本书阅读，一定大有助益！

目录

专题研讨 170

前言

按照“整本书”的规律教，教出“这本书”的个性来

余党绪

按照“整本书”的规律教，教出“这本书”的个性来，这是对整本书阅读教学的基本要求，也是整本书阅读教学应该追求的境界。

“整本书阅读”源于叶圣陶先生在20世纪40年代的一个说法。鉴于当时的教学现状，叶老建议中学语文教科书“除单篇的文字而外，兼采书本的一章一节，高中阶段兼采现代语的整本的书”。可见，与“整本书”相对的，是我们熟悉的“单篇”或“书本的一章一节”。“整本书阅读”是一个教学概念，隐含着许多教育与教学的考虑，不宜望文生义。总的说来，整本书更强调阅读与理解的关联性、整体性、系统性，教学也应在“整”字上多做文章；而对篇章或片段教学的经验移植，也应该着眼于文本的总体性把握。

《红楼梦》是讨论整本书阅读的典型范本。近几年，随着《红楼梦》教学的大面积铺开，阅读教学的许多痼疾都在《红楼梦》的教学中暴露了出来，比如重整体感受而

轻分析论证，重多元解读而轻评估权衡。而整本书阅读的许多偏差与失误，在《红楼梦》的教学中表现得更为集中，更为刺眼，比如缺少价值考量，教学的站位低；缺少思辨意识，思考深度不够等。根据我的观察，在《红楼梦》教学中，我觉得有三个问题是每个教学者都必须追问的：

第一个问题，当“全盘占有”与“毕其功于一役”不再可能的时候，我们应该怎么办？在篇章教学中，尤其在反复的应试训练中，我们已经习惯了敲骨吸髓式的阅读。任何一篇课文都要吃干抹净，小到一个标点，大到艺术价值，所有的营养都要全盘占有。如果说在篇章教学中，这种做法还有一定的操作空间，那么，在《红楼梦》这种宏大文本的教学中，“毕其功于一役”的想法只会让自己难堪。面对这样的困境，我们该怎么办？如果承认《红楼梦》的阅读是不可能“毕其功于一役”的，需要读者多次闯入同一个文本，那么，高中的这一次整本书阅读的教学，究竟应该在读者的阅读史上发挥什么样的作用？在这个问题上，温儒敏老师的观点值得我们听取：中小学阶段的经典阅读，重在培养学生的阅读兴趣、自主阅读的习惯和能力。我们所有的课程开发与教学设计，都是为了给学生打开《红楼梦》这扇窗，都是为了铺好走向经典的路；而《红楼梦》的风景，经典的魅力，就让他们自己用一生的时光去领略、去享受吧。

第二个问题，当明确的结论和唯一的答案变得非常困难的时候，我们应该怎么办？在阅读教学中，我们已经习惯了给学生一些非常明确的结论或答案，而态度往往也是斩钉截铁的。但显然，在《红楼梦》的教学中，这样做的风险太大了，《红楼梦》的谜团实在太多了。那么，在文本的开放性和教学的确定性之间，我们该做怎样的选择？众所周知，教学是以必要的确定性为前提与保障的。如果给学生的都是所谓的“一千个哈姆雷特”，而没有一个相对确定、稳定的“最哈姆雷特”（赖瑞云语），教学的意义将会变得游移不定与暧昧不明。显然，在中小学的阅读教学中，着意于多元的生发而轻视结论的推导，与寻求垄断性的结论而无视多元开放的做法，都是值得警惕的。如何在文本的开放性和教学的确定性之间，寻找到某种平衡？这大概只有在《红楼梦》的教学中才会成为棘手的问题。在迷宫似的文本与迷宫似的红学研究中，我们需要梳理出那些通识性的与共识性的内容，以此为根据来决定我们的教学内容。

第三个问题，或许更为尖锐，它直接关涉《红楼梦》的阅读价值。在整本书阅读中，师生们投入的不仅是时间，还有大量的精力与心血。考虑到当前学生沉重的课业负担和教师的工作负担，《红楼梦》的阅读价值不得不慎重考虑。倘若学生从《红楼梦》中得到的，跟他们从篇章阅读中得到的相差无几，那么，从效能的角度看，我们有理由质疑开展整本书阅读的必要性。这就要求我们追问，《红楼梦》不可替代的价值究竟有哪些？它的个性魅力究竟在哪里？从理论上讲，只有读出它的“个性”来，才算没浪费师生的时光与精力。

教育是一项带有理想色彩的事业。在当下教学环境中开展整本书阅读教学，也要有点理想主义的情怀。整本书阅读尚处在试水阶段，重要的是孜孜不倦地研究，点点滴滴地探索，老老实实地总结。现在听得最多的声音是：学生不读书，我有什么办法？ 不读书确实是个致命的问题，但更致命的是，很多老师习惯了号召者与管理者的角色，而忘记了我们先应该是一个读书教练。如果我们深谙读书之道，又引导得当，教练得法，学生有没有可能被我们引进经典的花园？ 我觉得，很多学生对《红楼梦》不感兴趣，恐怕是因为他们在走进文本之前，就被各种道听途说的声音吓坏了。这种敬畏感乃至恐惧感可能会将他们永远隔离在《红楼梦》的门外。相反，若能激发学生片刻的兴趣和勇气，哪怕让学生踏进一只脚，情况可能就会完全不同；若能静下心来读上一两个小时，读上五六回，我相信很多人都会有欲罢不能的感受。因为《红楼梦》的艺术魅力几乎是难以抗拒的。

我想，这些问题的解决不可能一蹴而就，它需要时日，需要积累，需要坚韧的探索与改进。坦率地说，阅读教育做了那么多年，尚且还在蹒跚学步，摇摇晃晃，刚刚进入教学实践的整本书阅读，怎么可能一帆风顺？重要的是，按照整本书的规律教，教出这本书的个性来。

总论

无可挽救的颓败，无处安放的青春

余党绪

死活读不下去，该怎么办

2013年6月，广西师大出版社发布过一个“死活读不下去排行榜”，排在第一的就是《红楼梦》。此外，四大名著的其他三部也榜上有名。对这个榜单，我一直存有疑虑。从可读性看，四大名著应该不至于“死活读不下去”，尤其后三部，以我青少年时代的阅读经验，似乎说“死活都不想放下”才确切。至于《红楼梦》，理解难度确实很高，但可读性还是很强的。我在给詹丹教授《重读〈红楼梦〉》写的书评中这样写道：

《红楼梦》是一本可以从任何地方进入的书，但在全书面前，我们却常有一种门都摸不到的迷惘。坦率地说，探寻《红楼梦》的“整”，是一件吃力不讨好的事情，远不如领着学生玩味具体的人物或情节来得开心。但问题在于，如果没有“整”的意识与眼光，局部的咀嚼与分析又有什么意义呢？整本书阅读的价值又在哪里？最坏的可能是，细部的咀嚼越透，离开《红楼梦》越远。[1]

“可以从任何地方进入”，正说明了《红楼梦》的可读性。在我看来，《红楼梦》的问题主要不在于“读不下去”，而在于“读不进去”；更难的是“读不出来”，站在一个相对独立与客观的立场，达成对“整本书”的公正理解。整本书阅读，其要恰在一个“整”字。

不过，即使学生真的“死活读不下去”，我们还是要想方设法引导他们读下去。首先，这自然是因为《红楼梦》整本书阅读已是新教材中的一个单元，是学生必须面对的学习任务。尽管对此争议颇多，但作为一线教师，还是应该尊重和落实教材的安排。

其次，这里也涉及一个教育的观念问题。近几十年来，在知识相对主义和学生绝对主体的思潮影响之下，我们特别强调学生天然的、感性的、个体意义上的兴趣，而对于社会发展与知识进步所召唤的理性意义上的志趣，我们的重视程度远远不够。从兴趣到志趣，需要教师的引导、开发与培养。整本书阅读进入教材三年多了，还有些老师以“学生不感兴趣”为由抵制这个任务群，或者消极怠工，这与落后的教育观念密切相关。兴趣有不同层次，感性意义上的兴趣固然可贵，而理性意义上的志趣更能持久，社会意义上的志趣或更有价值。学生对《红楼梦》感兴趣固然可喜，但《红楼梦》整本书阅读不能建立在学生天然的兴趣之上。《红楼梦》成为教学的内容，取决于这部伟大经典所蕴含的文化价值和教育价值，而不取决于某个专家或某些学生的兴趣。听任学生的兴趣，这恰恰是教育者的失职；培养学生的志趣，才是教育者的天职。在整本书阅读上，或许我们该换个思路，不要片面地强调和依赖学生的兴趣，而是通过有效的引导和开发，让学生“读出兴趣来”。如果通过教学，学生能够通读全书，并达成一定程度的理解，甚至还能培养一些《红楼梦》乃至传统文化的热爱者，整本

[1] 余党绪.整本书阅读还得在“整”字上下功夫[N].中华读书报，2020-09-16.

书阅读教学的目标也就达成了。

再次，这里还涉及一个阅读的观念问题。“死活读不下去”，这可能是一个事实判断，但绝非价值判断。一本书的价值，与它好不好读并无必然关联。读不下去的，甚至一读就厌的，未必不是好书；相反，读得酣畅淋漓的，也未必就是好书。我们对一本经典不感兴趣，除了个体的心理与性格原因，更主要的恐怕还在于我们缺乏与经典相匹配的价值诉求、知识储备和思维素养，更需要的是自我反思与自我完善。

在这个意义上，我要说，《红楼梦》是一本“死活都该读下去”的书。

为什么要读《红楼梦》呢？讨论《红楼梦》价值的著作可谓车载斗量，争议也大。詹丹教授用五个“最”来表达，断语比较中肯，也容易理解：人物最多样、情节最独特、思想最深刻、情感最饱满、文体最丰富[1]，五个“最”都是站在小说艺术的角度来界定的，这一点也与《红楼梦》整本书阅读的要求相合。《红楼梦》终究是一部文学经典，在古典小说这个领域，它的价值不仅是独一无二的，也是登峰造极的。以文学研读为核心，再延及《红楼梦》的文化价值与社会意义的探索，当为恰当与可行之路。

于高中生而言，《红楼梦》的阅读大可不必求细求深，追究所谓的“微言大义”，或者沉溺于玄虚的“色空”“好了”“虚无”之谈。主要任务有两项：一是通读全书，读原著，读整本，最好还能在相对集中的时段内通读，以形成完整的阅读初感；二是在此基础上，达成一些总体性、通识性、共识性的理解。《红楼梦》的文本之复杂，远非一般阅读所能透视，而红学研究的学派之多、学说之杂、观点之多与争论之巨，也不是一般读者所能把握的。对于《红楼梦》与学生认知水平之间的距离，我们应有足够的认识与理性的评估。因此，有必要研读一些公认的红学研究成

[1] 詹丹.红楼梦精读[M].上海：上海教育出版社，2021：1－18.

果，梳理出《红楼梦》研究中那些通识性与共识性的内容，以此作为教学的基本内容。同时，重点放在全书的总体把握上，至于文本的细读与深度研究，要服从通识与共识的达成，不宜随意扩张，万不可陷入烦琐解读的汪洋大海之中。

《红楼梦》阅读，一方面需要加压，同时也要给学生减压。除了学业负担上的压力，还有阅读心理上的压力。即便是终生致力于红学研究的人，面对《红楼梦》这个迷宫似的文本，也常有“吾生也有涯”之叹。俞平伯先生晚年感慨《红楼梦》“越研究便越觉糊涂”[1]，大概也不光是谦虚之辞。高中生中自然也不乏《红楼梦》爱好者，甚至也不乏个别学生读得熟读得深，但万不可将这些特例作为教学的参照；教师中更不乏“红迷”乃至红学专家，但不要忘了我们的教学对象是中学生。自己读得深，只是教好学生的前提；能不能教好学生，还要看我们能否在宏观上准确把握《红楼梦》的内容与意义，同时能否在具体的课程与教学设计中删繁就简，深入浅出。而在我的视野中，我发现很多资深“红迷”似乎在教学中疑虑更多，惶惑更多，大概是因为浸淫太深而不能以超然的教学眼光来审视这部鸿篇巨制。

在具体的阅读过程中，教师还要做好阅读管理与指导工作，包括兴趣的激励、进程的管理、效果的反馈，以及必要的方法指导。为了保证阅读与理解的效益，可以设置一些任务，提出一些问题，安排一些有利于阅读与思考的情境。当然，也可提供一些辅助性的阅读工具，比如主要人物关系表、贾府建筑空间图等等。

总之，读书是起点，读书是基础。不读书，整本书阅读就是一个伪命题。

---

[1] 何其芳.没有批评就不能前进[M]//董志新.何其芳论《红楼梦》.沈阳：白山出版社，2009：119.

小说内容多，重点是什么

《红楼梦》并不难读，但读完了像一团乱麻，却是很多人的共同感受。这就需要对《红楼梦》的核心内容有一个总体把握。有了总体把握，就像有了一个导航仪，阅读与学习就有了明确的方向。需要说明的是，这个核心内容的确定，主要是为了中学的整本书阅读教学，为了避免教学中的混沌与芜杂。事实上，《红楼梦》的阅读绝不可能一网打尽，也不可能“毕其功于一役”。界定它的核心内容，不是要把阅读的大门关上，而是为学生未来的、反复的、不断的阅读提供一个相对合理的基础框架。

我把《红楼梦》的核心内容界定为“无可挽救的颓败和无处安放的青春”。

（一）无可挽救的颓败

“无可挽救的颓败”，首先是针对贵族大家族而言的。贾府是《红楼梦》叙事的主要空间，其中从第 17 至 18 回“大观园试才题对额，荣国府归省庆元宵”开始，很多情节都发生在大观园，大观园也是贾府的一部分。其次也是针对“康乾盛世”乃至整个封建社会而言的。从《红楼梦》的宏观架构看，不能不说，曹雪芹有一个野心，那就是以个人的命运来透视家族的命运，以家族的命运来透视时代的命运和社会的命运。

贾府算得上标准的豪门大族。政治上，贾家本是功臣勋旧，又因元春封妃而跃升为皇亲国戚。而且，贾家通过与史、王、薛等王公贵族的结交和联姻，编织了一张神通广大的权贵关系网，可谓煊赫一时。经济上，府第华贵，生活奢侈，田产遍地，逢年过节还有皇家的恩赏。文化上，簪缨世家，讲究尊卑贵贱，重视人伦秩序。贾府的规矩特别多、特别大、特别细。吃有吃相，坐有坐相，连林黛玉这样的贵族小姐都要谨小慎微；贺吊往还，晨昏定省，节庆礼仪，都有讲究。看贾府男人众生相，虽然乌七八糟，但他们都讲究“孝悌”。对老祖宗，低眉顺眼；长辈说话，说一不二。代儒揍贾瑞，贾政打宝玉，贾珍啐贾蓉，贾赦揍贾琏，谁敢皱个眉头？贾环是个坏小子，可宝玉说话，他不得不屏声静气地听；见了宝玉，也不得不低眉顺眼地肃立。这就是封建社会的人伦关系，这就是礼教所信奉的理与恪守的礼。

《红楼梦》叙写的，就是这样一个显赫家族的颓败过程。鲁迅先生说到他的家庭变故时有一段很有影响的话：“有谁从小康人家而坠入困顿的么，我以为在这途路中，大概可以看见世人的真面目……”相比之下，贾家的衰败落差更大，败得也更为彻底。贾府的起点很高，荣宁二公大概属于“打江山”的那一拨功臣，“自国朝定鼎以来，功名奕世，富贵传流”（第5回），挂在“贾氏宗祠”的那个匾额，衍圣公书写的“肝脑涂地，兆姓赖保育之恩；功名贯天，百代仰蒸尝之盛”，也渲染出了这个家族非凡的背景（第53回）。不过，这样的煊赫，只是我们理解贾府衰败的远景；如今的贾府已经今非昔比，经过了近百年的销蚀与耗损，表面的繁华虽能勉强维持，而内囊却已日渐空虚，早已失去了昔日的气象与活力。但是，“百足之虫，死而不僵”，元春封妃又一次将贾府带到了“烈火烹油、鲜花着锦”的巅峰，不由得让贾府的权贵们燃起了“中兴”的希望。但悲哀的是，这样的繁荣不过是回光返照而已，贾府积重难返，病入膏肓，其颓败之势，无人能够扭转，终至于“树倒猢狲散”，“落了片白茫茫大地真干净”，完了。这是贾府的命运走势图，也是小说主要情节的走势图。

贾府何以衰败？这就是《红楼梦》整本书阅读必须思考的第一个大问题。这个问题似乎不难，但凡读过小说的人，凭常识就能发现一些显而易见的原因，比如贾府的奢华与铺张，贾家子弟们的放荡与堕落，王熙凤等人的中饱私囊和操纵官府，等等。其实，曹雪芹也不卖关子，第2回就借冷子兴之口，直截了当地陈述了贾府面临的两大危机：财务危机与接班人危机。小说写道：

> 如今生齿日繁，事务日盛，主仆上下，安富尊荣者尽多，运筹谋

画者无一；其日用排场费用，又不能将就省俭，如今外面的架子虽未甚倒，内囊却也尽上来了。这还是小事。更有一件大事：谁知这样钟鸣鼎食之家，翰墨诗书之族，如今的儿孙，竟一代不如一代了！

但是，阅读的价值，绝不仅止于接收作家告诉你的那些信息，重要的是挖掘文本所隐含的信息，推断作家没有直接告诉你的那些信息。有时候，那些没说出来的，才是作家真正想说的。一个真正的阅读者，绝不会被表面的信息所遮蔽，他会穿越语言的迷雾，发掘文本的言外之意、弦外之音。这也是海明威"冰山理论"的精髓之所在吧。曹雪芹是叙事艺术的高手，他显然也承认上述因素在贾府衰败过程中的作用，但他的理解和寓意绝非仅止于此。如果将贾府的衰败简单归结为贾家的享乐挥霍与道德污点，《红楼梦》与"三言二拍"又有什么不同呢？

曹雪芹将思考的目光投向了更为深远的社会与文化。他当然看到了人的性格与道德的局限性，但可贵的，是他看到了人与制度、人与文化的互动与纠缠，由此他也看到了煊赫的贾府在制度与文化的巨大力量面前，其实是多么渺小和虚弱，而那些挥霍和透支生命的没落的公子王孙们，其实是多么可怜与可悲。

贾府的衰败是无可挽救的，因为它所面临的矛盾是自身无法克服和解决的，它无法超越社会所设定的游戏规则，也无法离开文化对人的设置。与其说贾府葬送了自己，不如说它也只是这个制度与文化的祭品而已。

我将导致贾府衰败的原因归结为"五个一"。我们可一一分析每个原因的不可抗性。

一个制度。贾府的衰败之所以必然，首先是因为一个制度的存在，它将贾家推向顶峰的同时又暗藏灭亡的种子。这就是所谓的"降等世袭制度"，所谓"君子之泽，五世而斩"。小说介绍贾家与林如海时，都提到了这些信息。小说第 2 回写道：

> 原来这林如海之祖，曾袭过列侯，今到如海，业经五世。起初时，只封袭三世，因当今隆恩盛德，远迈前代，额外加恩，至如海之父，又袭了一代；至如海，便从科第出身。

林家也面临接班人的问题，好在林如海通过科考，以“科第出身”续上了家族的富贵。后来因病早亡，且膝下无子，终致林家彻底败落，该另当别论。贾府也是如此。且看荣国府，自贾源、贾代善到贾赦，一路递减，到了贾赦，其爵位仅为“一等将军”。清代世袭制度非常复杂，但核心有两点：一是给予功臣以世袭的特权；二是逐代降等继承，以至平民。理解这一点，对于理解贾府的衰败非常重要。封建统治者视天下为私产，要“打天下”，要独霸江山，就要笼络一帮人为他卖命。那么，他靠什么来激励这些人？当然是封官许愿，许以特权。但同时，特权阶层的长久存在，又会给专制统治带来威胁。像《水浒传》里的柴进，手握丹书铁券，动辄“为非作歹”，而官府竟拿他没办法。因此，帝王们一定会想方设法收回那些恩赐给功臣的特权。这就决定了“降等”的必要性。“降等世袭制度”的内在逻辑，是由专制统治的性质所决定的。在贾府的衰败过程中，这是一种隐性的、缓慢的但却持续不断发挥作用的力量，它在根本上决定了贾府不断颓败的命运走势，即使偶然跃升为皇亲国戚，即使幸运地出现一两个“中兴之主”，也挽救不了其衰败的命运。当我们在考察其他衰败的因素时，万不可忽略了这个隐性因素无所不在的作用。

一个靠山。贾府看起来是有“中兴”机会的，进而摆脱“百足之虫，死而不僵”的状态，这就是元春封妃。但是，当元妃把荣国府的荣光推到极点之时，祸根也随之埋下了。秦可卿说“登高必跌重”，可谓有先见之明。元春贵为皇妃，风光无限，但其实也不过是皇帝众多女人中的一个，不过是宫廷政治中的小棋子。有很多专家推断，曹雪芹笔下的元春可能死于宫廷斗争。其实，即使元春不是死于非命，她的青春，她的美貌，她得到的恩宠，又能持续多久呢？可见，元春受宠是偶然的，是短暂的，是不可控的，而推动贾府颓败的力量，则是源源不断和不可抗拒的。

一个窟窿。贾府的经济状况总体上是入不敷出、捉襟见肘。以前我们更多地将这个“窟窿”归因于贾府的排场与浪费，但这并不能完全解释贾府的经济短缺问题。作为贵族，他们有权不事生产，有权挥霍享乐，在降等世袭制度下，其结果必然是坐吃山空；他是贵族，必须有贵族的排场，必须有大家族的体面。秦可卿之死、元妃省亲、清虚观打醮、贾府祭宗祠，与其说是讲排场摆阔气，还不如说他们只是按照贵族该有的样子行事而已。秦可卿丧礼是小说浓墨重彩描写的第一场丧礼，其奢华铺张的确让人叹为观止。一个贾府的重孙媳妇，丧礼何以如此风光？贾珍与她的特殊关系固然是一个不可忽略的因素，但并非全都因此。说到底，其奢华还在当时社会风俗与文化观念的限度之内。贾珍对秦氏再有感情，也不至于完全无视礼仪之界限，肆意妄为，给人留下卑污的话柄。礼教的一个虚伪之处正在于，你可以在实质上违背它，但表面上还得恭恭敬敬。

贾府要省吃俭用，不仅他们的价值观念不允许，现实的社会处境也不允许，这就是贾府面临的尴尬与无奈。下面是当家人王熙凤的话，虽然不乏虚矫和夸饰，但还是可以揣摩出她的苦衷和无奈。

> 你知道，我这几年生了多少省俭的法子，一家子大约也没个不背地里恨我的。我如今也是骑上老虎了。虽然看破些，无奈一时也难宽放；二则家里出去的多，进来的少。凡百大小事仍是照着老祖宗手里的规矩，却一年进的产业又不及先时。多省俭了，外人又笑话，老太太、太太也受委屈，家下人也抱怨刻薄。若不趁早儿料理省俭之计，再几年就都赔尽了。（第 55 回）

王熙凤也尝试节省开支，结果不仅招致家人的忌恨，让老太太、太太受委屈，还让外人笑话。她说“骑虎难下”，基本是真情。贾府的经济窟窿，靠王熙凤管家是解决不了的，靠贾探春的“兴利除弊”是无能为力的。

她们既不能阻止贾府的奢华与铺张，也无法让贾府上下开源节流，创造财富。

一群废物。冷子兴说贾府“安富尊荣者尽多，运筹谋画者无一”，指的主要是贾府的男人们。从贾敬、贾赦这一辈，到贾珍、贾琏这一辈，再到贾蓉、贾蔷这一辈，总体看，这个群体既堕落又无能，一代不如一代，真可谓一群废物。但其实，废物何止贾府的男人们？小说还塑造了一个呆霸王薛蟠的形象，吃喝嫖赌，为非作歹，打死人就当没事儿一样。可见贵族男子群体也不过如此。这个群体不仅享有一般意义上的社会特权，还享有世袭的贵族特权。作为男人，男尊女卑是自然的，三妻四妾也是明目张胆的；作为贵族，四体不勤，五谷不分，还享乐成性，仆从成群。看看怡红院，香粉腻脂，依红偎翠，对于一个青春期的男性来说，这样的生活环境是多么荒唐！此外，贾府的特权还表现在权贵一体，互相勾结，营私舞弊。小说屡屡写到王熙凤、贾赦、贾琏等人操纵官府的行为。有个细节，颇有意味：

> 察院坐堂看状，见是告贾琏的事，上面有家人旺儿一人，只得遣人去贾府传旺儿来对词。青衣不敢擅入，只命人带信。那旺儿正等着此事，不用人带信，早在这条街上等候。见了青衣，反迎上去笑道：“起动众位兄弟，必是兄弟的事犯了。说不得，快来套上。”众青衣不敢，只说：“你老去罢，别闹了。”于是来至堂前跪了。（第68回）

旺儿不过是贾府的一个仆从，差役们竟然逡巡而不敢进府捉拿，足见贾府的威势是何等煊赫。特权必然导致人的腐败与堕落，这既是人所共知的常识，也是个颠扑不破的真理。我们不能指望贾府的人自觉地拒绝特权，自觉地抵制特权，我们当然也不能指望他们幡然自新，重振家业。生活在一个造就废物的土壤里，怎能指望贾府的子弟们闻鸡起舞，中流击楫？

在世俗的意义上，贾宝玉其实也是个废物，书中说他“潦倒不通世务”

“富贵不知乐业，贫穷难耐凄凉”“于国于家无望”并非虚言。小说第 62 回写宝玉对探春“新政”的评价，可见出其“废物”的底色。连黛玉都看到了贾府的“出的多进的少，如今若不省俭，必致后手不接”，而贾宝玉却笑称：“凭他怎么后手不接，也短不了咱们两个人的。”这样的无知、麻木与糊涂，连林黛玉听了都不以为然，“转身就往厅上寻宝钗说笑去了”。

窟窿越来越大，越来越多，而填补窟窿的人却越来越少。

一堆矛盾。《红楼梦》的情节集中在这一堆矛盾之上。单就贾府的内部关系看，这里有父子矛盾、妻妾矛盾、嫡庶矛盾、主奴矛盾等，这些错综复杂的矛盾推动着小说的情节发展。在小说中，不乏寡廉鲜耻的丑恶，如贾珍贾蓉父子聚麀；也有惨无人道的罪过，如王熙凤害死尤二姐；还有阴暗毒辣的计谋，如赵姨娘勾结马道婆施魇魔法毒害王熙凤贾宝玉；等等。但总体看，小说写的大多还是生活琐事，是大家族的日常生活，即便有很多龌龊，也多是“茶杯里的风波”。毕竟贾府向以“慈善宽厚”誉世，那父慈子孝、惜老怜贫、恩多威少、礼出大家等赞语，也不都是白说的。贾政打宝玉，贾赦讨鸳鸯，贾琏勾搭鲍二家的、偷娶尤二姐，王夫人逼死金钏儿、抄检大观园……诸如此类，现代读者读这些情节，禁不住感慨贾政之残暴、贾赦之无耻、贾琏之淫邪、王夫人之狠毒。但你仔细想想，他们的言行僭越各自的身份了吗？他们滥用他们的权力了吗？答案是没有。贾政希望儿子走正道，考科举，承家业，有错吗？忍无可忍揍他一顿，那是父亲无可置疑的权力。贾赦讨鸳鸯，虽然冒犯了老祖宗，但正如邢夫人所说，“大家子三房四妾的也多，偏咱们就使不得？”（第 46 回）三妻四妾，这是贾赦天然的权力，不过讨要的对象不太妥当罢了。贾琏好色贪淫，在老太太看来却也平常，“什么要紧的事！小孩子们年轻，馋嘴猫儿似的，那里保得住不这么着。从小儿世人都打这么过的”。（第 44 回）真要追究起来，贾琏没大错，错倒在王熙凤吃醋上。王夫人对金钏儿、晴雯、芳官、四儿等一众丫鬟大发淫威，行使的也不过是主子的权力。她有权这样做，虽不免严苛，但也事出有因。

一方面是荒淫无耻，一方面却是道貌岸然；一方面赶尽杀绝，一方面则是温情脉脉。我们不禁要问：曹雪芹塑造这些多面的人物，编织这么复杂的故事，他意欲何为？他到底想寄托和表达什么？

赵姨娘的形象或许有助于我们理解曹雪芹的创作意图。曹雪芹应该也是厌恶赵姨娘的，无意为她辩护。正因如此，那些隐藏在文本中的秘密才值得我们挖掘和揣摩。且看小说中的两个细节：

> (王熙凤)："……环兄弟小孩子家，一半点儿错了，你只教导他，说这些淡话作什么！凭他怎么去，还有太太老爷管他呢，就大口啐他！他现是主子，不好了，横竖有教导他的人，与你什么相干！环兄弟，出来，跟我顽去。"（第20回）

> （王熙凤）："老三还是这么慌脚鸡似的，我说你上不得高台盘。赵姨娘时常也该教导教导他。"……(王夫人)："养出这样黑心不知道理下流种子来，也不管管！几番几次我都不理论，你们得了意了，越发上来了！"（第25回）

对照一下王熙凤与王夫人的话，也许就不难理解赵姨娘的处境了。对亲生儿子贾环，赵姨娘该不该管教呢？王熙凤一会儿说她不该管，一会儿又怪她不管教；而王夫人直接开骂，骂的是她未尽管教之责。可谓管也不是，不管也不是，无所措其手足。说到底，这个卑微而不安守本分的女人，不过是王夫人与王熙凤的出气筒罢了。归根到底，她不过是贾府的一个奴才而已。

无论赵姨娘天性中有多少"阴微鄙贱"的因素，归根到底她都是一个被礼教与环境扭曲的人物。赵姨娘的尴尬在于她的"半主半奴""又母又奴"的身份。在礼教秩序下，赵姨娘跟贾环、探春之间的母子关系是生物意义上的，在社会意义上他们依然是主奴关系。对于贾府而言，她就是一个传宗接代的工具。王熙凤虽然刻薄，但她的话并没错，赵姨娘原本无权管教贾环。探春眼里只有“姨娘”，没有母亲，更没有赵国基这个舅舅，也没什么错。在这里，我们能否看出文化与生命、礼教与天性的矛盾呢？这不就是“存天理，灭人欲”吗？为了恪守礼教，就必须牺牲母子间天然的不可分割的联系。这究竟是个人的道德缺陷，还是文化礼制的罪过？在小说中，赵姨娘的确是个令人生厌的角色，从头到尾，没说过一句体面话，没干过一件体面事；但作为一个有血有肉的人，她有没有自己的苦衷呢？我们可以厌弃她，却不能不思考曹雪芹塑造这个形象的用心，不能因为道德和审美上的洁癖而放弃我们的追问。

父子之间、妻妾之间、嫡庶之间、主奴之间，封建礼教都给予了一套严格的说辞与规制，旨在建设一个尊卑有序、贵贱分明、内外有别的社会。但是，这些人际关系的矛盾却不是礼教所能消弭的，因为礼教所强调的等级与名分，所追求的贵贱与秩序，都是以牺牲人的本性与天性为前提的。除非奴才们都有袭人那样的美德，除非老婆们都有邢夫人那样的大度，除非所有的人都像鲍二那样完全失去了个人的自由意志，否则贾府就不会有太平的一天。

在赵姨娘身上，我们看到了曹雪芹的道德偏向，更看到了他的大悲悯。在世俗的层面上，赵姨娘是不值得同情的；但在“众生平等”的宇宙观层面，赵姨娘不也是个悲剧吗？

曹雪芹是有贵族大家族生活阅历的人。他曾经与他笔下的这些人物生活在一起，经历了许多无可奈何的悲欢离合，他对这个家族有批判，有反思，有悔悟，也有怜悯。正如小说开端所言：“自欲将已往所赖天恩祖德，锦衣纨袴之时，饫甘餍肥之日，背父兄教育之恩，负师友规训之德，以至今日一技无成、半生潦倒之罪，编述一集，以告天下人。”（第1回）这样的人生阅历与生命反省，让他有可能摆脱简单而粗暴的道德审判，让他在表现人物的道德瑕疵和性格缺陷的时候不至于走得太远，而更注重社会制度与文化根源的发掘与表达。在这一点上，曹雪芹超越了绝大多数古典作家。

鲁迅先生评价《红楼梦》:“敢于如实描写，并无讳饰，和从前的小说叙好人完全是好，坏人完全是坏的，大不相同，所以其中所叙的人物，都是真的人物。”[1]《红楼梦》的这个艺术格调，正折射出了曹雪芹的社会价值观念。贾府的衰败有非常复杂的原因，与贾府的道德堕落相关，与他们的肆意挥霍相关，但还有更多他们无法改变的深层原因。“眼见他起高楼，眼见他宴宾客，眼见他楼塌了”，回天无力，也只能眼看着它一步一步地毁灭了。

贾府的颓败是无可挽救的，因为深植于其肌体的内在矛盾，是它自身无法克服和摆脱的。它自我挣扎，它自暴自弃，它最后一击，最终它还是一个“了”字。

（二）无处安放的青春

无可挽救的颓败，这是曹雪芹着力正面表现的内容。这样写的意义在于，贾府的颓败正好折射出了“康乾盛世”的危机，也反映了封建社会的危机和衰败。尽管关于曹雪芹的家世与生平还存有诸多争议，但基础性的共识还是有的，那就是曹家的兴衰伴随着“康乾盛世”的起落。小说写贾府“鲜花着锦、烈火烹油”，适足以形容那个让某些史学家血脉偾张的所谓盛世。传统社会是家国同构的社会，一个家族的衰败，正是一个国家和一个时代的写照。而且，贾府所面临的矛盾与危机也不仅仅属于“康乾盛世”，它反映的正是延续了几千年的封建社会的危机与颓败。众所周知，上文所阐释的文化、礼教与生命之间的内在悖谬，并非自康乾始。

当然，需要特别说明的是，曹雪芹不可能像今人那样来审视他的时

[1] 鲁迅.中国小说的历史的变迁[M]//鲁迅.鲁迅全集：第9卷.北京：人民文学出版社，2005：348.

代，比如“五四运动”提出的“妇女解放、儿童本位、劳工神圣”，这些观念曹雪芹是不可能有的。在宝玉看来，三妻四妾、奴仆成群是理所当然的，想必曹雪芹也是如此。评价曹雪芹，我们只能借用现代的话语体系和价值观念，却不能苛求曹雪芹两百多年前就能穿越到今天。在阅读中，我们经常强调回到历史，进入人物的内心世界，那只是为了更好地体验人物的生活；事实上，无论我们怎样超脱，我们都还是生活在今天，我们无法摆脱我们自己，我们也只能在历史演进的链条上审视过去的是与非。要理解曹雪芹，就要贴近曹雪芹；而要评价曹雪芹，却只能站在今天。曹雪芹的伟大，在于他比他的时代更早地感受到了社会生活中的种种矛盾与危机，并把它表达了出来。有些专家说曹雪芹并不反礼教，专家也许是对的；但无论如何，曹雪芹通过他的作品表现出了礼教的内在悖谬，尤其与生命之间的不可消弭的矛盾，这却是不可否认的。作为一个文学写作者，这就够了。

描写贾府的另一个重大意义是，为大观园的描写提供了依托与背景。

大观园是《红楼梦》情节的焦点、故事的内核、叙述的指归。要理解《红楼梦》与曹雪芹，大观园是我们不可不着力和用心的地方。下面是《红楼梦》描写的社会空间层次图：

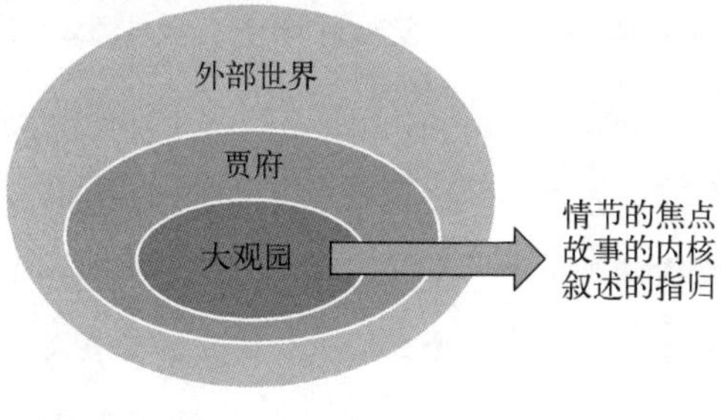

贾府正在无可挽救地走向衰败，社会也是无可挽回地走向衰败，在这样的时代与背景下，大观园的存在真是一个奇迹。余英时写道：

> 曹雪芹在《红楼梦》里创造了两个鲜明而对比的世界。这两个世

> 界，我想分别叫它们作乌托邦的世界和现实的世界。这两个世界，落实到《红楼梦》这部书中，便是大观园的世界和大观园以外的世界。作者曾用各种不同的象征，告诉我们这两个世界的分别何在。譬如说，“清”与“浊”，“情”与“淫”，“假”与“真”，以及风月宝鉴的反面与正面。[1]

大观园是一个乌托邦，是一个世外桃源。在地理上，大观园是相对独立的，一道围墙将外部的污浊暂且隔绝开去；在文化上，大观园也是相对独立的，这里有自由，有平等，有欢乐。“寿怡红群芳开夜宴”，哪里还有什么男女、主奴、嫡庶之别？大观园里也有肮脏，尤其是第53回之后，那些被宝玉斥骂为“鱼眼睛”的老婆子们（包括赵姨娘）兴风作浪，把大观园搞得乌烟瘴气。但总体上，大观园是一个青春的乐园。为什么在污浊的贾府，偏偏有这么一个青春的乐园？为什么在罪恶的土壤里，盛开出了如此鲜艳的青春之花？

秘密还在大观园。为了这个乌托邦，曹雪芹可算是费尽心机。曹雪芹首先是一个现实主义作家，他严格地遵循现实逻辑来编织故事情节，设计人物关系。他写大观园，不像陶渊明写《桃花源记》，那是一个纯粹的寓言故事，不用考虑逻辑，一个捕鱼人莫名其妙地就到了另一个世界；也不像《爱丽丝梦游仙境》那样的童话：爱丽丝跟着兔子先生进了洞，转眼间就来到了“仙境”。

大观园的“构建”不是这样。曹雪芹为这个“桃花源”找到了两个强而有力的支撑，让这个虚幻的青春世界得以在这个污浊的现实世界出现并存活。第一，元妃省亲，必须盖一个大园子，这个园子要足够大，足够繁华，足够有文化气息，无此则难与元春的身份、气质相匹配。省亲之后，小说写道：

---

[1] 余英时.红楼梦的两个世界[M].上海：上海社会科学院出版社，2006：34.

> 如今且说贾元春，因在宫中自编大观园题咏之后，忽想起那大观园中景致，自己幸过之后，贾政必定敬谨封锁，不敢使人进去骚扰，岂不寥落。况家中现有几个能诗会赋的姊妹，何不命他们进去居住，也不使佳人落魄，花柳无颜。却又想到宝玉自幼在姊妹丛中长大，不比别的兄弟，若不命他进去，只怕他冷清了，一时不大畅快，未免贾母王夫人愁虑，须得也命他进园居住方妙。想毕，遂命太监夏守忠到荣国府来下一道谕，命宝钗等只管在园中居住，不可禁约封锢，命宝玉仍随进去读书。（第 23 回）

因为元春这个“最高权力的庇护”，大观园得以成为青春的乐园；也因为元春的恩赐，贾宝玉才得以“混”进这个“女儿国”。

第二，县官不如现管，大观园的“自由与快乐”还有一个更为直接的因素，那就是老祖宗的存在，我称之为“最高家长的屏障”。宝玉挨打之后，小说写道：

> 话说贾母自王夫人处回来，见宝玉一日好似一日，心中自是欢喜。因怕将来贾政又叫他，遂命人将贾政的亲随小厮头儿唤来，吩咐他“以后倘有会人待客诸样的事，你老爷要叫宝玉，你不用上来传话，就回他说我说了：一则打重了，得着实将养几个月才走得；二则他的星宿不利，祭了星不见外人，过了八月才许出二门。”那小厮头儿听了，领命而去。贾母又命李嬷嬷袭人等来，将此话说与宝玉，使他放心。（第 36 回）

老祖母成了宝玉与外界之间的一道屏障。小说写道：“那宝玉本就懒与士大夫诸男人接谈，又最厌峨冠礼服贺吊往还等事，今日得了这句话，越发得了意，不但将亲戚朋友一概杜绝了，而且连家庭中晨昏定省亦发都随他的便了。”此后只在大观园“游卧”，“为诸丫鬟充役”，让“绛洞花主”之美誉变得名副其实。如果说来自元春的最高权力的庇护为大观园提供了合法性的担保，那么来自老祖母的最高家长的屏障，则为宝玉在“女儿国”的自由提供了足够的空间。这就是曹雪芹的现实主义逻辑，他虚构了一个大观园，却要为它的存在找到现实的理由与根据。

但是，作为现实主义者的曹雪芹更明白，合理的虚构终究敌不过现实的冷酷，大观园归根到底只能是一个梦幻，大观园只能是一个短暂的事实。道理明摆着，元春的庇护是暂时的，老祖母的屏障也是有限的，而外界的渗透与腐蚀总会穿透那脆弱的“庇护”与“屏障”。就像流经大观园的那条“沁芳溪”，它从外而来，又往外而去，怎样才能保证它不被污染呢?沁芳溪，这是个极有意味的象征。从情节发展脉络看，“抄检大观园”有其必然性，王夫人不抄，贾政也要抄；贾政不抄，老太太没准也会抄。“千红一哭，万艳同悲”的结局是注定的。

无处安放的青春，这就是《红楼梦》阅读中要思考的第二个大问题。曹雪芹创作《红楼梦》，可看作一个社会实验：他明知这个社会容不下青春，容不下才情与梦想，容不下爱情与友谊，他还是虚拟了一个大观园，他要看看在一个污浊的社会里，这个桃花源究竟能够抵抗多久，看看青春究竟能走多远。在他的笔下，青春是极致的，容颜惊艳，爱情骇俗，才华惊世，梦想惊人；毁灭也是极致的，所谓“落了片白茫茫大地真干净”，群芳皆“碎”，一切皆“了”，万物皆“空”。

青春的毁灭最集中体现在生命的寂灭与消亡。综合多位学者的研究，前80回的故事大约发生在十一二年之间，对于金钗们来说，可谓豆蔻年华，含苞待放。可在本该做梦的年龄，她们的生命已走到终点。年轻守寡的李纨心如死灰；二小姐迎春与《太上感应篇》为伴，被称为“二木头”；而最小的惜春早就看穿了贾府的肮脏，进而看破了红尘。可以设想，这样的结局，也会一个一个落到其他姐妹们身上。在贾府，死亡是一件很日常的事情，秦可卿、金钏儿、尤二姐、尤三姐、晴雯、司棋、黛玉……贾府始终弥漫着死亡的味道，弥散着一种浓浓的腐朽的气息。

还有那绚烂的才华像枯枝败叶一样委顿在地。与贾府的那“一群废物”相比，女儿们的才华实在光彩夺目。王熙凤、探春的理家之才，真可谓“金紫万千谁治国，裙钗一二可齐家”。王熙凤杀伐决断，何止“脂粉队里的英雄”，连须眉男儿也无地自容；敏探春“兴利除宿弊”，其心思之缜密，其处事之理性，其待人之公道，境界又在王熙凤之上。再如林黛玉、薛宝钗、史湘云和妙玉的诗才，贾环之流固不可及，即使贾宝玉也难望其项背。还有薛宝钗那百科全书一般的渊博与通达，秦可卿的忧患意识和远见卓识，更对比出了贾府男人的猥琐与无能。宝玉感慨说：“老天，老天，你有多少精华灵秀，生出这些人上之人来！”（第 49 回）。在世界文学中，以美丽无比、才华绝伦的女子群像为主角的，除了《红楼梦》，似乎找不到第二部。可是，在“女子无才便是德”的时代，才华又有什么意义呢？

更有那美丽的爱情像罪恶一样被唾弃。大观园的爱情，无论主奴，无论尊卑，都显示出生命最绚烂的光彩。宝玉与黛玉的爱情固然耀眼，龄官画“蔷”的缠绵，小红借帕传情的勇敢，司棋对爱情的热烈与坚贞，都让人肃然起敬。只是这些美好的爱情，似乎天生罪恶，见不得阳光；又像那风雨飘摇的风筝，一阵风过，便化为乌有。相形之下，贾珍、贾琏、贾蓉这些“须眉浊物”，个个沉溺于“皮肤滥淫”，污浊不堪却如野火春风。

鲁迅说，悲剧是将人生的有价值的东西毁灭给人看。在所有的悲剧中，最触目惊心的还是宝黛钗的爱情与婚姻悲剧。所谓“玉带林中挂，金簪雪里埋”，都是悲剧，他们将青春的“美好”与“毁灭”演绎得最有冲击力。宝玉与黛玉的爱情“悲而伤”，宝玉与宝钗的婚姻“悲而哀”。

宝黛的爱情，打破了传统的才子佳人式的俗滥模式，具有一定的“现代性”，这种“现代性”，指的就是他们的爱情建立在心灵契合的基础之上。有些读者将宝黛作为“反礼教”的斗士，以“志同道合”来解释他们的爱情，这显然是先入为主所造成的误读。宝玉的反叛是旗帜鲜明的，尽管在家族生活中他不得不维持表面上的孝悌之道，但精神上却已走到礼教的对立面。他痛斥“文死谏，武死战”的忠君观念，憎恶与官场来往，拒绝家族责任，厌弃科举八股，与其贵族公子的身份完全不符；在社会交往中，无视主奴尊卑，无视男女大防，重情重义，甚至结交戏子浪子，可谓大逆不道。宝玉未必有“反礼教”的主观动机，但客观上，其言行让他成了礼教的逆子叛臣，这一点却无可置疑。但黛玉显然并不具有宝玉一样鲜明的反礼教意义，黛玉的主要特点还是她的钟情、专情与任情，是她的“情情”。小说也写了宝黛共读《西厢记》，也写了黛玉从来不说“仕途经济”之类的混账话，但这只能说明黛玉的精神世界只有一个“情”字，她在乎的是贾宝玉这个人，是这个人的感情，至于俗世所在乎的为官做宰，她完全不在乎。这与她“绛珠仙子”的前生“人设”也是相符的。当然，即使黛玉无意去触犯礼教，她对情感的执着也足够惊世骇俗了。

宝黛爱情不具有现实性，因为其内容和形式都是违背礼教的。在那样一个不谈爱情、忌讳爱情、惧怕爱情的时代，像贾琏那样寻花问柳无伤大雅，像宝玉这样寻找精神上的知己却犯了大忌。而且，黛玉与宝玉闹得轰轰烈烈，一会儿寻死一会儿觅活，也让笃信“父母之命，媒妁之言”的贾府当权者颇为忌惮，难怪王夫人对黛玉越来越不待见。就是作为她的嫡亲外祖母——老太太的心思也是值得揣摩的。小说第 97 回，林黛玉已经进入生命的倒计时阶段，老太太在看望了黛玉之后说：

> 我方才看他（林黛玉）却还不至糊涂，这个理我就不明白了。咱们这种人家，别的事自然没有的，这心病也是断断有不得的。林丫头若不是这个病呢，我凭着花多少钱都使得。若是这个病，不但治不好，我也没心肠了。

红学家们因为后 40 回的优劣一直争议不休。在一些学者看来，这段话适足以证明后 40 回的失败，理由就是血浓于水，老太太断不会如此无情地对待黛玉。确实，老太太的这番话很生硬、很冷漠，迥异于前 80 回中的那个一直宠爱黛玉的外祖母，这尤其让现代读者难以接受。但是，如果我们贴近历史现场，将老太太的身份地位诸因素考虑进去，也许可以说，她的开明、通达与爱，恐怕也不是无条件的。作为朝廷恩封的诰命夫人，曾经的荣国府当家人，亲历了贾府盛衰荣枯的当事人，在她的心里，贾府的体统与规矩，贾府的荣耀与兴盛，贾府继承人贾宝玉的利益与未来，恐怕才是她考虑问题的根本立足点。老祖母最后抛弃林黛玉，也不能说绝无可能。这看起来不合情理，恰恰才符合那个时代的情理，这样的矛盾正好揭示出礼教的阴冷及其对人性的扭曲。

宝黛之爱注定无疾而终。这样的结局让人伤感，却也在情理之中。让人惊诧与悲哀的，则是宝钗与宝玉的婚姻。宝钗是大家闺秀，也是礼教中人，堪称以理抑情、以理灭欲的典范，她的“无情”恰与黛玉的“情情”构成鲜明对比。小说第95回宝玉“失通灵”之后，薛姨妈有点后悔“二宝”的婚约：

> 薛姨妈还说：“虽是你姨妈说了，我还没有应准，说等你哥哥回来再定。你愿意不愿意？”宝钗反正色的对母亲道：“妈妈这话说错了。女孩儿家的事情是父母做主的。如今我父亲没了，妈妈应该做主的，再不然问哥哥。怎么问起我来？”

这段话算得上续书的神来之笔，精准地搭上了前80回宝钗的精神脉络。宝玉失玉，人越来越“糊涂”，而宝钗之践行女德，依然坚如磐石，算得上儒家所称道的“知其不可而为之”的弘毅君子。但是，这位恪守礼教的模范，最终的命运却让人唏嘘。宝钗深信礼教，以礼教为人生的圭臬，而礼教并未给她一个正向的回报。如果说黛玉的遭遇让人感伤，那么，宝钗的悲剧则让人悲哀，其悲剧更有冲击力。礼教吃人，宝钗就是一个自觉自愿的祭品。

王国维说，《红楼梦》是“彻头彻尾之悲剧”。它是个体的悲剧，是青春的悲剧，是家族的悲剧，是社会的悲剧，也是生命的悲剧。在个体的角度，黛玉是悲剧，宝钗也是悲剧。曹雪芹对林黛玉、薛宝钗都充满了悲悯；但黛玉的"小性儿"往往让人生怜，而宝钗的"随分从时"则不免让人生畏，曹雪芹的情感偏向也可见一斑。曹雪芹看到了礼教戕害生命的罪恶与理学精致到极端的荒谬，将自己的创作定位于"大旨谈情"，这是我们理解《红楼梦》的基点；弘扬情感，弘扬真情，是《红楼梦》的主旋律。理解了这一点，也就不难明白为什么曹雪芹在薛宝钗的形象塑造上总体保持着疏离和理性。

《红楼梦》的悲剧是多层次的，但家族悲剧毫无疑问是表现的中心，而青春的悲剧则是表现的焦点。无可挽回的家族颓败，加剧了青春毁灭的速度与烈度；而青春的彷徨与沦落，正反映出这个华丽家族无法直面的危机与无法改变的命运。

学习任务重，教学怎么办

《红楼梦》以整本书阅读的面目进入语文教材，既是语文教学的一件大事，也是《红楼梦》阅读与传播的大事。从教材安排看，可用要求高、任务多、课时少来概括教学之难。如何通过一个单元的教学，完成《红楼梦》整本书阅读的教学任务？

关于整本书阅读，《普通高中语文课程标准（2017年版2020年修订）》这样表述：

> 阅读整本书，应以学生利用课内外时间自主阅读、撰写笔记、交流讨论为主，不以教师的讲解代替或限制学生的阅读与思考。教师的主要任务是提出专题学习目标，组织学习活动，引导学生深入思考、讨论与交流。教师应以自己的阅读经验，平等地参与交流讨论，解答

学生的疑惑。

课标的精神很明确：在整本书阅读中，应以学生的阅读与思考为主，教师的作用主要是“组织”与“引导”，为学生的阅读与思考提供必要的条件与资源。基于这个精神，我将整本书阅读的要点概括为“读书为本，思辨为要”，在阅读中思考，以思考推动阅读。好钢用在刀刃上，有限的教学应该聚焦阅读中的关键问题与疑难问题。具体的教学思路如下：

> 选择“最佳”切入角度，以聚焦小说的主体与核心，避免大而化之与笼而统之；
>
> 设计合理议题，以聚焦文本的重点与难点，避免散漫的遐想与泛泛的漫议；
>
> 围绕议题，开展有效的思辨读写，以聚焦语文核心素养的培育，避免经典阅读中的非学科化倾向。

具体到《红楼梦》，我将其归纳为“三个聚焦”：聚焦大观园，聚焦人物论，聚焦思辨性。三个“聚焦”，由表及里，逐层深入，旨在引导学生走进文本的核心，触摸文本的个性。中学生读《红楼梦》，不必求全求深，但须入得“正”，见得“大”，不要一开始就落入猎奇式阅读、猜谜式阅读、索隐式阅读等“小”道。也许曹雪芹的艺术匠心有助于我们对这个问题的思考。小说第 6 回这样写道：

> 按荣府中一宅人合算起来，人口虽不多，从上至下也有三四百丁；虽事不多，一天也有一二十件，竟如乱麻一般，并无个头绪可作纲领。正寻思从那一件事自那一个人写起方妙，恰好忽从千里之外，芥豆之微，小小一个人家，因与荣府略有些瓜葛，这日正往荣府中来，因此便就此一家说来，倒还是头绪。你道这一家姓甚名谁，又与荣府有甚瓜葛？且听细讲。

这段话有点自我调侃的意味，但也侧面反映出曹雪芹构思过程的艰辛与豁然开朗之后的欣然。他选择了刘姥姥，以刘姥姥的眼光来打量荣国府，来忖度贾府的各色人等。以刘姥姥切入贾府，虽然入口小，但却入得正、入得巧，算得上是一个天才的艺术构思。通过刘姥姥这个小角色，迅速进入贾府的核心地带，将周瑞家的、王熙凤、王夫人、平儿、贾蓉等一干人推到前台，迅速而自然地介入贾府的日常生活。同时，通过刘姥姥的眼睛，也看出了贾府的门第之高贵、礼仪之讲究、生活之奢华，还有隐藏在这些气派后面的某种隐隐的不安。一个好的切入角度，能起到四两拨千斤的妙用。同样，在《红楼梦》这种复杂文本的教学中，一个巧妙的切入角度，也能起到删繁就简、提纲挈领的关键作用。

1. 聚焦大观园。要读懂《红楼梦》，就得读懂贾府；要读懂贾府，就得读懂大观园。聚焦大观园，不是将贾府撇开，而是以“青春与毁灭”的视角切入贾府，探寻贾府颓败的无可挽救及其背后复杂的原因。大观园是贾府的焦点，贾府所有的矛盾都会在大观园引起风吹草动。像贾雨村、刘姥姥、柳湘莲、蒋玉菡、北静王这些人，原本与大观园没有什么关联，但他们的一举一动，都会在大观园引起阵阵涟漪甚至轩然大波。窥一斑而知全豹，理解了大观园的运行，也就理解了贾府乃至整个社会的运行。

选择一个切入口来把握整本书，这是有风险的，因为它可能带来理解的片面与偏颇。但《红楼梦》的立体网络结构在很大程度上使我们有可能避免这种偏差。《红楼梦》是一个全息性的社会生活空间，它的人物关系错综复杂，一个人物总能关涉到另一个人物；它的事件因果好似根枝藤蔓，一个事件总能牵扯到另一个事件。所谓牵一发而动全身，在四大名著中，似乎只有《红楼梦》才能达到这种看似混沌实则清明的叙事境界。

2. 聚焦人物论。关注大观园，并不意味着要关注大观园的方方面面，关注重点还是大观园里的人物，尤其是贾宝玉与金陵十二钗正册、副册、又副册的人物。

当然，作为青春生活的地理环境与文化空间，我们对大观园的地理布局、社会结构与文化意义还是要有所了解的，如此才能将青春生活还原到一个立体的、真实的社会环境中去。但这里有个本末与主次的关系问题，不能本末倒置，不能喧宾夺主。有些老师热衷于挖掘《红楼梦》作为“传统文化百科全书”的那些内容，将《红楼梦》上成古典园林、服饰、诗词甚至中医药的普及课，这显然有违小说阅读的根本要求。《红楼梦》最大的艺术成就在于，它塑造了一系列栩栩如生的人物形象。理解人物，是进入《红楼梦》的捷径；而《红楼梦》的研究，无论从何处切入，最后都会聚焦到人物论。可以说，人物论是红学研究这个皇冠上的明珠。

将青春人物作为研究对象，其他人物就成了背景性的存在。像贾政、老太太、王夫人、邢夫人这些人，正面研究固然可行，但若将他们与宝黛钗晴探袭等人的命运关联在一起，则他们的形象内涵反而能得到更深刻的挖掘。比如老太太这个角色，一派慈祥善良、雍容华贵的贵妇人气派。对于孙辈，她是百般呵护与万般怜爱；清虚观打醮，一个十二三岁的小道士冒犯了凤姐，王熙凤伸手就是一耳光，老太太却是那般的亲切和慈爱（第29回）。但是，这只是老太太的一个方面。若将她作为宝黛钗关系的背景人物，将她在其中的作用做一个总体梳理，也许我们能有更多、更深刻的发现。在事关嫡亲外孙女的性命安危与人生幸福的大事上，老太太最终舍弃黛玉而选择宝钗，这个选择或许更能显示国公夫人的内心世界。

从文体的角度看，人物是小说的核心。关注人物，是小说阅读的不二法门。要理解人物，必然要关注相关的情节与环境，因为人物的性格塑造与精神表现都是在情节推进与环境刻画中完成的。可以说，关注人物，必然会关注到文本的所有因素，即“整本书”。

3. 聚焦思辨性。我用“思辨性”一词，强调的是红楼人物本身就具有强烈的“思辨性”，是进行思辨读写训练的绝佳资源。聚焦人物，说到底，就是围绕贾府的颓败与青春的毁灭，对重要人物进行聚焦式的分析与论证。比如王熙凤，在贾府的颓败中，她有着不可推卸的责任，她的毁灭算是咎由自取。那么，王熙凤到底是个怎样的人？她有哪些或贪或酷的行为？她的这些行为背后的动机何在？这个人物形象何以有如此的艺术张力？（王昆仑先生说“恨凤姐，骂凤姐，不见凤姐想凤姐”）等等。这就需要我们澄清相关事实，理清事实的背景与动因，对相关事实做出合理的判断，对人物形象进行艺术上的辩证分析。

这就是思辨。没有思辨，王熙凤就是一个咎由自取的罪人；而在思辨的视野里，我们才能发现王熙凤命运中的诸多无奈与委屈，才能读出这个人物形象深刻的“悲剧性”。

《红楼梦》包含着丰富的人物思辨的资源。如前所述，红楼人物都是复杂的“真实”的人物，往往仁智纷呈，只有深入地分析才能逼近真相；同时，曹雪芹也喜欢在人物的品评上做文章，留下了诸多疑案与悬念。比如“时宝钗”“贤袭人”“冷郎君”“呆香菱”“酸凤姐”“勇晴雯”，这所谓的“一字评”，本身就值得推敲和辨析。譬如晴雯之“勇”，有人说她是“不逊之勇”，是鲁莽，是无知，而更多的学者则褒扬晴雯的天真与纯洁。那么，两种看法谁更接近文本的真实呢？这就需要下一番思辨的功夫。

再如林黛玉的“小性儿”。黛玉给读者最突出的印象就是“小性儿”，作者也不忌讳这一点，通过不同人的嘴巴，反复说她“你这个多心的”（第8回）、“素习猜忌，好弄小性儿的”（第27回）……“小性儿”是贾府上下对黛玉的“共识”。其实，黛玉自己也承认说“我最是个多心的人”（第45回）。那么，如何理解林黛玉的“小性儿”呢？

首先，大体梳理文本便可发现，黛玉一般并不小性儿。姊妹们相处，游戏也好，赛诗也罢，黛玉总体上是个活泼和开朗的人。几次起社，看她对宝钗、湘云的由衷赞美，可见她是个单纯而真诚的人；妙玉嘲弄她“竟是大俗人”（第41回），黛玉反觉妙玉“天性怪僻，不好多话，亦不好多坐”，便不去计较。黛玉爱开玩笑，譬如嘲笑湘云“爱哥哥”，都是少女之间的顽皮，无伤大雅，不必大做文章。至于她戏谑刘姥姥是“母蝗虫”，确实“尖酸刻薄”，这与其性格相关，与其贵族身份相关。从审美角度看，林黛玉与刘姥姥，其趣味与格调，实在是大异其趣，有天壤之别。

其次，黛玉的有些小性儿，应该算是正常的情绪反应，不应做过多道德比附。比如第 22 回，在王熙凤打趣诱导下，湘云直说黛玉长相酷似龄官，黛玉确实生气了。但这里有两个因素不可不注意，一是古代社会戏子是个敏感的身份，连赵姨娘这等上不得台面的奴才都能骂芳官：“你是我银子钱买来学戏的，不过娼妇粉头之流！我家里下三等奴才也比你高贵些的。”（第 60 回）古代社会的戏子与今日的明星不可同日而语。说一个贵族小姐酷似戏子，必须承认是不够尊重的。

还有一个不可忽视的因素，那就是在场人的反应，这也是黛玉恼羞成怒的重要原因。小说这样写道：

> 凤姐笑道：“这个孩子扮上活像一个人，你们再看不出来。”宝钗心里也知道，便只一笑不肯说。宝玉也猜着了，亦不敢说。史湘云接着笑道：“倒像林妹妹的模样儿。”宝玉听了，忙把湘云瞅了一眼，使个眼色。众人却都听了这话，留神细看，都笑起来了，说果然不错。一时散了。（第 22 回）

在明知答案的情况下，宝玉、宝钗、凤姐等人出于各自微妙的心理，挤眉弄眼，欲言又止，闪烁其词，黛玉成了被一个“围观”、被“指点”的对象，确实也构成了对她的冒犯。

再次，有些小性儿与其微妙的处境相关。林黛玉虽然锦衣玉食，但是在贾府也不过是个寄人篱下的外人，老太太、宝玉对她自然是真感情，其他人的态度却很微妙；且孤苦伶仃，无父无兄，更加剧了她悲苦自怜的身世之感。像第 7 回，周瑞家的送宫花，黛玉刻薄地说：“我就知道，别人不挑剩下的也不给我。”黛玉的反应确实有点过激，但也暴露出她内心极度的不安全感和孤身一人的自卑情结。这样的黛玉与其说让人生厌，还不如说让人生怜。

当然，黛玉的小性儿，更是恋爱中的少女的正常心理与精神状态，不必做过多的道德阐释。试探、吃醋、嫉妒、失落、伤感、愤怒、悔恨……这些都是正常的恋爱心理。何况她爱得那么深、那么专，而且恋爱对象贾宝玉又是一个“情不情”的贵族公子，身边还有薛宝钗、史湘云这样的潜在竞争者！要让黛玉不动声色，镇定自若，也太难为她了。事实上，宝玉挨打之后，黛玉的小性儿越来越少了，一个重要的原因，就在于她终于明白了宝玉的真心。

当然，所有这些因素，都离不开时代文化与社会风俗的影响。宝黛的冲突大多不因感情本身，而是源于情感的不敢表达与不能表达。就像第 29 回所描写的那样：“因你也将真心真意瞒了起来，只用假意，我也将真心真意瞒了起来，只用假意。如此两假相逢，终有一真。其间琐琐碎碎，难保不有口角之争。”这恰好说明了那个时代对爱情的恐惧，对青春的恐惧。

思辨，不是为了塑造一个完美的林黛玉，而在于公正地理解林黛玉，公正地理解黛玉的小性儿。最糟糕的就是带着对黛玉的刻板印象，无论她说什么话，做什么事，都不假思索地贴上“小性儿”的标签。如果阅读的结果，就是印证了一个众所周知的“小性儿”的说法，整本书阅读的意义何在？文学阅读是成本最低的生活训练与人生教育，这一点在我们的文学教育中并没得到更多的理解与认同。无论怎样理解林黛玉，都不会给读者带来实质性的后果；但在这样的无关现实功利的思辨训练中，我们对生活与人生的判断力却得到了发展。

顺便说，思辨绝不可能是抽象与空洞的，它必须以文本的梳理与细读为前提。在文学阅读中，所有的思考与反思都是基于文本的语言与形式，而非凭空的想象与无端的揣测。在这个意义上，阅读能力就是思辨能力，观念的思辨即语言的思辨，语言内容的思辨就是对语言形式的思辨。有人担心思辨将会架空文本，导致语文教学的落空，这或因缺乏语言学常识，或因对思辨有误解。语文学科的“人文性”与“工具性”本来就是统一的，这种“统一性”在思辨的过程中恰恰能得到集中的体现。

聚焦“大观园”，不兜圈子，直击文本核心；聚焦“人物论”，直击阅读中的焦点与难点；聚焦“思辨性”，将阅读、思考与表达融为一体，整体提升语文核心素养。

高考或涉及，怎样考才合适

《红楼梦》要不要进入高考？答案是肯定的，既然整本书阅读进入了新课标且作为第一个学习任务群，既然《红楼梦》进入了高中语文教材且自成一个单元，那么，考查学生的阅读与理解状况，就是一件不必争论的事情。很多人，包括语文教材总主编温儒敏先生，对整本书阅读的测评都持谨慎态度。我的理解是，他们并非反对考查，而是对于当下的测评能否发挥对整本书阅读乃至语文教学的积极引导与促进作用，还缺乏足够的信心。

我一直主张“按照整本书的规律教，教出这本书的个性来”。就《红楼梦》的测评，我觉得应该是“按照整本书的规律测，测出《红楼梦》的个性来”，重要的是要测出学生真实的阅读与理解水平。

整本书阅读教学重在一个“整”字，应该以“通读原著”与“总体理解”为核心，培养学生阅读大文本和复杂文本的意志与能力，发展学生的宏观思维、系统思维、批判性思维等高阶思维能力，进而涵养学生的人文精神与综合素养。整本书阅读的考查，关键也在一个“整”字，万不可陷入碎片化、片面化和表面化的误区。要知道，在应试教育的狂潮之下，任何一丝考查上的偏差都会被无限放大，带来严重后果。事实上，将《红楼梦》拆分成几百个考点和得分点的读物已经招摇过市了。

《红楼梦》测评还有一个绕不开的难题，它本身还存有诸多争议与分歧，连文本系统都因版本的不同而存在着从语言到内容甚至价值观的诸多差异。如果不能梳理出《红楼梦》阅读中的通识与共识，而过分强调阅读的个性与开放性，那么，测评的公正性与学术风险将难以避免。

近些年来，有些省份将《红楼梦》纳入高考，给我们留下了宝贵的经验和教训。2004 年福建卷将《红楼梦》的阅读引入作文题，题目要求以人物为话题写作，涉及的人物包括孔子、苏轼、鲁迅等历史人物和曹操、宋江、薛宝钗等文学形象。这个题目涉及薛宝钗的形象理解，分量不可谓不重。不过，话题作文的写作比较开放，且考生有多项选择，大概不会给考生带来过多压力。这个题目有两点值得肯定：第一，引导学生关注人物特别是主要人物，至少在《红楼梦》的阅读导向上是正确的；第二，话题作文的开放性与《红楼梦》的文本开放性是一致的。

近几年，北京卷的微写作也多次涉及《红楼梦》，多围绕人物设题。2021 年的微写作题目是这样的：

> 文学名著中常有一些让人心生遗憾又给人启迪的人物。请从《红楼梦》《呐喊》《边城》《红岩》《平凡的世界》《老人与海》中选择一个人物，谈谈他(或她)为何令你感到遗憾，又带给你怎样的启发。

这不是专考《红楼梦》，但红楼人物多半符合“让人心生遗憾又给人启迪”这个要素。至于“遗憾”在哪里，“启迪”是什么，则因人物形象而异，因考生的理解而异。此题写好不易，但门槛不高，保持着鲜明的开放性。

江苏卷多年考查《红楼梦》。梳理可发现，题目多以“人物论”为命题点，前后涉及薛宝钗、贾母、刘姥姥、晴雯等。可见，关注人物形象，是小说阅读的共识。2013 年的题目是这样的：

> 《红楼梦》中抄检大观园时，在入画的箱子里寻出一大包金银锞子、一副玉带板子和一包男人的靴袜等物，在司棋的箱子里发现一双男子的锦带袜、一双缎鞋和一个小包袱，包袱里有一个同心如意和她表弟潘又安写的大红双喜笺。入画和司棋分别是谁的丫鬟？在处置入画和赶走司棋时，她们的主子各是什么态度？

题目考查学生对迎春与惜春的理解。但凡通读过《红楼梦》的人，对迎春的善良与懦弱，惜春的孤僻冷漠、耿介孤直应该会有印象。她们的性格在“抄检大观园”这个大事件中得到了鲜明的表现，在命题者的诸多提示下，考生应能做出判断。这个题目重在考查学生的“通读状况”以及对人物的“基本理解”，方向值得肯定；它将人物置于具体的社会关系与具体情节中，旨在唤醒学生的阅读印象与记忆，其导向是理解而非死记，命题方式也值得肯定。相比之下，现在有太多命题，沿袭传统测评的思维惯性，考查学生能否记住金钗们及其丫鬟的名字，能否记住小姐们所居馆舍的美名，甚至要求学生一字不错地默写通灵宝玉上的八个字“莫失莫忘，仙寿恒昌”，宝钗金锁上的八个字“不离不弃，芳龄永继”。若是专业阅读，这样的要求自有其道理；但对于中学生而言，这不是要把学生逼进信息的汪洋大海吗？

江苏卷聚焦《红楼梦》的文本值得学习，但过分黏滞于文本，则难度可能脱离学生实际，有些命题的学理依据也显不足。2017 年的题目是这样的：

> 《红楼梦》第四十五回“金兰契互剖金兰语，风雨夕闷制风雨词”中，黛玉对宝钗说：“我最是个多心的人，只当你心里藏奸……往日竟是我错了，实在误到如今。”请说明黛玉对宝钗的认识发生变化的原因。

黛玉对宝钗的认识变化，实在是一个非常复杂的问题。我甚至认为，林黛玉之所以改变了（是主动改变）自己对宝钗的态度，是因为她不仅发现了宝钗的大度与正直（并不“心里藏奸”），而且她明确意识到了自己的弱小无助。在“互剖金兰语”的过程中，黛玉感慨说：

> 你看这里这些人，因见老太太多疼了宝玉和凤丫头两个，他们尚虎视眈眈，背地里言三语四的，何况于我？况我又不是他们这里正经主子，原是无依无靠投奔了来的，他们已经多嫌着我了。如今我还不知进退，何苦叫他们咒我？

“宝玉和凤丫头”受宠于老太太，尚且叫人“虎视眈眈”“言三语四”，何况她一个外姓孤女？越是深入了解贾府的人情世故，黛玉就越明白自己的真实处境；越是明白自己的孤苦，越要寻找慰藉和依靠。以黛玉的聪明灵秀，她应该能判断出宝钗总体上是正派和可靠的。她对宝钗的倾诉，也是她的生存策略吧。人总是要活下去的，只要还有一丝希望。这也算是黛玉的成长与成熟。我读第45回“金兰契互剖金兰语，风雨夕闷制风雨词”和第57回“慧紫鹃情辞试忙玉，慈姨妈爱语慰痴颦”，分明读出了一个孤独、脆弱的少女，在极度缺乏安全感与温暖的情况下，急于寻找慰藉与依靠的焦虑与悲哀。黛玉撒娇地喊薛姨妈为“妈”，正好反映了这个孤儿的悲苦，还有她那浮萍一样的命运。黛玉对宝钗的态度变化，也许并不是那么简单的。

再看2020年的题目：

> 《红楼梦》第五十回“芦雪庵争联即景诗，暖香坞雅制春灯谜”中，众人联句，起句为王熙凤所作，她说，“你们别笑话我，我只有一句粗话”，“就是‘一夜北风紧’”。请结合这句诗简析王熙凤的形象。

这个命题可用“轻率”来批评。单凭王熙凤的一句“诗”，就能“简析王熙凤的形象”？放在《红楼梦》整个文本系统中，这句诗确实能引发诸多联想；但孤零零的一句话，要分析人物形象，大概只能牵强附会，或者生拉硬扯贴标签了。对照其参考答案，也可发现命题的疏漏："诗句浅白，表明其学识浅薄；诗句能领起全篇，表明其聪明颖悟，有一定领导才能；诗句意境肃杀，表明其心怀忧惧。"俞晓红教授就此分析说：

> 第一句尤可；第二句分开看也不错，"诗句能领起全篇"和"聪明颖悟，有一定领导才能"都是客观存在的事实，但这两者之间并不存在必然的因果逻辑关系……第三句就更离谱，如果王熙凤真的"心怀忧惧"，而且还能出于个人意志、借助吟诗表达给众人听，那她就不是这样一个不识字、以中饱私囊为务的王熙凤，而是一个才富志高、贾探春式的人物形象了。[1]

确乎如此。我认为，答案的第一句话也有问题。王熙凤不识字，"学识浅薄"，但这与"诗句浅白"之间没什么必然关联。学识渊博的人未必能吟出好诗，而好诗也未必一定要有深厚的学问。何况，"诗句浅白"也不见得不是好诗。艺术创作与学问之间的微妙关系，凭常识也能知道并非一一对应。说王熙凤"学识浅薄"没错，但这是整个文本系统告诉我们的，"一夜北风紧"这句话却不足为凭。单就这句诗讲，我可不可以说，王熙凤真是个天才啊，她虽然不识字，这句诗却是真的妙极！这样的题目既架空了文本，也架空了思维。想必学生要做的，就是将记忆中的"标签"贴在此处而已。

"人物论"命题不易，《红楼梦》其他内容的测评也须慎之又慎。俞晓红教授在同一篇文章中提到了另一个题目，即要求学生"从小说情节和主题两个方面，分别说明'葬花魂'与'葬诗魂'的依据"。俞教授写道：

> 众所周知，"花魂"和"诗魂"孰正孰误是红学界一个比较陈旧的话题，存在版本层面的是字形讹变还是字音讹变的争执，也就是究竟

[1] 俞晓红.悦读红楼[M].合肥：安徽教育出版社，2021：180.

是由“花”字误抄为“死”再误抄为“诗”，还是由“诗”字误抄为“死”再误抄为“花”的问题。中学生阅读小说名著，本不必涉及文学以外的层面，而版本学的话题竟然用于高考测试题，这是令人惊讶的。[1]

确乎如此。版本问题也是《红楼梦》测评必须关注的问题。若要测评，最好由相关权威部门推荐一个较为通行的本子，让大家在同一平台上对话与讨论，毕竟是中学教学，红学研究中的疑案与公案还是少涉及为好。当然，即使撇开版本之误不谈，让考生做这道题目，也显得大而无当，空洞无物。这类玄虚的命题，只会榨干人的诚实与深刻，将答题变成了一种油滑的文字游戏。这不仅是《红楼梦》命题应该警惕的，也是所有的阅读命题都应重视的问题。

《红楼梦》测评，还是应该回到通识与共识的考查上，重点在主要人物、典型情节和小说的总体思想上。这样做，既符合中学生的阅读实际，符合中学的教学实际，同时也可规避学术上的分歧，规避测评的社会风险。

在测评方式上，信息的死记硬背必须杜绝，单一的知识识记尽量避免，纯粹的问题解释与阐发应该谨慎，而测评的开放性与学术的合理性应保持一致。基于这些看法，我认为北京卷的思路更值得借鉴。它将《红楼梦》的阅读测评融入相关的任务与情境中，关注重点是阅读成果的转化与运用，这样既考查了学生对主要人物、关键情节和总体思想的理解状况，又避免了对小说内容的过分纠缠。当然，北京卷还有很大的改进空间。比如，如何让任务、情境与《红楼梦》的文本关联更紧密，让测评能更加真切地反映学生的阅读与思考状况，这恐怕是需要反思和改进的。目前看到的题目，考查的重点似乎更在“写作”，而《红楼梦》本体因素的体现还有不

[1] 俞晓红.悦读红楼[M].合肥：安徽教育出版社，2021：179.

小的改进空间。

归根到底，测评的内容和方式都服从测评目的。我将整本书阅读分为四个层次：通读，即读“整本书”；理解，读懂故事与主旨，强调个人的体验；思辨，合理的辨析与判断，追求学术的公正；创新，在前述基础上读出个性，读出新意。中学生读《红楼梦》重在“通读”与“理解”两个层面。第三个层次，有条件的学生可针对主要人物与关键情节，做一些体验性的思辨研究。对于创新，保持开放的期待即可，不必刻意追求。与这四个层次相对应，我们在命制试题时，也不妨问问测评所关注的阅读境界：

1. 通读了吗？

2. 读懂了吗？

3. 读对了吗？

4. 读出新意了吗？[1]

---

[1] 余党绪.整本书阅读四境界及其测评[J].中学语文教学，2020（12）：14－18.

课例

抓好五个环节，践行思辨读写

整本书阅读如何开展教学？《普通高中语文课程标准（2017年版2020年修订）》的精神很明确：在整本书阅读中，应以学生的阅读与思考为主，教师的作用主要是“组织”与“引导”，为学生的阅读与思考提供必要的条件与资源。基于这个精神，我将整本书阅读的要点概括为“读书为本，思辨为要”。考虑到中学教学的实际状况，我再加上四个字：注重转化。

这是整本书阅读教学设计的出发点与落脚点。《红楼梦》的难点首先是难读，体量大，篇幅长，人物多，情节密集且千头万绪，还有贯串全书的𫄧纬叙事。平心而论，一个高中生能完成“原生态阅读”已属不易。作家纳博科夫说读长篇小说需要四个条件，《红楼梦》对“记性”的挑战是显而易见的，对知识积累的挑战也是毋庸置疑的，更不要说想象力与所谓的文学感觉了。其次，从内涵与主旨的把握看，《红楼梦》也难懂。这一点，两百余年红学研究史上的各种纷争就足以为证了。

既难读，又难懂，教材的内容又不能不面对，怎么办？只有借助课程与教学的专业介入，用教学引导学生的阅读与思考，进而达成对文本的基本理解，并通过转化运用进一步深化这种理解。

如何引导学生的阅读、思考与运用呢？本书从教学的角度，将整本书阅读教学分为五个环节，即通读指导、总体梳理、专题研讨、主旨探究及融合运用。这是一个理想的教学安排，在实践中还需要作因地制宜的取舍。

通读指导

第一个环节便是通读指导，包括阅读前的引导和阅读过程中的指导。阅读《红楼梦》这样的巨著，单靠一时的兴趣与一时的感觉是不够的，必要的志趣激励、方法指导和进程干预不可缺少，而这三点正是通读指导的价值之所在。

让学生保持源源不断的好奇心与求知欲，对于《红楼梦》的阅读至关重要。在具体做法上，可介绍《红楼梦》的价值与意义，其传播与影响的状况，作者（曹雪芹等）、点评者（如脂砚斋）的信息，红学研究中聚讼不已的疑难问题，还可分析它与当代生活的内在关联等。《红楼梦》阅读是长时段阅读，是持续性阅读，也是挑战性阅读，有了必要的思想准备与心理准备，学生才不会半途而废，或者敷衍塞责。

方法指导也不可或缺。《红楼梦》阅读涉及太多因素，作者与点评者的争议，不同版本的差异，不同红学流派的分歧，还有众多民间“红迷”的娱乐性研究……诸多复杂因素都会影响《红楼梦》的阅读教学。如果不能坚守整本书阅读的语文课程属性，不能坚守《红楼梦》阅读的学术性底线，不能聚焦中学生这个特定群体，《红楼梦》的整本书阅读就会迷失方向。

有鉴于此，在《红楼梦》的教学上，我有下列建议：

选择公认版本教学，可参看其他版本，但不必在版本问题上纠结；

本着知人论世原则，适当关注作者及其家世和创作背景，但不必纠缠；

把《红楼梦》当小说读，而不要当传统文化的百科全书来读；

把《红楼梦》当作人物生命史、命运史来读，而不要陷入猜谜的迷魂阵；

读书的时候可随手带一张人物关系表、贾府建筑布局图；

《红楼梦》中多数诗词并无专门的鉴赏价值，其理解应服务于人物性格与命运的把握；

《红楼梦》“大旨谈情”，其他内蕴与旨意暂且不论；

切忌贪多求全，切忌面面俱到，聚焦核心内容，不妨抓大放小；

从人物形象的理解入手，由浅入深，放弃“毕其功于一役”的观念；

……

阅读方法的指导也可渗透在阅读进程的安排上。比如重点阅读前80回，后40回则以重点章回的阅读为主，这既是进程安排，其实也是《红楼梦》通行的阅读方法。

如何做好学生的阅读管理？关键是做好阅读计划，做好进程跟踪。在整本书阅读教学中，片面鼓吹学生自主和快乐的阅读，否定“阅读打卡”这样的管理方式，恐怕还是高估了学生的阅读状况。《红楼梦》是不打折扣的“海量”阅读，需要强大的意志力，也需要一定的心理耐受力，阅读管理的作用不可小觑。

阅读开始前，教师要有一个总体规划，分阶段推进，并引导学生做好相应的记录。阅读进程可按作品的自然顺序，也可划分为相对独立的几个部分，一部分一部分地读。就后者而言，《红楼梦》多线并进，情节绵密，划分难度大。我参看了多个方案，结合自己的阅读与教学经验，以宝黛的爱情悲剧为主线，拟定了一个大体的阅读进程（如表 1 所示）。但显然，《红楼梦》并非纯粹的爱情小说，这样的分法自然也有可商榷之处。我想，阅读进程的划分，既要考虑小说情节发展的节奏，也要适当兼顾学生阅读的时间。有些学校根据类似的进程管理思路，尝试用 12—15 周的时间让学生通读全书，这些都是值得借鉴的。

表 1

阅读进程	主要内容	学习任务（教师设计）	疑难问题（学生填写）
1—5 回	序幕		
6—18 回	初始		
19—41 回	试探		
42—70 回	默契		
71—80 回	衰败		
81—120 回	结局		

在阅读过程中，还要引导学生做好“读书笔记”，做好圈、点、画。教师可设计一些引导性任务，让学生的阅读笔记更有潜在的指向性，为将来的教学做准备。譬如第 33 回的“宝玉挨打”，这是小说的关键情节，在前汇聚了贾府上下各方的各种矛盾，往后则蕴含了各种矛盾的发展方向与逻辑，乃小说之“大关节”，不可不关注。可引导学生在这里停一停，将贾政、贾宝玉的父子冲突过程，顺手做个梳理（如图 1 所示）。图的左边是贾政的情绪变化，右边是发生在宝玉身上的各种糗事。有了这个梳理，事情的前因后果就一目了然了。

需要强调的是，这样的任务设计一定要简便易行，我强调“顺手”，用意即在于此。有些老师要求学生熟记大观园的格局，熟悉人物的“判词”，这样的学习任务可能会让学生反感。

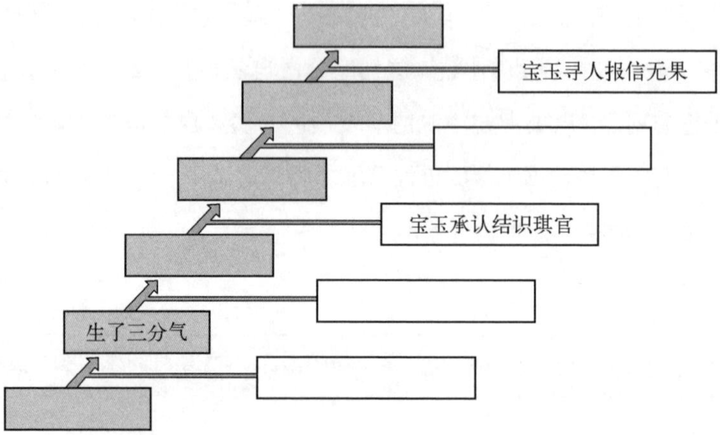

图 1

阅读的进程管理，以激励学生的阅读与思考为指归，万不能喧宾夺主，搞成了烦琐的信息筛选，让学生烦不胜烦，或者专拣冷僻刁钻的问题为难学生，让学生心生厌恶。

课例1 荒唐言与辛酸泪：十二周通读《红楼梦》

都晓梅，北京大学附属中学高级教师，《红楼梦》课程首席教师，海淀区学科带头人，北京大学国培计划整本书阅读讲座专家。

李杭媛，北京大学附属中学一级教师，海淀区骨干教师，著有《叙事人生——小说精读课》等。

设计意图

《红楼梦》具有一般读物无法比拟的丰富复杂、广博厚重。面对它，多数学生不愿读，读不懂，不会读，读不好。在《红楼梦》的阅读教学中，既要培养学生的阅读兴趣与耐力，又要训练阅读方法，以此保证学生通读全书。

我们的安排如下：

1. 十二周通读全书。要求学生每天至少阅读半小时（两回），并利用批注、绘图、制表等方式做好阅读笔记，不限字数，自选角度，感悟、发现、阐释、质疑均可。

2. 每周一节《红楼梦》阅读课（安排在周五为宜），以小组研讨与交流为主，在教师的引导组织下，分享阅读心得与学习体会，并就《红楼梦》阅读中的关键问题和疑难问题进行必要的教学。

3. 阅读进程中的任务设计，主要意图在于提醒以引起关注，提示以辅助理解，同时也便于发现学生阅读中的共性问题，以便于提高教学的针对性。

4. 重点关注宝、黛、钗、凤等重点人物的独特个性与动态变化，重点关注宝黛钗的爱情与婚姻线索。

5. 正式课前，要求学生完成 1—5 回的批注阅读。

6. 每周安排一个以微写作为主的学习任务，要求字数不少于 300 字。

7. 确定每周的阅读任务，既要考虑小说情节发展的阶段性，也要兼顾学生阅读的实际节奏。

阅读进程与任务

阅读内容	周次	阅读提示	重点问题	课后任务
序幕 1—5回	第一周	1. 本周聚焦前 5 回，这是全书的“序幕”，也是理解全书的基础。在后续阅读中，要不时回看这 5 回。 2. 梳理三个神话，留意“顽石”“一僧一道”“还泪”“太虚幻境”等神话因素在后续情节中的作用。 3. 绘制贾、史、王、薛四大家族的人际关系图作为后续阅读的参照。建议以贾家世系结构为主线，以婚姻为辅线。 4. 冷子兴说贾府衰败，一因府库空虚，二因后继无人。还有没有其他因素呢？后续阅读要留心。 5. 注意前 5 回出现的几组概念：色、情、空；好与了；真与假；有与无。	1. 《红楼梦》还有哪些别名？这些名字有怎样的意义？ 2. 第 3 回，你对贾母、王熙凤、贾赦贾政兄弟二人的印象如何？ 3. 宝黛在“初会”中的表现，有没有神瑛侍者与绛珠仙草的神话痕迹？ 4. 黛玉进贾府与宝钗进贾府，艺术处理上有什么不同？ 5. 第 5 回的“剧透”写法，是否削弱了你的阅读兴趣？“金陵十二钗”的结局有什么共同点？	写作：我为《红楼梦》阅读教学建言。 在班级或年级做一个小调查，了解同学们的阅读状况，为语文老师的《红楼梦》阅读教学提建议。 1. 根据任务，设计调查问卷。“问题”要能真实反映学生的阅读与理解状况。 2. 调查统计与数据分析。 3. 综合问卷与调查所得，给老师撰写一份 800 字的教学建议。

续 表

阅读内容	周次	阅读提示	重点问题	课后任务
初始　6—15回	第二周	1. 王熙凤是本周聚焦的焦点。注意人物形象的复杂性，避免理解中非善即恶、非黑即白的简单化思维。 2. 绘制“送宫花”线路图，引导学生不断熟悉贾府的环境与人物，并体会作者的创作匠心。 3. “风月宝鉴”寄寓着作家对真假、情淫甚至生死的深刻思考，可引导学生做适当探讨。	1. 梳理刘姥姥进贾府的原因、过程与结果。想一想：故事从刘姥姥讲起，真的如小说所写，是个有“纲领”之用的好“头绪”吗? 2. 想一想：是周瑞家的怠慢了黛玉，还是黛玉使“小性儿”？ 3. 贾瑞之死，有人说活该，有人说王熙凤罪责难逃。你认为呢? 4. “协理宁国府”的王熙凤有没有私心?“弄权铁槛寺”的王熙凤会就此收手吗? 5. 想一想“风月宝鉴”的寓意。	王昆仑先生说：“恨凤姐，骂凤姐，不见凤姐想凤姐。”请结合本周阅读，谈谈你对这句话的理解。
试探　16—41回	第三周　16—25回	1. 大观园在情节发展、人物塑造与主题深化中的作用将会越来越重要。请注意大观园各建筑的布局、风格、装饰、环境等与其主人之间的某些对应关系。 2. 留意贾政的错综复杂的家庭关系，主要成员包括贾政、贾母、王夫人、赵姨娘、宝玉、探春、贾环。 3. 注意第19回宝黛爱情萌动的细腻描写。 4. 引导学生关注“回目”，它提示情节，也评价人物，如袭人之“贤”、平儿之“俏”。	1. 画出大观园的总体布局。写出宝、黛、钗的住所之名。 2. 在“题对额”一回中，贾政和宝玉的父子矛盾表现在哪些方面? 3. 第18回中的元妃与你想象中的贵妃一样吗? 4. “贤袭人”，贤在哪里?“俏平儿”，俏在何处? 5. 赵姨娘出于何种动机谋害王熙凤与贾宝玉? 6. 你知道《西厢记》《牡丹亭》吗?	宝黛共读《西厢记》后，黛玉又偶然听到《牡丹亭·惊梦》，“仔细忖度，不觉心痛神痴，眼中落泪”。黛玉想到了什么？请展开联想，试着以黛玉的口吻，写一段她的心理活动。

续　表

阅读内容	周次	阅读提示	重点问题	课后任务
试探　16—41回	第四周　26—33回	1. 生命的发现。共读《西厢记》、一同葬花是宝黛生命中的大事。他们体验了爱情，也目睹了生命的消亡。命运无常，人生孤独，《葬花吟》表达了对生死的追问。 2. 爱情的发现。宝黛从第19回进入吵一回好一回的互怼互动状态。引导学生重点关注共读《西厢记》、二次摔玉、诉肺腑等情节。尤其要重点关注“你放心”三字。也可进一步思考：这些冲突的顺序可否调换？ 3. 宝钗心思的发现。有人认为她智慧通透，有人则认为她老练阴暗，对宝钗的观察评价要持续数周，不必急于给定论，只需提醒学生尊重文本、警惕阅读中的“有色眼镜”。 4. “小物件”的发现。关注大观园中的小物件，体会作者的精妙构思。比如：晴雯撕“扇”何以经典？小红丢手帕有什么曲折？琪官的汗巾子最后系在了谁的腰间？	1. 梳理黛玉的心路历程，比较两次葬花。注意结合第23回读《西厢记》、听《牡丹亭》的感悟，关注葬花的触发事件、节气、《葬花吟》的内容。 2. 梳理宝黛关系的变化历程，比较宝玉两次摔玉。注意宝黛初见、两小无猜、情窦初开、互相试探、互证心意的情感变化与情节节点。 3. 梳理宝钗的心路历程。重点思考：她在第30回为何大怒？注意回顾宝钗进京的原因，关注她对宝黛关系的态度。 4. 关注“宝钗扑蝶”“黛玉葬花”两个经典情节。 5. 小红遗“帕”、晴雯撕“扇”、琪官赠“汗巾”……注意小物件在小说中的微妙作用。	“宝玉挨打”是小说的大关目。用思维导图绘制此事的前因后果，体现小说“草蛇灰线，伏脉千里”的叙事特点。
	第五周　34—41回	1.“宝玉挨打”是前40回的核心情节，借此提纲挈领，回顾情节。“挨打”是宝玉人生发展的重要关节点。此前他最喜在	1.《红楼梦》的情节发展有“草蛇灰线，伏脉千里”之说，梳理宝玉挨打对后续情节的影响。重点关注“宝玉挨	小说对贾宝玉评价不一。贾政认为是“淫魔色鬼”，贾雨村认为是“情痴情种”，袭

续　表

阅读内容	周次	阅读提示	重点问题	课后任务
试探　16—41回	第五周　34—41回	内帏厮混，还有些富贵公子的纨绔气息；而此后的宝玉开始了理性的人生思考。注意第 36 回中他关于死亡的议论。 2. 关注人物的“笑”与“泪”。宝黛钗为谁流泪？做个梳理。 3. 宝钗滴翠亭是否有意“嫁祸”于黛玉？面对金钏之死，她的一番议论是否冷酷无情？ 4. 大观园诗社活动的诗词，如木心先生所说“如水草。取出水，即不好。放在水中，好看”。小说中的诗词鉴赏，重点应在解读诗词作品与情节走向、人物性格的关系，不必单独做诗词鉴赏。 5. 本周需关注的重要情节还有刘姥姥进大观园，提醒学生前后勾连对比。	打”后袭人与王夫人的对话。想一想：袭人的目的是什么？ 2. 请结合说话的场合、对象、动机和目的，分析金钏死后宝钗与王夫人对话的心理活动。 3. 刘姥姥二进荣国府与一进荣国府有哪些不同？ 4. 梳理宝玉的心路历程，注意联系第 22 回宝玉悟禅机、第 23 回偷读共读才子佳人故事。结合宝黛关系发展及第 36 回“识分定”，探讨宝玉的爱情观和生死观。 5. 任选这几回诗社活动中的宝黛钗三人同题诗句比较赏析。 6. 哪些人物支持“木石之盟”？哪些人物支持“金玉良缘”？请给出判断理由。	人规劝他不可“调脂弄粉”，《西江月》批“不肖无能”，傅家婆子叹他“有些呆气”，题对额又显示“偏才尽有”，警幻夸赞他“性情颖慧”。怎样理解贾宝玉的“痴”？请结合文本，谈谈你的理解。
默契　42—69回	第六周　42—50回	1. 这一周的阅读，读者会有岁月静好之感。黛玉的笑容越来越多，她拥有贾母的亲情和宝玉知己式的爱情，第 45 回里又收获了金兰契的友情。 2. 宝钗与黛玉的“金兰契”是真是假，向来有不同意见，你的意见呢？	1. 这段时间宝黛关系有哪些变化？ 2. 这个阶段钗黛关系发生了怎样的变化？ 3. 结合目前读过的回目，分析贾琏、王熙凤、平儿三人关系的发展变化。	学界对于黛玉和宝钗之美有“双峰对峙，二水分流”的评价，曹雪芹在第 5 回人物判词里却将二人同置一首。小说读至此，你对宝钗和黛玉有怎样的认识？

续 表

阅读内容	周次	阅读提示	重点问题	课后任务
默契 42—69回	第六周 42—50回	3. 关注王熙凤。贾琏的二次出轨事件动静颇大，可与第 21 回出轨事件比较分析。 4. 读书近半，有新的人物出场，主线人物在学生头脑中的形象也愈来愈清晰。可要求学生写人物小传，体会曹雪芹人物塑造的匠心。 5. 重点关注宝玉的复杂形象。	4. 对比分析贾琏挨打、薛蟠挨打与宝玉挨打。 5. 宝黛钗对香菱学诗的态度有什么不一样? 6. 有人说鸳鸯是“脂粉英雄”，你同意吗?请结合目前读到的回目，试着写一段抒情文字，赞/叹鸳鸯。	
默契 42—69回	第七周 51—60回	1. 重点关注探春、王熙凤、宝钗与李纨在改革中的作用。值得注意的是，王熙凤对探春的改革大力支持，而园中的矛盾纠纷却日繁一日，大厦颓败之势难以挽救。 2. 宝黛钗这条线索也在发展。贾母掰谎为哪般?“慈姨妈”真会为黛玉说媒，还是与王夫人联手力推金玉姻缘? 学界争论较大。教师可结合文本为学生做细读示例，比如紫鹃语言的两种版本比较：“姨太太既有这主意，为什么不和太太说去?”“姨太太既有这主意，为什么不和老太太说去?”	1. 结合晴雯判词，梳理目前读到的相关情节，概括晴雯的形象特点。 2. 结合第 53 回的阅读，帮贾府算算账，列表说明贾府的收支情况。 3. 如何看待贾宝玉梦到甄宝玉这一情节设计? 4. 对比分析探春和王熙凤理家的异同。 5. 宝钗和李纨在大观园改革中扮演了怎样的角色? 6. 贾母掰谎为哪般?	从小说整体情节发展看，大观园改革是否能挽救贾府衰败的颓势? 请结合文本，谈谈你的看法。

续　表

阅读内容	周次	阅读提示	重点问题	课后任务
默契　42—69回	第八周　61—69回	1. 贾宝玉的生日夜宴应该是书中最后一次群芳大聚会，引导学生梳理分析重要的花签花语。反复提醒“如花美眷，似水流年”，这是大观园建成后的第几个春天呢？书中时空流转自然，列一列大观园大事年表会让学生意识到四季悄然流逝与往事历历分明。 2. 王熙凤的婚姻保卫战貌似大捷，一如既往地表现她的高智商与高演技，但在和尤二姐、平儿的对比中，读者终于理解什么是“机关算尽太聪明，反算了卿卿性命”。不但与丈夫恩爱鸳梦再难重温，且众叛亲离、人心尽失。 3. “尤七回”是《红楼梦》不可分割的重要故事，二人与红楼主线（王熙凤线、宝黛钗线）关系密切，二尤之死动人心魄、令人叹惋，也都在“黛玉葬花”“万艳同悲”之列。	1. 梳理大观园人物的生日、花语。 2. 第 49 回史湘云自称“真名士自风流”，第 62 回回目给了她“憨”的一字评，请结合目前读到的相关情节，概括分析史湘云的形象特点。 3. 第 64 回贾敬丧事中插入黛玉《五美吟》，第 67 回二尤故事线中插入黛玉睹物思乡，是否突兀？请就小说情节结构进行思考。 4. 王熙凤、平儿对尤二姐的态度有什么不同？ 5. 尤二姐与尤三姐的爱情观、死亡观有什么不一样？	二尤的故事是否可以从《红楼梦》整本书中剥离？谈谈你的思考。
衰败　70—80回	第九周　70—77回	1. 关注《红楼梦》前后一脉相承的特点：乍看二尤的故事与宝黛爱情的叙事主线游离，但细读林黛玉《桃花行》，不难发现悲音与《葬花吟》一脉相承，是黛玉对生命、对生	1. 对比赏析林黛玉的《葬花吟》与《桃花行》。 2. 探一探王熙凤与邢夫人婆媳关系失和的原因。	小说阅读至此，你认为贾府衰败的原因有哪些？可以从降等袭爵制、贾府经济收支、政治地位、内部矛盾、继业

续　表

阅读内容	周次	阅读提示	重点问题	课后任务
衰败 70—80回	第九周 70—77回	死的勇敢审视与深情悲叹。经历了可卿之死、金钏之死、二尤之死，宝玉对生命悲剧的感悟不断加深，这为续书宝玉出家的思想了悟埋下伏笔。 2. 王熙凤婆媳关系失和可追溯至第46回逼娶鸳鸯事件，可再次提醒学生关注长篇小说“伏脉千里”的内在情节联系；同时也呈现贾府内部嫡庶矛盾等问题，是体现贾府内部主子群、仆人群和主仆关系危机重重的缩影。 3. 对书中众多人物的理解审视：相比于宝玉挨打，抄检大观园的前因后果写得更为精致细密，园里园外众多人物并未分化为两大敌对阵营，而是每个阶层、每个人物都各在其位、各行其是、各有盘算、各有其态。即使是看角门的婆子、传话的小丫头，细究起来也都不是打酱油的。	3. 梳理抄检大观园的顺序、各人反应，谈谈你的发现。注意：哪些人希望抄检？哪些人不希望抄检？关注人物心理动机。 4. 比较“三春”在抄检大观园时的表现。 5. 比较“三春”身边首席大丫头在抄检大观园时的表现。 6. 比较怡红院中袭人、晴雯、芳官在抄检大观园时的表现。	子弟等方面进行分析。
	第十周 78—80回及前80回总结	1. 本周是曹公《红楼梦》的收束周，可以借重读“抄检大观园”对书中人物做个群体梳理。二知道人在评价《红楼梦》中的男性形象时，用了“色鬼”二字，又称：“贾赦色中之厉鬼，贾珍色中之灵鬼，贾琏色中之饿鬼，宝玉色中之精细鬼，贾环色中之偷生鬼，贾蓉色中	1. 回顾抄检大观园的前因、过程、余波，注意比较贾府三代管家娘子贾母、王夫人和王熙凤处理抄检大观园的态度。 2. 在第75—80回中，对贾赦、贾政、贾琏有什么新发现吗？对比过往，分析他们的近期表现。	梳理前80回中描写“金陵十二钗”的名场面，概括梳理人物性格、才情，根据判词及小说情节，推测人物命运，为“金陵十二钗”写人物小传。

续　表

阅读内容	周次	阅读提示	重点问题	课后任务
衰败　70—80回	第十周　78—80回及前80回总结	之刁钻鬼，贾瑞色中之馋痨鬼，薛蟠色中之冒失鬼。”鲜活地评价了书中“这一类”中的“这一个”。教师可以此引导学生对书中众多圆形人物做共性与个性的整理分析。也可用脂批透露的“情情”“情不情”或展示学者研究推导的“情榜”名单做示例。 2. 曹公《红楼梦》情节从无断崖式写法，大多人物本就丰富复杂，而情节的暗暗推进里又藏着时间的流逝、人物的变化。如“贾环近日读书稍进，其脾味中不好务正也与宝玉一样”，贾母贾赦母子情、贾赦贾政兄弟情的变化发展……	3. 回看第11回贾敬寿宴、第13回秦氏丧殡、第18回元春省亲、第22回灯谜悲音、第29回端午打醮、第53回除夕祭祖和元宵夜宴以及第75—76回中秋夜宴，注意荣宁二府在家宴、丧葬、出行等大场面的排场，从前后情节对比中关注曹雪芹对贾府衰败的暗示性描写。 4. 宝玉祭奠晴雯中插入作《姽婳词》的情节，作《芙蓉女儿诔》后黛玉又出现且“忡然变色”。有学者认为无论是《姽婳词》还是《芙蓉女儿诔》，明吊晴雯，暗写黛玉，更是为大观园众女儿的悲剧命运奏响哀歌。结合迎春和香菱的婚姻悲剧，谈谈你对这一观点的理解。	
结局　81—120回	第十一周　81—100回	1. 后40回续书虽然存在诸多不足，但总体上延续了小说的悲剧格调。阅读时注意体会。 2. “黛死钗嫁”是本阶段阅读的重点。这个结局符合你的预期吗？小说前80回有没有相应的铺垫与暗示？不妨梳理一下。	1. 阅读续书，你是否发现与前80回风格不一致的地方？找出二三处进行分析。 2. 任选本周阅读中印象深刻的情节分析评价，如香菱扶正、熙凤调包、黛玉之死、贾母之死等。	对于黛玉临终前“宝玉，你好……”的未尽之言，读者说法不一，但多认为“你好”之后蕴含了丰富的潜台词。请展开联想想象，详尽描摹黛玉此时的复杂心理。

续　表

阅读内容	周次	阅读提示	重点问题	课后任务
结局　81—120回	第十二周　101—120回	1. 引导学生完成通行本通读，完成重点人物的命运结局的梳理。辨析一下，哪些地方前80回“有”伏笔，哪些地方是“无中生有”。 2. 引导学生重读、细读，尤其要重读初读时不甚明了的前5回，从而发现经典重读常读常新的阅读乐趣，重新审视“情”“空”“色”“梦”等关键词。 3. 理解《红楼梦》青春王国的毁灭与贵族世家的衰落两大主题。	1. 你认为续书中王熙凤之死是否符合第5回人物判词？ 2. 刘姥姥三进荣国府与前两次有何不同？ 3. 宝玉出家的情节安排和描写是否符合你的阅读预期？ 4. 读完小说，再回看前5回，对于弃石无材补天、红楼曲怀金悼玉，有没有新的感悟？	鲁迅先生说：“《红楼梦》……单是命意，就因读者的眼光而有种种：经学家看见《易》，道学家看见淫，才子看见缠绵，革命家看见排满，流言家看见宫闱秘事……”通读全书，你看见了什么？

点评

浅谈《红楼梦》的两种教法

李煜晖，北京师范大学文学院教授，中小学（含中职）语文国家教材建设重点研究基地副主任，中国高教学会语文教育专业委员会常务理事兼秘书长。著有《高中语文专题教学理论与实践》《探索和发现的旅程——整本书阅读之专题教学》《高素质文科预备人才培养的实践探索》，导读《整本书思辨阅读：〈水浒传〉》，主编《〈红楼梦〉整本书阅读任务书》等。

《红楼梦》整本书教学，一般有两种观念和做法。

一种主张不必通读，因为篇幅太长，时间有限，很难读完，而且后40回的叙事艺术、语言质量比前80回逊色不少，实无细读的必要。持这种观念的教师，往往指导学生精读作为总纲的前5回，再加上前80回其他一些脍炙人口的章节，如“黛玉葬花”“刘姥姥进大观园”“宝玉挨打”等。然后采取“专题学习”的方法，让学生在人物形象的鉴赏、叙事艺术的探究、主题思想的解读等方面找到感兴趣的研究问题，自己查阅资料，开展研究。教师在学生自主研究过程中会拿出一些课时，指导学生分析和解决研究问题，撰写和展示研究成果。

譬如研究“贾宝玉的性格特点”，这些特点在前5回已有端倪。冷子兴的“演说”，是俗世中人作为旁观者给出的表层介绍，贾雨村的“两赋之论”，则是在人物禀赋层面替作者点醒读者的断语，这些都是宝玉正式出场之前写的。至第3回，随着黛玉进贾府，与宝玉初会，在黛玉眼中写出宝玉的样貌、性情、行事和他在贾府的特殊地位，“纵然生得好皮囊”“于国于家无望”的公子形象跃然纸上了。至第5回，警幻仙子“意淫”之说，进一步写出了贾宝玉对闺阁女子天生的温柔体贴，把他作为“情痴情种”与纨绔子弟在对待男女之情上的特异性写出来了。第5回之后的故事，凡有贾宝玉直接或间接参与者，所展示的宝玉性格，都是以前5回这些基本面为纲领的。他生于钟鸣鼎食之家，有良好的教养和超出同侪的聪明才智，但价值观却是非主流的，不但毫无经国济世的志向，又与沉湎皮肤滥淫的浮浪子弟迥异，偏偏对美和自由痴情向往，专在女孩身上用心、用情、用功。这样一来，封建世家子弟便有了“第三种人”，他既不是好学、上进的，也不是享乐、堕落的，而是超拔和自主的。好学、上进的，可以功名笼络之；享乐、堕落的，可以欲望操控之；唯独超拔和自主的，是从根本上离经叛道，故贾政、王氏不能教育，宝钗、袭人不能影响，贾琏、薛蟠不能同化。在他自己，因为放弃了对家族和社会的责任，在实际的人生中得过且过，注定梦醒后无路可走，唯有一僧一道度化出家了事。这样的人物，这样“消极”的人生态度，本不值得读者肯定，更不是身世普通、天赋平常的人们学得来的，但他所消极对待的事物，本身已经污浊甚至腐朽了，在这种意义上，“消极”中又含有非同寻常的积极因子，既烛照出礼崩乐坏的现实，又在“家国天下”的宏大叙事里撕开一角，发出追求独立人格和自我意识的呐喊。

这种封建文化的“叛逆”因何而生？一是富贵娇养。富则闲，闲则有旁逸斜出的情思；贵则骄，骄则有我行我素的习惯；娇养则无人敢管，无人敢管则有越礼行事的特权，这要“归功”于贾珠之死以及贾母的庇护了。二是天性聪敏，慧根独具。愚蠢的人是没有超越性的。只有聪明到一定程度，才能从当下推演将来，从此岸瞻望彼岸，于局部感知整体，立在繁花似锦、烈火烹油之境悲从中来。所以，曹公写宝玉性格，尽管在红楼人物眼中乃至今人来看，是异样和夸张的，但通篇都在讲道理、讲逻辑，道理和逻辑就在文本情境之中，毫无求之文外的必要。当然，宝玉是人，人是复杂的，作为顽童或贵公子，少不了俗与劣的一面，比如贪玩、有断袖之癖、耍主子脾气种种，这时就不能刻意为他辩护了——但也恰恰如此，他才是有血有肉的、真实可感的、立体丰富的“活的人物”，他的人生才是于读者有新异性而又合乎情理的“真的人生”。好的小说，不就是要写出活的人物和真的人生吗？

假如现在有这样一个学生，他在教师的指导下通读了前5回和一些关键章节，梳理出宝玉故事的脉络，把握了宝玉的性格特点及其复杂性，对性格的成因和作者的写作艺术亦有所感知，而后根据这些研究问题阅读全书，有选择地精读宝玉其他故事，有理、有据、有章法地写出一篇鉴赏论文来，我想应该可以说他已经完成了《红楼梦》整本书阅读与研讨的学习任务了。当他把研究成果分享给同学们，研究其他选题的同学也会对此有相对深入的了解。因为人人都要研究，人人都要分享，学生会从不同路径反复多次进入《红楼梦》的文学世界，故而这种教法对“大家彼此”都是有益的。

不通读全书，不面面俱到，采取局部导读加专题研究的方法，有利于解决语文教学“少慢差费”的问题，有利于实现个性化的深度阅读，有利于把“教学班”建设成为“学习共同体”。我在中学教《红楼梦》，用的就是这种方法。特别是前5回，基本上是我先研究名家解读文献，形成自己的系统认识，而后逐章讲解。听完我的讲解，学生不至于在读法上产生太大的偏颇，对全书特点也有了基本认识，之后给学生一段时间自由阅读、自主选题，我再选取典型个案，教大家专题研究的方法，最后组织学生分享研究成果。

虽然我是这样教课的，但我并不反对第二种观念和做法，也就是拿出一整块时间，用问题和任务驱动学生通读全书。整本书阅读的“整”，虽然不是追求篇幅完整，更不是追求一字不落的精读，但如能做到，又何尝不是一件好事？特别是《红楼梦》这样的旷世奇书，全世界上下几千年仅此一部，不认真读完，单靠道听途说，怎么知道人物的悲剧是怎样一步步演成的？怎么知道后40回究竟写得好与不好？况且读书不在多少，而在质量。花时间、花力气通读《红楼梦》，在文学修养的提高上，比多读一些杂七杂八、无关紧要的书划算。另外，专题式阅读所求的目标是“深”；把通读作为重点，所求的目标是“全”。两相比较，各有各的好处，各有各的不足。比如我做专题教学，总是假想学生经过专题研究和我的指导，一定会对《红楼梦》产生浓厚兴趣，将来有时间会通读，甚至会从方方面面选题做研究——事实上，这些只是我的假想而已，除了受我们熏陶报考了中文系的之外，高考后能有三分之一主动、自觉地重读《红楼梦》，就算很不错了，而主张通读的，能够“毕其功于当下”，这又是一个可贵之处。

《红楼梦》的两种教法，要看师生的适应性和特定情境下的教学目的，不能简单说孰优孰劣、孰对孰错。现在常有这样一种教研倾向，支持一种，非要以否定另一种为前提，结果讨论多时，说的都是些“假问题”。我想，两种教法背后的真问题应该是：指导学生读《红楼梦》的思想方法对不对？具体来说，就是把《红楼梦》当成什么来读，能否一以贯之地把握这个基本原则和教学立场，能否就此采取有效措施指导学生？这一点，无论是专题式阅读中的选题研究，还是通读全书时设计学习任务，都要特别注意。

我不是红学家，但红学文献也略读过一点，冒昧讲一句，红学界很多流派的思想方法并不适合中学语文教学。比如“索隐派”，他们不把《红楼梦》当成文学作品，而视为映射某朝、某人、某事的史料，敲敲打打，求深反惑。比如“考据派”，不管研究曹学还是版本学，其结果固然可以拿到课上作为知识来普及，但其研究的重心在文本之外，这不是学生力所能及的，也不是基础教育阶段的语文课程所需的。比如“百科派”，把《红楼梦》当成百科全书，研究政治、经济、饮食、服饰，无非自己先有一套理论，再拿《红楼梦》当素材库。学生有这套理论吗？即使有，这是社会学，还是语文学习？比如“题咏派”，一味煽情，一味慨叹，借人物悲欢际遇浇自己心中块垒，虽则勉强属于文学欣赏这一大类，但因为忽视梳理与探究，不讲逻辑和理性，对学生而言，他们的题咏与“专家”相比无非词句优劣不同，就感慨的内容来说，则是人尽可发、不教而知的。我想，在红学本身，不管哪种流派、何种观点，它们的存在总有其历史价值和积极作用，但隔行如隔山，如果语文老师不加辨别，把七七八八的红学流派的思想方法盲目引入语文教学，忘记自己的本职是教文学作品阅读，是要借《红楼梦》这部小说培养学生语言、思维、审美、文化等方面的语文核心素养，那就极有可能误人子弟了。

或曰：语文学习包罗万象，让学生知道一点各家各派的知识不好吗？有很多学生本身就对索隐、考据之类感兴趣，教师为什么不能教呢？我从两个方面来回答。第一，语文阅读教学属于严肃、规范的学科课程，不是杂学，也不是以迁就受众为旨趣的培训班。语文学科的文本解读是一种理性的认识活动，在认识的目的、对象、层次和方法上有特定的要求。从语言文字出发，细致梳理文本内容，是小说阅读的基础；在虚拟的文学世界里与人物对话，在具体环境中体察人物的行为与心思，对人物的性格、观念做出阐释和评价，是小说阅读的重点；跳出文意理解的小圈子，与作品背后的作家对话，思考小说写作的艺术，即文本之美、文本之好之所从来，是小说阅读的进阶；站在文艺理论高度，对小说进行跨文本、跨时代、跨国别、跨文化的比较，厘清其性质、类属和承续关系，是条件允许的情况下可以做出的尝试。不管哪一项，根本的思想方法都是以"文本内证"为主，引导学生学语言、用语言，发展思维，提高审美和文化水平。事实上，很多大家，如王国维、鲁迅、茅盾、俞平伯、李长之、何其芳、吴世昌、牟宗三、启功等，乃至脂砚斋等评点家，都把文学鉴赏作为中心，他们早已指明了文学阅读的方法。语文教学还要讲究一点"收""放"的艺术。写作教学要先放后收。先放，学生才敢于表达；后收，才能提高表达质量。阅读教学要先收后放。先收，才能形成建构阅读理解的正确方向、正确方法；后放，才能激发出创造性、个性化的文本阐释。如果上来就教学生索隐、考据，或者不对这些思想方法有所警惕，不自觉地引进课堂来，我们能指望提高学生对文学文本本身的欣赏水平吗?

第二，聚焦《红楼梦》的文本解读或者说文学欣赏来教，其教学内容已经说不尽了，完全没有七牵八扯的必要。鲁迅说，自有《红楼梦》出来以后，传统的思想和写法都打破了。就以这些"打破"的东西为例：从写作内容来源看，《红楼梦》打破了历史的、话本的、民间的种种取材，作者写的是他"亲睹亲闻"的，可以在心灵的大幕上清楚地还原当时的环境和感受，一点杂质也没有。你看他写老人犯困、严父教子、婆媳吵架、情人吃醋、悍妇撒泼、文盲（薛蟠）夸口等种种生活情境，真有通神的再现力。从整体构思看，《红楼梦》打破了终成眷属或因果报应的俗套，他写的是彻头彻尾的悲剧，悲剧的演成盖因“人生见地的冲突”“盛衰兴亡的无常”（牟宗三语）。从人物故事的性质看，他不写杳不可知的“志怪”和遥不可及的“传奇”，着力刻画圆的人物和真的人生。从故事组织看，远人工而近自然，结构由粗犷渐入细密，甚至淡化结构线索，进一步接近生活的原生态，“一路有意无意，东拉西扯，便皆叙出”，“顺笔便墨，间三带四”，“得空便入，一支笔作千百支用”。从爱情观看，打破了怜才爱色、偷期密约的俗套，宝黛之爱是以心灵相通、精神共鸣为基础的升华型爱情观。从语言风格看，只有活的语言才能写出活的人物，只有活的人物才有活的思想，而作者采用的正是当时的北方口语，同时代很多作家不敢想、不屑用的生活语言，他拿来就用，三言两语就把人物写活了。如此种种，不胜枚举，也不必列举文本中的例子，很多创新和突破，都有大量研究文献支撑，甚至已经成为普通读者的共识。在语文课程中教《红楼梦》，只要思想方法不错，可以说珍宝遍地，何必舍近求远？

北大附中都晓梅、李杭媛两位老师设计的“十二周通读《红楼梦》”采用的是第二种教法，对教学活动有系统思考和合理安排，如果认真实施，我想是可以带领学生把《红楼梦》读完的。但这一教学设计最吸引我的还不是通读的目标和教学程序的合理性，而是“阅读提示”“重点问题”和“课后任务”设计背后的思想方法。我仔细学习了每个提示、问题和任务，无一例外都指向文本分析和文学欣赏，这样一来，学生就获得了真正有语文学习价值的“脚手架”。

例如前5回，教师设计的重点问题是：第5回的“剧透”写法，是否削弱了你的阅读兴趣？这个问题，实质是在引导学生谈谈对“预叙”的阅读体验。《红楼梦》从整体到局部，采取了非常精确的“预叙”，先出结果（或部分结果）而后写过程：人物刚刚登场，他的命运结局就通过命名、判词、预言等不同的方式暗示出来了；一个家族刚介绍过，则“一片白茫茫大地真干净”的运数，就提前告知了；一段爱情尚未发生，读者就知道女主人公将“泪尽而逝”了。宝玉出家、贾府被抄、黛玉焚稿，乃悲剧的结果，是为“彻尾”；于悲剧发生之前使读者预见，是为“彻头”。因为彻头又彻尾，读者始终怀有惴惴之情，带着悲伤与不忍，眼睁睁看他起高楼，眼睁睁看他楼塌了，而又无计可施，遂与人物一同陷入悲剧之中，处处怦然心动，时刻不能自拔。《水浒传》《西游记》亦有预叙：“误走妖魔”必然为祸人间，可是如何为祸以及好汉们命运如何，事先是不知道的；此去西天必然修成正果，但是如何落难解难，事先也是不知道的。这就是《水浒传》《西游记》的预叙还不够精准、动人的地方，也是《红楼梦》独擅胜场所在。要达到这样的效果，作者必于动笔前对每人、每事成竹在胸，且对自己的才华拥有极大自信，坚信不靠故事结果维系阅读动机，亦能博得中国读者的眼球，放在中国传统叙事学语境之下，这是何等有魄力的创作观！

两位老师设计的很多问题和任务，质量都很高，如果能在通读基础上深究诸如“预叙”之类研究问题，完全有可能实现两种教法的优势互补，但实际教学是否这样做，仅从教学设计还看不出来。我想如果要做，最大问题还是时间。十二周能读完已经很不错了，教师是否有魄力再拿出几周做点专题研究？我想，在这个问题上不用犹豫，教什么不是教呢？只要对学生真正有益，就要敢于坚持——现在的语文教学，最缺的就是这点实事求是的勇气。

课例2 甄贾玉石警世情：《红楼梦》开篇导读

龙尧，四川省成都市教育科学研究院附属中学高级教师。曾获成都市优质课竞赛一等奖，第十二届“四方杯”全国优秀语文教师选拔大赛一等奖。

设计意图

《红楼梦》的情节框架和主要人物的命运结局在前 5 回都已基本呈现，小说的主题在前 5 回也有大量的隐喻与暗示，其中第 1 回尤为重要，这是学生阅读本书遇到的第一道障碍。第 1 回“甄士隐梦幻识通灵，贾雨村风尘怀闺秀”，借助神话，通过编织《红楼梦》成书的奇幻经历，敷衍甄士隐、贾雨村两位非主要人物的人生际遇，把读者带入虚虚实实的叙事框架中，隐含着警醒世人由“痴迷”到“觉悟”的主题表达。

在学生初读《红楼梦》以及定点阅读第 1 回的基础上，本节课设计教学目标如下：

1. 体会小说第 1 回中交代“石头神话”及甄、贾二人人生际遇相关内容的艺术价值。

2. 理解整本书以“顽石”为起点的叙事架构和全书静观人世的主题

背景。

3. 体悟“荒唐言”背后的“其中味”，推动学生对《红楼梦》整本书持续而有价值的阅读。

教学扫描

环节一　导入新课，整体感知——爱情悲剧和家族挽歌

（一）学情调查，课堂导入

师： 对于《红楼梦》这部作品，哪些故事或者情节给你留下了比较深刻的印象?

生 1: 我印象比较深的是“黛玉葬花”。我觉得黛玉是一个对自然万物都非常爱惜的人，她写的《葬花吟》也非常优美。

生 2: 我印象最深刻的是“龄官画‘蔷’”。可以看出，《红楼梦》里的大观园就是一个青春王国，让我感受到了青春的魅力。

生 3: 我印象最深刻的情节是“湘云醉酒”，一个大家闺秀也能够很直率地表露自己的真性情。

（二）整体感知，建立关联

师： 同学们刚才提到的黛玉、龄官，还有湘云，让我们感受到了她们纯真的性情，也让我们看到了这个女儿世界的摇曳多姿。那么，在同学们看来，《红楼梦》整本书主要讲了什么故事呢?

生 4: 讲述了一群青年人——主要是林黛玉、薛宝钗和贾宝玉之间的爱情悲剧故事。

生 5: 我觉得讲的是四大家族，尤其是贾府的兴衰。

（讨论明确，板书：宝黛钗爱情悲剧　贾府家族兴衰）

师： 从整本书的角度看，主要讲的是这两方面的故事。本书第 1 回讲的是什么呢?

生 6: 借助一个神话故事，讲述了《红楼梦》成书的过程。

生 7: 还讲到了两个人的故事——第一个是甄士隐，第二个是贾雨村。

（讨论明确，板书:《红楼梦》成书经历　甄、贾人生遭遇）

师: 第 1 回和整本书的主要故事之间有什么联系呢？请同学们想一想。

生 8: 第 1 回中神瑛侍者和绛珠仙子的故事与书中宝黛的爱情故事有联系。这里交代了宝黛的前世经历，也暗示了二人爱情的悲惨结局。

师: 能不能解释一下在前世他们有什么经历？书中是怎么说的？

生 9: 神瑛侍者对绛珠仙草有灌溉之恩。后来神瑛侍者要下凡历劫，绛珠仙子为报答灌溉之恩，决定也随他下凡，并说要用一生的眼泪去偿还他的恩情。

师: 这个故事在《红楼梦》中称为“木石前盟”，这注定了宝黛的爱情一定是悲剧结局。此外，同学们还有其他发现吗？比如贾府的兴衰与甄士隐、贾雨村二人有何联系？

生 10: 甄士隐是本地的望族，可他家庭突遭变故，由盛转衰，我觉得作者是在暗示贾府及四大家族也将走向衰落的命运。

师: 也就是说，作者用甄士隐的家族荣枯暗示了书中一个更宏大的家族荣枯的故事。这里是一个家族挽歌的序章。

环节二　梳理探究，深度发现——“荒唐言”与“其中味”

（一）初识“荒唐言”——石头的痴迷与觉悟

师: 第 1 回围绕顽石的经历交代了《红楼梦》的来历。这块顽石在书中究竟经历了什么？有什么意义和启迪？请同学们根据第 1 回的内容，将表格补充完整。

（板书：顽石）

（PPT 展示）

时间	地点	形态	重要事件	相关人物
女娲补天之时	大荒山无稽崖			
一日	大荒山无稽崖			
一日	大荒山无稽崖			
一日	太虚幻境			
过了几世几劫	大荒山无稽崖			

（生默读勾画，交流分享）

师： 哪个同学先来分享一下梳理的结果？大家可以重点说一说顽石经历的重要事件。

生 11： 第一个重要事件，我补充的是“无材补天”。

师： 什么叫“无材补天”？能不能解释一下？

生 12：“无材补天”，也叫“无材可去补苍天”。因为女娲补天之际，众石俱能补天，单单这块顽石无材补天，被抛弃在了大荒山无稽崖下，这是顽石经历的起点。

生 13： 第二个重要事件，是顽石要求一僧一道带他进入红尘凡世。

师： 他为什么央求一僧一道带他到红尘凡世去？

生 14： 他从一僧一道口中听见了红尘中的荣华富贵，动了凡心。

师： 对此，一僧一道的态度是怎么样的？

生 15： 一僧一道说，世间确有些乐事，但不能永远依恃，又易乐极生悲，终究到头一梦，万境归空，倒不如不去的好。

师： 同学们觉得这一僧一道的劝告有没有道理？（生：有道理。）为什么有道理而顽石还是执意要到人间去？

生 16： 书中说顽石“凡心已炽，那里听得进这话去”。

师: 这里的“炽”就是“炽热”的意思。从这里可以看出，当顽石听闻人间荣华富贵的时候，是一种“痴迷”的态度。

（板书：痴迷）

师: 这是石头的第二段经历。当他决意要进入红尘之后，又经历了什么？

生 17: 一僧一道对他念咒书符，大展幻术，将他变成了一块美玉。

师: 大展幻术，化为美玉。也就是说他真实的面目应该是什么？

生 18: 顽石。

师: 这块由顽石幻化而成的美玉和书中的哪一个人物有非常紧密的联系？

生 19: 贾宝玉。宝玉出生之时口中就含着这块美玉。

师: 是的，贾宝玉衔玉而生，因此贾母将宝玉视若珍宝，家族也把这视为祥瑞之兆，认为宝玉将来必定可以承担起光大家族的责任。那么，宝玉能承担起这个责任吗？

生 20: 不能。因为他前世是神瑛侍者，只为下凡历劫而来，本就不属于人间。

生 21: 另外，通灵宝玉的本质只是一块弃石而已，与世间的这些功名利禄是无关的。

师: 这名同学在书中发现了更多的细节，由此也看得出来贾宝玉其实并没有办法按照世俗的观念去承担繁荣这个家族的使命。

师: 我们再往下看，顽石接下来又经历了什么？

生 22: 太虚幻境的神瑛侍者要下凡历劫，一僧一道说不妨趁此机会把这个“蠢物”，也就是“通灵宝玉”夹带其中。

师: 再往后，不知过了几世几劫，还是在大荒山无稽崖下，他的形态又是什么样子的？

生 23: 顽石，他已经变回了原本的形态。

师: 有什么重要事件吗?

生 24: 他把入世的经历都刻在了石上，这些经历又刚好被空空道人看见，故事得以传抄入世。

师: 有了这些经历之后的顽石和当初与一僧一道相见时有何不同?

生 25: 他已历尽离合悲欢、炎凉世态，对俗世繁华没有了从前的向往。

师: 如果说他当初对红尘的态度是“痴迷”的话，那现在呢?

生 26: 是“觉悟”。

（板书：觉悟）

（PPT 展示）

时间	地点	形态	重要事件	相关人物
女娲补天之时	大荒山无稽崖	石头	无材补天被弃	女娲
一日	大荒山无稽崖	石头	石头思凡	一僧一道
一日	大荒山无稽崖	美玉	幻石为玉	一僧一道
一日	太虚幻境	通灵宝玉	随神瑛侍者下凡	一僧一道、警幻仙子
过了几世几劫	大荒山无稽崖	石头	复归大荒	空空道人

（二）共解“其中味”——世间的繁华与悲凉

师: 根据刚才的梳理，我们发现《红楼梦》是一个写在石头上的故事，曹雪芹并不是故事最初的作者，他只是在空空道人抄录的基础上，进行了增删整理而已，果真如此吗? 他究竟想借这个石头的故事表达什么特别的意思呢?

生 27: 这样的写法是为这部作品增加神秘的浪漫主义色彩。曹雪芹想告诉我们，石头经历了对荣华富贵由痴迷到觉悟的过程，但世间大多数人是并不觉悟的。我认为作者讲这个故事，有警醒世人由痴迷到觉悟的意味。

师：说得很好，这也是本书重要的主题之一。这个主题在书中的某些神仙的名字上也有体现。比如警幻仙子，即有警示世人走出人生的迷幻，追求生命本质的深意。曹雪芹为什么有这样一种人生的体悟呢？

（板书：警示世人）

生 28：因为作者出生在一个富贵之家，之后家族遭遇变故，他经历的繁华转瞬即逝。他对人生如幻梦的认识应该与此有关。

师：这名同学关注到了作者曹雪芹的生活背景。关于曹雪芹，同学们还可以借助资料了解更多。他生于繁华，终于沦落，他的家族由鲜花锦簇之盛一下落入凋零衰败之极，这些都使他深刻地体会到了人生的悲哀和世道的无情，他也由此看清了自己所在的封建家族不可挽回的颓败之势，由此产生了强烈的悲剧体验，他将这种体验融入了《红楼梦》这本书中。

师：这种悲剧体验，也体现在甄士隐的人生遭遇当中。如果人生有主题词的话，甄士隐的主题词应该是哪一个词？

生 29：应该是“失去”。

师：在书中他都失去了些什么？请大家快速浏览第 1 回后半部分，做出回答。

生 30：女儿、家庭，失去了人生的依靠，也失去了他对这个世界最后的依恋，随跛足道人飘然而去。

师：人生经历与他几乎相反的贾雨村，由一个穷困书生到拥有荣华富贵的官宦，他所经历的这一切是否具有悲剧性呢？这个问题请同学们分小组讨论。

（小组讨论、交流）

生 31：我们小组觉得贾雨村的人生经历是具有悲剧性的，这从书中的

《好了歌》可以看出来。《好了歌》说:“世人都晓神仙好,惟有功名忘不了!”渴望逍遥,但又常常被功名富贵所累。如贾雨村受甄士隐和贾府的相助,很快由穷书生到集荣华富贵于一身,但我们觉得他得到的这一切也是他个人的枷锁。

师: 为何说它是“枷锁”?

生 32: 因为这些东西本应该是人去掌控它,但人却常常被它所左右。

师: 人们所追求的看似美好的东西,最终往往又变成了对生命的压迫。所以当我们得到它的时候,也可能就是生命悲剧性的开始,对吧?

生 33: 我赞同老师的说法。我认为贾雨村对世俗是一种积极入世的状态,他对红尘的痴迷和石头在进入红尘之前的向往态度是相似的。这反映了他没有看破红尘,还处在对世间繁华痴迷向往的状态,没有实现人生的觉悟,所以我觉得他的经历是悲剧性的。

生 34: 我也觉得贾雨村的经历是悲剧性的。从表象来看,甄士隐失去了一切,这是悲剧;贾雨村得到了荣华与富贵,不是悲剧。但从深层来看,甄士隐因为“失去”而参透了人生,贾雨村因为“得到”而反被世间的种种幻象所蒙蔽。

师: 这名同学的理解很深刻。甄士隐看似失去了一切,但他却实现了生命的觉悟,而贾雨村虽然由贫贱而富贵、由根基毁坏而重新振兴,但他所求得的这些荣华富贵并不能永远持有,物非人换,乐极悲生,仍然难逃到头一梦,万境归空。贾雨村看似得到了一切,不过是进入了一个更大的人生迷局之中。

环节三　延伸阅读,余音绕梁——小说的精神是复杂的精神

师: 刚才同学们发言非常热烈,大家从甄士隐和贾雨村的经历,谈到了《好了歌》,又从《好了歌》看到了书中既有两类人物——出世者和入世者,也有两种面对命运的不同态度——或痴迷,或觉悟。作者在这里不仅是想给我们暗示书中人物命运的结局，而且是一种人生哲学态度的文学表达。

（PPT 呈现《好了歌》）

世人都晓神仙好，惟有功名忘不了！古今将相在何方？荒冢一堆草没了。

世人都晓神仙好，只有金银忘不了！终朝只恨聚无多，及到多时眼闭了。

世人都晓神仙好，只有姣妻忘不了！君生日日说恩情，君死又随人去了。

世人都晓神仙好，只有儿孙忘不了！痴心父母古来多，孝顺儿孙谁见了？

著名作家米兰·昆德拉曾经说过，“小说的精神是复杂的精神，每一部小说都对读者说：‘事情比你想象的复杂。’这是小说的永恒真理”。小说如此，《红楼梦》更是如此。我们今天从“痴迷”与“觉悟”的角度进入了这本书，但这只是我们进入本书的开始。《红楼梦》是一部值得我们去阅读一生、品味一生的伟大作品！期待同学们未来的阅读旅程。

好，今天的课就上到这里，谢谢同学们!

课后作业

评点是中国古代文学评论的主要形式，与《红楼梦》同步流传的有脂砚斋评点，后人将附有脂砚斋评点的《红楼梦》称为“脂评本”。请课后查阅“脂评本”第 1 回的评点内容，试着对《好了歌》一段加以评点，表达个人独到的见解，并与同学交流。

板书设计

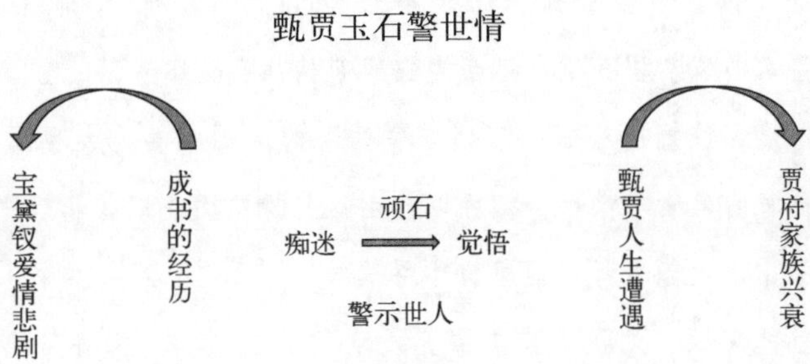

点评

选点透视与整体观照

易晓，四川省语文特级教师，正高级教师，成都市锦江区教科院高中语文教研员，四川省普通高中课程改革学科专家组成员，四川师大文学院特聘教授。著有《从文字走向心灵》，导读《整本书思辨阅读：〈骆驼祥子〉》等。

熊梅，四川省成都市华阳中学高级教师，成都市优秀青年教师，入选“天府英才计划”，曾获成都市赛课一等奖。

一入红楼深似海，千回百转始初见。如何开启《红楼梦》的阅读之旅，帮助学生寻找理解文本丰富内涵和精髓的幽径，进而真正实现“整本书阅读与研讨”学习任务群的价值？龙尧老师的这节导读课，提供了有效的借鉴。

这节课聚焦小说第1回的研读，以“顽石经历”和甄士隐、贾雨村人生际遇为抓手，带领学生初探“荒唐言”，初寻“其中味”，以局部关联整体，理解整本书以“顽石”为起点的叙述架构，感受作者以“空”字观照人生的创作态度，挖掘出小说“痴迷与觉悟”的深刻主题。大观园中的青春与毁灭，贾府的盛衰与荣枯，都可以经由这一视角而得以重新审视。

在教学中，龙尧老师“荒唐言中寻真味”，取点小而意蕴深，体现了精读质疑与整体观照、关联比较与探究发现的有机联结。探寻“顽石”的经历，从梳理其不同时间、地点、形态与重要事件入手，带领学生感受其从“无材补天”到“凡心已炽”“幻形入世”，乃至最后“历尽离合悲欢炎凉世态”而复归大荒的变化历程，建立了“顽石”“美玉”“神瑛侍者”“宝玉”之间的关联。分析甄士隐的人生际遇，紧扣“失去”一词质疑精读，并与贾雨村的人生经历形成对照，有助于学生思悟人生的表象与真实，进而对曹雪芹生于繁华、终于沦落的人生经历产生深度体认与同理之心，更能领会“满纸荒唐言，一把辛酸泪。都云作者痴，谁解其中味！”背后的真意。

当然，从充分彰显整本书阅读的课程化价值，促进学生的发展角度看，本节导读课还有一些地方有待思考与完善。比如，以“顽石”为起点的叙述架构，除了第1回相关内容的梳理，能否进一步建立与前5回、小说主体故事的结构化关联，如补充“宝玉摔玉”的细节以佐证“无材补天”，引导学生更深入地领会顽石与宝玉之间的特殊隐喻性？关于甄士隐的人生悲剧，可否对学生提及的《好了歌》及其“解注”的相关段落有更多关注，同时引导学生揣摩文中出现的一僧一道？倘能以互文关联的方式进一步丰富阅读资源，落实阅读过程中的细读和精读，有价值的文本资源或许会更具张力，学生的发现之旅也会更加真实而生动。

课例3 续前缘寻愁觅恨：宝黛初会的爱情寓言

王兆芳，中学高级教师，福建省福州第一中学语文教研组组长，福建省语文学会副会长，福建师大硕士生导师，福建教育学院语文研究所研究员，福建省“十三五”学科带头人指导教师。著有《论证有道》，主编《作文精华》《邓拓读本》《爱上阅读》等。

设计意图

《红楼梦》是一部鸿篇巨制，要讲清其中任何一个话题，都不容易。其中宝黛爱情，是作者着意描摹的重要话题。它比一般的爱情故事更丰富、更饱满。它因着木石前盟而显得神秘，也因着与封建大家族的兴衰密切相关而具有社会影射性，更因着与主人公命运相关而具有人生悲剧性和哲学意味。

宝黛爱情几乎贯串《红楼梦》全本。第3回宝黛初会，绛珠与神瑛人间再会；第19回“意绵绵静日玉生香”、第23回“西厢记妙词通戏语”，爱情萌生、萌发；第27回“埋香冢飞燕泣残红”、第32回“诉肺腑心迷活宝玉”、第34回“错里错以错劝哥哥”、第57回“慧紫鹃情辞试忙玉”等，爱情继续勃发、深化、成熟；到了续写的第97回“林黛玉焚稿断痴情”、第98回“苦绛珠魂归离恨天”，爱情归结、寂灭。其中还散布了大量的、琐碎而精细的爱情细节描写。所以，理清宝黛爱情的线索，对理解《红楼梦》整本书的结构和内涵，都有着重要的意义。

但是，这样一个宏大的话题，如何在有限的课时内，与心智尚未成熟、尚未具备文学专业知识的中学生讨论呢？如何切合中学生的年龄和认知特点呢？如何引发中学生的兴趣和思考呢？我选择了宝黛漫长而复杂的爱情故事的最前端——宝黛初会，来设计这一节课，以期起到以小角度切入大话题的效果。

宝黛初会是在《红楼梦》第3回，而第3回内容很丰富，包含林黛玉耳闻目见的贾府，贾母、王熙凤的出场，王夫人对贾宝玉的侧面介绍等，然后才是主人公贾宝玉出场。为了更专注于宝黛爱情的话题，本课忍痛割爱，摒除了与之无直接关联的内容，只留下宝黛初会的部分。当然，我们不能简单地说，宝黛初会就是在谈情说爱，就是爱情的开端；但是，我们可以说，宝黛初会是一个爱情寓言，是他们爱情之旅的预示和预演。

切口缩小，是为了更准确、更专注、更深入。但仅有一个话题，还未必能调动起学生阅读和思考的兴趣，还需要设计一个恰到好处的问题。这个问题，是让学生“跳一跳能摘得到”的问题，有一定的高度、难度；但又不能太难以至于努力“跳起来”也摘不到，导致学生丧气而置之不理；更要有一定的趣味，让学生乐意“跳起来”。这要综合考虑校情和学情，以及教师与学生的亲密度、配合度。

于是，我设计了这样一个问题：宝玉初见黛玉，到底因何摔玉？这个问题，作为预习作业，让学生课前预习、讨论，并准备在课堂上发言。一节课就讨论这一个话题，解决这一个问题。为了解决这个主问题，我还设置了一连串的次问题，以期步步引导、循序渐进地解决主问题。为了具体深入课文，我还设计了一个表格让学生填写：

宝黛初会的出招与拆招		
回合	宝玉出招	众人拆招
第一回合		
第二回合		
第三回合		
第四回合		
第五回合		
第六回合		
结　　局		

本节课的教学目标：

1. 通过理解“宝黛初会”的寓意，初步理解《红楼梦》的爱情主题。

2. 作为阅读过程中的推进课，以“宝黛初会”的前后关联，激发学生持续阅读的兴趣。

教学扫描

环节一　导入

师：刚才我巡检预习作业，发现有一名同学的解答，看起来很权威，是这么说的：“在这样一个人物身上，却包含着对封建道德规范的蔑视，对仕途经济的人生道路和男尊女卑的封建礼教的反抗，寄寓了作者对未来世界的理想。”你能否具体分析一下，这个结论是怎么来的？

生 1（支支吾吾）：一下子说不清楚。我参考了某参考书的。（大家笑）

师：参考书要成为你的理解，才算你的作业。还有同学说，贾宝玉“蔑视权威，大胆挑战封建正统教育”，看起来也挺正确的。你能说说吗？

生 2：这是某习题的答案。（大家笑）

师：我要的是你的答案。你是怎么理解的？文中的依据在哪里？他摔玉反抗了哪个权威呢？挑战了什么正统呢？

生 2（支支吾吾）：一下子也说不清楚。

师：那好，我退几步问你们几个问题。问题一，林黛玉进贾府时大概多少岁了？

生 3：第 2 回，雨村说："今只有嫡妻贾氏生得一女，乳名黛玉，年方五岁"，随后便是"堪堪又是一载的光阴，谁知女学生之母贾氏夫人一疾而终"。由此可知，黛玉在母亲去世的时候，差不多六岁。黛玉从五岁起跟着雨村读书，到六岁时母亲去世刚好一年。贾母派人来接黛玉和黛玉之母去世是在同一年。那么，贾母派人来接黛玉时，黛玉约六岁。

师：还有哪些证据呢？

生 4：第 3 回，宝黛初见时，宝玉便走近黛玉，在她身边坐下，又细细打量一番，因问："妹妹可曾读书？"黛玉道："不曾读，只上了一年学，些须认得几个字。"第 2 回已经交代了，黛玉五岁起跟着雨村读书，读到六岁时恰好一年，然后便和雨村一道进了都中，这与黛玉自己跟宝玉说的"只上了一年学"刚好吻合。由此可见，黛玉到贾府的时候，也是六岁。

师：这么说，根据你们两位的研究，可以下个基本结论：黛玉初进贾府时是六七岁，宝玉比黛玉大一岁，所以是七八岁。那么我再问：对一个七八岁的小男孩，用"对封建道德规范的蔑视""对仕途经济的人生道路和男尊女卑的封建礼教的反抗"来概括，合适吗？

生 4：不合适。

师：那贾宝玉是为了挑战封建正统教育、反抗封建礼教而摔玉吗？

生 5：也不是。一个七八岁的顽劣男孩，发了一次脾气，怎么可能是为了挑战封建正统教育、反抗封建礼教？这是一些成年人站在阶级分析的立场上的主观臆测。

生 6: 至少，贾宝玉本人并不明白自己是在做一件伟大的事——挑战封建正统教育、反抗封建礼教。

师: 所以，刚才前面的两个解答，不近人情，不合人性，拔高过度，不足为信。

环节二　梳理“宝黛初会”的过程

师: 问题二，贾宝玉是因为反抗长辈而摔玉吗?

生 7: 在整个事件中，只有贾母三句疼爱的话和探春对贾宝玉杜撰的两句善意的揭发，没有出现贾宝玉与长辈的某种冲突。

生 8: 那王夫人在宝玉出场前，怎么评价他为“混世魔王”呢? 可见家长在此前被他折腾得够呛!

师: 母亲对儿子的评价，你也信?（笑）

生 8: 那宝玉出场后，《西江月》对宝玉的评价，你怎么看?“于国于家无望”“古今不肖无双”“莫效此儿形状”，这都暗示了宝玉与家长的冲突。

师: 对，你看得很仔细，但这些评价是后话，是“后人有《西江月》二词，批宝玉极恰”，并非宝玉一出场就注定与家长起冲突。何况，这个后人对宝玉的批语，是话中有话、正话反说、明贬实褒。此乃另话，不谈。总之，贾宝玉此时不是因为反抗长辈而摔玉。

生 8: 那他到底为何摔那宝贝呢?

生 9: 我认为是一个七八岁的小男孩，因“撩妹”不成，失去耐性，把火气转嫁到那块玉上。（大家笑）

师: 大家不要笑，听听他的理由。

生 9: 贾母笑道“还不去见你妹妹”，而宝玉根据他在女孩堆里混迹多年的经验，“早已看见多了一个姊妹”，心思全都集中在林黛玉身上了。“摔

玉”肯定与林黛玉有关。此“玉”关乎彼“玉”啊！（大家笑）

师： 愿闻其详。

生 9： 宝玉多次主动讨好初次见面的妹妹，这过程我为大家理一理：第一次讨好，“忙来作揖”，“细看形容”，“看罢，因笑道：‘这个妹妹我曾见过的。’”。但被贾母“可又是胡说，你又何曾见过他”一句揭穿，只好承认自己未曾见过，假托“看着面善”，第一次讨好失败。

师： 前世木石姻缘，今世“看着面善”，未必是宝玉说假话，只是宝玉也不明白为什么“看着面善”，只好承认老祖宗正确。

生 9： 第二次讨好，“便走近黛玉身边坐下，又细细打量一番”，又问“妹妹可曾读书”，这是很放肆地套近乎了。可是黛玉只冷冷地回答“不曾读，只上了一年学，些须认得几个字”，关于读书的话题无法继续深入，宝玉第二次讨好失败。

师： 黛玉矜持。

生 9： 第三次讨好，又道“妹妹尊名是那两个字”，黛玉随意说了名，第三次讨好失败。

师： 黛玉有意避免深入话题，这也符合女子初次与男子见面的特点。

生 9： 第四次讨好，又问黛玉表字，黛玉果断回复“无字”，中断话题，令宝玉自讨没趣，第四次讨好失败。

师： 黛玉还是端着，很矜持。当然，这并不意味着黛玉讨厌宝玉。

生 9： 第五次讨好，引经据典送妹妹一妙字，但被探春看出是杜撰，被狠狠打脸，第五次讨好失败。

师： 探春有点坏啊，不成人之美，还当众揭穿。当然，她也是逗宝玉玩。

生 9： 宝玉只好推托“除《四书》外，杜撰的太多”来掩饰，以挽回一点面子。

师： 分析得入情入理，预习得很细致，看来你是有备而来啊！（大家鼓

掌）估计你也有一些切身经验。（大家笑）

生 9: 还有第六次讨好，问黛玉“可也有玉没有”。这明显是没话找话、垂死挣扎、不甘终止谈话。但黛玉理解偏差，说“想来那玉是一件罕物，岂能人人有的”。宝玉一听，“登时发作起痴狂病来”，脾气大作。

师: 未必是“理解偏差”，也可能是黛玉故意偏差，不接话、不上套，吊宝玉胃口。

生 9: 黛玉为什么要吊宝玉胃口?

师: 这你就不太懂了吧? 恋爱就是这样，折磨人。（大家笑）

生 9: 一个七八岁的、养尊处优的小少爷，哪里受得了一个小女子的气呢!

生 10: 受气，也是爱情的内容。（笑）

师: 等等，打住，冷静! 咱们是不是该反思一下刚才的讨论?

生 10: 怎么啦?

师: 我刚才用了“恋爱”一词，你们也用了“爱情”一词。

生 10: 那又怎么啦?

师: 大家记得，咱们刚才订正了预习作业中的两个“不妥”，是基于什么前提?

生 10: 基于他们年龄还小的前提。宝玉七八岁，黛玉六七岁。

师: 是，既然说他们“对封建道德规范的蔑视”“对仕途经济的人生道路和男尊女卑的封建礼教的反抗”“大胆挑战封建正统教育”不妥，那说他们是在谈情说爱就妥吗?

生 10: 哦，是有点不妥。

师: 但宝黛爱情有独特性，且有神秘色彩。他们虽然此时年龄小，但他们有前世姻缘啊! 前世里神瑛侍者对绛珠仙草倾心浇灌，今世里黛玉对宝玉寻愁觅恨、泪水回报；两世的感情纠葛，在宝黛初会这一情节上交接，你们说，曹雪芹能那么简单地写两个小孩子瞎闹吗?

生 10: 哦，宝玉是在撩妹，又不只是撩妹。

师: 当然，我们不能简单地说，宝黛初会就是在谈情说爱，就是爱情的开端，因为他们还小；但是，我们可以说，宝黛初会是一个爱情寓言，是他们爱情之旅的预示和预演。

生 11: 他们第一次见面的这种状态，以后还会反复出现。

师: 从整本书看，这也是事实。当黛玉的泪流尽了，他们今世的爱情也就结束了。

生 9: 好，容我总结一下我刚才的阐述——宝玉的“登时”发作，并不是一时无缘无故爆发的，是六次主动讨好而失败的结果，是撩妹不成而气急败坏。（大家笑）

师: 我差不多被你说服了，很棒！（大家鼓掌）可见，玉只是他急于和林妹妹搭上关系的借口，是他情绪的发泄口，而黛玉才是他发脾气的真正缘由。这样一个在家里横冲直撞的小霸王，被全府上下老少捧着护着的宝贝疙瘩，自愿放下身段，多次主动搭腔，却都受到“神仙似的”妹妹的有意、无意的冷落，哪里能耐得住性子呢? 只好气急败坏地发作了。这真实、生动地展示了一个懵懂少年的微妙心态。这样理解，难道很低级、很肤浅吗? 难道一定要达到揭示晚辈与长辈的矛盾、揭示阶级斗争的高度吗?

环节三　分析“宝黛初会”的寓意

师: 问题三，宝黛初见意在此“玉”，而非在彼“玉”，作者可能还有什么更远更深的考虑?

生 12: 揭示“爱情就是一场战争”的规律。宝黛也不例外。

师: 听起来很有哲理，请讲。

生 12: 宝黛爱情，本来就是接续前世姻缘的。为了感谢神瑛侍者在前世的浇灌，绛珠仙草在今世用眼泪回报。从第一次见面就吵架开始，然后就一直斗气、憋气、猜忌、考验，好不容易彼此确认了关系，进入稳定状态，又节外生枝，最后结婚对象还被调包。所以，宝黛爱情就是一场战争。这是一种爱情寓言。

师：这么说，恋爱就那么痛苦？有没有和谐、稳定的恋爱呢？

生 12：如果和谐了、稳定了，恋爱就进入婚姻阶段了。老师你这么淡定，就是进入婚姻阶段了。（大家笑）

师：你这一下子就把恋爱和婚姻区别清楚了，小小年纪就看很透，佩服你！（大家笑）

生 13：许多伟大作品，某人物第一次出现，某事件开端，往往就种下该人物、该事件的种子，以后就顺着各自的规律生长。宝黛第一次见面就这状态，以后就顺着这状态发展下去。这是小说的内在逻辑，《红楼梦》也遵循这逻辑。

师：很有文学理论味，值得借鉴。

生 14：《红楼梦》注重描写人性。

师：对，文学是人学，描写人性是文学正道。

生 15：作者不在意阶级斗争、封建家庭矛盾、历史规律等宏大话题。

师：不是“不在意”阶级斗争、封建家庭矛盾、历史规律等宏大话题，而是曲折地、有技巧地描写那些话题，含蓄地表达对那些话题的看法，否则《红楼梦》就不是文学作品，而是历史作品、政治文献了。

师：我总结一下咱们刚才辩论的成果，那就是，宝黛初见，不仅初步展现了两人的性格，也是他们爱情的寓言，对他们的爱情之旅有预见性、预演性，甚至有点神秘主义色彩。我再加上第 3 回《西江月》的佐证——“无故寻愁觅恨”。在短短的年华里，无缘无故地寻愁觅恨，两人斗气啊，纠结啊，折腾啊，痛并快乐着，可能这就是爱情的模样吧！

同学们，要排除先入为主的观念，要细读文本，要相信自己的真实感受，要大胆表达自己的观点。

环节四　总结并激发持续阅读的兴趣

师：宝黛爱情是《红楼梦》的主线，“玉”是宝黛爱情的重要信物。刚才大家一起研读的，仅仅是宝黛爱情的开端；有关“玉”的情节和摔玉的细节还会在小说中一再出现。理解这个主线和细节，不仅关乎二人“初会”，也关乎整本书的情节和意蕴。

课后作业

整理小说中有关宝黛之“玉”的情节，并想想这些情节对深入理解整本书有何作用，并准备在课堂上交流。

板书设计

宝黛初会的出招与拆招		
回合	**宝玉出招**	**众人拆招**
第一回合	忙来作揖，细看形容；看罢，因笑道：“这个妹妹我曾见过的。”	贾母说：“可又是胡说，你又何曾见过他？”
第二回合	便走近黛玉身边坐下，又细细打量一番；又问“妹妹可曾读书”。	黛玉回答“不曾读，只上了一年学，些须认得几个字”。
第三回合	又道“妹妹尊名是那两个字”。	黛玉便说了名。
第四回合	又问黛玉表字。	黛玉回复“无字”。
第五回合	引经据典送妹妹一妙字。	被探春看出是杜撰。
第六回合	问黛玉“可也有玉没有”。	黛玉说“想来那玉是一件罕物，岂能人人有的”。
结局	宝玉登时发作起痴狂病来，摔玉。	

点评

建构具体的个性化审美经验

郑桂华，上海师范大学中文系教授，博士生导师，《普通高中语文课程标准（2017年版）》和《义务教育语文课程标准（2022年版）》修订组成员，统编高中语文教材分册主编。

《红楼梦》是中国古代文学的巅峰之作，它深刻反映了与人性、家庭、社会有关的许多问题，成功塑造了一大批个性鲜明的人物形象，且结构严谨、描写精彩，有很高的阅读价值，因而被高中课标列为必读书目，高中语文教材还专门以《红楼梦》为读物设置“整本书阅读”单元。但从另一方面看，由于这部小说篇幅长、涉及人物众多、社会内容广博，再加上它所反映的时代距离今天的学生生活有不小距离，因而要完成语文课程意义上的阅读教学，其设计和实施会面临不少难题。兆芳老师的这节课，为《红楼梦》整本书阅读教学提供了一个有个性的样例，以下几点值得借鉴。

一是基于学生真实的阅读体验。《红楼梦》一书的学习价值丰富，可选择的教学切入角度很多，比如分析小说引子的叙述价值、理解石头的象征意义、解析人物判词与情节的关系、区分前后部分作者的差异、比较版本的差异等，从这类角度进入阅读，便更像红学家作专业研究；再比如分析人物出场顺序的精妙、梳理场面描写的视角变化、赏析人物的个性语言，这些更接近单纯的语文学科认知活动。而大多数中学生读《红楼梦》，首先会关注什么呢？毫无疑问是宝黛爱情悲剧，即两人从相遇、相知到分离的故事以及背后的原因。兆芳老师的教学就是抓住宝黛爱情这一点去梳理情节，进而理解人物。可以说，从生活阅读状态入手，从学生本真的阅读感受出发，是小说乃至文学作品阅读教学的正路。

二是以局部细读带动整体阅读。整本书阅读教学面临一个不小的难题，这就是如何处理精读与通读的关系，因为如果没有局部的精读，《红楼梦》这样的经典作品的价值便不容易体现；而没有对全书的整体关注，更是没有落实整本书阅读的意义。兆芳老师的教学，则比较好地兼顾了两头，他引导学生抓住“摔玉”理解“相逢”这一节，从“相遇”开始梳理宝黛交往故事，借宝黛爱情理解人性与社会的悲剧。一环一环放大开去，起到了以局部带动整体的作用。

三是由文学作品感受审美体验提升。文学作品阅读要避免只有理解没有感悟，只有鉴赏没有体验，长篇小说阅读教学尤其如此。这则案例既有分析片段、梳理情节的环节，也有把握人物心理、理解作者表达意图的过程，还有基于自我经验和当下社会环境的观照，这些都是提升审美体验不可缺少的。

当然，说到不足，“宝黛初会的爱情寓言”这一结论，倒不一定非由教师总结出来。兆芳老师是百年名校福州一中语文学科的领军人物，某种意义上这节课也可以说是这所名校《红楼梦》整本书阅读教学的代表课。从这个意义上来说，它的价值当然不能局限在教学基本功的层面。

总体梳理

晚清评论家解盦居士说："此书才识宏博，诗画琴棋、骈体词曲、制艺尺牍、灯谜联额、酒令爰书、医卜参禅测字，无所不通，迥非寻常稗官所能道。其地则上而廊庙宫闱，下而田野荒寺；其人则王公侯伯、贵妃宫监、文臣武将、命妇公子、闺秀村妪、儒师医生、清客庄农、工匠商贾、婢仆胥役、僧道女冠、尼姑道婆倡优、醉汉无赖、盗贼拐子，无所不备，维妙维肖；其事则忠孝节烈、奸盗邪淫，甚至诸般横死，如投井投缳自戕、吞金服毒、撞头裂脑、误服金丹、斗殴致毙，无所不有，形容尽致，可谓才大如海。"

这一段让人眼花缭乱的话正好道出了《红楼梦》的复杂乃至琐碎。对于多数学生而言，阅读《红楼梦》一定是一种崭新的体验，他们肯定也有感悟，有思考，但恐怕多处在混沌而芜杂的状态。倘若阅读就是为了消遣，或仅为满足个体的好奇或趣味，那么，到此为止也算是乐事一桩。但《红楼梦》整本书阅读显然不是为了纯粹的消遣或趣味，而是为了学生的文化发展与精神成长。显然，合理的理解与构建必不可少，尽管高中生的理解与构建是有限的。

这就要将一般意义上的阅读，引向以反思和建构为主的学习，让阅读从感性走向理性，从混沌走向清明。其中的关键环节，就是总体梳理。所谓总体梳理，就是根据理解与认知的需要，对分布在小说中的各类信息所进行的关联与整合。可从小说的人物、情节和环境等维度进行梳理，也可对小说的叙事、结构、语言技巧等进行梳理，还可围绕某个“肌理”材料进行梳理。詹丹教授举例说，手帕这个小物件，在不同的地方出现有着不同的功能与意义，能否进行“竭泽而渔”式的组合？“组合”即梳理。

梳理有不同的层次，有针对全书的梳理，也有为了特定目的而进行的局部梳理。在文学阅读中，梳理不仅仅是为了提取某些有用的信息，而且是为了开展有针对性的细读，在细读中发现更多的意蕴。为了避免那种脱离文本深层意蕴的简单生硬的信息提取式梳理，我特意将梳理与细读相提并论，希望在细读中梳理，在梳理中进一步细读。

总体梳理是基于“整本书”的，比如，要准确把握王熙凤，就要将“整本书”中王熙凤的所有作为检索出来，进行全面检视与审查，还要将与王熙凤相关的人和事进行全面的梳理，这样才能在环境关系与社会结构中理解王熙凤的行为背景与动机，才可能达成对王熙凤全面而公正的理解。詹丹教授所谓“竭泽而渔”，强调的似乎也是这个意思。“总体”这个词，呼应的就是整本书阅读中的“整”字。整本书阅读不同于片段阅读，两者一个重要的区别就在于有没有“整本书”的意识。总体梳理要求学生全面而详尽地占有信息，这就必须下一番爬梳与鉴别的功夫，这样的梳理其实也暗含了研究的成分。

梳理的内容取决于认知的需求。为了开发“红楼菜品”所进行的梳理，肯定不同于为人物研究所进行的梳理。

在《红楼梦》的阅读中，除了小说阅读中那些共性的内容，如人物、情节与环境的梳理，还有一些个性化的内容，也不妨引导学生作一些力所能及的梳理。比如："石头"对于情节发展的作用、四大家族盘根错节的关系网、"千红一哭"的人物结局、一语成谶的隐喻暗示、特犯不犯的叙述技巧等等。梳理这些内容，有助于我们把握《红楼梦》独特的内容及艺术表现。

梳理看起来烦琐和庸常，但却是走进专题研究与深度思考的必由之路，目前看来也是最容易入手的经典学习之道。当然，也要认识到，中学整本书阅读的体验性多于学术性，梳理要因材施教，适可而止，万不可陷入烦琐复杂的误区。

再谈谈梳理与专题学习的关系。首先，专题学习离不开梳理。要研究"黛玉的小性儿"这个专题，就得查找黛玉的"小性儿"事件，看看她的每一次"小性儿"因何而起，最终又如何消解；梳理并甄别每次"小性儿"事件的主客观原因，从中窥探林黛玉的微妙处境与个性心理；当然，还有必要对所谓的"小性儿"做进一步辨析：到底是林黛玉使"小性儿"，还是读者的刻板印象。实际上，林黛玉向有"小性儿"之名，很多读者一见黛玉生气，便不假思索地认为她又使"小性儿"了。显然，这样的理解陷入了贴标签式的简单化与概念化。

其次，在梳理中也可发现专题。专题学习是课标的规定动作，专题怎么来？除了教师的"设计"，也可鼓励学生设计专题，梳理就是发现专题的重要路径。梳理《红楼梦》中的各种死亡事件，梳理贾府男子们的生存与道德状况，梳理十二钗的命运与结局，梳理王熙凤手里的人命案子，梳理刘姥姥三次进贾府的情况，梳理贾府的节庆仪式和活动，梳理大观园里的几次诗社活动……便可能发现一些有价值的问题，这便是专题的雏形。所谓研究，所谓发现，源头都在这里。

课例4 同气连枝本自荣：贾宝玉社会关系之梳理

王振宁，同济大学第一附属中学语文教师，参与编写《新编中华文化基础教材》等。

设计意图

中学生阅读《红楼梦》的一大难点，就是人物众多。据统计，《红楼梦》里描写的人物超过六百个，有姓名的约三百个。主要人物，以贾宝玉为核心，还有金陵十二钗、贾母、贾政、王夫人等。阅读《红楼梦》，很多人对繁多的人名、迥异的性格以及错综复杂的人物关系感到头疼。

《红楼梦》的人物关系图，学生能通过各种渠道轻易获得。但人物关系图只能反映人物之间的血缘、婚姻等显性关系。要想深入理解《红楼梦》，还应关注人物之间复杂的、微妙的情感关系，这样才能更好地理解人物的性格与精神，理解人物之间的交往与情感联系，进而理解小说的情节与主旨。

本节课的教学目标：

1. 引导学生发现人名中的秘密，梳理贾府的家族关系。
2. 理解主要人物的情感关系，为全书的进一步阅读与理解打好基础。

教学扫描

师：同学们好，我们班经过一个寒假的努力，已经全员通读了《红楼梦》。同学们在阅读《红楼梦》的过程中，对庞大复杂的家族关系印象深刻。最近有不少同学问我：那么多人物，怎样才能记住？他们之间有哪些关系？为什么曹雪芹要设计这样一个人数庞大、关系复杂的家族？为此，我在课前布置了两个任务。今天我们就一边交流，一边梳理人物关系。我希望大家能基于原著，通力合作，完成这些任务。

环节一　发现姓名中的规律

师：第一个作业是根据前 80 回情节，填写“以贾宝玉为中心的人物关系图”。我觉得大家都完成得挺好。

（PPT 展示优秀学生作业）

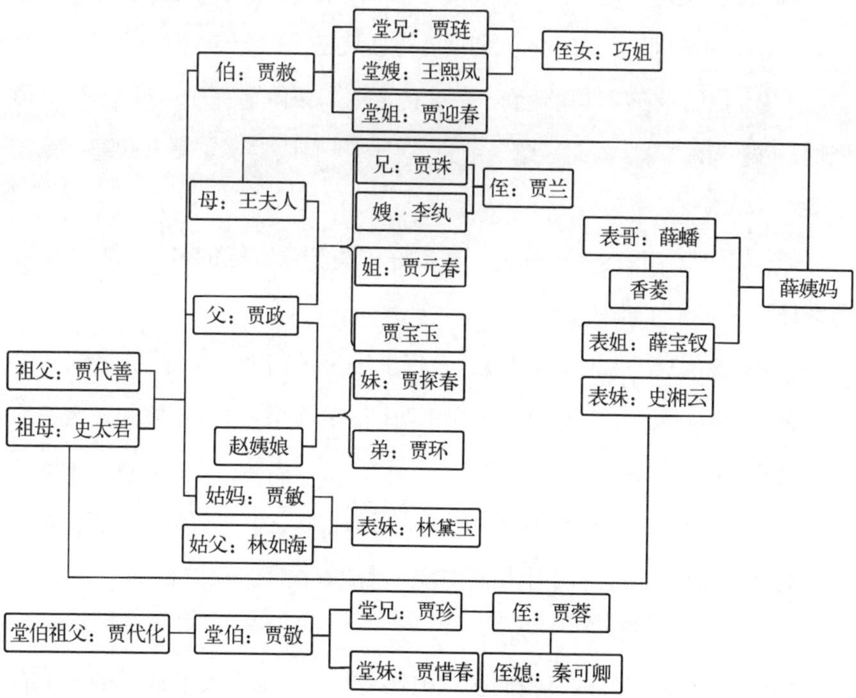

师：请各小组围绕这张关系图展开讨论，试着从中找出人名和人物关系方面的规律。

（生分组讨论）

生 1：我们小组发现，贾家每一代男性成员的名字中都有一个相同的偏旁或字。

师：这个发现非常重要，请为大家具体讲一讲。

生 1：贾家第一代贾源、贾演，名字中都有三点水旁，可以称他们为“水”字辈；第二代贾代化、贾代善，名字中都有代字，所以是“代”字辈；第三代贾敬、贾赦和贾政的名字里都有反文旁，所以是“文”字辈；第四代贾珍、贾珠、贾琏、贾环等人是“王”字辈。但是我们不明白为什么贾宝玉的名字里没有王字旁。第五代的贾蓉、贾兰，我们暂时看不出他们的共同点。

师：你们发现了每一代男性成员姓名中的规律，很了不起；同时，也有些尚未想明白的问题。有没有人能回答这些疑惑？

生 2：我们组在字典里查到，贾兰的“兰”繁体字写作“蘭”，是一种植物。“蘭”和“蓉”都有“草”字头，所以我们认为贾家第五代是“草”字辈。

师：你们从字形的角度探究，非常好！关于贾宝玉的名字，哪个小组能解释？

生 3：我们查了《说文解字》，发现王字旁被归为“玉部”，普遍与玉器、珠宝有关。所以，我们认为贾家第四代，其实是“玉”字辈。贾宝玉的名字是符合这一规律的。

师：讨论到这儿，我们发现，贾家人看似很多，但只要记住了五代人名字中的偏旁部首，或者名字中相同的字，就能很快区分他们的——

生（齐）：辈分。

师：好，贾家男性成员我们基本梳理清楚了，那么女性成员的名字有什么规律吗？

生 4：和男性成员一样，元春、迎春、探春、惜春这四个女孩的名字里都有“春”字，由此可见她们是同辈人。

师：正确。但是有同学说分不清她们的大小顺序，谁有什么好主意吗？

生 5：老师，这四个人的名字连起来，就是“原应叹息”的谐音。只要记住“原应叹息”，就能记住“四春”的大小顺序。

师：你发现了谐音的妙用，很棒！如果大家觉得掌握规律了，我就给出几个小说里的人物，请大家根据名字中的线索，说说宝玉应该称呼他什么。

（PPT 展示：贾敷、贾蔷、贾代儒、贾瑞）

生 6：贾敷是“文”字辈，所以宝玉要叫他伯伯。贾蔷虽然年纪比宝玉大，但因为是“草”字辈，所以宝玉可以叫他侄儿。贾代儒是“代”字辈，宝玉要称呼他爷爷。贾瑞和宝玉一样是“玉”字辈，他们是兄弟关系。

师：有理有据。大家今后阅读《红楼梦》，应该不会再对人名感到恐惧了，因为你们已经知道了人名中的两个秘密——辈分和谐音。

环节二　寻找能给宝玉幸福感的人

师：刚才咱们主要着眼人物的家族关系。接下来，我们来看第二个任务：如果贾宝玉有微信，想建一个“幸福家人群”，他可能邀请哪些人？为什么？各小组课前提交的作业均有亮点。为了使更多同学获得锻炼，每个小组最多提名三个人，每个同学只能交流一个人物。

生 7：我们组认为，宝玉的“幸福家人群”，一定会邀请贾母、王夫人、贾政。他们三人在宝玉的差序格局中最接近中心。

（板书：理论依据：差序格局）

生 7：首先来看贾母。作为贾家辈分最高、最宠爱宝玉的奶奶一定得在群里，起码还得是个名誉群主才能衬得起她的身份。黛玉进贾府前，宝玉一直是睡在贾母屋里的碧纱橱内，黛玉进贾府后，贾母便让宝玉跟自己睡。宝玉挨打后，贾母命贾政不许强迫宝玉会见客人，连晨昏定省也可以随便，还可以日日在大观园里游卧。书里说，贾母对宝玉的宠爱与宝玉的长相很有关系。贾母觉得“就只这玉儿像他爷爷”，可见宝玉和贾母视彼此为家族内最重要的人。

生 8: 我来说说王夫人。宝玉第二亲近的人，就是他的母亲王夫人，哪怕十几岁了还会和母亲撒娇，会“一头滚在王夫人怀里……扳着王夫人的脖子说长道短的”。王夫人在贾政面前处处帮着宝玉。有一次贾政问起谁给袭人起的名字，王夫人马上替宝玉掩饰，说是贾母起的。贾母和王夫人以宝玉为中心，宝玉也最重视这两个人。宝玉从外面回家，总是第一时间给贾母请安，随后去见王夫人。宝玉上学，出门前也要先辞别贾母，再辞别王夫人和贾政。宝玉建家人群，肯定最先邀请她俩。

生 9: 虽然贾政经常打骂宝玉，但我们认为宝玉还是会邀请贾政的。只要不谈读书学习，这对父子还是可以融洽相处的。宝玉陪贾政游览大观园，在“题对额”时表现出色，贾政表面上否定宝玉；实际上，经常“拈髯点头不语”“点头微笑”，而且他一路上都是“扶了宝玉”走的。这对父子的关系并没有因打骂而疏远。第 23 回，贾政觉得宝玉“神彩飘逸，秀色夺人”。第 78 回，贾政主动提出“你念我写”，合作完成了《姽婳词》，这镜头还是很感人的。这些细节都说明贾政很喜欢宝玉。宝玉呢，虽然害怕父亲问起学业，但内心是爱戴父亲的，因此必然会邀请贾政入群。

师: 你们能以《乡土中国》中的“差序格局”为理论依据，又能紧扣文本。费孝通先生在《乡土中国》的“家族”一章中指出，乡土社会的家不是指家庭而是家族，家的概念并没有严格的界限，可以沿着父亲一系向外扩大。按照费先生的理论，宝玉会不会邀请他的亲伯父贾赦、堂兄贾琏入群?

生 7: 我们认为，宝玉不会邀请贾赦和贾琏。如果宝玉以父系为标准建群，那么这个家人群将会非常庞大。不仅贾赦、贾琏要邀请，弟弟贾环，侄子贾兰，宁国府的贾敬、贾珍、贾蓉都要邀请，甚至连同贾雨村、贾瑞等人，都有入群的理由。贾宝玉大概不会干这样的事。我印象里，贾宝玉跟这些人的情感互动不多。

师： 第一组的同学能基于小说情节自圆其说。你们发现了吗？宝玉与贾赦、贾琏不仅鲜有情感互动，而且在价值观上也不是一路人。宝玉重“情”，贾赦、贾琏却好“色”。宝玉平日看在眼里，听在耳里，厌在心里。所以他会说：“女儿是水作的骨肉，男人是泥作的骨肉。我见了女儿，我便清爽；见了男子，便觉浊臭逼人。”接下来请第二组同学。

生 10: 我们组认为微信群的特点是邀请制，只有被群主邀请的人才能进入。既然群名叫“幸福家人群”，那么被邀请的人必须满足“幸福”这个条件。只有能让宝玉感到幸福的人，才能入群。所以从宝玉自身的情感出发，我们选择了林黛玉、薛宝钗、史湘云。

（板书：微信群特点：邀请制）

生 10: 宝黛二人是表兄妹关系，家族关系虽不如“三春”近，但是两人的情感联系紧密，有一段前世的缘分——木石前盟。这使得二人初次见面便有一种似曾相识的感觉。当黛玉因为金麒麟的事伤心，宝玉会深情表白：“你放心。”会在梦里大喊：“什么是金玉姻缘，我偏说是木石姻缘！”黛玉见宝玉挨打哭肿了眼睛，宝玉会安慰说一点也不疼。紫鹃开玩笑说林家要来接黛玉回去，宝玉就会呆病发作。宝玉在乎黛玉，黛玉也明白宝玉。可以说黛玉是唯一走进了宝玉精神世界的人，给宝玉带来了无法代替的幸福。因此第 28 回宝玉对黛玉发誓：“除了老太太、老爷、太太这三个人，第四个就是妹妹了。”

（板书：木石前盟）

生 11: 我来分析薛宝钗。宝钗的年纪比宝玉大几岁，不仅才貌双全，而且情商很高，几乎讨得所有人喜欢。她同黛玉一样，也是与宝玉互动最多的角色。元妃省亲时，宝钗写完自己的诗后，主动提醒宝玉改了一个字。宝玉挨打后宝钗第一个来探望，并且说出了“心里也疼”这样的心底话。宝玉看到宝钗亲切娇羞的样子“心中大畅”，想着“我便一时死了，得他们如此，一生事业纵然尽付东流，亦无足叹惜”。他们之间是互相关心、互相欣赏的。而且，他们之间还有着“金玉良缘”的说法。我们认为，宝玉将宝钗视为家人也是合情合理的。

（板书：金玉良缘）

生 12： 我觉得史湘云也一定会被邀请。她和宝玉是表兄妹的关系，从小跟着贾母在贾家生活。宝钗、黛玉、湘云这三个人中，宝玉最先认识的就是湘云。他们青梅竹马，两小无猜。小时候湘云会给宝玉梳头编辫子，长大了还为宝玉做鞋。她的性格奔放，可惜从小家境不好，一直有些孤独，宝玉对她的关心使湘云对贾府有家一般的依恋。因此群里少不了史湘云。

（板书：青梅竹马）

师： 第二组同学以情节作为支撑，很有说服力。第三组呢？

生 13： 老师，我们能不能选四个人？我们组认为宝玉还会邀请王熙凤和“三春”。

师： 你们是最后一组，就破例一次吧。请说说你们的理由。

生 13： 王熙凤拥有双重身份。她是王夫人的内侄女，嫁给了贾琏，因此她既是宝玉的表姐，也是堂嫂。宝玉一直称呼她“凤姐姐”，凤姐也说她和宝玉是“姐儿两个”，两人的感情好得如同亲姐弟。两人出门经常同坐一辆车。秦可卿出殡，凤姐带宝玉一起住，仔仔细细地把通灵宝玉塞在自己枕边。凤姐情商高，能力强，口才好，在各种场合都能把宝玉照顾得妥妥帖帖。群里有她在一定很热闹、很幸福。

生 14： 我来分析“三春”。探春与宝玉是同父异母的兄妹，家族关系较近，情感上也很亲密。探春会当众拆穿宝玉，宝玉也不恼。宝玉出门玩，会特地给探春买小玩意儿，探春也会给宝玉做鞋穿。探春着凉了，宝玉会亲自去看望，送鲜荔枝。他知道探春趣味高雅，就送她颜真卿真迹。宝玉为了保护探春的“体面”，主动应下玫瑰露的事儿。可见两人关系亲密，像一对意趣相投的朋友。迎春是宝玉同一祖父的堂姐，惜春是宁国府的堂妹。“三春”与宝玉年龄相近，从小一同玩耍，彼此间非常熟悉。宝玉建家人群大概也不会忘记她们。

师：三组同学都讲得好。我想追问一个问题，为什么没人选李纨？

生 15：老师，其实我个人觉得宝玉会邀请李纨，但我没机会说。

师：那现在我给你机会。

生 15：我感觉宝玉和李纨不仅家族关系近、互动多，还在审美品位上比较相似。咏白海棠那回，宝玉称赞李纨擅长鉴赏诗词，也最公道。芦雪庵联句，李纨罚宝玉去栊翠庵讨红梅，宝玉也很乐意去。从这些细节看出，宝玉认可李纨的审美品位，李纨也清楚宝玉的喜好。

师：你分析得有道理，我们也算上李纨吧。我还有个问题：贾宝玉是否会邀请贾元春？请各组讨论一下。

（生分组讨论）

生 16：我们组经过讨论后认为宝玉会邀请元春，因为宝玉和元春的感情非常好。她是宝玉的启蒙老师，教宝玉识字。他们名为姐弟，但犹如母子。身在皇宫的元春一直挂念宝玉，下令让宝玉到大观园中生活读书。我们认为在宝玉的差序格局中，元春要比“三春”离核心更近，所以会受邀入群。

师：有不同意见吗？

生 17：我们组认为贾元春不会入群。因为元春的身份已经是贵妃，不再是单纯的家人了。按宫廷规矩，她也不能随意和宫外人来往。省亲时，元春哭着说皇宫是“不得见人的去处”，没有行动自由不说，连省亲也只有短短几个时辰，还时刻有太监跟随着。因此就算贾宝玉邀请元春加入，元春也不会加入。省亲时，王夫人、老祖宗必须给她下跪，父亲贾政也只能隔着帘子和她说话，最爱的弟弟宝玉要召见才能进屋。如果她入群，群里的人都不敢说话了。所以，我们小组认为群中不会有元春。

师：看来同学们的意见不统一，但你们都能基于小说情节和相关理论有理有据地思考。其实“微信群会有哪些成员”是个开放性问题，没有固定答案。这一任务的目的是什么呢？谁来为大家小结？

生 18：探究人物关系可以从血缘、婚姻等家族关系考虑，也可以从人物的情感关系来考虑。而且我感觉情感关系是更重要的。

（板书：人物关系：1. 家族关系　2. 情感关系）

师：你的小结很清晰，大家为他鼓掌。

环节三　追问掌握人物关系的意义

师：经过讨论，我们大致确定了贾宝玉“幸福家人群”的成员。大家继续思考：“幸福家人群”会一直幸福吗？如果不会，可能会在什么时候变得沉寂？

（生分组讨论）

生 19：群是贾宝玉建的，宝玉出家后，群就自然解散了。考虑到宝玉最爱的是黛玉，那么在黛玉离世的那一刻，群也许就沉寂了。

师：群主都出家了，群就名存实亡了。还有其他看法吗？

生 20：老师，我觉得在贾家被查抄，或在贾母过世后，群就沉寂了。因为抄家给整个家族造成了巨大打击，抄家后不久贾母就过世了。贾母是宝玉最重要的人，所以宝玉不会把她移除出群。但每次一打开群，就看到贾母头像，就会感伤，无法幸福地交流了。

师：你说得有道理。贾母过世，意味着家族失去了主心骨；贾府被查抄，意味着在政治上彻底失败了。经过这两件事，群的确不可能再活跃了。但我要提醒大家，这两件事都发生在小说末端。现实生活中，一个群的沉寂往往是渐进发生的。请你们想一想，在查抄贾府和贾母之死前，还有哪些事件会导致群沉寂？给大家一个提示：在贾母过世前，有谁先离世了？

生 21： 元春！

师： 没错。不过元春不一定在群中，她的离世会导致群沉寂吗？

生 21： 我觉得会。刚才说元春因为身份特殊不能在群里，但她和宝玉无论是家族关系还是情感关系都非常紧密。哪怕不在群里，群内人也会因为她的离世陷入长时间的悲恸。群聊也就慢慢沉寂了。

师： 元春之死的确会导致群沉寂，但未必是群沉寂的开始。大家再往前追溯，还有什么事吗？

生 22： 我觉得迎春出嫁可能也有影响。迎春是贾赦拿来抵债的，出嫁后天天被家暴。这哪是嫁女儿，分明是卖女儿。迎春如果在群里诉苦，那么其他人会不好意思聊开心的事。即使迎春不诉苦，我觉得群里的长辈贾母、贾政、王夫人也知道真相。聪明的凤姐、探春、宝钗、黛玉也能察觉到不对劲。那么群的氛围就会慢慢变化，不如以前活跃了。

师： 区区一个孙绍祖就能公开欺负贾家的千金小姐，明眼人都能看出贾家的衰败。还有同学想谈谈吗？

生 23： 前面同学说得都有道理，不过我觉得抄检大观园才是群沉寂的开始。因为群中的成员几乎都卷了进去。王夫人赶走了宝玉的丫鬟晴雯，导致晴雯病死。探春打了人，迎春的丫鬟司棋自杀，惜春的丫鬟入画离开大观园，薛宝钗搬回薛家，贾母大发雷霆。这件事闹得每个人都不愉快，必然影响到群内的氛围。所以我觉得沉寂从抄检大观园就会开始。

师： 同学们讲得都很好。我留意了一下，你们为“幸福”找的理由都在“抄检”事件之前，而为“沉寂”找的理由都是这之后。“抄检”事件就像一道分水岭，贾家从此坏事连连，越来越衰败。那你们说，“幸福家人群”的沉寂是必然的吗？

生 24: 我觉得是必然的。比如迎春的悲剧缘于贾赦缺钱。连贾赦都缺钱，恐怕整个家族的经济已经出大问题了。我们在政治课上学过“经济基础决定上层建筑”。家里的经济越来越差，家人的幸福感肯定也越来越弱。

师: 贾家为何会出现经济问题?

生 24: 可能因为太铺张浪费，一旦收入减少就渐渐入不敷出了。

师: 有道理。那么以前贾家的主要收入来源是什么? 为何后来减少了?

生 24: 我从人物关系图发现: 贾家祖上是做大官的，但到宝玉这一代已经没人做官了。一边是铺张浪费，一边是没人做官，所以经济问题越来越严重。

师: 你从人物关系图看出了贾家的衰败，真厉害! 其他人有什么看法吗?

生 25: 我觉得贾府的人，虽然面子上大家还来往，但情感上已经不像一家人了。

师: 这和群的沉寂有什么关系呢?

生 25: 有关系。虽然群内部是和谐的，但是群内人和群外人有矛盾。外部环境如果持续恶化，迟早会影响到群内。内外因会互相影响。

师: 你的观点提醒了我们: 造成群沉寂的人未必在群内。比如贾赦，还比如贾元春。有学者认为，曹雪芹在小说中着力正面表现的就是封建贵族大家族“无可挽救的颓败”。我们刚才聊到的抄检大观园、宝玉挨打等事件，都反映出贾府看似和谐实则充满矛盾。父子矛盾、妻妾矛盾、嫡庶矛盾、主奴矛盾，以及主子内部、奴才之间等也都充满了各种尖锐的矛盾。“幸福家人群”在虚拟世界里把矛盾的另一方隔绝在外，但在现实中，矛盾依然存在，这一方净土终有一天会随着家族的颓败而沉寂。讨论到这里，是否有人能领悟梳理人物关系的意义?

生 26: 梳理人物关系能帮助我们阅读小说，还能帮助我们理解小说主题。

（板书：意义：帮助阅读，理解主题）

师：总结得很好。梳理人物关系是理解小说主题的基础和途径。希望今天的课不仅能解决同学们的疑难问题，还能帮助你们今后进一步阅读《红楼梦》。下课！

课后作业

1. 如果宝玉想建一个包含“金陵十二钗”的群，应该起什么名字？为什么？

2. 如果宝玉想为刘姥姥建一个群，应该起什么名字？会有哪些群成员？为什么？

板书设计

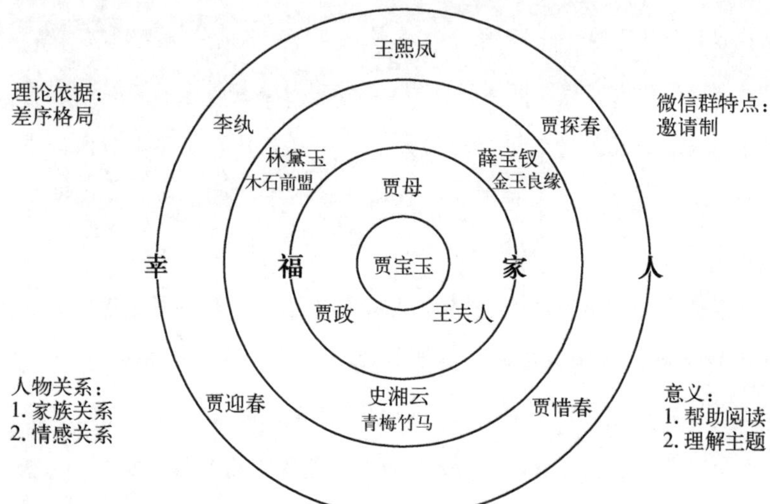

点评

趣味性、探索性与过程性

李祝喜，咸阳师范学院副教授，研究方向为红学与小说叙事。中国红楼梦学会理事，咸阳师院文传院《咸阳学苑》主编。著有《红楼梦生命叙事论》，在《红楼梦学刊》《中国文学研究》《当代文坛》等发表论文30余篇。

王振宁老师这堂以梳理《红楼梦》人物关系为主要任务的导读课，聚焦家族与人物关系，把《红楼梦》人物的姓名、代际、情感有机地联结在一起。教学重点、难点处理精当，做到了趣味性、探索性与过程性的统一。

《红楼梦》出场人物众多，一般认为有名有姓的多达三四百个（与莎士比亚传世的37种剧作出场的人物数量相近），各种关系错综复杂，贾、史、王、薛这四大家族"俱有照应"。曹雪芹对家族与人物关系的叙写，又留下了一系列谜团，譬如贾宝玉的大名就一直存疑。在整本书阅读中，梳理人物关系，可以为学生清理阅读障碍，有助于理解微妙的人际关系，把握小说主旨。

热爱是最好的老师。《红楼梦》素有封建社会百科全书之称，中学生的阅读理解的确存在诸多困难，教师首先要做的，就是调动学生的阅读兴趣。为此，王老师设计了别出心裁的学习活动，用当代学生喜闻乐见的创建微信群的方式，让《红楼梦》的人物与学生在双向穿越中共情与对话。

《红楼梦》是古代家庭题材小说的集大成者，贾家带有历史上曹家的影子。难能可贵的是，曹雪芹并非要以小说为曹家写家族史，而是赋予它社会、历史、文化、哲学、美学等多重深层意蕴。正如清代二知道人《红楼梦说梦》所论：“然雪芹纪一世家，能包括百千世家。”王老师的设计，把点（贾宝玉）、线（婚恋）、面（自抄与被抄）、体（子嗣危机、人际危机、政治危机、经济危机、道德危机）巧妙编织在一起，启发学生把主要人物与重要情节统筹考量，由感性到理性，环环相扣，深度分析与全面认识《红楼梦》主题之一：家族衰亡。

本课的亮点还很多，比如借助《乡土中国》的“差序格局”来理解贾府的人际关系，再如精美的板书设计，等等，都值得点赞。

课例5 无为有处有还无：宝玉挨打中的草蛇灰线

蒋红云，四川省成都市第三中学高级教师，成都市锦江区特级教师。数次在省、市级教学比赛中获奖，多篇论文获省、市级奖励，参与研究的课题多次获省、市级成果奖。

设计意图

就小说教学而言，情节、人物、主旨、艺术特点是教学的关键。其中情节是塑造人物、揭示主旨的有力依托。长篇小说的整本书阅读与研讨，首要任务就是对情节的总体梳理。本课关注的是“草蛇灰线，伏脉千里”。

小说的高潮，是矛盾冲突最激烈、人物性格最鲜明、主旨表达最凸显的地方。《红楼梦》作为一部近百万字的鸿篇巨制，人物众多，情节繁杂，于起承转合之间形成多个高潮情节，彼此呼应，共同演绎家族衰败与青春消亡的悲剧。

元妃省亲、宝玉挨打、祭宗祠开夜宴、抄检大观园、黛死钗嫁、贾府抄家等六大高潮事件，叙写家族盛况，家族后继无人、祖恩耗尽的颓败，理想王国的衰落，以及爱情和家族的最后毁灭，给予读者极大的震撼。在行文上，高潮之前，作者以草蛇灰线之法细密铺垫，做好造势准备；高潮之中，作者以激烈的冲突，或隐或显地铺设出交织在家族与青春主线上的毁灭主题；高潮之后，作者又在或急或缓的余波收束之中牵出高潮的巨大影响力。可说高潮事件，是主线的节点所在，是主旨的内核所在。

因此，从整本书阅读教学而言，要读通《红楼梦》，需梳理高潮事件何以来、何以去，牵出那条“拽之通体俱动”的草蛇灰线，厘清因果脉络；要想读懂《红楼梦》，需思考事件表象之下指归何处，在因果脉络中辨出悲剧内蕴的表达。

基于以上思考，在学生完成第一遍通读、对小说情节有一个宏观把握后，我以“宝玉挨打”这一高潮事件分析为范例，从一个情节点出发，以“向前溯因、向后寻果”的脉络梳理法，勾连、整合关联情节。

授课一周前，请学生完成学习任务：精读《红楼梦》第 32—36 回，概括出场人物及该人物的相关事件。(可根据梳理情况自行添加表格行数)

出场人物	主要事件
……	……

本节课的教学目标：

1. 引导梳理“雨村来访”关联情节，理解其在家族盛衰悲剧线中的作用。

2. 讨论梳理“宝黛交心”关联情节，理解其在宝黛爱情悲剧线中的作用。

3. 理解《红楼梦》草蛇灰线之法，体悟《红楼梦》多线情节勾连的叙事特点。

教学扫描

师：一部《红楼梦》，没有《三国演义》的权术阴谋战火硝烟，没有《水浒传》的江湖聚义快意恩仇，更没有《西游记》的上天入地斩妖斗佛，它写的是琐屑的日常生活，是“历尽离合悲欢炎凉世态的一段故事”（《红楼梦》第 1 回语）。

琐屑、日常的生活如何承载关于青春之殇、家族之殁、盛世之衰的宏大叙事呢？今天，我们一起走进第 33 回“手足耽耽小动唇舌，不肖种种大承笞挞”，在“宝玉挨打”的众多头绪中，提取一线，管中窥豹，会一会曹雪芹先生的精思巧构。

环节一　梳理概括——宝玉挨打的导火索

师：文似看山不喜平，小说好比山峰，要奇峰迭出，最忌讳平坦。《红楼梦》概莫能外，第 33 回的“宝玉挨打”就是这样的奇峰。请大家根据课前的学习任务逐步梳理出宝玉挨打的原因。

通读这一章回时，我们能清晰地看到贾政情绪的变化：原本是无气的，是哪些关键情节气得他“面如金纸”呢？

生 1：先是宝玉去见贾雨村，因为刚和黛玉说了心里话，又被袭人听见了，所以状态不好，让贾政不满。会见结束后不久，贾政再看见他时就呵斥他。但宝玉才知道金钏的死讯，显得很惶悚，应对不似往日，让贾政生了三分气。然后是忠顺王府来找琪官，让贾政又惊又气。接着贾环又在贾政面前说宝玉强奸了王夫人的丫鬟，使得丫鬟自杀，让贾政气得面如金纸。

生 2：引起贾政情绪变化的还有一个关键情节，忠顺王府来找琪官的时候，宝玉一开始不承认，后来见长史官说出他们交换汗巾的事情，不得不承认，贾政气得“目瞪口歪”。

师：非常好！这样一梳理，我们是否清晰地看到引发宝玉挨打的三个关键人物了？

生（齐）：贾雨村、忠顺王府长史官、贾环。

师：随着这三个人物的出场，在贾政的眼里，宝玉呈现出的是什么形象？

生 1：一是贾雨村来访的时候，他眼里的宝玉葳葳蕤蕤，训斥他时又应对惶悚。二是忠顺王府来向宝玉要琪官，他认定宝玉在外“流荡优伶，表赠私物”。三是贾环进谗言，说宝玉“淫辱母婢”。

生 2：应该把荒疏学业也算上。

生 1：但是这一回并没有写他荒疏学业的情节。

师：好，我们综合下同学们的意见，理清宝玉挨打的三条导火索：雨村到访，宝玉葳葳蕤蕤，应对惶悚；王府寻人，宝玉流荡优伶，表赠私物；贾环进谗，宝玉淫辱母婢。关于“荒疏学业”，我们在之后的讨论中看看是否应放入。注意，这三条导火索我们是站在谁的立场上来表述的？

生（齐）：贾政。

（PPT 展示）

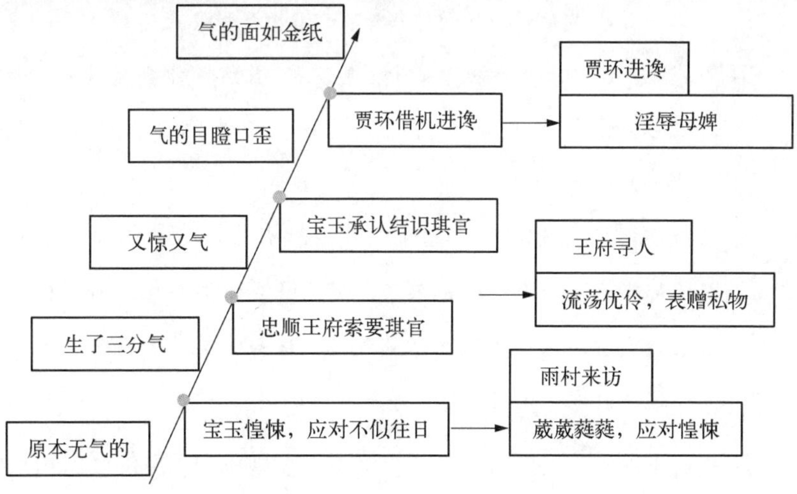

环节二　梳理探究——溯因寻果识伏脉

（一）向前溯因

师：短短的时间里，所有导致贾政怒火上升的事件就这么凑一起了，戏剧性很强。但我们在阅读这一章回时，却不会产生牵强的感受。因为这样的集中爆发不是断崖式突发，而是日常琐屑小事不断累加、不断激化而成的矛盾冲突。如果我们站在这座奇峰向下俯瞰，就会发现引爆它的三条导火索蜿蜒而下，直到远远的山麓。接下来，我们从“雨村来访”这条导火索出发，找一找造成宝玉挨打的众多原因中的一个因素。

宝玉挨打这场激烈冲突中，贾雨村是唯一没有直接出场的人，但就是在这个事件中最不起眼的他，却是引发贾政怒火的起点，也引出了父子俩不可调和的矛盾。

（PPT展示）

> 正说着，有人来回说：“兴隆街的大爷来了，老爷叫二爷出去会。”宝玉听了，便知是贾雨村来了，心中好不自在。袭人忙去拿衣服。宝玉一面蹬着靴子，一面抱怨道：“有老爷和他坐着就罢了，回回定要见我。”史湘云一边摇着扇子，笑道：“自然你能会宾接客，老爷才叫你出去呢。”宝玉道：“那里是老爷，都是他自己要请我去见的。”（第32回）
>
> 贾政道：“好端端的，你垂头丧气嗐些什么？方才雨村来了要见你，叫你那半天才出来；既出来了，全无一点慷慨挥洒谈吐，仍是葳葳蕤蕤。我看你脸上一团思欲愁闷气色，这会子又咳声叹气。你那些还不足，还不自在？无故这样，却是为何？”（第33回）

师：从两个选段中，我们可以看到宝玉去见贾雨村，是因为贾雨村要见他。那么，贾雨村为什么要见宝玉呢？

生 3: 贾政曾经提携过贾雨村，在贾政的帮助下，他才当上金陵应天府知府。到贾府来拜访，是想继续和贾政搞好关系。见贾宝玉有利于他一直靠着贾府这棵大树。

生 4: 就像湘云说的："主雅客来勤，自然你有些警他的好处，他才只要会你。"和宝玉搞好关系，我觉得是他在为自己的未来官运投资。

师: 同学们看得很准哦。那么，对于一个巴结攀附贾府的人，贾政为什么回回都要让宝玉去见他呢?

生 5: 我觉得他是为了让宝玉多一些历练。贾政认为贾雨村很有才华。

师: 为什么贾政认为贾雨村很有才华?

生 5: 贾政第一次见贾雨村的时候就觉得他才貌双全，就说他"相貌魁伟，言语不俗"，很欣赏他。在大观园建成后题匾额的时候，贾政就说过要是题得不好，就让贾雨村来重新写。这也能看出贾政认为贾雨村很有才华。

师: 非常好!

生 6: 他一直希望宝玉读书参加科举考试，宝玉要去学堂前，他还叮嘱让学校里的老师只把"四书"讲明白就可以了。可见他对宝玉是抱有希望的，希望宝玉能和贾雨村多交流，这样可能有利于宝玉读书。

生 7: 但是他好像对宝玉也很失望，宝玉上学前向他请安，他直接冷笑着说，提起"上学"他都羞死了。

生 6: 但是他还是要依靠宝玉。有个情节是宝玉和贾环站在他面前，他还是觉得宝玉更顺眼。应该还是认为只有宝玉才能继承家业吧。而且宝玉是他活着的唯一的嫡子。

生 8: 我觉得他更想让宝玉学一些官场上的本事，积累一些人脉。就像湘云说的，既然宝玉不愿意读书参加科举考试，和这些为官做宰的谈一谈仕途经济的学问，有利于将来应酬世务，而且还可以多个朋友。

师： 综合同学们的意见：从贾政的角度来看，贾雨村无疑是走封建正统之路的成功人士，足以成为宝玉的人生楷模，对宝玉如今读书仕进、今后步入官场均会有所助益。但是，宝玉为什么不想见贾雨村呢？

生 9： 宝玉本来就不喜欢男子，认为他们是泥做的，靠近就觉得浊臭。更不喜欢为官做宰的人，连劝他的湘云都被他不客气地说她说的是混账话，还往外面撵湘云。

师： 书中哪里还可以证明宝玉不喜欢这样的人？

生 9： 袭人有次和他“约法三章”时，说过他一直就不喜欢读书仕进的人，还给他们起了个名字叫“禄蠹”。

师：“禄蠹”是什么意思？

生 9： 贪求官位、俸禄的人。

师： 贾雨村是这样的人？

生 10： 贾雨村出场的时候落魄潦倒，中进士当官不久因为贪酷之弊被参革职了。在林如海的推荐下成功复起，复起后经手第一个案子就乱判命案。他在第一次做官的时候就有贪酷之弊，又因为恃才侮上被参革职。这里可以看出他有不顾一切贪权的倾向。

在他的这些经历里面，甄士隐、林如海和贾政都是他的提携人，对他走上仕途都起了作用。而且如果没有甄士隐，他连参加科举考试的机会都没有。但是他在知道案子里面的丫头就是甄士隐失散多年的女儿时，也没有看见他为英莲做什么事。

生 11： 贾雨村一开始还想秉公办理，但知道打死人的薛蟠是四大家族的，而且和贾府有亲戚关系，不仅胡乱判了案，还连忙写信在贾政和王家面前邀功。为了他的前途，他忘记了甄士隐是他落魄的时候雪中送炭的人。可见他贪图权势、趋炎附势，确实是贾宝玉讨厌的“禄蠹”。

生 12: 有一次贾雨村为了让贾赦能得到一把扇子，还讹诈扇子主人拖欠官银，不管扇子主人的死活，抄出扇子送给贾赦。贾雨村没少干这种事情。

师: 同学们分析得非常好，最后一个同学说到的强抢扇子一事在第 48 回，这一回里还通过平儿对贾雨村作了评价："雨村那没天理的"，"认了不到十年，生了多少事出来"。逐利贪权、趋炎附势的"禄蠹"之名是坐实了的。

师: 综合同学们的分析，我们可以看到：身为封建家长的贾政希望子辈专心读书，能够"走正道"——仕途经济的道路，于是费心铺路，希望他多结交为官做宰的人，让将来的仕途好走一些。走读书科举这个"正途"的贾雨村自然成了贾政心中的好榜样、好助力。但是本应承担封建家族延续责任的贾宝玉却厌恶读书仕进，认为那是"禄蠹"沽名钓誉、贪权逐利走的路。居于官位之上的贾雨村，他的所作所为完美地印证了宝玉口中的"禄蠹"二字。这样一个以攀附心理前来贾府拜谒的人，我们似乎可以想象当他和宝玉交谈时流露出的价值观、人生观。所以，宝玉十分反感会见贾雨村。

据此，我们可以看出，贾政对宝玉的呵斥，不仅仅是人前失仪的问题，而且是封建家族中，代表着遵循封建正统成才之路的父辈与厌弃封建正统之路的子辈间人生观的矛盾冲突。

（二）向后寻果

师: 在这个矛盾冲突下，贾政的这场毒打可以说是一个失望到极致的父亲对儿子采取的决绝手段。贾政有把宝玉"打"回封建正统成才的路上吗?

生（齐）: 没有。

师: 为什么这么说?

生 13: 在贾母的支持下，宝玉可以不去见外客，向长辈请安也随自己的意，把除了“四书”以外的书都烧掉了。从这些可以看出来他不会再读那些科举考试用的书，也不会再通过结交为官做宰的人来积累政治资本。他也可以不用向长辈请安，也就是说，他可以不去向贾政请安。这样贾政就完全没法管他了。

师：这样的结果我们可以在第 36 回之后的章回中找到它的影响吗？

生（齐）：对贾府而言，是一种失败。

生 14：贾宝玉是贾府第四代里面比较被看好的一个，他不再读书仕进，对贾府整个家族的发展来说是很不幸的。

生 15：贾府的不幸结局除了体现在宝玉不走仕途外，我认为还体现在贾政、贾赦这一代对贾雨村的态度上。贾雨村明明趋炎附势、贪权逐利，贾政却还想让宝玉和他多会面，（师：贾政可能并不了解贾雨村在官场上的作为。）就算不了解，贾雨村都不能算一个好老师。最后贾府被告的时候，贾雨村为撇清关系，还狠狠地参了贾府。这也算是贾政引狼入室了。第 47 回贾雨村明明是强取豪夺，却还被贾赦认可，还把不满这种做法的贾琏打了一顿。宁国府的贾珍也和贾雨村关系好。所以我认为，贾府的未来也没法依靠这些人的，它的里子已经烂了。

师：贾宝玉的身份是贾家荣国府第四代二房嫡子，有承继家业的重担。贾政的失败，是力图遵循封建人才培养模式来培养封建家族继承者的失败。一是被培养者的厌弃，一是培养“楷模”贾雨村本身就是加速其颓败的蠹虫。父辈的失败和子辈的胜利中，我们看到这个封建簪缨世家赖以存在的成才规则没能延续和不可延续，也隐约能够理解“《红楼梦》十二支”收尾曲的那一句“落了片白茫茫大地真干净”，名门望族“无可挽救的颓败”在这里可见一斑。

（三）伏脉千里

师：不知同学们注意到没有，今天我们从“宝玉挨打”这个奇峰出发，沿着最不起眼的一个点——贾雨村——溯因寻果。在同学们的研讨中，向前溯因，涉及的章回有第 1—4 回、第 9 回、第 17—19 回、第 23 回、第 32 回；向后寻果，涉及的章回有第 36 回、第 47 回、第 72 回、第 107 回和贾府的最后结局。前因后果关联在一起，清晰地展现出贾氏父子关于读书仕进由来已久的矛盾，贾府盛世终将走向颓败的预兆。此时再来理解何以引起贾政怒打宝玉的理由中会有一条“荒疏学业”——较之于王府寻人、贾环进谗当日知晓的“大逆不道”之事，宝玉荒疏学业、厌弃仕进是贾政横亘于心中的长久之痛。

这样不露痕迹地将引发高潮情节的诸多关联情节，暗自埋藏在琐屑的日常中，却又能让你在回望之时恍然大悟，了解到它的精雕细刻，这正是《红楼梦》情节结构上的一个伟大之处：草蛇灰线，伏脉千里——伏笔照应使这部鸿篇巨制的情节环环相扣，浑然一体。

环节三　梳理拓展——点线伏脉话宝黛

师：“雨村来访”让我们理出一条线索——簪缨世家贾府“无可挽救的颓败”，而《红楼梦》中另有一条线索——宝黛爱情——也可以从此点出发，寻出它的千里之脉。谁来说说在“雨村来访”这一个情节点上，“宝黛爱情”体现在哪里？

生 16：从贾政训宝玉的话来看，贾政说他这次出去“全无一点慷慨挥洒谈吐”，其实说明之前宝玉的表现还是不错的。这一次是因为在见贾雨村之前，他和黛玉说了很多心里话，可有一些话被袭人听了去，当时他的表现就很慌乱，这影响了宝玉的状态。

师：确实如此，宝玉对雨村素来不喜，但在外人面前的正经礼数，他是能做到的，这次是个例外。而引发这个例外的是会见前的“宝黛交心”。请同学们分为两个组，从这一个点出发，一组溯因，一组寻果，理一理与之相关的伏笔与照应。

生 17：就像刚才同学说的，引起宝玉会面时状态不好的直接原因是向黛玉诉肺腑被袭人听到了。顺着这个往前面追溯，因为黛玉不放心宝玉和湘云在一起，所以专程过来看一下情况。听到宝玉在他人面前不避嫌地赞扬自己，又喜又惊，忍不住哭了。宝玉出来时看到黛玉在拭泪，让黛玉放心，说了很多让黛玉感动的话。

再往前追溯让黛玉不放心的情节。宝玉从张道士那里得到一个金麒麟，当时别人都没有什么反应，只有黛玉看着他点头。黛玉担心宝玉和湘云做出风流佳事来，也是因为她知道宝玉在看那些写小物件就定了终身的外传野史。这个情节在宝玉黛玉一起读《西厢记》那里有伏笔。

生 18: 再往前追溯，宝玉把金麒麟留着是因为宝钗说湘云有一个，黛玉还讽刺说宝钗对别人戴的东西留心。这个情节点照应的是宝玉和宝钗比通灵宝玉和金锁的那个情节，当时莺儿就说上面的题字是一对的。黛玉后来也去了，而且很吃醋。第 28 回又明确说了宝钗的金锁要等到有玉的才能配。黛玉在这回里说自己没有什么金玉，自己只是个草木之人。

师: 同学们梳理得非常细致。将这些情节点汇总在一起，我们看到了这样一条向前溯因的情节线：第 33 回雨村来访，宝玉葳葳蕤蕤，其中一个原因是第 32 回宝黛诉肺腑，而宝黛诉肺腑是因为第 29 回宝玉得了一个和湘云一样的金麒麟配饰，以及第 23 回共读《西厢记》中宝玉看的才子佳人故事让黛玉不放心。黛玉不放心的源头又在第 28 回、第 8 回相互印证的二宝“金玉良缘”之说。这一条情节线，串起了宝黛钗爱情线中最重要的“木石前盟”“金玉良缘”两个说法。

这是溯因，那么我们来向后寻果呢?

生 19: 宝玉挨打之后，黛玉和宝钗都去看望宝玉。宝钗从袭人口里听说宝玉挨打可能是薛蟠引起的，回到家里后和薛姨妈一起责怪薛蟠，把薛蟠惹急了，也说了有关金玉良缘的话，把宝钗气哭了。他说：“你这金要拣有玉的才可正配，你留了心，见宝玉有那劳什骨子，你自然如今行动护着他。”

生 20: 我觉得这个情节和第 28 回宝钗知道金玉良缘之说，平时总远着宝玉相呼应。（师：补充得很好。）第 36 回宝玉在梦里说他不管金玉姻缘，偏偏要说木石姻缘。这个算是宝玉的回应吧。

生 21: 宝玉真正把黛玉当知己。黛玉来探望他的时候说“你从此可都改了罢”，宝玉却说：“你放心，别说这样话。就便为这些人死了，也是情愿的！”他只会在黛玉面前说这样的话。这个和他同黛玉诉肺腑的“你放心”是呼应起来的。等黛玉回去后，他还让晴雯给黛玉送去了旧的手帕，让黛玉更加明白他的苦心。

师: 向后寻果，同学们梳理出第 33 回到第 36 回的情节线。宝黛钗三人的关系在这条线中有一个重要的发展。可以说宝玉挨打事件中，宝玉黛玉更加认清彼此的心意，宝钗对宝玉的情感我们这节课暂不讨论，但能看到宝玉对“金玉良缘”的排斥。

生 22: 我认为这个重要的节点还有一个含义。虽然他们两人认清了彼此的心意，但是有一些情节预示了他们最终的结局是悲剧。因为宝钗在这个过程中得到了贾母和王夫人的称赞。有两个情节：一是宝玉本来想让贾母称赞黛玉，结果贾母称赞的是宝钗。二是王夫人本来打算把给黛玉做的新衣服给金钏，但是怕黛玉多心，宝钗却主动说把自己的新衣服送过来，得到王夫人的赞赏。我认为这两个细节都在暗示长辈的选择。

师: 太棒了！你看到了一条情节线的两面。宝玉挨打是宝黛爱情的催化剂，却也是宝黛悲剧的伏脉处！

环节四 结语

师: 小说高潮是情节的集聚点，也是人物形象最饱满、主旨表达最鲜明的地方。一场挨打，从府外到闺中，从主子到奴仆，众多人物登场，牵扯出纷繁复杂的情节线。这堂课上，我们从宝玉挨打中的一条导火索出发，向前溯因，向后寻果，通过关联，梳理出《红楼梦》“家族”与“爱情”两大悲剧线在两条情节脉络中的展现，感受到曹雪芹先生虽精雕细琢却不显机心的草蛇灰线之法。

谢谢同学们!

课后作业

请用向前溯因、向后寻果的方法，完成“宝玉挨打”另外两条导火索的情节梳理，并分析其在家族盛衰线及爱情悲剧线中的作用。

板书设计

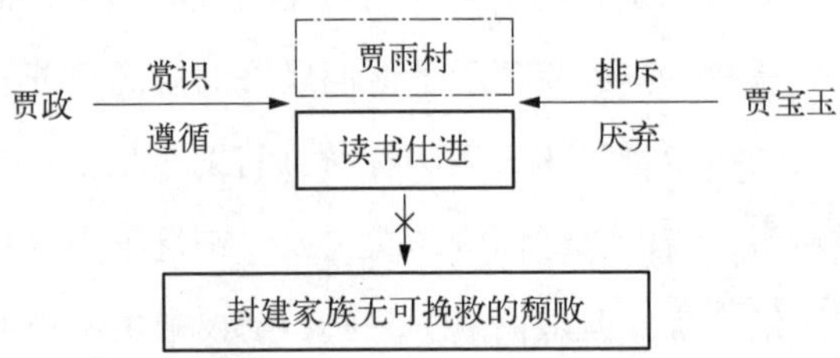

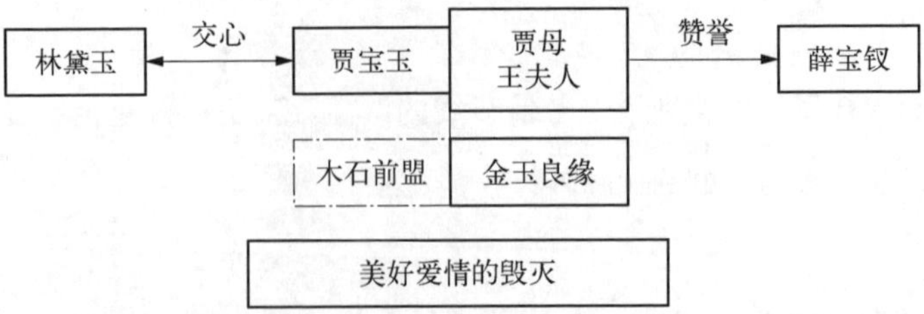

点评

草蛇灰线识因果

俞晓红，安徽师范大学文学院教授，博士生导师。中国红楼梦学会常务理事，教育部认证专家，全国三八红旗手，国家一流课程主持人，安徽省新时代教书育人楷模、省级教学名师。先后主持省部国家级科研项目8项，质量工程项目15项；发表论文80余篇，出版专著6部。

《红楼梦》是经典文学作品，“《红楼梦》整本书阅读”是一种经典的文学教育活动。“整本书阅读”的提出，带有完整阅读、整体理解的明确导向。它所针对的是这样一些弊端：一是一百年来古典名著以节选形式进入中学语文教材所导致的片面化阅读倾向，二是应试教育背景下以阅读理解形式进入试卷的片段化阅读现象，三是大数据时代各种微文、微信息裹挟而至的快餐式阅读模式。这样的阅读方式，容易让青少年读者对经典文学的接受流于碎片化、浅表化，无法养成完整阅读、纵深思考的良好习惯。这对经典文学教育与优秀文化传承显然是很不利的。

“整本书阅读”进入新课标，“《红楼梦》整本书阅读”进入统编高中语文必修教材，就将《红楼梦》的阅读教学与指导列入了高中语文课程。然而，要实施《红楼梦》的整本书阅读，在当下高中语文教学中确是一个难题。蒋红云老师的这堂课为“整本书阅读”的教学指导提供了一个很好的课例。它有以下三个值得称道的优长。

一是教学设计逻辑明晰。“设计意图”明确重点，把握关键；“教学扫描”格局井然，从容不迫。

二是教学过程结构谨严。课例以《红楼梦》中的一大关键情节“宝玉挨打”为教学的主体内容，将过程划分为三个环节：梳理宝玉挨打的导火索—分析宝玉挨打的因果链—拓展宝玉挨打的关联点。这样就将原本比较集中的挨打情节，向前寻觅到雨村来访、宝琪交往、金钏投井、贾环进谗等各种原因，横向联系到金玉姻缘、湘云劝进、宝黛爱情，向后延伸到父子矛盾无法化解、贾府由兴盛走向颓败等。这就摒弃了以往片面阅读章回小说某一片段的做法，选取了寻因觅果、总览全局的阅读视野，因而能够以点带面，以少总多，关联整本书相关情节，这实际上也就是一种“整本书阅读”的思维和方法。

三是教学方法符合规则。“整本书阅读与研讨”应以中学生为阅读研讨的主体，重视对学生的启发、引导、激励，而不是以教师的讲解与灌输为课程重点。蒋红云老师的课例体现了这一思路，引导时步步为营，激励后渐入佳境，突出了学生中心，是一次很好的指导实践。

此外，蒋红云老师还善于将传统小说评点的有关术语引用到阅读教学中，如“草蛇灰线，伏脉千里”等；PPT与板书设计也颇见匠心，直观而简约地体现了课例的指导思想，相信在课程实施中一定能够起到启悟学生的作用。

在原著中，“宝玉挨打”体现的是贾宝玉人生道路的悲剧主题，“宝黛爱情”聚焦的是青年男女的青春悲剧和生命悲剧主题，两组故事互为因果，有其内在的逻辑关联。宝黛追求自由、理想的爱情是导致宝玉挨打的要因之一，又是宝玉对抗贾政逼他走仕途经济道路的重要精神支柱。教学实践中如能深度透析两者关系，应更好。

课例6 三春过后诸芳尽：抄检大观园中的“三春”

朱华华，广东省东莞中学松山湖学校高级教师，市学科带头人，名师工作室主持人。多次参加优质课竞赛，获全国二等奖、省二等奖、市一等奖。获省下水作文特等奖，省、市教学论文一等奖，发表文章 80 多篇，出版专著 1 部。

设计意图

《红楼梦》作为一部史诗级的海量巨著，如何引导学生保持持续的阅读热情，过程中的选点品析等阅读指导必不可少。我选择聚焦抄检大观园事件来比较迎春、探春、惜春的形象与命运，并以此作为《红楼梦》中期阅读的推进课，主要基于三点考虑：

一是其结构方面不可替代的枢纽作用。从整本书的视角来看，“抄检大观园”不仅集中揭示了种种矛盾，而且在结构上起着枢纽作用，是贾府从“烈火烹油、鲜花着锦”的繁盛转向萧索离散乃至一败涂地的影射，预示着贾府最后“树倒猢狲散”的结局。“抄检”与“抄家”虽然大小、氛围、程度等均有不同，但隐喻意味已经通过探春之口明白地说出来了：“你们别忙，自然连你们抄的日子有呢！你们今日早起不曾议论甄家，自己家里好好的抄家，果然今日真抄了。咱们也渐渐的来了……‘百足之虫，死而不僵'，必须先从家里自杀自灭起来，才能一败涂地！”可以说，“抄检”是贾府被抄的一个缩影，是贾府由繁盛走向没落的一个枢纽。

二是其人物方面多元思辨的比较价值。余党绪老师曾指出：“《红楼梦》可圈可点处甚多，最值得称道的，恐莫过于栩栩如生的人物塑造……对于高中生而言，‘人物论’才是《红楼梦》中最有活力、最有思辨空间的领域。”“抄检大观园”涉及的人物众多，对迎春、探春、惜春更是有集中而迥异的呈现，我以此为窗口，引导学生在文本比较中多元思辨地感悟“三春”的性格与命运。比如体会迎春流泪与探春流泪的不同心情，品味探春冷笑与惜春冷笑的不同内涵。引导学生通过纵横的比较，既看到迎春的胆怯懦弱，也看到迎春在吃人的世道寄托《太上感应篇》于顺受无为中的自释；既看到探春的精明能干，也看到探春生不逢时、越清醒越自苦的悲酸；既看到惜春的决绝，也看到惜春于污泥浊淖中自守清洁的可贵。

我期待能引导学生走出脸谱化、概念化界定人物的误区，通过文本细读，激发学生运用思辨思维、多维视角理解“三春”形象，引导学生在文字的褶皱中去品味她们各自不同的言行举止，结合特定的生存土壤去体察她们各自不同的选择，进而看到立体的生命个体，看到经典中真实的“人”！

三是其主题方面青春毁灭的升华功能。大观园原本是宝玉和女儿们的理想乐园，是有别于污浊俗世的青春王国，是处于黑暗社会包围中的世外桃源，宝玉与姐妹们在其中读书写字、弹琴下棋、吟诗作画，自由自在，快乐美好。而抄检无疑是现实的一场飓风，将大观园无情席卷，自后青春再难逃被蹂躏、遭践踏、被毁灭的命运。晴雯被逐后含屈而死，司棋被撵后殉情而亡，入画、四儿被赶出大观园，芳官等戏子被撵后无奈出家，均成为抄检的牺牲品。随后，红楼女儿更是一个个香消玉殒，迎春被虐致死、黛玉泪尽而逝、探春远嫁海隅、惜春寂寞出家、妙玉沦落风尘、凤姐被弃而亡、宝钗独守空闺……“抄检大观园”成了一曲青春毁灭的挽歌。

基于上述理由，本课设计的教学目标：

1. 以“抄检大观园”为枢纽，以本课为中期阅读推进课，激发学生继续阅读《红楼梦》的兴趣。

2. 以“抄检大观园”为一个窗口，引导学生在文本比较中多元思辨地理解“三春”的性格与命运。

3. 结合“抄检大观园”及其之后众多女儿的命运，引导学生体悟“千红一哭，万艳同悲”的主题。

教学扫描

师：同学们，“抄检大观园”是《红楼梦》中的重要章回，此章回不仅预示着贾府没落的开始，也暴露了贾府内部的重重矛盾，比如邢夫人与王熙凤的婆媳矛盾，邢夫人与王夫人的妯娌矛盾，还有主仆的矛盾，甚至仆人之间的矛盾……可以说“抄检大观园”中值得细细品析的地方非常多。弱水三千，只取一瓢饮。今天的课上，我们以“抄检大观园”为一个窗口，探讨《红楼梦》中迎春、探春、惜春这“三春”的性格与命运。

环节一　“抄检大观园”知识抢答

师：自进入高一下学期以来，我们阅读《红楼梦》已有大半个学期，检阅我们阅读成果的时候到了，首先进行一场《红楼梦》知识竞赛，同学们可以自由抢答。

（PPT 逐一展示抢答题）

师：为什么建大观园？

生 1：为了贾元春（元妃）省亲。

师：皇家的人临幸过的地方，必须“敬谨封锁”。那么是谁让大观园解除了“封锁”？哪些人住进了大观园？

生 2: 元春。

生 3: 李纨、宝玉、黛玉、宝钗、迎春、探春、惜春。

师: 可以说大观园是元春送给宝玉和众姊妹的一个较少世俗干扰的乐园，是一个青春的王国。而“抄检大观园”无疑是对这个青春王国的践踏。

师: 抄检大观园的起因是什么?

生 4: 傻大姐在大观园山石背后捡到绣香囊，转交给邢夫人，后又转到了王夫人手里。

师: 绣香囊相当于我们现在的淫秽物品。

师: 谁下令抄检大观园? 为什么下令抄检? 谁负责抄检的过程?

生 5: 王夫人下令抄检大观园。

生 6: 大观园里住着的除了寡妇李纨，还有宝玉、探春等一群未婚男女，王夫人担心宝玉和众姊妹看到淫秽之物，也担心传出去有损贾府声誉。在王善保家的挑唆下，王夫人于是下令抄检大观园。

生 7: 王熙凤、王善保家的(邢夫人的陪房)等人负责抄检过程。

师: 抄检了大观园里哪几个人的住处?

生 8: 宝玉、黛玉、探春、李纨、惜春、迎春。

师: 宝钗因为是亲戚所以没有被抄检。但宝钗在抄检后的第二天就找借口搬出了大观园。

师: 在抄检大观园的过程中，反应最激烈的是哪几位?

生 9: 晴雯、探春、惜春。

环节二　教师示范分析迎春

师: 探春、惜春是此次事件中非常精彩的两个形象，留给同学们来分析。我先带着大家一起来分析一下迎春的反应、相关情节及其性格与命运。

师： 在迎春住处搜到了什么？

生 10： 在迎春的丫鬟司棋处搜到男人的锦带袜、缎鞋、一个同心如意、一张大红双喜笺帖。

师： 迎春在司棋被撵时有哪些反应？从中可以读出迎春怎样的心理？

生 11： 迎春有三次流泪。第一次是刚听说司棋被撵时，迎春“含泪似有不舍之意”；第二次是在司棋哭诉后，迎春含泪解释；第三次是司棋泪别时在迎春耳根央求其说情，迎春亦含泪答应：“放心”。从中可以读出迎春与司棋主仆情深，面对司棋的被逐，语言迟慢、耳软心活、不能作主的迎春万般不舍又无可奈何。

师： 概括得非常清晰，还有同学补充吗？

生 12： 迎春还托丫鬟绣橘追送出来，赠了一绢包的礼物给司棋，作为主仆一场的念想，可见迎春虽无力挽留司棋，但难舍主仆数年之情。

师： 两个同学解读得都很到位，除了含泪的表情、赠物的行为，还有吗？

生 13： 还有迎春的语言：“依我说，将来终有一散，不如你各人去罢。”

师： 这句话特别富有代表性，你觉得迎春的言行举止中体现了迎春怎样的性格？

生 14： 体现了迎春老实无能、懦弱怕事的性格。迎春虽然舍不得多年相伴的丫鬟，但最终选择逆来顺受，不做任何主观的努力。

师： 关于迎春的懦弱，大家还知道哪些类似的情节？

（板书：懦弱）

生 15： 第 65 回，兴儿向尤氏姐妹介绍贾府时说：“二姑娘的浑名是‘二木头’，戳一针也不知嗳哟一声。”

生 16： 第 73 回，“懦小姐不问累金凤”：贾母动怒查赌，查出了三个大头家，其中就有迎春的乳母。贾母要将她们重加裁处时，迎春只“觉没意思”，一言不发。

生 17： 迎春的珍贵发饰“累金凤”被乳母偷出去换钱赌博，丫头绣橘要查究，迎春却说：“罢，罢，罢，省些事罢。宁可没有了，又何必生事。”

生 18： 待平儿、探春问明原委，向她讨主意发落，她却只顾看《太上感应篇》。

师： 同学们找到的情节都非常典型，可见同学们前期的阅读很到位。

师： 大家知道《太上感应篇》书名中的“太上”是指谁吗？

生（弱弱的，小声）： 是不是指太上老君呢？

师： 说得对，《太上感应篇》是晋代葛洪托道家始祖太上老君之名所作，旨在劝善惩恶，宣扬因果报应，是一部道教经典。

（板书：道）

师： 面对司棋被逐，迎春也曾以道家哲学来劝人劝己，“依我说，将来终有一散，不如你各人去罢”，你觉得这种处世哲学的精髓是什么？

生 19： 就是老庄思想吧，顺其自然。

师： 是的，道家思想主张的就是不争不拗，顺随万物。面对矛盾，面对纠纷，懦弱无能的迎春只能选择隐忍，然后以道家的顺应哲学来自我开解，以求脱身世外，在《太上感应篇》中寻求内心的清静无为。

（板书：顺受）

师： 同学们知道迎春最终的命运吗？

生 20： 贾赦将迎春嫁给孙绍祖，实际上等于拿她抵债，因为欠了孙绍祖五千两银子。懦弱的迎春在孙家仅仅一年就被虐待而死。

师： 概括得很好！

（板书：惨死）

（PPT 展示迎春判词）

子系中山狼，得志便猖狂。金闺花柳质，一载赴黄粱。

师： 哪些因素造成了迎春的悲剧呢？

生 21： 因为嫁错了人，孙绍祖忘恩负义、荒淫无度。

师： 婚姻因素，遇人不淑，还有同学补充吗？

生 22： 迎春自身懦弱无能。

师： 性格因素，还有吗？

生 23： 她母亲早亡，贾赦和邢夫人对她毫无关爱，贾赦甚至将其当抵债品一样嫁了出去。

师： 还有身世因素，还有包办婚姻的罪恶，让迎春成了封建婚姻制度的牺牲品。

师： 一个人虽然懦弱无能，但如果与世无争，即使无甚大作为，似乎也可以安静地待在尘世的边缘。可见造成迎春悲剧的除了性格内因，还有无可把握的外因，除了有偶然因素，还有不可避免的社会制度等必然因素。不争不拗、无欲无求的迎春却无可避免地遭遇惨死的悲剧，我们真忍不住为她掬一把怜惜的泪。

环节三　学生分小组自主分析探春、惜春

师： 对于迎春，我们哀其不幸，也哀其不争，更怒万恶的包办婚姻制度。那么从“抄检大观园”及相关的典型故事中，大家又读出了怎样的探春和惜春呢？下面分组探讨，一、二组分析探春，三、四组分析惜春。有余力的同学也可以两个人物都分析。

生 24： 我们小组分析探春，探春在抄检中的反应：

1. 探春知道有人来抄检，“命众丫鬟秉烛开门而待”。

2. 公然申明：“我的东西倒许你们搜阅；要想搜我的丫头，这却不能。”

3. 联想到甄家的被抄，慨叹自家是在“自杀自灭”：“你们别忙，自然连你们抄的日子有呢！你们今日早起不曾议论甄家，自己家里好好的抄家，果然今日真抄了。咱们也渐渐的来了。可知这样大族人家，若从外头杀来，一时是杀不死的，这是古人曾说的‘百足之虫，死而不僵’，必须先从家里自杀自灭起来，才能一败涂地！”

4. 多次冷笑。

5. 多次流泪。

6. 探春怒打了王善保家的一记响亮的耳光……

师： 从探春的语言、动作、神态等反应中可以看出探春怎样的形象？

生 25： 可以看出探春清醒又刚烈，她一听闻到抄检大观园的消息，就猜到了必有缘故，“命众丫鬟秉烛开门而待”，其实是对抄检丑态的极度不满，是一种反抗，是一种宣战。

师： 分析得非常到位，探春的不满、反抗、宣战，在被抄检的过程中还有体现吗？

生 26： 探春不允许她们抄检丫鬟的箱柜，只许抄检自己的。

师： 这不是对丫鬟们的保护吗？你怎么理解为是反抗呢？

生 26： 我觉得对丫鬟的保护也是有的，但更多的是对抄检行为的不满，是一种抗争。认为她们抄检大观园是在做自杀自灭的丑事，所以决不能顺应她们。

师： 说得好，你已经能用思辨的思维来分析一种行为背后的心理根源了。还有同学补充吗？

生 27： 探春怒打了王善保家的一个巴掌，也可看出她的刚烈，因为王善保家的轻看她是一个庶出的姑娘。

师： 这一巴掌只体现了探春性格的刚烈吗？

生 28： 还有清醒与精敏，她看出王善保家的“狗仗人势，天天作耗，专管生事”，这一巴掌正是对恶人的教训。

师： 这个巴掌只有对恶人的教训吗？补充两则红学家的点评帮助大家理解。

（PPT展示）

姚燮《读红楼梦纲领》中赞曰：“吾愿以贾探春之掌，治天下之挟私而起衅事者。”

王蒙赞曰：“探春的庶出不白庶出，她没有白白付出代价，看来她早已学会了在不利的情况下捍卫自己的尊严。她言语尖刻，说得又狠又准。她读书知理，能一眼判定此次搜检的极不正常的性质与严重后果。她敢于斗争，一个耳光的清脆响声永垂天地。”

师：看了红学家们的评点，同学们还有补充理解吗？

生 29：探春的巴掌不仅是对恶人的教训，而且是对尊严的捍卫，对浊世的抗争。

师：解读得非常好。

师：探春和迎春同是面对突然袭击的抄检，迎春选择无所作为的顺受，探春选择主动作为、奋力抗争。但她们在此过程中都有过多次流泪，探春与迎春流泪的原因相同吗？

生 30：不同，迎春流泪是因为不舍；探春流泪恰恰是因为清醒。

生 31：迎春流泪只是针对丫鬟司棋个体；探春流泪则是指向整个贾府，是对贾府中奸邪之人的痛恨，对贾府衰败的痛心，从抄检大观园这一自杀自灭的丑态中清醒地看到了贾府败亡的命运，从甄家的被抄中也隐忧贾府末世难逃。

师：分析得真好，用联系的眼光看问题，这正是难能可贵的思辨的火花。

师：接下来请另一个小组分析与探春相关的主要情节以及探春的性格与命运。

生 32：与探春相关的主要情节：

1. 探春第一个在大观园中发起了诗社——海棠诗社，可以看出探春很有才华，精敏聪明。

2. 探春在王熙凤生病期间暂时理家，而且大刀阔斧地改革，可以看出探春很有能力。

师：在协理荣国府期间，探春的能力具体体现在哪些措施中呢?

生 33：1. 公正无私地处理了舅舅赵国基的后事。

2. 把重复支给宝玉、贾环、贾兰上学的月银，姑娘们每月重复支出的头油脂粉钱，一律免去。

3. 将大观园内的竹子、稻田、花草等分包给懂行的老妈妈们。

师：探春公平公正；既兴利，又除弊；既开源，又节流。的确是巾帼不让须眉，能力担当。

师：如果说迎春奉行的是道家，那探春奉行的是什么呢?

生（抢答）：儒家。

师：是的，探春奉行的是儒家哲学，积极入世，主动作为。探春在理家时曾对赵姨娘说："我但凡是个男人，可以出得去，我必早走了，立一番事业，那时自有我一番道理。偏我是女孩儿家，一句多话也没有我乱说的。"探春渴望有一番作为，能挽救大厦于将倾。其中体现了强烈的儒家入世的思想。

（板书：儒　有为）

师：同学们知道探春最终的命运吗?

生（抢答）：远嫁。

（PPT 展示探春判词）

才自精明志自高，生于末世运偏消。清明涕送江边望，千里东风一梦遥。

（板书：精明）

师：如果在当今时代，精明能干的探春一定能有一番大作为。但是由于时代的局限、环境的禁锢，冷静、清醒、精明、敏锐的探春也无法摆脱被安排、被包办的命运。远嫁海疆，在交通极不便利的古代，这无疑是一个悲剧。

（板书：远嫁）

师： 后 40 回中安排了一次探春回家省亲的情节，这是否吻合曹雪芹的原意？同学们课后阅读后面的章回继续思考。

师： 接下来请分析惜春的小组上台分享。

生 34： 在惜春的丫鬟入画处搜到一大包金银锞子、一副玉带板子并一包男人的靴袜等。惜春年少胆小，强烈要求赶走入画。

师： 面对抄检事件，迎春、探春、惜春对待丫鬟的态度有哪些不同？从中你读出了一个怎样的惜春？

生 35： 迎春虽无力挽留丫鬟，但却万般不舍；探春则是全力保护丫鬟，不许抄检丫鬟的包袱；惜春却是在凤姐、尤氏的一再劝解下依然强烈要求赶走入画，并且说：“或打，或杀，或卖，我一概不管。”更何况入画只是私传物件，虽有过错，却并非不可饶恕。可见惜春是一个心冷口冷心狠意狠的人。

生 36： 惜春是一个廉介孤独的人，天生一种百折不回的廉介孤独僻性，所以她与迎春、探春不同，只以为丢了自己的体面，咬定牙断然要赶走入画。

师： 你俩很聪明，直接借用了文本中对惜春的评价。

（板书：孤僻）

师： 我想再请同学们由果溯因思考一下，在处置入画事件上，惜春为什么如此决绝？她有过怎样的考量呢？

生 37： 因为宁国府常招致很多不堪的闲话。

师： 宁国府曾招致过哪些闲话？之前的情节中有提到吗？

生 37： 第 7 回，焦大曾说：“爬灰的爬灰，养小叔子的养小叔子……”骂的就是宁国府的各种肮脏不堪。

师： 这个情节非常典型。宁国府是惜春的原生家庭，在这个家庭里，母亲早亡，父亲贾敬一心炼丹，只求得道升天，从来没有给予过惜春父爱；哥哥贾珍吃喝嫖赌，荒淫无度；还有侄媳秦可卿的淫秽；侄子贾蓉的好色……整个宁国府可谓污秽不堪。

师： 还有同学补充吗？

生 38： 第 66 回，柳湘莲说："你们东府里除了那两个石头狮子干净，只怕连猫儿狗儿都不干净。"

师： 这个情节也非常典型，柳湘莲说的"东府"，就是"宁国府"。你还记得柳湘莲为什么要退掉与尤三姐的婚约吗？

生 38： 因为尤三姐是贾珍的姨妹，与贾珍也有些不清不白。

师： 是啊，尤三姐最终的结局是自刎而死。我们试想想，如果惜春不出家，像迎春一样被安排出嫁，夫家能完全不介意她娘家的作风吗？惜春为什么如此心狠意恨心冷意冷？我们不能想当然地贴标签，也不能受当事人尤氏视角的局限，而应该联系惜春的生存土壤来分析，这才是真正客观而思辨的视角。我们再来看看第 74 回的回目和红学研究者的评点，你怎么理解惜春决然赶走入画的行为？

（PPT 展示）

> 第 74 回的回目：惑奸谗抄检大观园，矢孤介杜绝宁国府
>
> 洪秋蕃在此赞曰："惜春绝迹宁府，可与门前双石狮共传清白于千秋。"

生 39： 惜春是想避嫌隙，想躲是非，想以此与宁国府决裂，想从宁国府的乌烟瘴气中逃离。

师： 分析得很好。与其说是惜春赶走入画，不如说是惜春自己从宁国府逃离，从肮脏的原生家庭逃离，只是为了守住自身的清洁。

（板书：逃离）

师： 惜春真的像她嫂子尤氏说的“年轻糊涂”吗？

生 40： 惜春虽然年轻，却并不糊涂，她完全认清了宁国府的实质。

师： 惜春是非常早慧的，她不仅认清了她的原生家庭，还认清了现实人生。用文本中的原话来说就是“了悟”，文中类似的表述有多处，请找出来体会。

生 41：“我不了悟，我也舍不得入画了。”

生 42：“不作狠心人，难得自了汉。”

师： 这里补充一点关于“自了汉”的常识。

（PPT 展示）

大乘佛教中正果分三等，最低自了汉，即自己明白佛法，但是无法普度众生。

（板书：佛）

师： 惜春并不糊涂，她知道自己无力普度众生，只能选择自度、自保。她只想彻底斩断与原生家庭的联系，想从污泥浊淖中干干净净地逃离出来，所以她最终选择了出家。关于她的“了悟”，同学们还知道哪些相关的情节呢？

（板书：出家）

生 43： 与惜春相关的主要情节大多是与出家和了悟有关的：第 7 回，周瑞家的送宫花，惜春与智能儿玩耍时即流露出了出家的预言。第 22 回，元宵节猜灯谜时，惜春猜的灯谜谜底是“佛前海灯”，《红楼梦》中的诗谶、灯谜谶特别多，我觉得这也是惜春“了悟”的谶语。

师： 你的文本感觉很好。前面的章回同学们阅读得很认真，我这里剧透一点后面的情节。

（PPT 展示）

第 87 回：惜春听了（妙玉“走火入魔”的事），默默无语，因想：“妙玉虽然洁净，毕竟尘缘未断。可惜我生在这种人家不便出家。我若出了家时，那有邪魔缠扰，一念不生，万缘俱寂。”

青山山农《红楼梦广义》中赞曰：“惜春奇僻似妙玉，而操守过之，故其修行在妙玉之后，而悟道则在妙玉之前。”

师：惜春身在红尘却一心想从红尘中逃离，妙玉身在佛门却常常眷恋红尘，所以红学家青山山农认为惜春的了悟超过妙玉，此评价是很中肯的。

师：不知道同学们有没有注意到一个细节，惜春和探春在面对被抄检时，都多次写到了她们的冷笑，大家觉得两姊妹的冷笑有哪些异同？

生 44：惜春与探春的冷笑中都体现了她们的聪慧、清醒而冷静，因为她们都看到了贾府没落的本质。

生 45：她们的冷笑中都有抗争：探春不许抄检丫鬟、护着丫鬟是对自杀自灭丑态的不满，是一种抗争；惜春赶走丫鬟入画，是对肮脏的宁国府的不满，也是一种抗争。

师：分析得太好了。她们的冷笑中有不同吗？

生 46：探春的抗争是为了维护贾府最后的一点尊严，为了力挽狂澜，为了挽救大厦于将倾。惜春的抗争是为了逃离龌龊，为了自证清白，为了自我保全。

师：很好，通过比较分析，我们更思辨地理解了探春和惜春的形象与命运。每个人为人处世都难免受到其出身、经历、价值观等的影响，我们在分析人物时需要将人物还原到其生存的土壤中，这样才能看到一个立体的角色。

（PPT 展示惜春判词）

勘破三春景不长，缁衣顿改昔年妆。可怜绣户侯门女，独卧青灯古佛旁。

师：一个如此有慧根、有悟性的女子，一个如此清洁自守的女子，最终也难逃悲剧的命运。脂砚斋在评点第 22 回惜春猜“佛前海灯”的灯谜时写道：“此惜春为尼之谶也。公府千金至缁衣乞食，宁不悲夫！”

师： 后 40 回中惜春衣食无忧地在妙玉被劫持后的栊翠庵修行，是否违背曹雪芹的本意？同学们课后阅读后面的章回继续思考。

环节四　分析大观园中众女儿的命运

师： 元春送给宝玉和众姊妹的大观园在被抄检后日渐荒败，抄检大观园后众姊妹的结果如何呢？

生 47： 司棋、入画被逐出府。

生 48： 重病的晴雯被撵出贾府，不久即抱屈夭亡。

生 49： 四儿、芳官、藕官、蕊官等少女被逐出贾府。

生 50： 惜春断绝了与宁国府的来往。

生 51： 宝钗第二日搬出了大观园……

师： 青春的王国逐渐瓦解……王国维曾说《红楼梦》是“彻头彻尾之悲剧”。

（板书：悲）

师： 这个悲剧何止是迎春、探春、惜春的悲剧，更是千红一哭、万艳同悲的悲剧。后面的章回中还写到了黛玉泪尽而逝、妙玉沦落风尘、凤姐被弃而亡、宝钗独守空闺……红楼女儿们一个个香消玉殒。鲁迅先生评价整部《红楼梦》是“悲凉之雾，遍被华林”。通过“抄检大观园”，我们不能止步于看到众女儿的悲凉结局，更应看到女儿们香消玉殒前生命的丰满与芳华，进而深刻体会遍被华林不只是指数量之多，更指悲凉之雾对这些青春女子生命过程的弥漫与贯串。而唯有深入《红楼梦》文字的缝隙中细细品读，才可能真正读出满纸荒唐言中的独特滋味。

课后作业

“三春过后诸芳尽”，请继续阅读《红楼梦》，梳理“抄检大观园”后众多女儿的命运，体悟“千红一哭，万艳同悲”的主题。

板书设计

三春过后诸芳尽

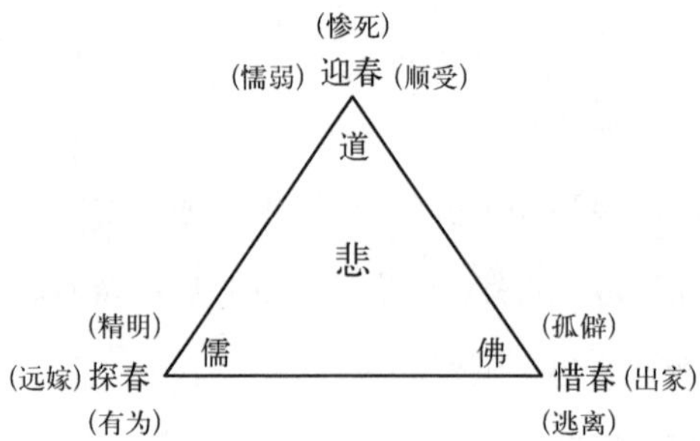

点评

巧设问题，带领学生亲历阅读

> 王林，上海市语文特级教师，正高级教师，上海市闵行区教育学院中学语文教研员。著有《〈人间词话〉解读》《春山朗月》《古诗文引用范例解读》等，主编《教师话语系统研究》《语文教学解读论》等。

朱华华老师执教的《三春过后诸芳尽：抄检大观园中的“三春”》一课，选取了《红楼梦》中在结构上起着枢纽作用的“抄检大观园”这一情节研究，通过对迎春、探春、惜春三个人物形象与命运的分析，揭示了作品的内在冲突和种种矛盾，从而帮助学生深入地理解作品，准确地领会作品的主旨。主要呈现以下几个特点：

第一，教学目标明确，教学思路清晰。朱老师的这堂课，是《红楼梦》中期阅读的推进课，既然是中期推进，就既要以这堂课对前期阅读进行回顾和总结，又要对学生接下来的阅读行动进行引导。在教学过程中，教师首先通过“‘抄检大观园’知识抢答”来帮助学生梳理故事情节；然后在“教师示范分析迎春在抄检中的反应、相关情节以及迎春的性格与命运”这一教学环节，交给学生阅读分析的方法；在学生掌握人物形象的分析方法后，放手让“学生分小组自主分析探春、惜春在抄检中的反应、相关情节以及探春、惜春的性格与命运”；最后，“分析大观园中众女儿的命运”。这四个环节，从帮助学生回顾、熟悉小说的故事内容，到教师示范分析，再放手让学生分组讨论、自主分析，并由这几个人物形象的分析，得出《红楼梦》“千红一哭，万艳同悲”的悲剧主题。整堂课从人物形象的分析到读出主旨，条分缕析，教学很有逻辑性。

第二，设置问题，引发思考。面对《红楼梦》这样一部人物关系复杂、内容丰富的巨著，学生往往感到无处下手。朱老师在这堂课中，巧妙地把阅读的内容设置成问题，通过对问题的思考来完成小说的阅读。教师设置的问题既有对前期阅读内容的回顾，又有对人物形象的分析，还有对人物心理及命运的探究。如：“迎春在司棋被撵时有哪些反应？从中可以读出迎春怎样的心理？”“这句话特别富有代表性，你觉得迎春的言行举止中体现了迎春怎样的性格？”等等。这些问题，思维含量很高，不仅能够启发学生思考，还能够教会学生阅读分析的方法。

第三，把学生作为阅读活动的主体。在《红楼梦》整本书阅读教学中，存在着以讲代读的现象，有的教师喜欢把自己的阅读结果直接讲给学生听，有的教师喜欢让阅读能力强的学生在课堂上直接向其他同学介绍自己的阅读感受，这样，就造成以别人的讲来代替学生亲自读的现象，使得很多学生缺少真实的阅读感受，这种浮光掠影的阅读，效果必然会大打折扣。朱老师的这堂课，教师始终是学生阅读活动的引导者，从学生的回答看，他们是《红楼梦》阅读活动的亲历者，他们不仅熟知故事情节，而且对人物的行为造成的影响及未来命运都有准确的预判，这样看，他们的阅读是真实的，感受也必然是真实的，收获也自然很大。

目前，关于《红楼梦》整本书阅读教学的方法，人们还处于实践探索阶段，朱华华老师的这堂课，在教学内容的选择、教学目标的确定、教学过程的设计、阅读方法的指导等方面，对其他老师都具有很好的借鉴作用。

课例7 井深尺水也兴波：如何看"金钏儿之死"

朱华华，广东省东莞中学松山湖学校高级教师，市学科带头人，名师工作室主持人。多次参加优质课竞赛，获全国二等奖、省二等奖、市一等奖。获省下水作文特等奖，省、市教学论文一等奖，发表文章 80 多篇，出版专著 1 部。

设计意图

《红楼梦》作为一部鸿篇巨制，有学生感慨读不下去，更多的学生可能是读不深入。正如余党绪老师所说："《红楼梦》的问题主要不在于'读不下去'，而在于'读不进去'；更难的是'读不出来'，站在一个相对独立与客观的立场，达成对'整本书'的公正理解。"如何"读进去"，让阅读抵达文字深处；又如何"读出来"，让阅读不流于碎屑，教师的引导断不可少。学生阅读时大多关注"十二金钗"等主要人物，对小角色并不太留意，殊不知这种阅读的粗疏会让他们错过《红楼梦》中的很多精彩。

金钏儿只是《红楼梦》中的一个丫鬟，金钏儿之死也不能算是贾府中的大事，但透过金钏儿之死，却能看到不同身份的人不同的态度，看到不同的角色不同的生命观，每个角色都以自己的视角看事，以自己的利益行事，没有绝对的好人或者坏人，但绝对可以看到复杂的人心和人性。正如鲁迅先生所说："至于说到《红楼梦》的价值，可是在中国底小说中实在是不可多得的。其要点在敢于如实描写，并无讳饰，和从前的小说叙好人完全是好，坏人完全是坏的，大不相同，所以其中所叙的人物，都是真的人物。总之自有《红楼梦》出来以后，传统的思想和写法都打破了。"相信通过深度剖析众人对待金钏儿之死的态度，学生对《红楼梦》的写法及曹雪芹的生命观会有更深刻的理解。

基于此，本课设计的教学目标：

1. 以"金钏儿之死"为文本细读的起点，引导学生品析不同角色对此事的不同态度，进而理解不同的生命观。

2. 以"金钏儿之死"为整本书阅读的枢纽，引导学生通过对相关事件的梳理，理解人性的丰富性，进而培养思辨思维。

教学扫描

师：同学们，曹雪芹在《红楼梦》的第 1 回里写了一首小诗："满纸荒唐言，一把辛酸泪。都云作者痴，谁解其中味！"《红楼梦》作为旷世经典，要想解读其中滋味，确实不容易，我们今天就聚焦一个小人物的命运，借此探寻阅读《红楼梦》整本书的密码。今天这节课的课题是"如何看'金钏儿之死'"。

环节一　梳理前因

师：金钏儿为什么投井自杀？

生 1：因为宝玉与金钏儿调情，王夫人盛怒之下将金钏儿撵出贾府，金钏儿不堪其辱，所以投井自杀。

师：你概括得很清晰，也很简洁，但"调情"这个词我不太认同，贾琏曾与鲍二家的调情，也曾与多姑娘调情，宝玉与金钏儿的行为与贾琏相同吗？书中具体是怎么写的呢？

生 2: 我觉得不是“调情”，只是少男少女之间的“玩笑”。第 30 回写道：“（贾宝玉）把他耳上带的坠子一扚……便自己向身边荷包里带的香雪润津丹掏了一丸出来，便向金钏儿口里一送……”还写了宝玉与金钏儿的几句说笑。

师: 你觉得只是少年之间的玩笑，宝玉与金钏儿的言行仅止于“扚一下耳坠”“送一颗糖”“说笑”。要证明你的判断是客观的，我们还需要在整本书中寻找更多的依据，比如宝玉不只是对金钏儿如此，对很多女孩子也会如此，大家还知道哪些类似的事件？

生 3: 宝玉曾提醒龄官避雨，完全忘了自己也在暴雨中。

生 4: 宝玉曾在外面吃到美食后特意带一些回来给晴雯、袭人。

生 5: 宝玉曾为晴雯暖手，为袭人喂药，帮平儿理妆洗帕。

生 6: 宝玉曾派茗烟去寻刘姥姥胡诌的女孩庙……

师: 宝玉骨子里确实有着很深的“女儿情结”，对此，聪明睿智的贾母是有自己的判断的，在第 78 回中，贾母曾笑道：“我深知宝玉将来也是个不听妻妾劝的。我也解不过来，也从未见过这样的孩子。别的淘气都是应该的，只他这种和丫头们好却是难懂。我为此也耽心，每每的冷眼查看他。只和丫头们闹，必是人大心大，知道男女的事了，所以爱亲近他们。既细细查试，究竟不是为此。岂不奇怪。想必原是个丫头错投了胎不成。”但王夫人的判断却与贾母迥然不同，王夫人是怎样判断的？

生 7: 王夫人打了金钏儿一个嘴巴子，怒斥道：“下作小娼妇，好好的爷们，都叫你教坏了”，认为金钏儿是在“行无耻之事”，并将其撵出贾府。

师: 这些高抡道德大棒的定性之词是极具杀伤力的，甚至可以把一个清白女儿直接置于死地，尤其是在那样一个礼法社会里。金钏儿在含羞忍辱地离开贾府后，不久就投井自杀了，这似乎也是一个清白女子能做出的唯一选择了。

环节二　召开角色分析会

师：松湖话剧社拟排演“金钏儿之死”，如果你是导演，请你从入选角色中选择1—2位召开一个人物分析会，以帮助演员更好地理解不同角色对金钏儿之死的不同态度。

（PPT展示入选的角色）

袭人、薛宝钗、王夫人、贾环、贾政、聋婆子、贾宝玉

师：据说1987年版《红楼梦》电视剧在正式拍摄前，演员接受了相当长时间的培训，目的就是让演员更好地理解角色，因为演员只有充分地理解了人物、理解了角色，包括他的情感世界和价值观念等，才可能更好地饰演角色。可见我们此环节角色分析会的价值非比寻常。

（一）教师示范

师：老师先做一个小小的示范。我选的是袭人和宝钗。第32回第18段，正在路边聊天的袭人和宝钗忽见一个老婆子忙忙走来，听其说道：“这是那里说起！金钏儿姑娘好好的投井死了！”乍闻这一突发事件，袭人和宝钗的反应却迥异。

（PPT展示袭人的反应）

袭人唬了一跳，忙问“那个金钏儿？”

师：袭人和宝钗此时并不知道金钏儿为什么投井死了，袭人的反应很强烈，“唬了一跳”，非常震惊，甚至不相信就是一起在贾府长大的金钏儿，于是“忙问”。老婆子解释说：“那里还有两个金钏儿呢？就是太太屋里的。前儿不知为什么撵他出去，在家里哭天哭地的……”金钏儿的死因

有一部分已经浮出水面，“撵他出去”“哭天哭地”，虽然并不清楚金钏儿究竟为什么被撵出贾府，但袭人和宝钗至少了解到金钏儿是没有颜面、没有尊严地离开贾府的，是受了莫大的屈辱或是受了无法释怀的冤屈的。了解到此后，袭人和宝钗分别有怎样的反应？

（生争先恐后回答，然后 PPT 展示袭人和宝钗的反应）

> 宝钗道：“这也奇了。”
>
> 袭人听说，点头赞叹，想素日同气之情，不觉流下泪来。
>
> 宝钗听见这话，忙向王夫人处来道安慰。这里袭人回去。不提。

师：宝钗用一个“奇”字做了回应，这个“奇”字太中性了，也太宝钗式了。曹雪芹评价宝钗是“罕言寡语，人谓藏愚；安分随时，自云守拙”，贾母也喜她的“稳重平和”，读者看不出宝钗的任何褒贬。尤其是面对王夫人的丫鬟，宝钗的言行更谨慎。而袭人却是毫不掩饰地真情流露，“点头赞叹”，赞叹金钏儿什么？“不觉流下泪来”，为什么流泪？

生 8：袭人赞叹金钏儿自护尊严、自我捍卫的决绝。

生 9：袭人流泪是因为好朋友死了。

师：不是一般的好朋友，是发小，从小一起在贾府长大，同为被主子认可的一等丫鬟。袭人流泪中还有更丰富的情感因素吗？

生 9：还有“同气之情”，是感同身受的眼泪。

师：你挖掘文本的意识非常强，这“同气之情”中，既有发小情深，也有相同身份之人的兔死狐悲之叹、同病相怜之感。前几天，袭人还因为开门迟了而当众误挨了贾宝玉的窝心脚，夜间还吐了血，“不觉将素日想着后来争荣夸耀之心尽皆灰了”，袭人既为今天的金钏儿流泪，也为明天的自己流泪，可以说袭人从金钏儿的命运中看到了自己。

（板书：袭人——我/你）

师：乍闻金钏儿的死讯，两人的言行中都有一个“忙”字，袭人是忙问

“那个金钏儿？”宝钗则是“忙向王夫人处来道安慰”。袭人和宝钗一个是反应强烈、非常震惊，一个是事不关己、云淡风轻；一个是感同身受、流下泪来，一个则是不大关心金钏儿、一心牵挂王夫人。到了王夫人处，宝钗又有怎样的表现呢？

（生争先恐后回答，然后PPT展示宝钗的反应）

> 宝钗见说，道：“怎么好好的投井？这也奇了。”
>
> 王夫人道：……
>
> 宝钗叹道：“姨娘是慈善人，固然这么想。据我看来，他并不是赌气投井。多半他下去住着，或是在井跟前憨顽，失了脚掉下去的。他在上头拘束惯了，这一出去，自然要到各处去顽顽逛逛，岂有这样大气的理！纵然有这样大气，也不过是个糊涂人，也不为可惜。”
>
> 王夫人：……
>
> 宝钗叹道：“姨娘也不必念念于兹，十分过不去，不过多赏他几两银子发送他，也就尽主仆之情了。”

师：宝钗是如何解释和评价金钏儿死因的？

生10：宝钗从两个方面推测了金钏儿的死因，一是憨顽失足掉到了井里，二是赌气投井。针对第二种情况给出的评价是不过是个糊涂人，不为可惜。

师：宝钗从老婆子那里已经知道金钏儿是被撵出贾府，哭天哭地后死的，她为什么还要给出“憨顽失足”的理由？

生10：她想安慰王夫人，想缓解王夫人的负疚感。

师：很好，你读出了宝钗言语背后的真实意图。

师：同学们，你们知道吗？宝钗劝说王夫人时的两处描写——“宝钗叹道”，有的版本是“宝钗笑道”，你们觉得哪一个更符合宝钗的性格呢？

生 11： 我觉得“叹”更符合。“笑”太不合时宜了，毕竟是面对一个花样女子的消殒，面对一个生命的逝去，此时如何笑得出来？而且此时王夫人已经流露自责之意，宝钗的“叹”比“笑”更能迎合王夫人的心情和当时谈话的氛围。

师： 很好，你既有常理性的思考，也有具体语境具体分析的意识。

生 12： 我觉得“笑”更好，更能凸显宝钗的行事风格。宝钗平时做人特别周到，给林黛玉送燕窝，替邢岫烟赎冬衣，帮史湘云办螃蟹宴，主动拿自己的两套新衣服给金钏儿做妆裹……连赵姨娘都赞她“会做人”。宝钗做事一向理性周到，她非常清楚自己此行的目的就是安慰王夫人，而“笑道”更能体现一种大事化小的态度，包括对金钏儿死因的解释也都是为了化解王夫人的负罪感，用“笑”比用“叹”更能体现宝钗做人周到理性的性格。

师： 太棒了，你能结合之后的情节来全面地理解宝钗，能在对整本书的情节梳理中寻找佐证，或者说，梳理正是思辨的基础，这正是整本书阅读该有的姿态。是“叹”更好，还是“笑”更好，我们未必要得出一个固定的答案，但思辨交锋的探究过程很可贵，具体语境具体分析的意识很可贵。其实通过探究，我们至少在一个点上是达成了共识的，那就是宝钗无论是以“叹”迎合王夫人，还是以“笑”刻意淡化事态，都是为了安慰或者劝慰王夫人。她接下来给王夫人的建议更说明了这一点，不必“念念于兹”，建议多赏“几两银子”。如果说袭人从金钏儿之死中看到了自己，那么宝钗又是如何对待金钏儿之死的呢？

生 13： 宝钗认为尽到“主仆之情”即可。

师： 是的，宝钗对待金钏儿，是以主人的身份在对待仆人。

（板书：宝钗——主/仆）

（二）学生小组合作品析

师： 接下来请同学们以小组为单位在余下的角色中选择 1—2 个品析。

生 14: 我们小组分析的是王夫人。宝钗得知金钏儿的死讯后，忙赶到王夫人那里，王夫人解释说："原是前儿他把我一件东西弄坏了，我一时生气，打了他几下，撵了他下去。我只说气他两天，还叫他上来，谁知他这么气性大，就投井死了。岂不是我的罪过。"王夫人编造了一个理由，篡改了事实，其实质就是有意遮掩，不想影响宝玉的声誉。

师: 分析得很准，王夫人绝对是大事化小的态度。我有个疑问，王夫人说只想"气他两天，还叫他上来"，你觉得王夫人还会叫金钏儿回贾府吗?

生 14（犹豫）: 可能会，不过也说不定……

师: 我们不是猜谜语，而是要结合人物的行事风格理性判断，有没有读完了前 80 回的同学，可以结合类似的情节分析?

生 15: 如果结合前 80 回中类似的情节，我觉得王夫人不会再招金钏儿回贾府，因为她认为金钏儿是在行无耻之事，这种事情也是她平生最痛恨的，并且恶语怒斥金钏儿"好好的爷们，都叫你教坏了"。类似的话她还说过多次，比如在抄检大观园撵走四儿时说："难道我通共一个宝玉，就白放心凭你们勾引坏了不成！"在撵走芳官时说："你就成精鼓捣起来，调唆着宝玉无所不为。"在打算撵走晴雯时说："好好的宝玉，倘或叫这蹄子勾引坏了，那还了得。"对宝玉身边伶俐漂亮的女孩子，她都警惕得不得了，所以我认为她绝不可能再招金钏儿回贾府。

师: 非常好，你不仅读完了前 80 回，而且能进行同类梳理，这也是我们客观把握人物的一种思路，勾连前后情节，在系列事件中分析人物的处事风格。四儿、芳官、晴雯被赶出贾府后结果都不好，那大家怎么看待王夫人呢? 她是个蛇蝎心肠的女人吗?

生 16: 我觉得王夫人并不是恶人，她吃斋念佛，也常常行善积德，刘姥姥二进荣国府时，王夫人施舍了一百两银子。得知金钏儿投井，她也会流泪，也会不安自责，甚至说金钏儿跟自己的女儿差不多，给了金钏儿娘五十两银子，赏了簪环，又请众僧人为其念经超度，之后又让金钏儿的妹妹领双份的月例。

生 17: 在对待金钏儿之死这件事上，我觉得王夫人是虚伪的，也并非真的自责，她极力遮掩事情真相，根本不可能还死者以清白，我认为她流的只是鳄鱼的眼泪。

师: 同学们很有思辨精神，思想争鸣非常激烈，王夫人究竟是善是恶，是真是伪，我觉得可以结合曹雪芹的人物观来分析，在第 2 回，作者曾借贾雨村之口评说了“正邪两赋”之人：“天地生人，除大仁大恶两种，余者皆无大异。”这对同学们理解王夫人也许会有启发。

生 18: 王夫人正是“正邪两赋”之人，她并非大奸大恶，只是护犊心切，为了给儿子营造清洁的环境，不惜除去宝玉身边一切她认为的“奇花异草”。她的眼泪与自责极大可能是真实的，但与儿子宝玉的声名相比，金钏儿充其量只能算是有一些情分的仆人。在对待金钏儿上，我觉得王夫人与宝钗是一样的。

师: 分析得很好，从王夫人对待金钏儿之死的态度上，我们恰恰可以看到正邪两赋的复杂人性。

（板书：王夫人——主/仆）

生 19: 我们小组分析的是贾环和贾政。第 33 回：“贾环见他父亲盛怒，便乘机说道：‘方才原不曾跑，只因从那井边一过，那井里淹死了一个丫头，我看见人头这样大，身子这样粗，泡的实在可怕，所以才赶着跑了过来。’”“乘机”说明贾环是趁机进谗言，是蓄意陷害，刻意夸大其词：“人头这样大”“身子这样粗”“泡的实在可怕”，贾环母子还恶意捏造说是宝玉“拉着太太的丫头金钏儿强奸不遂，打了一顿。那金钏儿便赌气投井死了”。

师: 扚了一下耳坠，送了一颗糖，说了两句玩笑话，到了赵姨娘和贾环嘴里就变成强奸不遂了，金钏儿为什么选择投井，人言可畏呀，唾沫都可以淹死人，在这样的世道，一个清白女儿哪里还有容身之所？贾环为什么要如此描述金钏儿的死貌和死因呢？

生 20： 因为嫉妒宝玉能得万人宠，所以贾环和赵姨娘逮到机会就想陷害宝玉，就想落井下石。第 25 回中，贾环就曾故意将一盏滚烫的蜡灯往宝玉的脸上推，想烫伤宝玉。后来赵姨娘还买通马道婆用魇魔法谋害宝玉和王熙凤。

师： 分析得很到位。

生 21： 我们小组还选了贾政，贾政听了贾环的话后非常惊疑。问道："好端端的，谁去跳井？我家从无这样事情，自祖宗以来，皆是宽柔以待下人……若外人知道，祖宗颜面何在！"说明贾政关心的不是金钏儿，而是祖宗的颜面。

师： 你的语感很好，一眼就看到了症结处。我们可以尝试着进行情境迁移，如果我们身边发生了类似的事情，你会有怎样的反应？

生 22： 我也会很惊疑地询问是谁，为什么跳井，会惋惜一个青春生命的消逝。贾政虽也询问是谁，但并没有等答案，而是立即转到自己关心的家族和祖宗等话题上面去了。贾政关心的并不是这个如花般鲜活的生命究竟是谁，她曾经遭受了怎样的冤屈和苦痛，他关心的只是祖宗的颜面、家族的名声。

师： 你很有共情能力，用情境带入的方式阅读文本能极大地丰富我们的情感体验，这一点很值得大家学习。

师： 鲁迅曾说："自有《红楼梦》出来以后，传统的思想和写法都打破了。"同是面对"金钏儿之死"，王夫人是极力遮掩，贾环却是竭力夸大，袭人看到的是自己的命运，宝钗一心挂念的是王夫人，贾政则一心想着家族的颜面，他们或怀揣不同的目的，或秉持不同的价值观，同一事件在不同的人物眼中就呈现不同的状貌，真可谓千人千面。日本作家芥川龙之介在 1921 年创作了一篇短篇小说《竹林中》，与曹雪芹笔下的"金钏儿之死”就有异曲同工之妙，课后同学们不妨读一读。还有哪些小组继续分享？

生 23： 我们小组分析的是聋婆子。贾宝玉在遭父亲笞罚之前，被喝令原地待命，宝玉预感到凶多吉少，正盼望着有救星去贾母处求援，正好见到一个老婆婆出来。宝玉如得了珍宝，便赶上来拉她，说道：“快进去告诉：老爷要打我呢！快去，快去！要紧，要紧！”谁知老婆婆是个聋子，把“要紧”听成了“跳井”，便笑道：“跳井让他跳去，二爷怕什么？”宝玉见是个聋子，便着急道：“你出去叫我的小厮来罢。”聋婆子却说：“有什么不了的事？老早的完了。太太又赏了衣服，又赏了银子，怎么不了事的！”这个场面特别戏剧化，属于典型的鸡鸭对话，但确实能够真实地反映聋婆子对金钏儿之死的态度，认为金钏儿跳井实在没什么大不了的，金钏儿家人太值了，又得了衣服，又得了银子。

师： 赏赐了足够的衣服和银子就了事了，足够的物质赏赐就可以与金钏儿的生命画上等号了，也就是说，在聋婆子眼中，她看到的不是人，而是——

生（顿悟）： 而是物！

师： 是的，这种生命观只有聋婆子独有吗？在第 44 回中，贾琏与鲍二媳妇偷情被王熙凤捉到，鲍二媳妇上吊死后，贾琏给了鲍二二百两银子，安慰他说：“另日再挑个好媳妇给你。”鲍二的反应是“又有体面，又有银子，有何不依，便仍然奉承贾琏，不在话下”。老色鬼贾赦想娶鸳鸯而不得后，就用八百两银子买了十七岁的嫣红当小妾。在那个女性被当作物品买卖的时代，聋婆子的反应实在不是个例。

（板书：聋婆子——人/物）

师： 还有一位重头戏的人物大家还没有分析到呢。

生 24： 贾宝玉，我们小组来分析。宝玉得知金钏儿含羞赌气自尽的消息后，非常悲伤，用原文的话说是“心中早又五内摧伤”“恨不得此时也身亡命殒，跟了金钏儿去”。宝玉的悲伤是真实的，是纯粹的，是真心在哀悼金钏儿。

师：还有哪些地方可以看出宝玉在真心哀悼金钏儿。

生 25：第 43 回宝玉还曾偷偷地去水仙庵的井台上祭奠金钏儿。

师：你知道宝玉偷偷溜出去祭奠金钏儿的这一天是什么日子吗？

（生 25 摇头）

师：在第 44 回有提及，这一天是非同寻常的日子，在大家眼中重要，是因为这一天是王熙凤的生日，众人都去奉承这位当红的女管家，但大家不知道的是，这一天还是金钏儿的生日，当众人都在当红主子王熙凤跟前承欢的时候，宝玉却一身素服避开热闹喧嚣，悄悄地来到郊外的井台上祭奠金钏儿姑娘，大家怎么看贾宝玉的行为？

生 26：贾宝玉不是为了自己的利益，也不是为了在他人面前表演，更不是以主人的身份在对待仆人，而是为了他心中一直挂念的一个真实的生命，他眼中的金钏儿不是“仆”，不是“物”，而是“人”！

师：非常好，在贾宝玉眼中，“女儿是水作的骨肉”，是清纯澄澈、美好灵秀的，即使是仆人，比如袭人、晴雯、芳官……他都真诚相待，真心呵护。在那个男尊女卑、主仆等级森严的时代，贾宝玉平等的生命观无疑是封建社会的一股清流。曹雪芹的生命价值观可以说超前于时代几百年。

（板书：宝玉——人/人）

环节三　主题探究

师：在《红楼梦》中，如金钏儿一样的烈女子，你还知道哪些？

生 27：还有撞墙而死的司棋，还有拔剑自刎的尤三姐……

师：当然香消玉殒的也绝不只有这些女子，《红楼梦》呈现的是“千红一哭，万艳同悲”的群体性悲剧。王国维说《红楼梦》是“彻头彻尾之悲剧”。鲁迅也评价《红楼梦》是：“悲凉之雾，遍被华林。”但是，从金钏儿之死事件中，我们只看到了悲苦、悲痛与悲凉吗？在阅读的过程中，我还读到了浓重的悲剧中的一丝光亮，与大家分享我的一段阅读感受。

（PPT 展示：我如何看“金钏儿之死”）

> 我痛心你无辜受辱，怜惜你香消玉殒，更敬重你以死抗争、对尊严与清誉的捍卫！仅因与宝玉的小儿女玩笑，王夫人竟雷霆大怒，责打，斥骂，撵你出贾府……决然投井，永别尘世，是因为你一时糊涂吗？是因为你气性太大吗？不！是因为你知道随着你一同撵出贾府的还有终身都无法洗脱的污名——“下作”“娼妇”“无耻”！清洁女儿谁能忍受如此奇耻大辱！尤三姐拔剑自刎，司棋撞墙而亡，鸳鸯悬梁自缢……从你们的决绝中，我读到了共同的答案：巾帼裙钗，同样可杀不可辱！

师：《红楼梦》就像一个无价宝藏，即使是围绕金钏儿这样的小人物，我们也能品尝出很多耐人寻味的独特滋味。课后希望同学们更深入地品读《红楼梦》，深入文字的毛细血管中，才能触摸到文字背后温热的心跳，才能读出满纸荒唐言中更丰富的滋味。

课后作业

贾宝玉有一句名言：“女儿是水作的骨肉，男人是泥作的骨肉。我见了女儿，我便清爽；见了男子，便觉浊臭逼人。”宝玉对女儿们一直呵护备至，请结合《红楼梦》整本书，梳理相关情节，从宝玉的女儿情结中体会其超越时代的生命观。

板书设计

如何看"金钏儿之死"

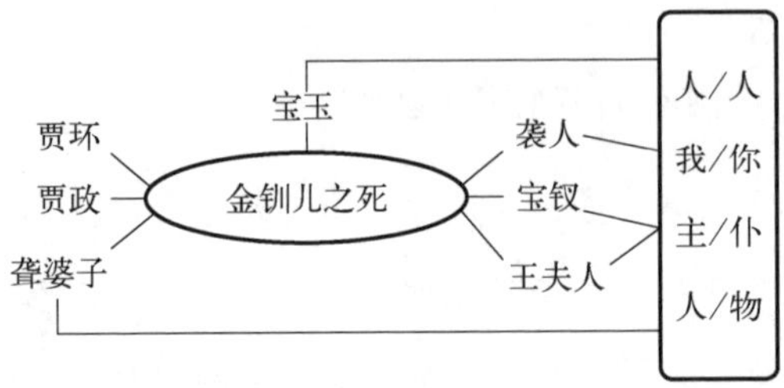

点评

让思辨自然而有效地绽放

> 吴晓军，正高级教师，广东省高中语文教研员，广东省基础教育系统名教师，"香港、内地交流协作计划"语文教学顾问，广东省普通高中教学水平评估专家，肇庆市首批学科带头人，肇庆市首批教育专家。

吴格明教授曾提出："倡导思辨性阅读，就是要提高阅读教学中的思维含量，就是要在语文教育中弘扬庄严、深刻而又充满活力的人类理性精神。"作为一线教师，我们不仅需要认识到思辨能力的重要性，还需要思考如何在教学中培养学生的思辨思维。思辨不是一个空洞的概念，对学生思辨能力的培养更不能止于结论的灌输。可喜的是，朱老师的这节课不仅让我们看到了思辨思维如何浸润在有温度的文学经典中，而且让我们看到了思辨思维展开的路径，看到了学生思辨思维自然而有效地展开、绽放的过程。

一、细读为基，思辨之始

本课教学目标提到“文本细读”，有意培养学生细读的能力和习惯。看似朴实无华的目标，却能抓住经典阅读的痛点，抓住学生阅读的弱点。《红楼梦》博大精深，《红楼梦》阅读成为现象级存在，前人研究众多，容易对读者产生误导与干扰。而文本细读，可以说是打开《红楼梦》的正确方式。它以文本为中心，回归语义的本源，要求学生沉浸于文字世界，与文本直接对话，力求培养学生对语言文字敏锐的感觉。而敏锐的语感是思辨力发展的基石。本课把“金钏儿之死”设为文本细读的起点，触动点选取巧妙。金钏儿充其量是金陵十二钗又副册中人。《红楼梦》中人物众多，群星璀璨，为何要关注这么一个毫不起眼的小人物之死呢？因为小人物小事件中藏着大关节！金钏儿之死，引发宝玉挨打、宝玉私祭一连串情节，是主人公精神蜕变成长的关键点，展现了主人公的生命观、价值观，也关联了家族荣辱，呼应了悲剧主题，怎可能是小事？如果读者没有这种小处着眼的阅读习惯，很容易就把作者匠心独运的安排忽略了。没有文本细读的基础，思辨力的培养就成了无源之水、无本之木。在中学阶段把《红楼梦》读透，不容易，但学生从这一课中获取的阅读体验、阅读启示，有利于养成良好的阅读习惯，这是终身阅读、终身学习最坚实的基础。

二、梳理有道，思辨之“进”

梳理是整本书阅读重要的实施方法和路径。梳理有道，能“进乎技”，超越技巧本身，促进思辨力发展。一是聚焦主线，全方位、细化梳理。在探究“金钏儿之死”前因时，教师就引导学生进行全方位信息梳理，这一轮梳理，有对比性信息（如贾琏）、旁证式信息（如贾母、王夫人）等横向信息采集，有宝玉对待其他女仆态度的纵向信息采集，让学生尽力采集全面信息，以助探究人物真正死因。梳理是整节课的主要支撑，贯串学习始终。在“人物分析环节”，更是充分发挥了梳理作用，相关人物基本都给拎出来了，除了宝玉，还有贾政、贾环、王夫人、薛宝钗、袭人，甚至聋婆子这样的小人物，这样建立起来的信息图可以说是多角度、立体化的。朱老师还引导学生关注人物不同态度上的细节，如薛宝钗的“叹”（“笑”）、袭人的“泪”，这样的细节很容易被忽略，教师通过引导学生梳理这些细节盲点，培养学生善于发现的慧眼，撬动新一轮的思辨探究。

二是创设情境，梳理探究。创设“话剧社导演开人物分析会”大情境，以帮助演员更好地理解不同角色对金钏儿之死的不同态度。引导学生在模拟的情境中梳理情节，比较辨析，将思辨意识渗透于无形。在学生分析贾政时，朱老师主动关联学生体验，创设一个生活小情境，问：如果我们身边发生了类似的事情，你会有怎样的反应？情境渗透中，学生不仅深刻地理解了贾政的关注点在祖宗的颜面和家族的名声上，而且增强了思辨的意识和共情的能力。

三是梳理比较，思辨建构。纵向梳理与横向比较是这节课的主要策略，也是培养学生整本书阅读思辨能力的有效路径。聚焦“金钏儿之死”事件，通过比较阅读，学生看到了王夫人的极力遮掩，也看到了贾环的竭力夸大；看到了宝钗的“叹”（“笑”），也看到了袭人的流泪；看到了贾政一心想着家族的颜面，也看到了聋婆子的物化生命，甚至在比较中看到了聋婆子物化生命在社会中的普遍性。当众人将金钏儿或视为“仆”，或视为“物”时，唯有宝玉以平等的“人”的眼光看待金钏儿，看待一个真实的生命，看待一个鲜活的女子。比较至此，学生必将更思辨地理解不同人的生命观，也必将为宝玉超越时代、超越阶层的生命意识而击节赞赏。本课板书也是亮点之一，呈现了学习过程、思辨过程，更难得的是对学生的思考做结构化建构，最终形成一个整体高度上的认知，帮助提升学生的思维。

三、出入自如，思辨之成

整本书阅读教学是否有效，最直观的，就是看是否能引导学生不仅

“读下去”，而且“读进去”“读出来”，换句话说，就是看学生的生成和表现。本节课上，学生运用梳理方法熟练，信息梳理过程轻松自如，对文本信息的熟悉度也让听众赞服。扎实的文本梳理、良好的文本细读，夯实了阅读基础，让课堂推进显得比较自然流畅。学生活动参与的广泛度、活跃度都较高，学生的思辨分析和表达也比较精彩，人物分析精准到位，语言表达晓畅典雅。语言的高度也可折射思维品质的高度。朱老师课堂的思辨力培养已见成效。

四、发挥整本书阅读课的张力

整本书阅读课不同于以往常规阅读课，它应具备独有的张力。这种张力，可以是9节课一体化设计的整合力，可以是举一反三的迁移力、扩张力。阅读课的终结，不是阅读的终结，更不是思考的终结。要让学生的思考持续，就需要教师种下能自我生长的思考的种子。比如，《红楼梦》为何少写新生，多写死亡？这符合中国传统文化观吗？如何对同类情节、人物做进一步同中求异的梳理比较，深入体会“千红一哭，万艳同悲”的主题思想？贾宝玉的生命观、价值观有一个成长蜕变的过程吗？课堂上采用人性分析法对王夫人、薛宝钗等人所作的分析，你是否完全赞成？还有什么方法能帮助理解王夫人这类复杂人物？金钏儿穿越到当代，会重复命运的悲剧吗？教师可以抛出更多问题，更多灵魂拷问，将学生的思维导向更广更高更深处，不在于当堂解决，也不在于是否能解决，而在于给学生设置进阶式任务指引，持续不断地进行思辨力的自我打磨。

著名作家狄马曾说：“一个人如果真的养成了独立、自主、理性和思辨的习惯……语文教育的任务也就完成了大半，甚至是最重要的部分，知识的多少和观点的对错反而不那么重要了。”可见，思辨不仅是阅读应该倡导的思维能力，而且是青少年生命成长必不可少的思维品质。而如何在阅读经典中培养思辨能力、提升语文素养，我以为，朱老师的“梳理之中见思辨”不失为一种有效的尝试。

课例8 一方素帕与君知：手帕中的情

庄宽，福建省厦门市音乐学校高级教师，市学科带头人。曾获泉州市第一届基础教育课堂改革创新大赛一等奖。

设计意图

《红楼梦》最感动人、最吸引人、最令人难忘的是作为主线之一的爱情故事。作为爱情理想的宝玉与黛玉自不必说，还有贾芸与小红、贾蔷与龄官、潘又安与司棋、柳湘莲与尤三姐、秦钟与智能儿、贾琏与尤二姐等这些不同的爱情故事。

与以往的中国古典作品不同，作者是跳出了封建的道德评价或男性自我中心的传统观念的框子来写爱情的。在书中，爱情不再是单纯的男性与女性的相互吸引、戏弄或家庭伦理义务，爱情也不再只是邪恶的同义语；爱情充满了生活的具体内容，爱情弥漫在生活中，生活充溢在爱情里。爱情拥抱着整个生活，而生活又主宰着、规定着爱情的形式、内容、走向与最终结局。

如何进入《红楼梦》的爱情世界呢？詹丹教授的《红楼梦的物质与非物质》一书让我关注到了古人生活中不可缺少又毫不起眼的小物件——手帕。手帕既有擦拭、包裹、遮盖、扇风等实用功能，又有显示社会地位、经济状况、精神追求的装饰功能；又因其只能个人使用，而有了独特的私密性，在人们不方便用言语表达的时候，成为传达情意的信物。它是中华优秀传统文化的一个组成部分。在手帕已经基本被纸巾替代的今天，对学生重提手帕有其必要性。

在《红楼梦》众多爱情故事中，我选定了具有代表性的三组爱情——宝玉与黛玉、贾芸与小红、贾琏与尤二姐。手帕在他们传情达意、示爱定情的过程中都起了重要作用，但又有不同：在宝黛爱情发展中，遮帕、摔帕、咬帕、甩帕、赠帕、题帕、忆帕、焚帕这一系列情节，完整勾勒出二人爱情悲剧的始末，帕是他们爱情的有力见证；在芸红爱情发展中，丢帕、找帕、梦帕、还帕等情节也将二人有心设计的、婉转曲折的爱情故事娓娓道来，帕是二人情感发展的直接诱因；在琏二的情感发展中，弄帕、撂帕、捡帕将二人赤裸裸的爱欲展示在对方面前，帕是二人情感发展的间接载体，其实，对于琏二而言，拴在绢子一端的荷包里被尤二姐咬过的槟榔和贾琏包在尤二姐绢子里回赠的九龙珮更重要。

因此，本节课遵循由物及人、由人及心的阅读思路，针对学生对“帕”的忽视和理解浅表化的现象，以手帕作为突破口，以人物形象及其关系分析作为抓手，以三组爱情的比较作为着力点，以对《红楼梦》爱情观的理解为落脚点，重点解读手帕所承载的民俗文化密码，解决关于手帕与情节发展、人物形象塑造以及其所展示的爱情观之间的关系等核心问题。教学目标如下：

1. 品读宝黛围绕“帕”展开的典型情节，梳理并分析芸红、琏二与“帕”的相关情节。

2. 分组讨论并围绕“帕”自由提问，分析这三组人物借由“帕”传递出的爱情特点。

3. 设置道具师的具体情境，立体、深入理解人物形象，追求高尚审美情趣和审美品位。

4. 理解曹雪芹对这三组人寄寓的情感，树立正确的爱情观、价值观。

教学扫描

环节一　导入、示范

师： 同学们，上节课我们共同捋清了宝黛爱情的发展历程，分析了他们爱情华彩乐章的重点细节、对话，了解了他们爱情的唯一性和精神境界的同频共振。今天我们换一个视角，借助一个小物件——“帕”来解读他们之间的爱情。“帕”就是手帕，大家见过手帕吗？用过手帕吗？

生（齐）： 见过！没用过！

师：《红楼梦》中的绢、巾、手绢、方巾、方绢……这些都是指的手帕。今天我们就来看看这一方小小的手帕有什么能耐，能承载得了什么。

师： 宝玉为什么是送帕而不送别的？为什么送旧帕子而不送新的？为什么送两块而不是一块？为什么让晴雯送？

(PPT 展示)

> 任务一：思考
>
> 1. 为什么是送帕而不送别的？
>
> 2. 为什么送旧帕子而不送新的？
>
> 3. 为什么送两块而不是一块？
>
> 4. 为什么让晴雯送？

生 1： 第一个问题让我想到宝黛二人共读《西厢记》这个情节，我看过《西厢记》，里面张生和崔莺莺表达情意的方式也是用手帕。

师： 你能联系平时的阅读资源，非常棒！我们一起来看一首明朝的关于帕的山歌。

(PPT 展示)

> 不写情词不写诗，
>
> 一方素帕寄心知。

心知接了颠倒看，

横也丝来竖也丝，

这般心事有谁知？

——《山歌（其一）》（明　冯梦龙）

师： 从中我们可以发现帕有什么作用呢？

生（齐）： 寄托心事。

师： 宝玉在这两方旧帕中寄托了什么心事呢？

生 2： 对黛玉的思念。

师： 还有吗？老师提醒一下，帕可以用来擦拭，比如在《红楼梦》中黛玉就老用它来擦眼泪。

生 2： 宝玉想劝黛玉不要哭。

生 3： 宝玉的意思：我知道你现在在哭，所以我让晴雯送手帕去，陪伴你，你哭吧，我陪着你。（学生笑）

师： 老师觉得这两个意思都可以有，都说得很好。理解的重点不在哭与不哭上，而在宝玉对黛玉的体贴上。宝玉深深地了解黛玉，所以知道，她来看完被父亲毒打、遍体鳞伤的自己回去一定会哭，但多哭伤身，为了黛玉的身体考虑，按照他一贯的做法，也一定会劝黛玉别哭了。但是这两块旧帕也的确有陪伴之意。如果我今天不在病榻上，我一定亲自前往；但今天我去不了，所以派了我的手帕去陪伴你。

师： 我们来看第二个问题。

生 4： 新的事物不一定就好，有时候旧的事物更好。

师： 那新的事物也有好的喽！请大家想想：在上一课时中，黛玉最担心的事情是什么？

生（混答）： 宝钗，宝钗抢走宝玉，宝玉变心……

生 4： 人还是原来的老相识好。

师： 非常棒，看来这回是深深地理解了。正所谓“衣不如旧”，那“人也不如旧”。因此宝玉送旧帕的意思是——

生 4: 让黛玉别担心，尽管放心，他的心都在她身上。

师: 如果老师告诉你这里用了谐音双关，那“旧帕”是哪两个字的谐音呢?

生（齐）: 就怕。

师: 就怕什么?

生 5: 就怕黛玉多心。

师: 第三个问题谁来回答?

生 6: 我们俩是成双成对的、比翼双飞的。

师: 祝贺你，闯关成功!

师: 最后一道题谁来挑战一下自己?

生 7: 晴雯和宝玉的关系更为亲近。

师: 袭人和晴雯都是宝玉的贴身丫鬟，如果从亲近而言，我们知道袭人还和宝玉有过肌肤之亲。那为什么是晴雯呢?

生 8: 晴雯比较单纯，袭人心思比较重。

师: 说得很好，还有别的同学补充吗?

生 9: 袭人更喜欢薛宝钗，她不喜欢林黛玉。而送帕会增进贾宝玉和林黛玉之间的感情，她不会想去的。

师: 所以，假如宝玉让袭人去送，她会说什么?

生 10:“小祖宗，你就安生一点吧，这么晚林妹妹都已经睡着了。明天再说吧。”总之，就是找个理由敷衍过去。

师: 揣想、想象得非常好。

师: 刚才老师从帕入手，分析宝黛二人之间的人物关系以及各自的人物性格。我关注的有四点：一是手帕对情节发展和表现人物有重要作用；二是手帕独特的情感内涵；三是手帕的所有者、使用者和施受双方；四是手帕的流动方式，就手帕而言，是递的、抛的、撂的、甩的，还是像这里让别人送的。

现在就请同学们对学案中摘选出的宝玉和黛玉、贾琏和尤二姐、贾芸和小红有关“帕”的片段试着自问自答。

环节二　梳理与品析：围绕三组对象，挑战自问自答

(PPT 展示)

任务二：4 人为一个小组，围绕“手帕”提出问题并试着回答。宝黛组 2 个，琏二组 3 个，芸红组 4 个。

1. 为什么黛玉要把诗题写在那两方帕上，而不写在纸上?
2. 为什么黛玉题完诗后，上床睡了，还要拿着帕子思索?
3. 为什么贾琏特地挑已经被咬了半块的槟榔?
4. 为什么贾琏要送九龙珮?
5. 为什么丫鬟、尤老娘出现后两人要遮掩?
6. 贾芸为什么要坠儿给他回报?
7. 小红为什么要到宝玉屋中去找手帕?
8. 小红为什么要跟坠儿说丢了手帕?
9. 贾芸为什么拿给坠儿的是自己的手帕，而不是小红的手帕?

（在此展示需要教师协助解决的第 3、4、7、9 题）

第 3 题：为什么贾琏特地挑已经被咬了半块的槟榔?

生 11： 我们组觉得很恶心，又不知道原因。

师： 其他组的同学可以帮忙吗?

生 12： 因为这块槟榔是尤二姐咬过的，他的这个举动是向尤二姐示爱，表示你我是一体的。之前，他向尤二姐讨要槟榔就有挑逗的意味。我还觉得槟榔在古代可能在男女关系上有特殊含义。

师： 你的感觉很敏锐。槟榔在我国古代因其产量稀少，还有一定的药物和清洁口腔的作用，所以古人将之视为待客的贵重物品，还有人说因为吃了会让人心跳加速，面红耳赤，所以有人用它来调情。老师这么一说，你发现什么了吗?

生 12: 贾琏不仅仅是示爱，简直可以说是赤裸裸地展示欲望。太直接了！如果尤二姐没有反对，或者抢过去，就说明她也默认愿意做他婚外的情人。

第 4 题：为什么贾琏要送九龙珮?

生 13: 贾琏和尤二姐之间是第一次传情示爱，为什么他就要送上九龙珮这么贵重的礼物? 像宝黛和芸红之间送块手帕不行吗?

师： 你们觉得贾琏如果只送块自己用过的旧手帕能搞得定尤二姐吗?

生（齐）： 不能。

师： 为什么呢?

生 14: 尤二姐是贾琏主动追求的，其他两对都是双向奔赴的。宝黛和芸红都是男未婚，女未嫁，贾琏已经有王熙凤和平儿了，还到处眠花宿柳，名声也不好。

生 15: 尤二姐喜欢的不是贾琏这个人，而是他的地位和财富。尤二姐一家一直都是靠宁国府接济过活的，她需要贾琏提供物质保障。

生 16: 如果只送旧手帕，尤二姐会觉得没有诚意。贾琏是婚外情，尤二姐在他那里得不到正室的地位、纯粹的爱情，如果不图物质图什么? 贾琏是个聪明人，是情场的老手，所以，他当机立断地拿出贵重的九龙珮来显示自己十足的诚意。

师： 从同学们精彩的回答中，我们发现琏二的感情并不纯粹，有很多感情之外的东西在起作用。所以九龙珮是贾琏显示经济实力和社会地位的一种暗示，也带有承诺的意味，承诺养得起她。就好像雄孔雀开屏吸引雌孔雀，尤二姐这只雌孔雀需要贾琏这只雄孔雀打开九龙珮的屏，这才对她有致命的吸引力。

第 7 题：小红为什么要到宝玉屋中去找手帕？

生 17： 按照书中所写，上等丫鬟才能伺候贾宝玉吃饭穿衣，小红作为宝玉的下等丫鬟，不仅见不到贾宝玉，也不能随便进贾宝玉的屋。所以小红的手帕不可能丢在宝玉屋中。那她为什么还和秋纹、碧痕说她是为了找手帕才到宝玉屋中的？

生 18： 小红是故意把手帕丢在宝玉起居室周围，想借着找手帕的机会，接近贾宝玉。文中有一段话，说自从宝玉搬进怡红院，她就动攀附的心思，这回被骂过后，才死了对宝玉的心，把注意力转移到贾芸身上。这说明小红是一个有心计、有城府而且非常想改变自己处境的人。

生 19： 我怀疑小红并没有丢手帕。在宝玉准备洗澡的时候，小红找理由支开了秋纹和碧痕，才等到了一次机会，在宝玉面前她并没有提手帕的事，而是替贾芸传递信息。秋纹和碧痕问她为什么跑到宝玉房中，她才以此为借口。

师： 你读得非常细致，而且分析得很有道理。

生 20： 书中并没有说小红是故意丢手帕给宝玉，我觉得小红丢手帕是无意的，这也是为了衬托她和贾芸有缘。

师： 同学们的讨论很精彩，很遗憾，老师也给不了确切答案。如果从人物性格而言，同学们有意的推断很有道理。书中的确并未明说小红丢手帕是否有意，为了丢给谁，几百年来阅读者也对这个问题一直争执不下。此外，我们也可以从小红的出身和封建社会森严的等级制度来考虑，作为家生奴才的小红只有三条出路：一是像赵姨娘做主子的侍妾，最理想的婚配对象莫过于宝玉，但是宝玉身边的大丫鬟们把路堵死了；二是放出去配小厮，这是小红最不愿意走的路，这就等于固化在原来的阶层上了；三是脱离奴籍自由婚嫁，像王夫人的陪房周瑞家的女儿、冷子兴的妻子周氏一样。在第一条路被堵死之后，小红尽自己所能选择了本家的爷们贾芸，走第三条路。

第 9 题：贾芸为什么拿给坠儿的是自己的手帕，而不是小红的手帕？

生 21： 我们觉得他是为了表达自己的心意。

师： 这与其说是一种表达心意不如说是——

生 22： 试探。

师： 那试探什么呢？

生 23： 他们在试探彼此的心意。在封建社会，男女授受不亲，青年男女之间是不可以直接对话的，也不可以私定终身，他们这样做是很冒险也很危险的。

生 24： 如果小红收了不是自己的而是贾芸的旧手帕的话，就说明她接受了贾芸的示爱，手帕在这里成了定情信物，还瞒过中间毫不知情的坠儿。

环节三　研讨与探究：设置真实情境，化抽象为具体

师： 通过刚才的阅读、思考、讨论、提问，同学们对三组人物以及与“帕”相关的事件有了了解，下面请大家转换角色。

(PPT 展示)

> 任务三：如果你是《红楼梦》电视剧剧组的道具师，你会为以上表演准备什么样的手帕？

师： 我们应该从哪些方面去描绘准备的手帕呢？

生（混答）： 块数、材质、颜色、大小、图案……

师： 好，那下面我们就开始分组讨论。

宝黛组

师： 你们要准备几块手帕？

生 25： 两块。按照书中所说，宝玉比较爱胭脂，所以宝玉平常使用的手帕应该是红色或粉色的，质地要比较柔软，质量比较好。

师： 在这三组对象里，他的手帕质量应该是——

生 25：最好的。比如丝绸质地的，或者是极好的纱。而且手帕是要送给黛玉的，所以最好要和泪有关，比如帮黛玉擦过泪的，有他们之间共同记忆的。那就不能那么红了。因为黛玉本身是个淡雅高洁的人，她不可能喜欢红啊、粉啊的……（沉思中）

（全班哄堂大笑。该生开始意识到宝玉和黛玉两人审美品位的一致性，开始推翻自己原来的假设）

师：那到底是什么颜色呢?

（全班七嘴八舌，紫色、白色、天青色、淡蓝色、蒂凡尼蓝、马卡龙绿……）

生 25（淡定又笃定地缓缓说出）：就是那种被胭脂晕染过的白色。

（全班一片欣赏的“哇”声。大家仿佛也意识到了他的用意）

师：那胭脂怎么染上去的呢?

生 25：曾经帮黛玉擦胭脂的时候染上去的，他舍不得洗，就这么留着。

（全班一片静寂，大家都在脑补场景，静静思索）

师：两块都是这样的吗?

生 25：另一块也是类似的淡雅色调，但是要帮黛玉擦过泪的。

（全班鼓掌，为他富有创造力的回答赞赏不已）

琏二组

师：你们组准备的手帕是什么样的呢?

生 26：应该是比较鲜艳的颜色，比如红色、粉色、绿色。还要有光泽，因为尤二姐本来就长得明艳动人，而且很会打扮。还要非常新。

师：尤二姐知道贾琏今天会来吗？会向她要槟榔吃吗？所以特地准备这么好的手帕用?

生 26：我还是觉得尤二姐用的手帕不会旧，她应该会有很多手帕，手帕不贵，又是一个很好的配饰，这个钱她花得起，别的贵的首饰什么的她可能花不起。

师：这样说也有一定道理。好，同意。那质量呢？

生 26：质量中等，没有宝玉的好，但肯定要比贾芸、小红的好。

芸红组

师：老师友情提示一下，你们要准备两块手帕。知道为什么吗？

第三组（齐）：一块是小红的，一块是贾芸的。

生 27：小红那一块虽然质地是这里面比较差的，但一定是她自己的手帕里最好的。而且要有她自己的标记，比如绣点什么。

师：是她自己绣的，还是花钱去买的？

生 27：应该是她自己绣的，她不会去花那个钱。

师：嗯，老师深表赞同，你是觉得她是个凡事都会使劲的人，会用心思的人。真棒！

生 27：贾芸还回去的是他用心挑选的手帕。应该是比较淡的颜色，比如绿色、蓝色。

师：不过老师要提醒大家，坠儿和贾芸也是不期而遇的。这个大家可以去看看原著。因此他从袖中掏出的那块手帕是不可能准备好的。接下来让我们看看 1987 年版电视剧《红楼梦》的道具师安排了什么样的手帕。

（PPT 展示手帕的截图：宝黛是做旧的淡绿和淡蓝色的，琏二是粉色的，芸红是红色的；都是纱制的）

师：1987 年版电视剧道具师选择的手帕只是一种参考。刚才同学们发挥的聪明才智让老师着实惊喜，我觉得如果按同学们所说，也是很好的一种选择。

环节四　总结与提升：对比三组爱情，借手帕思人生

师：接下来我们走进这三组爱情，分析手帕在他们感情发展中所承载的情感及作用，并为贾宝玉与林黛玉、贾琏与尤二姐、贾芸与小红三组爱情的纯度排序。

(PPT 展示)

请填写以下表格，分析手帕在他们感情发展中起的作用，并为宝黛、琏二、芸红三组爱情的纯度排序。

对象	手帕承载的情感	手帕的作用	爱情的纯度
贾宝玉与林黛玉			
贾琏与尤二姐			
贾芸与小红			

生 28：宝黛爱情的纯度肯定是最高的，他们都认定彼此是唯一的那一个，很专一。贾琏“吃着碗里的，看着锅里的”，情欲泛滥，应该排第三。

师：是的。大家还记得贾琏把尤二姐安置起来发生在什么时候吗？是国孝期间。那芸红呢？

生 29：贾芸和小红之间感觉就是很普通的、寻常百姓的感情，境界不如宝黛。

师：为什么呢？

生 30：小红和贾芸有很多共性，比如都很聪明，想往上走，都有心计。两个人的结合既有心意相通的一面，又有考虑对方的身份、地位、家庭的一面，让人感觉有算计。

生 31：我觉得也未必把小红说得这么不堪。宝玉在书中谁不爱？不只丫鬟们爱，就连宝钗、史湘云这些小姐们也爱。我觉得宝钗和小红只不过地位不同，不然爱宝玉的动机都有功利性、实用主义的成分在其中。只有黛玉不同。

师：刚才看到同学们谈论芸红，我想起我像你们这么大的时候也是带着鄙夷的眼光看待他们的。

生 32（插说）：小人物的爱情。

师：是的，说得好。有人说芸红二人就是宝黛二人的现实版。在大观园里，贾芸和小红的首要任务是生存。他们没法像不事生产、不用为生活奔波劳碌的宝黛，总是你猜忌我，我猜忌你，天天闹各种小矛盾。包括贾琏和尤二姐，以前觉得贾琏下流、没品，多姑娘也要，鲍二家的也要，混账东西一个。但是你要知道生活中就有这样的人，而且也会发现贾琏的可爱之处，比如在男女关系上他也有他的底线——你情我愿，特别是对尤二姐过去的不堪，他还能说：谁人不犯错？这比起贾赦对鸳鸯的巧取豪夺和薛蟠对香菱的百般摧残要好许多。

……

师：最后，我想借用《红楼梦》研究专家詹丹教授的话来结束今天的教学："我还是想写这样一本书，写《红楼梦》的物质与非物质，从对日常生活的物质感觉开始，渐渐走向情感、走向思想、走向心灵，从具象走向抽象，从物走向人，走向人的想象，从对《红楼梦》的解读走向对解读的再解读。就像《红楼梦》曾有的一个书名《石头记》告诉我们的，从最物质、最质实的一块顽石，变成一块散发出灵光的宝玉。"今天我们就从不起眼的一块手帕，走向宝黛爱情，走向三组爱情，走向对爱情的理解，走向对人性的体贴、理解和怜悯。希望大家能把课堂上心底里闪现的小火苗，继续燃烧到课外，燃烧到你的生命。

谢谢大家！

课后作业

1. 赏析以下三首诗

题帕三绝

其　一

眼空蓄泪泪空垂，暗洒闲抛更向谁？

尺幅鲛绡劳惠赠，叫人焉得不伤悲！

其　二

抛珠滚玉只偷潸，镇日无心镇日闲。

枕上袖边难拂拭，任他点点与斑斑。

其　三

彩线难收面上珠，湘江旧迹已模糊。

窗前亦有千竿竹，不识香痕渍也无？

以上三首诗是黛玉题写在宝玉差晴雯送来的两方旧帕上的，其中包含了黛玉怎样的情感？黛玉在诗中如何表达对宝玉的情感？

2. 请根据本节课内容，谈谈“帕”所承载的与宝黛、琏二、芸红三组爱情结局的关联。

3. 小王经营着一家酒楼，想以《红楼梦》中的菜式、器皿和饮食礼仪作为卖点，你会给出怎样的建议？并说说为什么。要求：观点明确，条理清晰，不少于 300 字。

板书设计

“帕”所承载的

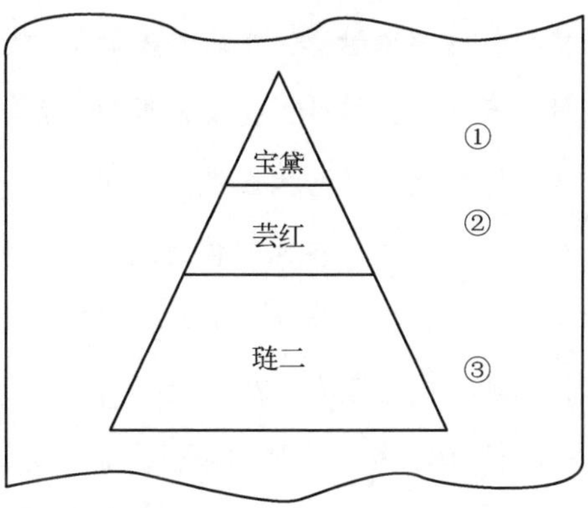

点评

教学的结构化、情境化、可见性与开放性

王岱，任教于北京市第八十中学，语文特级教师，教育部基础教育课程教材专家工作委员会委员，国培专家，《普通高中语文课程标准（2017 年版）》修订组核心成员，统编高中语文教材编写组成员。

“整本书阅读与研讨”任务群的教学，是摆在一线教师面前的一个急需研究和实践的课题。《红楼梦》博大精深，如何在中学生中推进其阅读，可说是现在高中语文教学的难点之一。《红楼梦》可读可讲之处实在太多，教师在有限的教学时间内如何驾驭，如何引导学生把握文本丰富的内涵和精髓，领略其独特的艺术魅力，的确考查一位教师的智慧。

爱情无疑是《红楼梦》最重要的内容之一，那么如何让学生在短短的一节课中一窥《红楼梦》的爱情世界，亦能看出教师的水平。庄宽老师非常巧妙地用一方手帕掀开了《红楼梦》爱情世界的一角。在众多爱情组合中，庄老师又非常智慧地选择了具有代表性的三组爱情——宝玉与黛玉、贾芸与小红、贾琏与尤二姐。手帕在他们传情达意、示爱定情的过程中都起了非常重要的作用，而这三组人物的爱情又有着不小的差异。小小手帕这个切入点的选择，体现了庄老师的匠心。

“整本书阅读与研讨”的目标其实通俗地讲就是一要读好这本书，二要会读这一类的书。在一节课中既要从手帕读出其所揭示的爱情，又要习得

阅读小说的一些方法，如何才能达成这样的目标，关键看教学环节的设置。庄老师教学的四个环节环环相扣，环节一的四连问帮助学生在理解宝黛爱情的同时，学会提问，确立回答问题应立足于人物分析的原则。环节二是在环节一示范的基础上，设置学科认知情境，让学生学以致用，学着自己提出问题。环节三继续借助“帕”深入推进学生对人物、情节的理解，关注学生审美情趣的培养。环节四对三组人物的爱情进行比较，进而分析人物的精神世界，实现从手帕走向爱情，走向人物的精神世界，走向对人性的理解。这四个环节不仅实现了对《红楼梦》这部书中有关爱情的部分内容的学习，也实现了对小说这类书一些阅读方法的学习，很好地达成了教学目标。

整个教学过程不仅体现了庄老师的教学智慧，也体现了庄老师的教学立场。前者体现在教学设计的巧妙，后者则体现在教师与学生的共情，与小说人物的共情。在分析三组人物爱情纯度时，庄老师以自己的阅读经验，平等地参与到学生的交流讨论之中，让学生知道老师也曾有过与自己一样的阅读经历；庄老师还以自己的阅读经验，告诉学生对小说人物要有一种基于对人性理解的怜悯与同情，这在文学阅读中非常必要也是非常重要的。

该教学案例体现了庄老师在教学结构化、情境化、可见性与开放性等方面的努力，的确是一个可圈可点的优秀案例。

如果说教学是一门艺术，再完美的艺术也难免会有缺憾。庄老师在环节一提出“怎样才能提出好问题”后，若是让学生自己试着去归纳，这会给学生提供一个极其宝贵的由感性上升到理性的思维训练过程。当然这可能对短短的一节课来说有些苛求了。

专题研讨

通过阅读与梳理，学生对《红楼梦》的整体风貌与内在肌理有了一定把握。在此基础上开展的专题学习，其指向应该是文本理解中的疑难问题或关键问题。高中的专题学习是有限的，但其意义却不可低估，它的指向，就是批判性思维与创造性思维等高阶能力，是我国学生普遍欠缺的研究能力与学术能力。

目前，专题学习存在的偏差，主要是价值定位不明确、不聚焦，导致专题设计很随意，似乎随便选几个话题，引导学生讨论讨论，就算开展了专题学习。有的老师借《红楼梦》的阅读来研究中国封建社会的衰落，或者讨论儒道释的关系，严重脱离了学生的认知实际。还有一种较为普遍的现象，我称之为“百科全书式教学”。《红楼梦》一直被誉为传统文化的“百科全书”，小说中有大量的诗词、园林、饮食、器物、服饰等传统文化因素，在复兴传统文化的热潮中，有些老师便将《红楼梦》当作了传统文化读本，比如借大观园讲园林知识或做园林鉴赏。再如，如何对待小说中反复出现的诗谶和物谶？处理得不好，《红楼梦》阅读就会变成可笑的猜笨谜式的阅读。显然，这样的阅读偏离了《红楼梦》的文本核心价值。

偏离了文本的核心，专题学习就贬值了；脱离了学生的实际，反而会造成学生对经典的疏离与厌恶。有鉴于此，一方面我们要问“文本有什么”，一方面我们要问“学生要什么”，前者考验教师的文本解读能力，后者考验的则是教师的教育理念和眼光。好钢用在刀刃上，在有限的学习时间里，专题学习应该聚焦最有价值的问题。

《红楼梦》的疑难问题特别多。作者似乎有意与读者捉迷藏，不断挑战读者的智力与耐心。一方面他反复强调“真事隐去”“假语村言”，一方面又说“至若离合悲欢，兴衰际遇，则又追踪蹑迹，不敢稍加穿凿”，“不过实录其事，又非假拟妄称”，这种藏头露尾、“欲盖弥彰”式的构思，已经预示着文本的隐秘与微妙。《红楼梦》的“公案”特别多，大的如第 27 回“滴翠亭杨妃戏彩蝶”，宝钗有没有“嫁祸”林黛玉？第 74 回“惑奸谗抄检大观园”，袭人有没有进谗言？小的纷争更是多如牛毛，数不胜数。正如鲁迅所说，《红楼梦》出来后，传统的思想与写法都被打破了。它的人物不再是“恶则无往不恶，美则无一不美”，它的情节因果也不再是那种机械的、直线的关联。因此，阅读中的事实分析、因果厘定、价值判断都需要全面、综合、系统地分析。没有思辨的介入，我们对《红楼梦》的理解就很难摆脱惯性与惰性的纠缠。可以说，《红楼梦》蕴含了专题学习的丰富资源，关键是如何发现和界定这些专题。

《红楼梦》的可圈可点处甚多，最值得称道的，恐莫过于栩栩如生的人物塑造。无论是其深刻的思想内涵，还是空前绝后的艺术高度，都离不开宝玉、黛玉、宝钗、湘云、探春以及王熙凤、贾母这些人物的塑造。在特定的意义上，理解了红楼人物，也就理解了《红楼梦》；要走进《红楼梦》，“人物论”是最便捷的阶梯；要了解《红楼梦》的种种纷争，“人物论”也是个不错的通道。对于高中生而言，“人物论”才是《红楼梦》中最有活力、最有思辨空间的领域。

我梳理过马瑞芳（以下简称“马”）与欧丽娟（以下简称“欧”）两位女性研究者的“人物论”，她们对人物的评价几乎截然相反。在马的笔下，袭人是恶毒的、有心机的、谄媚的、虚伪的，而在欧的眼里，袭人温柔知心、善解人意，走得直、行得正；马认为晴雯爱憎分明，道德高尚，情趣高雅，自尊自爱，没有丝毫奴颜媚骨，而欧则认为晴雯勇而无礼，粗鄙，自大，奴性又重；马认为薛宝钗心术不正，残酷无情，世故圆滑，处心积虑，欧则认为她是宽厚中正的君子人格的代表……这样的差别与研究者的价值观、思维方式和学术取向也有密切的关系，需要比较与辨析。很显然，马主要立足于“大旨谈情”来理解，对林黛玉的爱怜跃然纸上，欧则立足于礼教与秩序来分析，对宝钗的偏爱不言而喻；马主要是平民视角，偏爱有民主色彩的贾宝玉与林黛玉，欧主要是贵族视角，更倾向知书达礼的薛宝钗与“母教”践行者王夫人；马更看重文本的文学特质，注重人物内心的细腻分析；欧更看重文本的文化内涵，更多旁征博引的文化阐释。总体看，欧丽娟以拨乱反正的姿态进入《红楼梦》，却留下了更多需要拨乱反正的结论；马欧二人的强烈差异，恰恰说明了思辨的价值与对话的意义，这正是专题研讨的好资源。

从教学角度看，以“人物论”来组织《红楼梦》的专题学习，也可删繁就简，发挥以小博大之功效。人物是小说的核心，抓住了人物分析，情节梳理与环境分析就有了指归，阅读教学才不至于空洞与抽象；以人物分析为纲，纲举目张，文本分析才可能免于零碎和凌乱。

从教学实际看，“人物论”可能也是学生最感兴趣的领域，最能唤起学生的代入感与自我反思。以“人物论”切入《红楼梦》的研读，或可在一定程度上避免长时段学习带来的疲惫与厌倦。

课例 9 谁人解得宝玉情：宝玉的“情不情”

张安群，中学高级教师，广东省深圳市龙华区教育科学研究院高中语文教研员，深圳市张安群劳模创新工作室主持人。曾获“全国五一劳动奖章”，“湖北青年教学能手”称号。编著《〈红楼梦〉整本书阅读与研讨》，参编《名师导读〈红楼梦〉》。

设计意图

阅读《红楼梦》，学生难免会遇到困惑。有学生问：“我不喜欢贾宝玉，为什么曹雪芹要写一个花花公子？”还有学生问：“贾宝玉是不是个‘伪娘’？”可见，学生习惯以现实的价值观念来理解贾宝玉这一人物形象，对贾宝玉内在之“情”和外在之“行”发出了质疑，需要教师点拨。我们可以将贾宝玉作为众多人物的“一隅”，进行针对性导读，以牵一发而动全身，让学生学会运用阅读策略来理解《红楼梦》人物形象的复杂性。

学生评宝玉为“花花公子”“伪娘”，实际是对宝玉之“情”的误解。其实，贾宝玉之“情”，连最宠爱他的贾母也不理解。而“情”又是《红楼梦》的重要意旨：鲁迅将《红楼梦》归为“人情派”小说，小说第 1 回交代这本书“大旨谈情”，且指出本书所谈之“情”，与前人传述不同，是“儿女之真情”。可见，理解宝玉之情，既是理解宝玉这一形象的一把钥匙，又是感受小说艺术魅力、理解小说内涵与主旨的重要途径。所以，针对学生的疑惑，将解开宝玉之“情”作为专题学习的任务，极具探讨价值。

《红楼梦》写宝玉之情的细节散落全书，我们可推荐重点章回让学生选读，如第 19 回、第 23 回、第 30 回、第 32 回、第 34 回、第 35 回、第 36 回、第 39 回、第 44 回、第 62 回……让学生沉浸文本，就对宝玉待人接物的言行感到不理解的地方，大胆提问。

从众多提问中，我发现学生对《红楼梦》写人妍媸毕露的特色已有了初步感知。但把宝玉评为“花花公子”，还折射了学生思维方式的局限。我们可以抓住学生的提问设计子任务，引导学生在思辨探究中解决疑问，领略《红楼梦》的艺术魅力；在探究中运用辩证的眼光，懂得面对一个“真”的人，应看他的主流情感和价值观，从而反思并调整自我的思维方式，获得思维发展。

本节课的教学目标：

1. 梳理情节，精读细节，能立足文本，理解宝玉之情的独特内涵。

2. 比较鉴赏，思辨探究，以辩证眼光，探讨贾宝玉形象的复杂性。

3. 建构方法，迁移运用，能举一反三，发现整本书人物描写的艺术特点。

教学扫描

环节一　整合学生问题，提炼主题，阐明任务

师： 今天非常高兴，和大家一起分享阅读《红楼梦》的感受。《红楼梦》的第 1 回，作者说这本书“大旨谈情”，意在抒写“儿女之真情”。红楼儿女中多情者，首推谁呀？

生 1： 宝玉。

师： 但是，说起宝玉之情，相信很多同学头脑里第一个蹦出的是“爱情”。可是，第 5 回里，警幻仙姑这样告诉我们，宝玉之情，是“天分中生成一段痴情”。可见，这情不仅仅是指爱情，还指宝玉的自然天性。很多同学对宝玉之情并不能完全理解，有三个同学的问题，引起了我很多的思考。第一，“宝玉到底对谁有情？”第二，“宝玉为何如此多情？”第三，“宝玉是个处处留情的人，他留的情都是至纯至善的吗？”

今天，我们就围绕着这三个问题，一起来试着理解宝玉之情。

环节二　梳理情节，识其情

师： 宝玉到底对谁或者对什么有情呢？课前，我布置了梳理活动，要求梳理 1—5 个情节，并用 4—8 个字来概括你找到的那个情节，把你列举的那些情节归一下类。

生 2: 我要分享的是第 19 回的情节“宝玉挽留袭人”。从这里我读到了，宝玉担心袭人离开贾府后会有一些不幸的事发生。在往常的刻板印象中，我们都说，宝玉对黛玉有情，或者说对宝钗有情。袭人作为从小和他一起长大的丫鬟，他们之间的这种感情到底是什么样子的？是爱情、友情，还是亲情？我想这三者都有，我觉得更加值得珍惜的是年少相知、惺惺相惜相伴的友情或者亲情。爱情也许有，但是与对黛玉的那种深情、对宝钗的端庄的那种倾慕比较起来，爱意没有那么深挚。

师： 请大家做一下记录，第一个关键词“袭人”，第二个是“挽留”，第三个是“友情”或“爱情”，打个问号。他作了深度探讨，而且说到了另外两个名字——

生 3: 黛玉、宝钗。

师： 他比较了三位女性不同的什么？袭人不过是宝玉身边与他朝夕相伴的一个——

生 4: 身份，袭人是丫鬟。

师： 丫鬟！我们从身份上看到，宝玉不仅对黛玉、宝钗这样的小姐含情，他对丫鬟也有情。

生 5: 第 7 回中，宝玉对秦钟的仰慕之情。可能这部书的主线是宝黛爱情，但是宝玉对男孩子也有钦佩和仰慕之情。

师: 他从女性突破到对男性秦钟的情感。

生 6: 刚刚老师说，宝玉之情不一定只是爱情，我想，宝玉不仅是对人，对物也有情。第 19 回，宝玉看戏看得无聊了，想起小书房里面有幅美人图，画得很传神，他就想，今日这里这么热闹，美人会寂寞，于是就去看望她。还有第 23 回中，对落花，宝玉正在看书，有风把桃花吹下来，宝玉恐怕脚践踏了它们，就把花撒到池塘里去，让清水把落花流走。还有那个奶奶来贾府做客的时候。

师: 刘姥姥。

生 6: 刘姥姥来贾府做客的时候，说了一个她自己杜撰的故事，有个庙里的小姐，在冬日里抽柴禾。当时其实所有人都没有把这件事当回事，只有宝玉会想，那个小姐为什么会出现在那里，她怎么出现在那里。刘姥姥骗他，说给小姐盖了庙，庙荒废了。宝玉回去想了一晚上，想帮助那个小姐。第二天，他特地找了他的小厮，给他一些钱，帮着打听那座庙，帮着修缮。我觉得宝玉真的是很多情，他不仅是对人，对世间万物都有情，他就是最感性的人。哪怕是一花一草、一幅画像，只要能触动他的心，他都会给予极大的关怀，所以，我觉得宝玉多情。

师: 你说得真好。他突破了人和物之间的界限，他对美人图也有情，对飘落的花朵也含着怜惜之情；他不仅对身边年轻的女性含情，对杜撰的故事中的女孩，也担心她在雪中被冻坏了，要给她修庙。他对自己生命中的万事万物以及所有人，正像刚才同学所说，都含有关怀之情。从大家的分享中，我们看到宝玉实际上是一个怎样的人?

生 7: 多情。

生 8: 感性。

生 9: 善良。

生 10: 关爱。

生 11: 多愁善感。

生 12: 他是一个泛爱、博爱之人。

师: 我们从博爱中看出他有两个特点，一是不分万物和人的区别，一是不分地位的贵贱。从分享里面，我们能看到宝玉的“爱博”（板书），主要体现在他的平等、不分物我、不分贵贱、博爱，他是这样一个令人感动的宝玉。

我给大家提个建议，我们这次的活动，是让大家梳理并简洁概括，但是大家都习惯于详细描述。我们在整合相关情节的时候，还可以进行分类、整合。比如我刚才给大家展示的，“叹杏落枝空”，这是对自然万物之情；“惜龄官淋雨”，这是对龄官（戏子）之情，当时宝玉还不认识她；“忧玉钏烫手”，这是对丫鬟之情；“问黛玉日常饮食”，这是对贵族小姐之情。如果我来整合，那我可能会分为：宝玉之情对自然万物、对人，然后对人又可以分为对男性、对女性，对女性又可以分为对贵族小姐、对丫鬟、对戏子。在贵族大家里面，诗礼簪缨之族之中，这三种身份有什么不一样吗?

生 11: 林黛玉是上等人，袭人是下人，龄官是戏子，更下等。

师: 对，戏子比丫鬟还不如。但是，宝玉对身边的包括龄官，还有后面我们会读到的芳官和藕官，他都心怀着体贴和尊重之情。宝玉令人感动的地方就在这里。

环节三　鉴赏细节，解其情

师: 对于宝玉之情，不仅后代的读者不理解，就连他身边的亲朋好友也不理解。与他青梅竹马的史湘云说：“没见你成年家只在我们队里搅些什么！”“我们队里”指什么?

生 12: 女孩子们里面。

师: 对，女儿国里面。最疼爱宝玉的贾母，也对宝玉很不理解，最不理解的是，他竟然对这些丫鬟那么好！贾母当初以为是宝玉知道了男女风月之事，到后来仔细观察，发现“究竟不是为此”，感到奇怪。我们从这里也知道了，宝玉之情，还真的不仅仅指狭义的爱情或者男女的风月之情哦！它有更广泛的内容。

我们再看，家里许多人抱怨宝玉，这是通过傅家的两位老婆子转述的，这个转述比刚才的不理解有更具体的内容，她们说到了具体的情节，这些情节也许你还没有读到，但是可能有同学听过。比如“自己烫了手，倒问人疼不疼”，这是玉钏儿的故事；“大雨淋的水鸡似的，他反告诉别人‘下雨了，快避雨去罢’”，这是谁的故事?

生 13: 龄官。

师: 龄官画“蔷”的故事，那个时候宝玉还不认识她，不知道她是一个什么样的女孩。还有他看见燕子、鱼、星星、月亮，都会长吁短叹，咕咕哝哝跟它们说话，和自然对语，让人莫名其妙！另外，他还受毛丫头的气，这个和贾母说的是一个意思。对东西，有时候爱惜，有时候糟蹋，让人莫名其妙。刚才我们不是看到了宝玉对万事万物都含情吗？他怎么会糟蹋东西呢？我把这些地方也整合了一下——

（PPT展示）

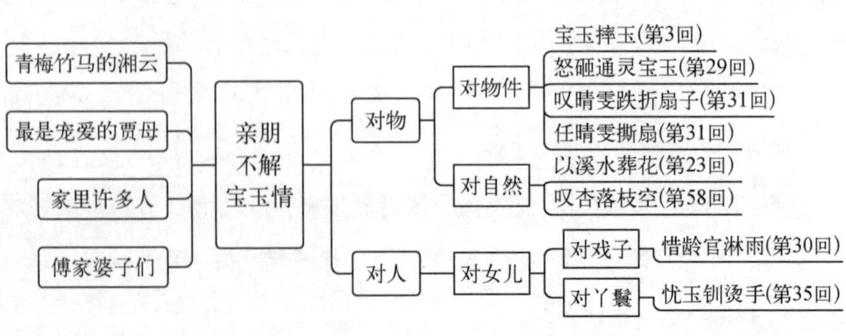

大家看一下，亲朋中不解宝玉情的人，有湘云、贾母、家里许多人。她们不解的有这样一些事情：宝玉对物，亦惜亦贱；宝玉对人，分外怜惜。我们从这些大家不解的情节中，挑出三个有代表性的来仔细鉴赏，扣住“宝玉为何如此多情”这个问题，要求是“精读细节，圈画字词；品读细节，批注感悟”。我们有 6 个小组，第 1、2 组为“摔玉”组，第 3、4 组为“葬花”组；第 5、6 组为“龄官淋雨”组。

（生自主阅读细节，批注交流）

师： 找到相关的章回。

生 14： 摔玉在第 3 回。宝玉问黛玉：“可也有玉没有？”黛玉说：“我没有那个。想来那玉是一件罕物，岂能人人有的。”宝玉就说：“什么罕物，连人之高低不择，还说‘通灵’不‘通灵’呢！我也不要这劳什子了！”他摔玉以后，大家慌忙去拾玉。然后宝玉说，这玉不是个好东西，说明他并不看重物，而是看重人。

师： 我已经观察到，大家读书，“念”和“找”原文已经到位了，但是在鉴赏和评价方面还存在一定的困难，是吧？不要紧，我们两个人合作，我来帮你。请你注意一下，摔玉的情节里，有两个人对通灵宝玉的称呼用的词不一样，你发现没有？这块玉是什么？

生 15： 贾母说是“命根子”，宝玉把它称为“劳什子”。

师： 这一对比就比出来了。第二个，宝玉摔玉的原因是哪几个字眼？

生 15： 人之高低不择。

师： 你知道宝玉说的“高”是什么，“低”是什么吗？

生 15： 地位的高低，姐妹（地位）高，宝玉（地位）低。

师： 所以，他摔，实际上是摔向了什么样的理念？

生 15： 男尊女卑。他反过来了。

师： 颠覆性的观点，他认为女尊男卑！所以我们从摔玉中看到了什么样的宝玉？

生 15: 否定了当时男权社会的理念。

师: 你知道他为什么主张女尊男卑吗?

生 15: 因为他认为女儿是清爽的，他崇尚的是清爽洁净的境界。

师: 我们在读的时候，抓关键字词，看到了宝玉摔玉事件背后，他向往的清爽洁净的人生境界。

生 16: 我看到的是第 23 回“宝玉葬花”，他葬花的原因是他在花下读《会真记》，正好看到了“落红成阵”这个片段……

师: 抓中心，哪一些动作、细节能看出宝玉之情?

生 16:“抖将下来”“恐怕脚步践踏了”“只得兜了那些花瓣”“抖在池内”，还有下一段，他看到地下还有很多，“宝玉正踟蹰间”，他犹豫，要走不肯走的样子。他是想，葬了一部分，还有一部分没葬，这也体现了他的爱博之情，他爱万物，不是爱一部分，而是爱所有。

师: 宝玉关注到了花朵的数量，从而我们感受到宝玉的爱之博。我还想提醒一下，宝玉的动作她读重音读得很好，有意识地抓住了关键词，这就是一种成长了，非常好。还有心理活动“恐怕”，你知道宝玉担心什么吗?

生 16: 他怕那些花掉下来，自己踩到了。

师: 那“花”这样一个事物在我们生活中意味着什么啊?

生 16: 意味着青春、年轻的女孩子。花也好，女孩也好，都是至美的生命形态。他葬花，是呵护美，呵护青春，呵护宝贵的生命。

师: 所以，他不仅仅是“爱博”了。（板书：呵护美、青春和生命）我们在他的言行之中体会到了更为丰富、立体的宝玉形象。

生 17: 我还想说龄官淋雨之前的画“蔷”，宝玉在旁边观察龄官，我认为宝玉和龄官是两个世界的人，宝玉之所以怜惜龄官，是因为龄官伤心了。

师: 哪些词语能够让我们感受到宝玉知道龄官伤心了，你能挑出来吗？大家也可以标注一下。

生 17:“这女孩子一定有什么话说不出来的大心事，才这样个形景。外面既是这个形景，心里不知怎么熬煎。看他的模样儿这般单薄，心里那里还搁的住熬煎。”这里可以看出宝玉是设身处地地为龄官担心。我认为，宝玉有这样的感情，可以用成语“将心比心”来形容。

师: 升华到了“心”的层次，他不仅仅是看到一个美丽的女孩在蔷薇架下画“蔷”，他更多的是关心她心里承受着怎样的？文中有个词大家发现没有？

生 17: 熬煎，他已经“将心比心”地体味到了这样一个女孩，在这样一个时刻，内心千般万般难以言说的痛苦，能有这样一份体恤之心，我们看到了宝玉深切的关怀。

师（对另一个举手的女生）: 是有什么要补充吗？

生 18: 我是觉得，下面写到忽然下雨了，他就觉得这么单薄的女孩子……

师:“单薄”，大家画一画。

生 18:“如何禁得骤雨一激”，他提醒龄官，龄官就问他：“难道姐姐在外头有什么避雨的？”这时候宝玉才发现自己也被淋湿了！

师: 自己都淋湿了，竟然不知道！还担心女孩心里熬煎！担心女孩身子单薄，被骤雨一淋，受不了！我们看到宝玉对女性的体贴和关怀不仅有范围的广，有程度的深，他还有什么？他到了什么境界了？

生 18: 到了忘我的境界了！

师: 对呀，到了忘我的境界了！单纯地为他人着想！将己心比他人之心！在大家的分享之中，我们看到了宝玉之情的另外一个层次，他不仅是平等的、博爱的，还是忘我的、利他的。（板书）这已经到了哪一种境界呢？他曾经跟袭人说，我这颗心为你们使碎了也没人知道。所以，宝玉“心劳”（板书）。

师：在对万事万物体贴、尊重的时候，他内心满怀的情感有广度，有深度，还有“忘我”的高度。读到这里，“宝玉为何如此多情”的问题可能还没有解决。他为什么有这样广度、深度、高度的情感？为什么尤其对女儿如此体贴？

生 18：对清爽洁净境界的向往。宝玉有句名言：“女儿是水作的骨肉，男人是泥作的骨肉。我见了女儿，我便清爽；见了男子，便觉浊臭逼人。”女儿国实际就是他的理想国；而男子浊臭逼人，因为他们象征着所生活的污浊世界。

环节四　思辨探究，辩其情

师：所以，在这样的世界里面，有同学发出追问：“宝玉之情都是至纯至善的吗？”这一问问得很有见解，前代的学者就有探讨，清代学者涂瀛说：“宝玉圣之情者也。”他用一个“圣”字，来做解答。无论是儒家还是道家，“圣”都是最为理想的境界。宝玉可以被称为情之“圣”者吗？

当然，宝玉自己也曾说过：“我不过是赞他好，正配生在这深堂大院里，没的我们这种浊物倒生在这里。”宝玉不止一次批评自己、贬低自己，说自己是“浊物”。那么，你怎么回答这名同学提出的问题呢？宝玉之情到底是至纯至善，是“圣”者的境界，还是也有“浊物”的言行呢？大家以文本为据，来谈一谈。对宝玉的行为有没有你不理解的地方？他有没有你们接受不了的陋习？

生 19：他曾经对他的奶妈发脾气，李嬷嬷劝他不要喝冷酒，而且提醒他说，小心老爷问书，这触动了宝玉的痛处，宝玉就不高兴了。后来，枫露茶被李嬷嬷吃了，豆腐皮的包子本来是留给晴雯的，也被她给吃了。最后，宝玉把枫露茶的茶杯给摔了，而且当场要撵走茜雪。

师：所以，宝玉也有不好的时候，为什么有这样的情况呢？你能理解吗？

生 19： 他是少爷，他是贵族的公子，他身上残留着他这个阶层的痕迹。

师： 除此以外，我不知道大家是否关注过，比如他爱吃胭脂；看到鸳鸯，就像扭股儿糖似的缠住她，要吃她的胭脂；看到宝钗雪白的酥臂，动了羡慕之心。宝玉有很多地方是值得我们称叹的，如他的体贴、尊重、善良、平等；但是，他毕竟是贵族世家的公子，有纨绔习气。我们读到这里就会发现，作者并没有把宝玉当作一个完美的形象来描写。我们现在的电视剧里，只要有一个业界精英或翘楚，好像所有女孩都应该喜欢他，他完美得似乎成为所有人仰慕的对象。但是曹雪芹不这样，为什么？

生 19： 人无完人，生活本来就是这样的。

师： 写出宝玉多面的性格，正好符合生活的真实和人性的真实逻辑。但是有一点，我在看大家的预习作业的时候，有很多同学说，宝玉是个花花公子。宝玉是有他令人无法接受的纨绔习气，但是这永远不是他性格中的主流。在宝玉之情中，他的主流思想在这里——（引领学生看板书）我们不能夸大他负面的性情。所以认识一个“真”的人物，看他的主流情感世界和性情理念，才是我们读一个人辩证的方法。

今天，我还推荐大家去读一读第 44 回“喜出望外平儿理妆”这个片段，看看宝玉的“乐”是什么，“忧”是什么，把他和贾琏这样的纨绔子弟进行对比，你能更深入地理解宝玉之情。鲁迅把《红楼梦》定位为“人情小说”，说宝玉“爱博而心劳，而忧患亦日甚矣”，他对姐妹们亲近而又尊重，唯独他能理解姐妹命运中的悲苦意味，所以宝玉在《红楼梦》中是一个精神的孤独者。

环节五　拓展写作，撰写人物志

师： 我们在读的时候，读到了他的真实性情。最后布置一个小作业，

《红楼梦》中具有多元性格的人物非常多，大家试着选择自己喜欢的人物，写一段人物志，不少于400字。要注意理情节，赏细节，辨人物的优点和缺点。我们在阅读《红楼梦》的过程中，一定要注意“文本为王”，“阅读应自梳理始，理解终从字词出”。我希望这堂课，大家能学到阅读《红楼梦》整本书的方法，也了解宝玉之情。下课！

课后作业

《红楼梦》中具有多元性格的人物非常多，大家试着选择自己喜欢的人物，写一段人物志，不少于400字。

板书设计

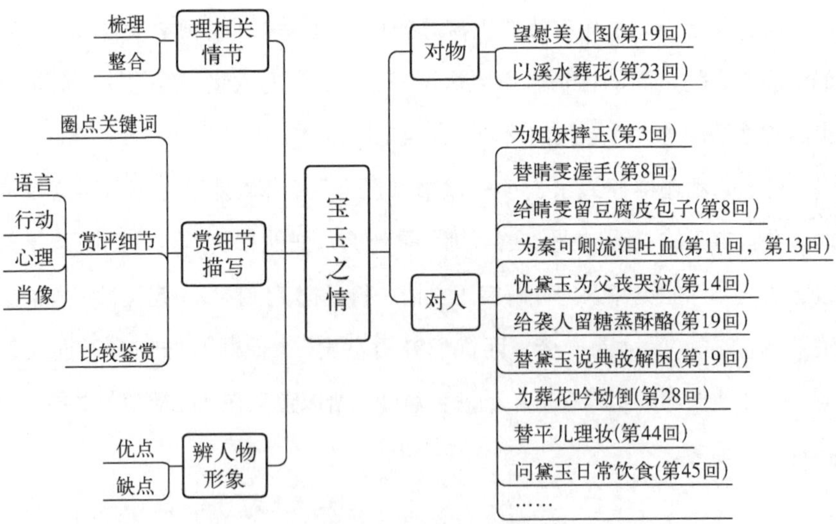

点评

从阅读感受入手，培养学生的问题意识与方法意识

张心科，华东师范大学教授、博士生导师，兼任中国高等教育学会语文教育专业委员会副理事长，从事语文课程与教学论、语文教育史研究。

如何进行“整本书阅读”专题教学？如何在“整本书阅读”专题教学的过程中提升学生的思辨能力？张安群老师执教的《谁人解得宝玉情：宝玉的“情不情”》为当前“整本书阅读”教学提供了可资借鉴的经验。

一、以“问题”为起点，关注自我阅读感受

张老师在整合学生普遍疑惑的基础上，将“宝玉之情”作为探索的目标，这是源于学生前期的“误读”。很多学生初读之后认为贾宝玉是“花花公子”“伪娘”，这是学生根据自己现在的价值观念理解宝玉这个角色。张老师经过分析，认为其根源在于学生对贾宝玉之“情”的误读。也正因此，张老师从学生的困惑入手，以“谁人解得宝玉情”为专题，这样的阅读起点，正是余党绪老师所说“三题”中的“问题”。

在确定了主问题之后，张老师让学生就对宝玉待人接物的言行感到不理解的地方自由质疑，大胆提问，并且精心整合学生的提问，理出层次，通过“宝玉对谁有情”“宝玉为何多情”“宝玉之情是至纯至善的吗”三个问题贯串课堂，从“天分中生成一段痴情”导入，继而在情节梳理中逐步寻

求答案。在引导学生分析宝玉人物性格的同时，也共同探索了《红楼梦》中“情”的内涵。

二、以“对话”为桥梁，重视互动阅读体验

纵观张老师的课堂，会发现张老师主要采用了“对话”的教学形式。教师在整合学生问题的基础上厘定了“对话”的主题，设计了互动的话题，通过提问促进了学生思维的发生，又通过理答促进学生思维的发展。例如，在认识“宝玉之情”时，张老师根据学生的回答，从宝玉对黛玉、袭人等女性的爱慕之情这一点，指出宝玉对女性的倾慕之情是普遍的，没有身份之分；又从宝玉对秦钟的钦佩和仰慕之情，指出“宝玉之情”也没有性别之别；最后从宝玉对画像、桃花和刘姥姥虚构故事中的女孩心存眷恋这些事例的总结中，引导学生说出宝玉“对世间万物都有情，他就是最感性的人”，从而转入下一阶段，开展对宝玉人物性格的分析。在提问与理答间过渡，衔接流畅，转承自然。

另外，在互动的过程中，张老师还注重阅读方法的指导。在概述情节与细节鉴赏中，引导学生交替使用精读与略读的方法，锻炼了他们概括、比较、推断的能力，也使学生对宝玉其人产生了更加深刻的认识，并由此领会了鉴赏文学作品人物的应有态度。此外，张老师的教学也注重过程指导。情节梳理阶段结束，张老师及时指出学生习惯于详细描述而简洁概括能力不足的问题，并在接下来的细节鉴赏中，加强对概括的要求。

三、以“理解”为指归，搭建思辨阅读场域

张老师的课堂力图在不断地对话、思考与探究中，为学生搭建一个思辨的场域，从而实现“全面”的懂。张老师自如地游走课堂，从宝玉对物“珍爱与轻贱”的矛盾态度中分析其性格，以思维导图的形式阐明“宝玉对物，亦惜亦贱；宝玉对人，分外怜惜”；继而进一步探究“宝玉之情”的外在表现与内在原因。从不珍视“通灵宝玉”，分析出宝玉“女尊男卑”的性别观念；从怜爱落花、怜惜龄官等情节中发现宝玉“博爱”的原因在于他能够以“将心比心”的方式呵护生活中的美、青春和生命。进而引导学生进行思辨：如何看待宝玉身上存在的一些纨绔习气。总结学生的回答后，向学生指出：应辩证看待文学作品中的人物，理解其多面性和复杂性，因为认识一个“真”的人物，应该注重他的主流情感世界和性情理念。

尤其是在探究“宝玉之情都是至纯至善的吗”这个问题时，张老师通过一个比较容易入手的话题切入，“对宝玉的行为有没有你不理解的地方？他有没有你们接受不了的陋习？”这样的话题很能让学生畅所欲言，也容易对同一个内容产生“争鸣”和“交锋”，于是，思辨的场域也就自然形成了。当然，张老师也没有一味地让学生停留在单一问题的论争上，而是引导学生去关注小说中的其他男子，如贾琏这样的纨绔子弟，在横向的对比中更深入地理解“宝玉之情”。除此以外，张老师还让学生由对“宝玉之情”的探究延伸到对其他人物的思考。课堂最后，张老师以布置撰写人物志的作业为收束，既是对课堂所学人物性格分析方法的运用和深化，也促进了读写结合，为考查学生的书面表达能力创造了机会。

整体来看，张老师这节课从学生自身的阅读感受入手，兼具问题意识与方法意识。以“宝玉之情”作为相对宏观的主题贯串这节指导课，又以沉潜文本、细致阅读为微观的阅读鉴赏方法引导学生自主探究，并且以此为基点，撬动学生对其他人物的阅读探究，乃至对整本书的把握，是非常好的阅读路径。若说有什么提升的地方，如果在教学中能够将归纳、概括、比较等阅读分析方法的传授放在更加显要的位置，或在学生上课前强调，或在布置任务前指明，相信在阅读方法传授方面，课堂效果会更好，任务指向也会更加清晰。

课例10 谩言红袖啼痕重：林黛玉的“小性儿”

黄梅，中学高级教师，四川省内江市第七中学语文教研组长，内江市教书育人名师。独立承担市级课题“中学语文经典阅读课程改革与教学实践”。

设计意图

在《红楼梦》这部皇皇巨著里，曹雪芹倾尽心血褒美女儿，昭传闺阁，刻画了众多风姿绰约的青春女儿，而林黛玉则是他笔下独步群芳的第一女主人公。对黛玉的评价，总是与对薛宝钗的评价联系在一起，经历了清代旧红学家总体上的右黛左钗论，民国至今的两峰对峙双水分流说，钗黛合一论等烙有时代印记的变化。在现实生活中，人们似乎对宝钗更为认同，而认为黛玉有为人刻薄、心胸狭隘、好弄小性儿的性格缺陷。

学者夏志清更是认为，黛玉一直郁郁寡欢、怨气冲天，跟宝玉的见面总是以误解或争吵收场。黛玉收获了人们的同情和怜悯，只是因为她是一个婚姻的失败者，她虽是一个悲剧人物，但却缺乏某种高贵品性，多疑善嫉、顾影自怜和以自我为中心，最终导致她走向自我毁灭。夏志清的观点，也代表了一些红学家和多数读者的看法，“小性儿”几乎成了黛玉的别名和标志。

黛玉的“小性儿”倘若真如夏志清所言，那她就不会是曹雪芹最为钟爱的女主人公。曹雪芹一反传统才子佳人的写法，既赋予了黛玉花月容貌、冰雪气质、兰蕙天资，又给她添上了常人眼中孤高自许、敏感多疑、任性使气的“陋处”，塑造了一个迥异于闺英闱秀的“新人”形象。这个“新人”缺乏贵族少女的端方持重、温柔贤淑，却才情卓越、多情缠绵，充溢着挑战和反叛的“新质”。这种“新质”，正是曹雪芹在黛玉身上寄寓的审美理想和人文情怀，可惜不少读者对此习焉不察。

较之宝钗的“行为豁达，随分从时”，黛玉确实好弄“小性儿”。但对她“小性儿”的缘由详加辨析，就会发现她有时是出于维护自尊，更多时候则是希望得到宝玉的专情，并非一味无理取闹。从第 32 回宝玉对黛玉倾诉肺腑，第 34 回赠送定情手帕后，黛玉便与宝玉心神契合，“小性儿”也就消失了，可以说，“小性儿”是黛玉在受到道德礼教桎梏时表达爱情的一种曲折方式。

一句“小性儿”，遮蔽了黛玉性格的丰富与独特。仔细品味，黛玉的“小性儿”里，有小儿女的娇俏天真、深情体贴，有不顾人言物议和庭训闺范的率真自然、卓然自立，这些构成了她不容于世的悲剧性格。黛玉的“小性儿”，是顺乎人性、张扬个性的自然追求，但却与社会积淀凝固下来的正统文化相抵牾，不合乎封建道德伦理和礼教秩序，最终为世所弃。在此基础上，书写黛玉的悲剧性格和悲剧命运，体现了曹雪芹对社会文化批判的指归，具有以“情”反“理”，以“情”抑“礼”的文化批判价值。

在做学情调查时，我发现“林黛玉的‘小性儿’”是学生容易发生兴趣、感觉亲近的话题，但多数学生对“小性儿”的理解存在认知力和审美力不足的问题。不少男生对黛玉的评价如出一辙：“我可以同情她，但是我不会喜欢她，因为她总是哭哭啼啼、吵吵闹闹。”我布置了前置学习任务，设计导学案，指导学生梳理概括《红楼梦》前 34 回中黛玉的“小性儿”事件，初步了解黛玉“小性儿”的原因。从导学案的反馈我了解到，学生对原因的分析停滞在黛玉的孤苦身世、清高个性和为爱猜忌上，深层的社会文化层面思考和审美鉴赏阙如，也就无从把握《红楼梦》的创作主旨。

针对学生的问题，我将本堂课的教学重点确定为对“小性儿”之“真”的品悟鉴赏，理解人物形象的审美价值，把教学难点确定为对“小性儿”之因的社会文化层面分析，以此全面把握黛玉“小性儿”的复杂成因和丰富内涵，达成对她的真实理解与公正评价。教学目标确定如下：

1. 缘本求知　梳理整合：梳理前 34 回中“小性儿”事件并分类整合。

2. 品文悟情　审美超越：细读鉴赏，品悟“小性儿”之真。

3. 溯本探源　思辨探究：从社会文化层面分析“小性儿”之因。

4. 拓展延伸　理解主旨：理解“青春与毁灭”的悲剧意蕴。

教学扫描

师：我在跟同学们的交流中发现，不少同学不喜欢林黛玉，认为她太小心眼。有这种看法的人很多，比如红学家周汝昌，他认为林黛玉多疑猜忌、言语尖刻，书里的人说她好弄“小性儿”，就是心胸狭窄、爱闹脾气。那么，黛玉的“小性儿”究竟是怎么一回事呢？今天我们就来一探究竟。

环节一　缘本求知　梳理整合——“小性儿”之事

师：在前置学习中，我要求同学们梳理概括前 34 回中黛玉闹“小性儿”的事件，同学们已经完成了导学案，下面就请每个学习小组指定一个同学发言，说说你们梳理的情况。

（PPT 展示）

梳理、概括前 34 回中黛玉使“小性儿”的事件。

生 1: 我们组梳理了第 7 回和第 8 回，有黛玉挑剔剩宫花、探宝钗黛玉含酸两件事。

生 2: 我们组梳理的是第 18 回和第 20 回，有黛玉误剪香囊袋和宝玉宝钗玩笑黛玉吃醋这两件。

生 3: 我们组是第 22 回和第 27 回，有被比戏子黛玉怒宝玉、疑宝玉黛玉葬花这两件。

生 4: 我们组是第 28 回，有黛玉吃醋讽宝玉呆雁这件事。

生 5: 我们组是第 29 回，有议麒麟黛玉讥刺宝钗和道士提亲黛玉歪派宝玉这两件。

生 6: 我们组是第 34 回，有黛玉讽刺宝钗哭泣的事件。

师: 同学们梳理得很细，归纳得也很好。我注意到有些同学很聪明，直接引用了回目，比如第 8 回的回目是“探宝钗黛玉半含酸”；有的同学很细心，概括第 29 回就借用了书中紫鹃的说法，歪派宝玉。如果我们再细心一点，可能还会发现第 28 回里还有宝玉留饭黛玉赌气和元妃派端午礼黛玉讥刺宝玉这两件事。同学们这个任务完成得很好。请大家再思考，这些事件是相同性质的事件吗?

生 2: 不是，少数是黛玉为了维护自我尊严，周瑞家的送宫花和黛玉被比作戏子时，黛玉都生气了，就是因为她要维护贵族小姐的尊严，其他多数事件都和宝玉、宝钗有关，黛玉为爱猜忌嫉妒。

环节二　品文悟情　审美超越——“小性儿”之真

师: 梳理了这么多情节，那同学们如何看待黛玉的“小性儿”呢?

生 6: 我觉得黛玉是一个以自我为中心、说话尖刻、喜欢妒忌的少女。虽然她的身世遭人同情，但我不喜欢她这种整天哭哭啼啼、吵吵闹闹的性格。

生 7: 我不觉得黛玉弄小性儿有多讨厌，女孩子为爱吃醋是天性。

师：同学们对黛玉“小性儿”的评价出现了两种意见，一派“贬黛”，一派“挺黛”。清代邹弢曾经和老朋友许绍源争论宝钗黛玉的优劣，邹弢“尊林”，说黛玉天真烂漫，许绍源“尊薛”，认为黛玉尖酸而宝钗稳重，两人各不相让以至于几挥老拳，从此二人誓不共谈《红楼梦》。我们今天不争钗黛优劣，我们来细读文本，品文悟情，看看黛玉的“小性儿”里到底有些什么。

师：我们来品读第 28 回、第 29—30 回的两段文字，请同学们圈点勾画，揣摩细节，分析黛玉的心理和形象特点。我们还是分组合作，这边 3 组品读第 28 回，另外 3 组品读第 29—30 回。

（PPT 展示第 28 回、第 29—30 回的节选文字）

生 8：我们组讨论发现，黛玉的“小性儿”消失得很快，这里说“黛玉听了这个话，不觉将昨晚的事都忘在九霄云外了”，她自己想通原因后，就笑了。而且她“抿着嘴笑”的样子很可爱、很天真。她也不要宝玉发誓，不想宝玉说“死”这个犯忌讳的字，说明她心里盼着宝玉平安。

师：黛玉说“也不忌讳”时用了一个动词“啐”，这个词本义是“唾人以表示鄙斥”，这里还是这个意思吗？

生 8：我认为不是，这个词相当于我们说“呸呸呸”吧，因为宝玉说了“我要是这么样，立刻就死了”这种不吉利的话。

师：也就是黛玉用一个发狠的动作说出了柔情百转的话。贾府其他贵族小姐说话有“啐”这个动作吗？大家都看着我，看来没有同学关注到这个动词。我做了一个检索，前 80 回用了“啐”这个动作的，黛玉共有 8 次，湘云 1 次，其他是贾母、王熙凤、鸳鸯等人，但她们的身份不是贵族小姐。同学们从这里有没有什么发现呢？

生 9：黛玉这个动作不太像一个贵族小姐，很随性。其他小姐很注意自己大家闺秀的形象。

师：对。宝钗那样的闺秀们言行举止恪守礼仪规范，端庄持重，而黛玉就任性使气，这跟她小时候被父母爱如珍宝，假充儿子来养的经历有关，也显示了她个性的率真自然。湘云也“啐”，跟她豪爽的个性也有很大关系。

师：我替同学们小结一下，大家通过细读这段文字，发现黛玉的“小性儿”不长性；个性率真，狠话里是对宝玉的牵挂；“宝姑娘，贝姑娘”的俏皮话，“抿着嘴笑”的妩媚，是黛玉的天真烂漫和娇俏动人。其实黛玉“小性儿”里的“笑”是很多的，例如第 18 回，黛玉误会宝玉剪掉香囊，解开误会后，就“嗤的一声又笑了”，非常娇俏。

师：我们再来细读第 29 回到第 30 回的这段文字，请这边的同学来说说。

生 10：我们发现第 30 回黛玉虽然还在跟宝玉赌气，但她一直都在关注宝玉，宝玉的举动她都看在眼里，摔帕子是假生气真关心。第 29 回两人大闹时，林黛玉内心的真实想法是：“你只管你，你好我自好，你何必为我而自失。殊不知你失我自失。”她心里面根本就只有宝玉，没有自己。

师：对。宝玉也一样，他想的是“我不管怎么样都好，只要你随意，我便立刻因你死了也情愿”。你看后面写他们一个在潇湘馆临风洒泪，一个在怡红院对月长吁，人居两地，情发一心。两人的爱都是忘我的。

生 11：我觉得前面写黛玉咬着牙用指头狠命戳宝玉额颅，说“你这……”，没说完又叹了一口气，也表现出她没有对宝玉真生气。

师：假装生气可以用个什么词来表达？

生 11：佯怒吧。

师：对，佯怒。如果用词再美一点呢？还可以是娇嗔，黛玉是佯怒娇嗔。黛玉为什么说了“你这”两个字便又叹气不说了呢？

生 11：估计后面是要骂宝玉的话，不愿意说吧。

师：第 28 回黛玉吟完葬花词，抬头看见宝玉时，原文有这样一段：“林黛玉看见，便道：‘啐！我道是谁，原来是这个狠心短命的……’刚说到‘短命’二字，又把口掩住，长叹了一声，自己抽身便走了。”这两处黛玉的欲说还休有异曲同工之妙，就是刚才这名同学发现的，黛玉不舍得、不忍心真正恼恨宝玉，她对宝玉的恼恨常常跟牵挂和爱交织在一起，恼恨从来没有占据她的心。我们发现，曹雪芹刻画人物非常精微，人物语言的语义极为丰富，同学们阅读时一定要在品味、鉴赏细节上狠下功夫。

师：通过文本细读和鉴赏，我们读出了黛玉“小性儿”里的率真自然、娇俏天真、用情专深。曹雪芹赋予了黛玉花月容貌、冰雪气质、兰蕙天资，又给她添上了常人眼中“小性儿”的“陋处”，塑造了一个迥异于大家闺秀的“新人”形象。这个“新人”缺乏贵族少女的端方持重、温柔贤淑，却多情缠绵、至情至性、至真至美。“小性儿”内涵丰富，寄寓了曹雪芹的审美理想和人文情怀。

环节三　溯本探源　思辨探究——“小性儿”之因

师：我们发现黛玉对宝玉用情专深，“小性儿”里是一腔“儿女之真情”，但黛玉为什么要用这种闹别扭、吵闹的方式来表达爱情呢？黛玉究竟为什么好闹“小性儿”？

（PPT展示）

多角度分析黛玉“小性儿”的原因。

生11：我认为这跟黛玉的性格有关，第5回讲黛玉“孤高自许，目无下尘”，就是说她清高孤傲、敏感自尊。还有，她从小父母双亡，寄人篱下，身世环境让她敏感脆弱。宝黛二人自幼感情深厚，黛玉自是极为在意宝玉的态度的，而越在意就越求全责备。偏偏宝玉身边又有“金锁”“麒麟”这些诱惑，这就促使她使“小性儿”来试探宝玉，我认为这叫用假意来换真情。我觉得根子就是在黛玉的不安全感上面。

师：黛玉好弄“小性儿”的原因有个性禀赋、身世环境、用情专深这三个方面，但宝玉对黛玉一往情深，为什么他不给黛玉一个爱的明示，解除黛玉的心结呢?

生 12: 因为两人都怕说出来得不到回应，怕伤面子。

师: 你是担心落花有意流水无情，但我们在第 29 回读到，他们两人都知道对方心中只有自己。我们通读完整本书，会发现一个奇怪的现象，黛玉的“小性儿”在第 34 回以后就消失了，因为在第 32 回宝玉对黛玉倾诉了肺腑，第 34 回宝玉让晴雯给黛玉送去了定情手帕，黛玉从此与宝玉两心相印，也就几乎不闹“小性儿”了。那现在的问题就是，宝玉之前为什么不能给黛玉一个爱的承诺呢？请大家结合第 54 回、第 42 回、第 23 回、第 26 回中贾府上下对“才子佳人书”的态度来思考这个问题。

生 13: 第 23 回，宝玉借了《西厢记》里面张生的唱词“我就是个‘多愁多病身’，你就是那‘倾国倾城貌’”来向黛玉表白，结果黛玉骂宝玉胡说，把淫词艳曲弄了来，学了混话来欺负她。还有贾母说才子佳人书里的小姐只一见了清俊的男人，不管是亲是友，便想起终身大事来，父母也忘了，书礼也忘了，鬼不成鬼，贼不成贼，哪一点儿是佳人？薛宝钗说最怕见了些杂书，移了性情，就不可救了。我觉得他们很讨厌才子佳人的故事。

师: 我看《西厢记》里面张生与崔莺莺的爱情很美啊，他们为什么要讨厌呢?

生 13: 我觉得是因为当时的社会风气，张生、崔莺莺他们是互生情愫，当时男女之间不能自由恋爱，要遵循“父母之命，媒妁之言”，而他们在追求自由恋爱。

师: 对，当时的社会习俗就是婚姻大事要遵从父母之命，只有婚姻，没有爱情。贾母也点明了“两情相悦”“私心相许”这种事不会被贾府大家族所容许接纳。

生 14: 我还找到了第 32 回宝玉诉肺腑那里，袭人听到宝玉说为黛玉弄出了一身的病，睡里梦里都忘不了时，吓得魄消魂散，只叫“神天菩萨，坑死我了”，说宝玉中了邪，担心宝玉和黛玉会有丑事发生，可惊可畏。袭人害怕他们会破坏习俗。

师：刚才两名同学提到了社会风气和习俗，这就是一种社会文化。宝黛身处封建“理”“礼”社会，“理”是社会伦理道德，“礼”是社会秩序和规范，在《红楼梦》里具体表现为宗法家长制度、封建婚姻制度等等。这种文化讲男女大防，把男女之间的自由恋爱、两情相悦视为伤风败俗、违背伦理、破坏礼制。这种“理”“礼”文化体系森严，在贾府从上到下结成了一张密不透风的大网。宝玉无法明示爱情，黛玉要“小性儿”，有一个更为深层的原因，就是讲“理”守“礼”的社会文化制约。真情无法正常表达，黛玉的“小性儿”，成了在伦理道德和礼教桎梏下表达爱情的一种曲折方式。

环节四　拓展延伸　导向主旨——“小性儿”之悲

师：黛玉对宝玉至真至美的爱情，与森严的“理”“礼”文化产生了尖锐的、不可调和的冲突。“小性儿”构成了黛玉不容于世的悲剧性格。黛玉对宝玉的爱深情忘我，结局却是“苦绛珠魂归离恨天”，而类似的悲剧在大观园里上演了很多。请同学们结合“理”“礼”文化背景，谈谈对大观园里青春女儿的悲剧命运的理解。

（PPT展示）

> 请结合“理”“礼”的社会文化环境，谈谈对大观园里青春女儿的悲剧命运的理解。

生15：我没有通读完这部书，我想到的是抄检大观园那一回，王夫人不喜欢晴雯长得美，说她举止轻佻，很狂，就把她逐出了大观园，最后死了。好像迎春的丫鬟司棋被搜查出了她表弟给她的定情信物，也被赶出去了。

生16：还有一个金钏儿，因为跟宝玉开玩笑被王夫人打了一耳光撵出去后，投井死了。

生17：芳官和另外几个丫鬟都被逐出贾府，被逼做了尼姑，因为王夫人嫌弃她们唱过戏，又聪明外露。

师：那这些人为什么首当其冲遭受厄运呢？晴雯长得美，芳官她们伶俐聪慧，就会走向悲剧吗？按照王夫人的心理和思维演绎，晴雯等貌美聪慧的女子必然多情，多情必然勾引宝玉，做出不才之事。金钏儿投井，是因为她跟宝玉玩笑，说了一句有调情性质的话。这些悲剧的根源，与黛玉的悲剧如出一辙，就是在“情”根上。在“理”“礼”社会文化中，“情”是一种罪恶，“情”越突出，它跟“理”“礼”的冲突就越尖锐，有情人和有情之天下必然遭受这张大网的吞噬和毁灭。

师：大观园的其他金钗呢？她们并不多情，恪守“理”“礼”，她们的命运又如何呢？

生 18：她们的命运也很凄凉吧。我从第 5 回的判词知道，迎春被“中山狼”丈夫孙绍祖虐待死了，探春孤身远嫁了，宝玉出家后宝钗独守空房。

师：这就更值得我们思考，为什么恪守理法、谨遵礼制的迎春、探春、宝钗等人也逃不掉悲剧命运呢？迎春等人正是毁灭在父母之命、媒妁之言中。大观园的诗意乐园坍塌，众女儿风流云散，“理”“礼”灭情，也灭无情。小性儿的、不小性儿的，有情的、无情的，青春的美好生命最终走向了毁灭。千红一哭，万艳同悲，悲凉之雾，遍被华林。“理”“礼”文化内蕴的矛盾，宗法家长制和封建婚姻制度的非理性，都是曹雪芹留给我们的思考，这种思考对我们当下仍有重要的意义。

今天的课到此结束，谢谢大家！

课后作业

同林黛玉的“小性儿”一样，《红楼梦》里的贾宝玉、薛宝钗等人身上也存在着一些充满争议的“定论”。例如贾府内外很多人都认为宝玉“一点刚性也没有”，缺少大丈夫气，然而也有论者题诗说他是“英雄血泪几难收”；地藏庵的尼姑认为薛宝钗是个“冷人”，薛宝钗却向周瑞家的介绍自己身上有从胎里带来的“热毒”。请同学们分组合作，以“宝玉的‘刚性’之辩”或“薛宝钗的‘冷’与‘热’”为议题，进行思辨探究，展开专题学习，各自完成一篇人物评论。要求：观点明确，论据充分，论证合理，不少于800字。

板书设计

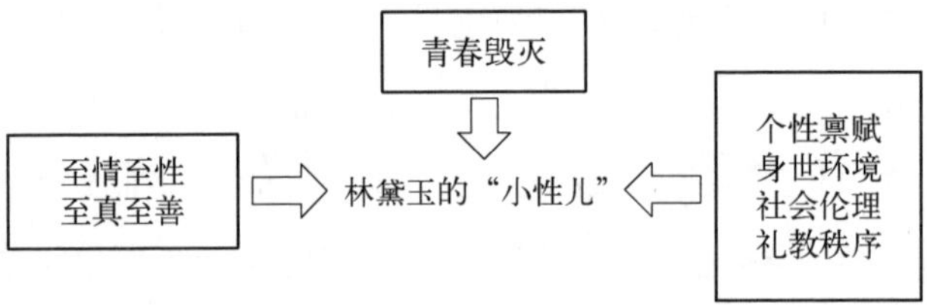

点评

真实的学习与真实的问题

蒋红森，语文特级教师，中国教育学会中语专委会副理事长，湖北省教育学会中语专委会理事长，湖北省教育学会副秘书长，湖北省教育科学研究院中学语文教研员，湖北大学硕士生导师。著有《红森谈语文》等3部，主编《高中语文课程标准教师读本》《“教什么”的叩问》等50余部，发表教研论文150余篇，主持省级及以上课题研究10余项。

教师开展整本书阅读教学有个前提，就是教师要先读书，要读出点名堂来。通过这堂课，可以看出黄梅老师读《红楼梦》的扎实程度，可以看出她研究《红楼梦》的深入程度。黄梅老师通过这堂课所展示的阅读功力，很令人敬佩！

这堂课展示的教师教学力同样令人佩服。因为教师不凡的教学力，我相信学生这堂课的学习收获一定是丰富的、切实的。

第一，内容定位切合实际。内容定位聚焦《红楼梦》第一女主人公林黛玉，抓住了文本内容关键；话题是学生容易发生兴趣、感觉亲近的，同时又是多数学生的认知力和审美力需要“够一够”才能解决的问题。有了这样的内容定位，学生在课堂上积极且深度参与学习就有了可能。

第二，环节设计层递有序。围绕林黛玉的“小性儿”设计“小性儿”之事、“小性儿”之真、“小性儿”之因、“小性儿”之悲等四个学习环节，涉及的内容前后关联，递进深入。这样的设计，有助于学生的学习形成一个由简单到复杂、由表象到内质的学习过程，让课堂“深度学习”成为可能。

第三，课堂学习真实有效。课堂学习是“前置学习”的延伸，每一步均由具体的适切的学习任务驱动展开。教师深度融合学生学习过程，或提问引向，或质疑引申，或支架辅助，或参与对话，或及时点评……学生课堂学习表现积极主动，或细读，或梳理，或讨论，或交流，或交锋……在师生之间、生生之间的相互碰撞中，学生走完了一个真实的语文实践过程，林黛玉形象在学生头脑里逐步接近完整和真实，思辨力、鉴赏力在过程中得到逐步提升。

这堂课的“好”还有很多，但为了好上更好，提两点建议供参考：

第一，最后一个环节未能充分展开是个遗憾，这个遗憾主要是指没有充分表现出学生的思辨力度和认识高度。为了避免出现这个遗憾，建议将“‘小性儿’之事”和“‘小性儿’之真”合并为一个学习环节，这就为后续学习腾出了一定的时空。本来，“事”中能见“真”，求“真”必依“事”，两者在作品若干细节中是融合存在的。

第二，我认为，整本书阅读教学中的这类梳理探究课，一方面当然应追求“这个专题”探究结论的全面与准确，但更重要的，是以这堂课为示范，指导学生结合自身实际找到自己感兴趣的研讨话题，并通过有选择的“再读”和研讨，形成自己的探究结论。这样的指导课，对于促进学生整本书阅读的“思辨与建构”意义重大。因此，本课的最后环节，可否给学生一个类似这样的提示和要求：个人或小组自己确定类似于“小性儿”的话题，课后通过选读文本内容和相关资料，形成各自的探究结论，然后全班交流。有了这个环节，学生的《红楼梦》学习就不再停留在林黛玉的“小性儿”上，学生就会沿着自己的研读指向开启《红楼梦》的思辨阅读之旅了。

课例11 万苦不怨绛珠泪：绛珠还泪的隐喻

张安群，中学高级教师，广东省深圳市龙华区教育科学研究院高中语文教研员，深圳市张安群劳模创新工作室主持人。曾获“全国五一劳动奖章”，“湖北青年教学能手”称号。编著《〈红楼梦〉整本书阅读与研讨》，参编《名师导读〈红楼梦〉》。

设计意图

《普通高中语文课程标准（2017年版2020年修订）》对于长篇小说的整本书阅读，提出“从最使自己感动的故事、人物、场景、语言等方面入手，反复阅读品味，深入探究”，“感受、欣赏人物形象，探究人物的精神世界”等学习目标和内容。“绛珠还泪”是小说前5回出现的一则重要神话故事，作者通过浪漫主义的笔法，隐喻了贾宝玉和林黛玉的性格特点、情感追求和价值理念，暗示了宝黛爱情超凡脱俗的精神内涵和思想意蕴，隐伏了宝黛爱情的悲剧结局。读懂“绛珠还泪”的隐喻意义，能帮助学生深入理解人物形象，体会小说的主旨。

学生在阅读前5回时，对“绛珠还泪”的故事产生了探究的兴趣。一方面，他们发现小说中的林黛玉的确常常是“泪眼观花”“临风洒泪”“无声悲泣”“独坐含泪”……流泪，是林黛玉生命的重要形态；另一方面，他们又觉得小说中林黛玉流泪似乎并不像第 1 回故事中说的那样是“还”泪，倒像是给贾宝玉平添了很多麻烦，经常弄得宝玉做小伏低、赔礼道歉。所以有学生说，林黛玉整天哭哭啼啼，为什么宝玉还唯独以她为知己？还有学生问，林黛玉每次哭不是伤感自己无依无靠，就是耍小性子，哪里是在还泪呢？还有学生把林黛玉和薛宝钗放在一起比较，说林黛玉就是个泪人儿，薛宝钗云淡风轻的，处起来多轻松……

这些疑问，反映了当代中学生对林黛玉这个人物形象的隔膜，对宝黛爱情的独特社会意义的不解。所以，以“绛珠还泪”作为专题展开研读，可以引导学生深入理解宝黛爱情的独特意蕴和时代价值，理解贾宝玉和林黛玉这两个人物精神世界和思想境界中的契合相通之处，也能看到贾宝玉入凡到出世的过程中精神的蜕变和思想的逐步超拔。但是在导读中，我们要精心设计研读任务，把握好理解、探究的方向和深度。

本节课的教学目标：

1. 精读“绛珠还泪”的神话故事，感知并梳理神瑛侍者和绛珠仙草的三世因缘，扣住“甘露”和“泪”两个物象，初步理解二者的独特精神世界。

2. 选读集中描写黛玉流泪的章回，梳理并赏析黛玉流泪的细节或关键词句，从而深入理解黛玉的性格、思想和情感特点。

3. 探究宝玉化解黛玉之泪的言行，通过前后文本的联读，理解宝玉精神的变化和思想的成长，最终获得生命的启示。

教学扫描

环节一　导入课堂，精读故事，提出疑问：绛珠之泪是还泪吗

师：《红楼梦》里有一位弱柳扶风的泪人儿——林黛玉。小说第 1 回就为我们讲述了她为什么会流泪，这就是“绛珠还泪”的故事。我们一起读

一读这个神话故事：先速读，梳理故事内容、人物；再慢读，品味打动你的词或句，或者找出自己不懂的地方。

（生自读第 1 回中“绛珠还泪”的神话故事）

师：谁来概括一下这个故事？

生 1：神瑛侍者用甘露灌溉了绛珠仙草，仙草能够久延岁月并幻化成仙子。在侍者要入世为人时，绛珠仙草愿意一同下世为人，将一生所有眼泪还给神瑛侍者。

师：只因你“日以甘露灌溉”，我为酬报“甘露之惠”，才要将“一生所有眼泪”偿还。你们觉得哪些词句很感人？

生 2：“日以甘露灌溉”的“日”，每天都灌溉，神瑛侍者的善良是一种习惯。

生 3：“一生”强调时间长，“所有”表示泪多，“眼泪”强调情感真挚深沉。

师：看到这个故事，我不禁想起“滴水之恩，当涌泉相报”这句话。一位《红楼梦》批注者说：“绛珠之泪，至死不干，万苦不怨。”按照神话故事的寓意，林黛玉一生的宿命，应该就是还泪，黛玉泪尽之时，就是生命消亡之日。但是，有不少同学提出了疑问：林黛玉整天哭哭啼啼，好像都是自伤自怜，哪里是为了还泪呢？

环节二　梳理章回，品读词句，小组交流：绛珠为何流泪

师：为了解决这个疑惑，课前，我们自主阅读了第 23 回到第 35 回，梳理了叙述或描写黛玉流泪的情节或细节，我请两个同学简要介绍一下自己梳理的思维导图。

生 4：我主要从描写黛玉流泪的词语开始梳理，比如“洒泪拜别”“掩面自泣”“悲悲戚戚呜咽”“抽抽噎噎哭个不住”等，作者用了“洒”“泣”“呜咽”“哭”“垂”“抹”等词语写了林黛玉不同的流泪；接着我对林黛玉流泪的原因进行了分类，大致分为“因爱而泪”“感伤而泣”“孤独而悲”；最后我对黛玉流泪的深意进行了探究，觉得这个故事为后文宝黛爱情做了铺垫。

生 5: 我是按照情节梳理的，我发现第 1 回主要交代了林黛玉的“前世泪源”，这泪是因情而流，是先宝玉之忧而忧，后宝玉之乐而乐；而中间的十几个章回，我觉得主要围绕着四大风波——“《西厢记》风波”“闭门羹风波”“金麒麟风波”和“毒打门风波”。这四大风波，我分别从“泪词”“泪因”“泪意”“化泪”四个方面进行了梳理，发现林黛玉的眼泪里蕴含的是她的人生追求，而这个追求又感化了贾宝玉。

师: 两名同学梳理了这些章回中描写黛玉流泪的词语，整合了黛玉流泪的原因。第一名同学以“因爱而泪”“感伤而泣”“孤独而悲”整合了黛玉流泪的原因；第二名同学则发现，这些章回写了林黛玉三十几次流泪，主要围绕着四件事情——“《西厢记》打趣”“闭门羹误会”“金麒麟风波”“毒打门”，不仅深入细致地体味黛玉为什么流泪，还关注了宝玉如何化解黛玉的眼泪。这些梳理，也给我很多启发。但还有很多同学心里的疑惑并没有解决，今天我们就一起来交流读书心得，探究绛珠之泪到底为谁而流。

课前我们分了“《西厢记》打趣”“闭门羹误会”“金麒麟风波”和“毒打门”四个小组进行重点研读，我们请各小组分别就自己领到的任务，找出点明或暗示黛玉流泪的关键词句，并说说黛玉为什么而流泪。请各组推荐组员交流。

（一）欣赏、理解“《西厢记》打趣”中的黛玉之泪

师: 先请“《西厢记》打趣”小组。

生 6: 黛玉和宝玉一起看《会真记》，也就是《西厢记》的时候，宝玉说了一句“我就是个‘多愁多病身’，你就是那‘倾国倾城貌’”，黛玉就眼圈儿红了。

师： 这句话对黛玉来说意味着什么？黛玉有表达吗？

生 6：“淫词艳曲”。

师： 我发现林黛玉对《西厢记》的感受有点前后矛盾，你们看看黛玉读完《西厢记》的感受是什么。

生（齐）：“有趣”“词藻警人，余香满口”。

师： 为什么同一本书在同一场合里，黛玉的评价截然不同？

生 7： 先前黛玉感觉“词藻警人，余香满口”说的是书的语言，“有趣”是说书的内容。但是宝玉说的那句话，应该是张生对莺莺表达感情的句子，用在黛玉身上不适合。

师： 想一想：宝玉看的这本书，是哪里来的？平时放在哪里？被黛玉发现的时候为什么要藏着？然后再说说黛玉为什么要红眼圈。

生 7： 这本书讲了张生和莺莺私定终身的故事，这种故事是不合礼法的，所以宝玉只敢把书藏在床顶上，躲在没人的地方偷偷看。而宝玉借用张生的话说给黛玉听，违背了礼法。黛玉红眼圈，是因为宝玉在礼法上冒犯了她。

师： 这时候黛玉评价《西厢记》是“淫词艳曲”，是因为她认为这是违背礼法的俗艳的话，她生气，是作为一位贵族小姐对——

生 8： 对礼法的遵守。

师： 在情与礼之间，她选择了“礼”；在俗艳和高雅之间，她选择了雅。其实，黛玉因为《西厢记》的曲词生气，不止这一次。还有一次是什么时候？

生 8： 第 26 回，宝玉到潇湘馆看望黛玉，黛玉午睡刚醒，紫鹃忙着给宝玉倒茶，宝玉说了句“若共你多情小姐同鸳帐，怎舍得叠被铺床？”林黛玉就哭了，说这是“村话”，说《西厢记》是“混帐书”。

师： 这次黛玉生气的指数明显升高了。我们当然不能以当下的价值理念来评判林黛玉的“哭”，而应该设身处地地站在林黛玉的时代、身份和当时社会的主流价值体系的角度来理解。谁来说说?

生 9: 从我们当下来看,《西厢记》讲述了张生和崔莺莺冲破封建礼法,追求自由爱情和自主婚姻的故事;但是,从林黛玉所处的时代来看,这本书却是"淫词艳曲",记得薛宝钗就曾说,她小时候还因为看这些书被大人打过。

师: 你能联系后面的情节来理解,很好。大家可以打开第 54 回,看看贾母怎么评价这些书的。有谁找到了?

生 10:"父母也忘了,书礼也忘了,鬼不成鬼,贼不成贼,那一点儿是佳人?"贾母狠狠地批评了崔莺莺的行为,认为仕宦书香家的小姐,应该知书识礼。

师: 这样我们就清楚地了解了林黛玉哭的导火索,尤其是宝玉说"同鸳帐",触犯了仕宦书香之家的书礼,也不是林黛玉所向往的清雅脱俗的爱情境界。这样看起来,黛玉哭,是清洁自守、自尊自重的表现,好像真的不是还泪啊!这些泪对宝玉有什么影响呢?

生 11: 宝玉一看黛玉哭就认错赌咒,第一次说要变个"大忘八",替林黛玉将来驮碑,第二次说要长疔烂舌头。

师: 宝玉有没有改变呢?我推荐大家读一读第 64 回,宝玉说了半句话"若作践坏了身子,使我……"说到这里,觉得以下的话有些难说,连忙咽住。我们都懂宝玉咽住的是什么,这个"咽住"后面还有一段作者叙述的宝玉的心理活动,我们一起来读一读。

生(齐读):"只因他虽说和黛玉一处长大,情投意合,又愿同生死,却只是心中领会,从来未曾当面说出。况兼黛玉心多,每每说话造次,得罪了他……"

师: 我们看,宝玉成长了,他的成长体现在哪里?

生 11: 说话不再像"《西厢记》打趣"中那样"造次",不敢再拿那些含有庸俗色彩的话来打趣了,怕又惹哭了黛玉。

师： 也就是说宝玉懂得了发乎情、止于礼，怕亵渎了林黛玉高雅脱俗的追求。

（二）欣赏、理解“闭门羹误会”中的黛玉之泪

师： 我们请“闭门羹误会”这一小组分享阅读成果，找出点明或暗示黛玉流泪的关键词句，并说说黛玉为什么而流泪。

生 12： 我找的句子是第 26 回：“虽说是舅母家如同自己家一样，到底是客边。如今父母双亡，无依无靠，现在他家依栖。如今认真淘气，也觉没趣。”感觉林黛玉吃了闭门羹以后深感孤单，她觉得自己寄人篱下，无依无靠，所以她哭了。

师： 这可能是一种深入精神底里的孤独，而不仅仅是寄人篱下引起的无依无靠。因为这次闭门羹事件，我们才能读到林黛玉人生最艺术化的一次行为。（生：葬花。）吃了一次闭门羹，促使林黛玉看到花落就想到了自己的消亡，从这里我们看到宝玉对于林黛玉来说，意味着什么？

生 12： 精神的知己，跟伯牙摔琴一样，知音不再，琴也没有了存在的必要。

师： 我记得第 3 回，林黛玉父亲劝女儿去外祖母家的时候，说过一段话，这段话里用得最多的字眼是什么？

生（齐）：“上无亲母教养，下无姊妹兄弟扶持”，“无”。

师： 林黛玉生命中有许多的“无”，无亲母，无姊妹，无兄弟，后来连父亲也没了。寄居贾府，宝玉就是他生命中很重要的“有”，或者说，宝玉是她精神世界里唯一的“有”。闭门羹事件让林黛玉误认为宝玉对自己“疏远”“不了解”，这实际是将她生命中唯一的“有”给消解了！没有宝玉这位精神知己的理解和陪伴，她就像风中的花朵，只能飘散零落。

那么同学们说林黛玉的泪只是自伤自怜，有没有同学质疑呢？这次流泪，对宝玉有什么影响呢？或者说，宝玉最终用什么化解了黛玉的眼泪呢？

生 13： 宝玉说了一段感人肺腑的话：“我又没个亲兄弟亲姊妹。——虽

然有两个，你难道不知道是和我隔母的？我也和你似的独出，只怕同我的心一样。”尤其是“独出”一词，说出了宝玉和黛玉一样在偌大的贾府里深感精神的孤独，“同我的心一样”说出了宝玉和黛玉在精神上的共同点。

师：宝玉在黛玉的眼泪中，确认了和黛玉之间独特的精神契合关系。这不是宝玉第一次谈到两个人的独特关系，大家回忆一下，第20回，宝玉第一次谈论彼此的关系，和这次有什么不同？

生14：“头一件，咱们是姑舅姊妹，宝姐姐是两姨姊妹，论亲戚，他比你疏。第二件，你先来，咱们两个一桌吃，一床睡，长的这么大了，他是才来的，岂有个为他疏你的？”这一次宝玉从亲属关系、彼此相处时间长短和空间的角度来比较，这些都是外在的亲疏。

师：两个人在繁盛而热闹的贾府，却同样感受到了精神的孤独。在宝黛关系的认识上，宝玉也有一个跨越，由看重外在亲疏升华到看重彼此精神上的契合。

（三）欣赏、理解“金麒麟风波”中的黛玉之泪

师：我们再请研读“金麒麟风波”的小组分享阅读成果，找出点明或暗示黛玉流泪的关键词句，并说说黛玉为什么而流泪。

生15：第29回，贾府去清虚观打醮，张道士为宝玉说亲，且呈上了道士们送的礼物。宝玉看到金麒麟，听大家谈论史湘云也有一个小一些的，就把金麒麟悄悄揣在怀里。第二天林黛玉中了暑，宝玉去探望，两个人因为金麒麟发生了一次大争吵，宝玉摔玉，黛玉伤心大哭。

师：有没有什么词句告诉我们黛玉为什么伤心大哭？

生15：“何苦来，你摔砸那哑巴物件。有砸他的，不如来砸我。”

师：为什么林黛玉宁愿宝玉砸的是自己，也不愿他砸玉？

生15：通灵宝玉是贾宝玉出生时就衔在嘴里的，这种神奇的经历，让大家都觉得它是贾宝玉的“命根子”，宝玉若是砸坏了它，对他可能是不祥的征兆，所以黛玉宁愿砸的是自己。

师：原来，珍惜通灵宝玉实际上是对贾宝玉的爱护。贾宝玉为什么又要砸通灵宝玉呢？

生 16：张道士说亲，又送宝玉金麒麟，而史湘云也有一个。这样“金玉之论”忽然有了两种可能，宝钗有金锁，史湘云有金麒麟，唯独黛玉什么都没有。在人们心中，“金玉”相配，意味着“好姻缘”。所以，黛玉说自己“那里像人家有什么配的上呢”，又对宝玉说“张道士说亲，你怕阻了你的好姻缘”，这样，通灵宝玉成了婚姻的象征。宝玉砸玉，就是向传统的因为一个小东西联姻的习俗抗议，表达自己对黛玉的真情。

师：因为一个小东西联姻，的确是过去常见的习俗，但这个习俗真的仅仅是因为一个小东西的促进吗？

生 16：迷信思想吧，癞头和尚说宝钗的金锁要碰到有玉的才可以。

生 17：我觉得是家长的干预吧。看有没有“金玉”，实际上是家长们的理念。

师：也就是说，宝玉砸玉，砸的不仅仅是“玉”，还是一种传统习俗或者理念或者封建的婚姻制度，他用力地砸这块大家视作命根子的玉，实际是表达自己对情的态度。

在这一回，作者分笔叙述了宝黛各自的心思，让我们理解了，宝黛的每次争吵，实际是真心真情的试探，就像是一场心灵的淬炼，除去纷繁的杂质，留下真诚的情感。听大家分享到这里，我感觉，黛玉的眼泪，有一种超拔的力量，一步步地引领宝玉挣脱传统理念或体制的壳，这种感觉不知大家有没有。金麒麟事件说到底隐含着黛玉对未来的担忧，这个事件是怎么平息的？怎么彻底化解的？

生 18：因为袭人的劝解，这个事才平息了下来。

师：但是袭人劝解后，两个人也并没有见面，可见事情还没有真正化解，金麒麟事件还有后续情节，我想解铃还须系铃人，宝玉是因为史湘云有一个才把金麒麟揣在怀里的。

生19: 第32回，史湘云来看宝玉，宝玉发现麒麟丢了，湘云说“幸而是这个，明儿倘或把印也丢了，难道也就罢了不成”，引起了宝玉的不满；后来湘云又责怪宝玉不应酬世务，宝玉当时就让湘云到别的屋里去坐，还说林妹妹从来不说这样的“混帐话”，若是林妹妹也说这样的话，早和她生分了。林黛玉听到了，深感宝玉是自己的知己。

师: 争吵本来是为了试探真心，黛玉听到宝玉对自己的理解，听到宝玉对自己的称扬，终于明白了彼此的心灵是完全契合的，这才放下了担忧。在这个章回里，宝玉为了让黛玉消除担忧，还说了很动听的三个字——

生19: “你放心”。

师: 我们现在听到的表白感情的动人字眼是“我爱你”，但是宝玉却说“你放心”，这三个字独特的地方在哪里?

生19: “我爱你”，可能更倾向于表达“我”的情感需要；“你放心”更看重对方的感受，更有承担一切、让对方放心的责任感。

师: “你放心”，让宝玉和身边的贾珍、贾琏等兄弟形成了鲜明的对比，宝玉更多的是对黛玉的体贴、承诺和担当，而贾珍、贾琏却把身边的女性当作取悦自己的对象。黛玉的一次次争吵、一次次眼泪，让宝玉在情感的追求和理解上，也脱离了自身阶层的习气，逐渐成为一个重情不重物的人。

（四）欣赏、理解“毒打门”中的黛玉之泪

师: 我们再来看看叙述“毒打门”的情节。宝玉挨打，黛玉哭得眼睛肿成了桃儿。这次黛玉是为什么哭泣？也请这一小组分享一下，哪些词句点明或暗示了黛玉流泪的原因?

生20: 心疼宝玉。

师: 来看望宝玉的林黛玉哭得满面泪光，为什么眼睛会肿成桃儿了?

生20: 哭了很久，担心了很久。

师： 宝钗来看望宝玉，有什么不同？

生 20： "'就是我们看着，心里也疼。'刚说了半句又忙咽住，自悔说的话急了，不觉的就红了脸，低下头来。"宝钗也担忧宝玉被打惨了，但是两个人情感的深度不同。

师： 林黛玉说了什么？有没有说"心里也疼"？情感深的人不是更应该说这句话吗？

生 20： 林黛玉没有说自己"心里也疼"，但她哭得气噎喉堵，是疼到深处了。她说："你从此可都改了罢！"

师： 林黛玉不是宝玉的精神同盟吗？为什么她会说这句话？

生 20： 她怕宝玉再挨打，这次打得这么惨，下次还不知会怎样。

师： 宝玉为什么会挨打？

生（齐）： 在外流荡优伶、表赠私物，在家荒疏学业、淫辱母婢。

师： 这几个原因中，最让贾政恼火的是哪件事？

生 21： 在外流荡优伶、表赠私物，因为这个牵动了忠顺亲王府来找贾府要人。

师： "流荡优伶"这个评语是处在封建家长的站位的表述，如果换一个角度，站在我们现在来看，应该怎么说？

生 21： 真诚对待当时社会地位低下的优伶，赠送礼物表示结交为友。

师： 也就是在宝玉眼里，人没有高低贵贱之分。宝玉怎么回答林黛玉的"你从此可都改了罢"？

生 21： "你放心，别说这样话。就便为这些人死了，也是情愿的！"为了朋友，连生命也不在乎了。

师： 封建家长的毒打，没有让宝玉屈服，反而坚定了宝玉的人生态度。尽管林黛玉满怀担忧地劝他"改了"，但宝玉却又一次说"你放心"，表达了自己对朋友的担当，对家长权威的挑战，对世俗等级观念的否定。

环节三　联读体悟，回读故事，思辨探究：绛珠之泪是还泪吗

师：分享了上面四大情节的绛珠之泪，再联系第 1 回“绛珠还泪”的神话故事，说说绛珠之泪对贾宝玉来说意味着什么。

生 22：第 1 回说通灵宝玉还是石头的时候，动了凡心，想去凡间享受荣华富贵，“绛珠还泪”的故事里也说神瑛侍者下凡是因为“凡心偶炽”，我猜，林黛玉是仙子，饮甘露、灌愁海水，吃的是果子，超凡脱俗，所以她的泪就像是净水洗尘一样，洗掉了贾宝玉的凡心。

生 23：贾宝玉爱吃胭脂，有爱红的毛病，看到薛宝钗雪白的手臂，还发呆，这说明他确实有很多毛病，但是林黛玉的眼泪洗掉了他这些毛病。

生 24：从刚才的几个情节中，我们看到贾宝玉懂得尊重林黛玉高雅的追求了，在精神上逐渐远离了贾府其他的兄弟。

师：贾宝玉逐渐从一个世家子弟多物欲享受的大环境中脱离出来了，懂得了向着精神高雅的境界成长。我想，林黛玉的眼泪，当然有自伤自怜的成分，但也有一种促人精神成长的作用。宝玉说“女儿是水作的骨肉”，黛玉是世外仙子，是众女儿的典型代表，她的泪是自己高洁品格的写照，她至真至纯的眼泪也成为贾宝玉洗净铅华、脱却凡俗的重要因缘。

课后作业

运用方法，阅读品味，撰写心得：从“____之泪”中解人情。

《红楼梦》里还有很多女孩的眼泪。在众多姐妹中，宝钗涵容大度，熙凤满面春风，探春精明聪敏，她们三位是很少流泪的，但是细读文本，我们也能找到她们的眼泪。请从中选择一个人物形象，梳理描写其流泪的细节或词语，想一想她们为什么流泪，以“‘从____之泪’中解人情”为题写一篇读书心得。

板书设计

绛珠还泪

初读溯泪，泪源何处——绛珠还泪，万苦不怨

泛读寻泪，泪几何多——《西厢记》打趣；闭门羹误会；金麒麟风波；毒打门

精读品泪，泪因何流——重情矜礼，弃俗尚雅；自尊自重，孤苦无依；追求精神与心灵契合

联读解泪，泪还何处——摆脱纨绔习气；向往清雅人生

点评

独到·精致·圆融

汲安庆，南京信息工程大学教师教育学院教授，硕士研究生导师。著有《求用·求美·求在——夏丏尊语文教育思想论》《中学语文名师教例评析》《怀抱生命的教育》等10部，在《教育研究》《光明日报》《语文建设》《中学语文教学》等刊物发表文章600余篇。

张安群老师的这则课例，至少有三大亮点，对整本书阅读专题教学颇富启示。

首先，选题非常独到。

基于学生的阅读之惑——林黛玉流泪似乎并不像第1回故事中说的那样是“还”泪，倒像是给贾宝玉平添了很多麻烦，为什么？趁势将之转化为整本书阅读的选题，进行专题探究，颇有道家“顺势而化”的思维智慧，顺“心”之天，以致其性。

直逼文本的篇性——绛珠之泪是小说的草蛇灰线，宝黛情感深化的见证，也体现了宝玉由欲到情，由情到灵的精神发展历程——张老师称之为“有一种超拔的力量，一步步地引领宝玉挣脱传统理念或体制的壳”，还与作者“观止”“迷觉”哲思的艺术表现匠心暗合——贾宝玉形象始于痴，止于觉，最终“走求名利无双地，打出樊笼第一关”大彻大悟而解脱。张老师抓住“《西厢记》打趣”“金麒麟风波”事件，引导学生体味宝玉形象——由看重外在亲疏升华到看重彼此精神上的契合，是一个重情不重物的人，显然抵达了文本哲理品格的核心。

与学术前沿保持了密切互动——张老师选择“绛珠之泪”意象，借贾宝玉的形象分析，上升到有无、心物、迷觉等人生哲学思考，与刘再复先生强调的《红楼梦》哲学是“心灵学”“其基本哲学语言是意象”说不谋而合。除此之外，在张老师和学生的对话中，我们还能一窥精神分析批评、原型批评、接受美学等理论的面影。绝非外铄型的硬灌，而是基于学生思维之势的内生型建构，这使她的教学自具诗与哲理交相辉映的风采。

当然，顺势过程中，也有克势——比如解读“闭门羹误会”事件中的黛玉之泪，学生认为是寄人篱下的孤独所致，教者及时指出：“这可能是一种深入精神底里的孤独，而不仅仅是寄人篱下引起的无依无靠。因为这次闭门羹事件，我们才能读到林黛玉人生最艺术化的一次行为。（生：葬花。）”从而实现了顺势、克势与化势的谐和，巧妙地将课题研究引向了深入。相较于套路成风的踩点回答，这样及时将前沿学术成果融化为语文知识的专题阅读，确是一个令人仰之弥高的存在。

在交流中，张老师坦承：“在实际导读中，我发现还是有近一半学生处于‘听’的状态，鉴赏能力和思辨能力还不能达到理想的目标，这和本专题设计偏难有密切关系。”但是从学生的言说质量来看，“听”的状态或许是思维、想象颇为高光的时刻，毕竟评价宝玉“看到薛宝钗雪白的手臂，还发呆，这说明他确实有很多毛病，但是林黛玉的眼泪洗掉了他这些毛病”，神奇暗合宝玉由欲升华到情到灵的过程，这种高质量的思维结晶，并非常人所能言。说其达至“量智”与“性智”融合的境界（熊十力先生将智慧分为“量智”与“性智”，前者可以实证，后者只能悟证），亦不为过。

其次，教学设计与实施的精致。

集中表现为课眼、课脉与课气的统一。师生对话看似精骛八极，汪洋恣肆，但因为以“绛珠还泪”为课眼，又按“绛珠之泪是还泪吗（整体把握）—绛珠为何流泪（细节玩绎）—绛珠之泪是还泪吗（哲思升华）—从‘______之泪’中解人情（写作深化）”这条课脉经纬教学，教学整体上的精致感非常鲜明。小组交流，围绕“《西厢记》打趣”中的黛玉之泪—“闭门羹误会”中的黛玉之泪—“金麒麟风波”中的黛玉之泪—“毒打门”中的黛玉之泪的顺序渐次展开，让课脉的局部也呈现一种精致之美。对黛玉眼泪艺术表现功能的认知：有自伤自怜的成分，也有一种促人精神成长的作用，则使教学从形式的精致走向了思维内质上的精致。加上环节之间不少高质量的追问——如“流荡优伶”这个评语是处在封建家长的站位的表述，如果换一个角度，站在我们现在来看，应该怎么说？宝玉怎么回答林黛玉的“你从此可都改了罢”？使得课气强盛而流畅。

精致，还体现为三个层面语文知识的统一。教材层面的知识：紧扣课标要求，从绛珠之泪切入，梳理小说内容，洞达人物形象，体悟哲理品格及篇性特征。师生层面的知识：在课脉的流转中结晶而出，紧扣文本细节呈示各自的体悟，形成思维的相互触发、相互补充之势，让人看到了思想对话、生命融合的景深。比如生 5 聚焦“泪词”“泪因”“泪意”“化泪”四个层面梳理内容，发现黛玉的眼泪里蕴含的是她的人生追求，而这个追求又感化了贾宝玉，自然实现了陈述性知识、程序性知识和策略性知识的有机融合。尤为可贵的是，师生对话还触及更为深层的文化语境层面的知识：教者引导学生设身处地地站在林黛玉的时代、身份和当时社会的主流价值体系的角度，来理解她对《西厢记》评价的自相矛盾，触及了仕宦书香之家“发乎情，止于礼”的文化信条。三个层面的知识相融相生，让教学不仅精致，而且走向了饱满和深刻。

最后，整本书阅读教学价值取向的圆融与博大。

整本书阅读教学的价值取向，有的人偏嗜消遣性阅读，怡情养性，葆有阅读的兴趣即可；有的人热衷于功能性阅读，获得相关知识，达成各种实用性的学习目标即可；有的人崇尚发展性阅读，激活学养，为言语生命蓄势蓄能。张老师追求的是三者的融合：无论是选题的确定，还是探究的展开、结论的形成，均着眼于学生的趣点、疑点、盲点，甚至精神生命的痛点，所以于无声处将兴趣激发、知识建构、情意熏陶有机统一了起来。

或许是囿于学情或时间，张老师本则课例中，基于篇性揭秘的群文阅读并未积极展开，哲思品格的感悟也未明确上升到“欲、情、灵、空”的四维空间，引导学生进一步体味“空”的真谛——是欲、情、灵的形而上化，或者说是对三者的哲学把握。终极的真实是空，本体是空。欲、情、灵“在场”，空“不在场”，四者构成的“整体”，便形成海德格尔所说的澄明之境（刘再复语）。

但因为始终聚焦绛珠之泪，会通情节营构、形象塑造、哲理品格等方面的篇性，不断让自我与学生亮见，所以在当时的审美语境中形成了颇有质量的思维触发，使学养、学识、言语表现与创造很自然地融为一体了。

课例12 任是无情也动人：宝钗形象的意义

夏红梅，安徽省马鞍山市第二中学高级教师，南京师范大学硕士。著有《阅读教学与思维品质》(合著)，主编《〈艾青诗选〉思辨读写一本通》，有多篇评论与随笔发表于《红楼梦学刊》微信公众号。

设计意图

本节课旨在认识宝钗形象的复杂性。在《红楼梦》诸多人物中，宝钗是较为复杂的一个人物形象，这种复杂体现的是人性之复杂与作家思想之复杂。在宝钗形象赏析教学中，如何化繁为简，化零为整，引导学生构建合理清晰的宝钗形象，并让课堂散发出语言张力、思维活力、审美魅力与文化意蕴，是我们面临的挑战。本设计尝试以《红楼梦》第27回第8段（宝钗在外面听见这话，心中吃惊……）为核心读写材料，以“任是无情也动人”为核心话题，以“大旨谈情”为主题归依，勾连起整本书宝钗形象赏析教学。

本节课的教学目标：

1. 分析此段宝钗的心理活动，思辨宝钗对“情”的认知，以解读宝钗“无情”之内涵：情的抑制。

2. 探讨宝钗是否会把芸红事件告知王夫人，思辨宝钗为人处世的原则，以解读宝钗“无情”的另一内涵：趋利避害。

3. 探讨宝钗“金蝉脱壳”一计，思辨宝钗“嫁祸”的本质：理性失控。

4. 总结宝钗形象作为儒家“理”的代表对《红楼梦》“大旨谈情”主旨的意义。

教学扫描

环节一　导入

师：同学们，今天我们讨论宝钗的形象。“任是无情也动人”是宝钗所抽花名签“牡丹”上的一句，原是要赞颂宝钗的“艳冠群芳”，但这句诗似乎还有很多言外之意。“无情”者何以动人就是个问题。曹雪芹认为宝钗既“无情”，也“动人”，那我想问问大家，你们喜欢宝钗吗？喜欢的请举手。

（7名学生举手）

师：你撰写的小论文是关于宝钗的，却没有举手？

生1：我觉得宝钗有点复杂，我想捋清楚。我不喜欢宝钗，因为我不能接受她冒名顶替黛玉，去嫁给宝玉。

师：不错，有自己的观点，有探究的动力，这是我们思辨的基础。不过要提个醒，《红楼梦》后40回不是曹雪芹写的，我们这节课所谈论的宝钗，主要是前80回里的宝钗。

环节二　无情的本质：情的抑制

师：课前我们都做了一回小曹雪芹，根据语境补写了第27回宝钗的一段心理活动，请先看两名同学的作品。

（PPT展示）

1. 平日里竟没看出此二人还有这等关系呐。不过正当青春，私下有这些倒也无妨，况这二人也挺登对。只是若传出去怕不只他们尴尬，我也不好处。看我如何寻个法子，溜之大吉！

2. 这声音听着像红玉呢。这丫头竟做着偷鸡摸狗的事，心眼子倒不小。如今他们开窗见着了我，定会怀疑我，那就不知道会弄出什么麻烦来，况且红玉身后还有贾芸罩着。多一事不如少一事，我倒不如顺着“找林妹妹”这水，把舟推出去，来一个了无痕迹，嘿嘿。

师：第二名同学，宝钗对芸红爱情的看法，你为什么这样写？

生 2：我觉得宝钗对“情”的态度是保守的。（师：怎么说？）比如第 42 回，她曾经批评黛玉行酒令用了《西厢记》里的话，她说这种杂书看了会移性情，不可救药。所以我觉得在她眼里，芸红的恋爱肯定是不正经的。

师：不错，你读得细。第一名同学读得好像还不够细。我们看看作者是怎么写的。

（PPT 展示）

宝钗在外面听见这话，心中吃惊，想道：“怪道从古至今那些奸淫狗盗的人，心机都不错。这一开了，见我在这里，他们岂不臊了……”

师：“奸淫狗盗”，原来曹雪芹下笔也一样“狠”。那我们自然就生出好奇心了——宝钗本人有没有小心思呢？她对宝玉有没有爱恋之心呢？

生（部分学生抢答）：有，绝对有。（部分学生皱眉，犹豫）

师：看来大家的看法不太一致啊。那这里我们引进两个语段。

（PPT 展示）

（宝钗）叹道：“早听人一句话，也不至今日。别说老太太、太太心疼，就是我们看着，心里也疼。”刚说了半句又忙咽住，自悔说的话急了，不觉的就红了脸，低下头来。宝玉听得这话如此亲切稠密，竟大有深意，忽见他又咽住不往下说，红了脸，低下头只管弄衣带，那一

种娇羞怯怯，非可形容得出者，不觉心中大畅，将疼痛早丢在九霄云外。（第34回）

薛宝钗因往日母亲对王夫人等曾提过“金锁是个和尚给的，等日后有玉的方可结为婚姻”等语，所以总远着宝玉。昨儿见元春所赐的东西，独他与宝玉一样，心里越发没意思起来。幸亏宝玉被一个林黛玉缠绵住了，心心念念只记挂着林黛玉，并不理论这事。（第28回）

师：这两段话中，宝钗对宝玉的感情态度完全相反，那其中必有一真，必有一假。哪个是真，哪个是假？我们请两名同学来个思辨的热身。

生3：我觉得下面的是真的。我认为宝钗并不喜欢宝玉。不然，她见宝玉被黛玉缠绵住，哪有不吃醋的？要是喜欢宝玉，元妃赏礼只有她与宝玉一样，也肯定会偷着乐，而不是“心里越发没意思起来”。还有，宝玉不喜欢读书，宝钗喜欢勤奋读书求取功名的男生。

生4：那宝玉挨打后，宝钗去看望宝玉，又何必表现得那样害羞呢？难道她是在作秀吗？她何必要作秀？

生3：我认为宝钗红脸不是因为害羞，而是因为把话说急了，失了分寸，容易让人误会，她为这个不好意思。

生4：但就算说错话，凭着宝钗的机智，她后面也会找补回来。但事实是，宝钗红脸以后，又紧跟着“娇羞怯怯”，她不仅没有挽回你说的“误会”，反而把害羞升级成了加强版。她这显然是情不自禁，感情一时收不回来。所以宝钗下面这番心理，应该是她对自己说的谎。她以大家闺秀的规范要求自己，绝不会承认这种感情。在她看来，这种私情是“奸淫狗盗”之辈才有的。

师：我认为同学4的分析更有说服力：上面是真，下面是假。宝钗对自己说谎，这个结论既大胆，也合理。看来有些文字不能只看表面。宝钗对“情”是否定的、抑制的，这就是曹雪芹所讲的“无情”。那么对宝钗的这种“无情”，大家该怎么评价？

生 5: 很压抑，很残酷，毕竟感情需求是人的自然天性嘛。但这是传统社会对淑女的要求，这样会显得端庄稳重。我还想到了《乡土中国》里的观点，在传统社会中，人们认为，对“情”的张扬会破坏家庭和社会稳定。所以这种“无情”也有它的社会意义，这大概就是作者所说的“动人”吧。

生 6: 我觉得宝钗在“无情”遮不住的时候，那种“娇羞怯怯”才动人呢。（学生笑）

师: 这种说法也不是没有道理。“任是无情也动人”，所谓“任是”就有让步假设的意味，可以理解成：就算你宝钗抑制着情感，也有藏不住的时候，那正是“动人”的时刻。

环节三　“无情”的本质：趋利避害

师: 同学们，宝钗“无情”的本质是情的抑制，那她的“无情”有没有其他内涵呢？这里我再选取两名同学的作品。

（PPT 展示）

1. 呦，这不是宝玉屋里的小红嘛。捡得什么绢子，莫不是与芸二爷有什么私情罢，这还了得！这事又偏给我撞上了。如今若让他知道我晓得了，他心里岂不忌讳？若他以后因此事被赶了出去，倒是我的嫌疑了。此类闲语不听为好，不知为妙。我现下若能使一个调虎离山计，摆脱困境，岂不美哉！

2. 平日里见这小红还算老实，倒没料到还有这小心思。芸哥怎么也算是贾府公子，这叫人听了去，礼数往哪里放？如今，这叫我听着了，又该如何呢？不如先找个借口含糊过去；等得空有了机会，还是得向姨娘提一嘴。

师: 第一名同学，你觉得要不要把“调虎离山”这个词换掉？

生 7: 我后来查了原著，上面用的是“金蝉脱壳”。（师：有什么区别？）“调虎离山”是把敌人调走，自己好行动；“金蝉脱壳”是指自己顺利逃脱。

师：不错。你认为这里宝钗应该是不管闲事，脱身为妙。第二名同学则认为宝钗脱身后，肯定还会“向姨娘提一嘴”，面对他的观点，你仍然坚持自己的看法吗？

生7：我还坚持。（师：为什么？）我也一时说不清，反正强烈的直觉告诉我，她不会跟王夫人谈这事。多一事不如少一事嘛。宝钗是这种人。

师：第二名同学，你为什么觉得宝钗会“向姨娘提一嘴”？

生8：这是人之常情吧。大观园里出了这种事，只要有点责任心，都会管一管的，毕竟是亲姨娘家。而且王夫人又是贾府实际掌权人，大观园出了乱子，王夫人是要负管理责任的。宝钗应该会为姨娘着想。

师：两名同学都是根据“直觉”或“人之常情”来作判断。但我们的直觉是否准确，“人之常情”的推理是否合理，还得以文本事实为依据，作理性分析和判断。现在请大家结合课前任务单，根据文本事实，独立思考，判断宝钗会如何选择。

（生思考）

生9：我觉得不会管。虽是亲姨娘家，但毕竟宝钗是客人身份，不方便管；同时得罪人的事她不会干，她是个不喜欢搅入纠纷的人，她很看重人际关系。比如第20回贾环和莺儿玩骰子，输了钱要赖账，宝钗反倒呵斥莺儿；第22回贾母给宝钗过生日，宝钗按照贾母的喜好，点热闹戏文和甜烂食物。

生8：贾环和贾母是贾府的主子，宝钗当然不好得罪；但小红只是个等级很低的丫头，宝钗为了维护姨娘作为管理者的声誉，权衡一下，这里似乎不需要有太多顾忌。而且维护了王夫人的声誉，她与王夫人的关系不是更好了吗？

生10：我赞成第二名同学，认为宝钗会管。我有新的理由：小说第56

回“敏探春兴利除宿弊，时宝钗小惠全大体”，她不就和探春、李纨共同管理贾府事务吗？还非常尽责。弄得下人们都偷偷抱怨，说刚刚倒了个“巡海夜叉”，又添了三个“镇山太岁”。（学生笑）

生 11： 宝钗协助管理大观园，那是受王夫人之托。第 55 回里说“宝钗听说只得答应了”，她是被动答应的。

师： 大家说的都有合理性。那现在要解决分歧，还得依据文本，我们看看宝钗是怎么协助探春管理贾府下人的。这里有个细节，不知大家注意到了没有。请看课前任务单 8。

（PPT 展示）：

> 也有说：“那一片竹子单交给我……”这一个说：“那一片稻地交给我……”众婆子去后，探春问宝钗如何。宝钗笑答道：“幸于始者怠于终，缮其辞者嗜其利。”探春听了点头称赞，便向册上指出几人来与他三人看。（第 56 回）

师： 很多老妈妈都踊跃报名要承包园子，当探春问宝钗“如何”的时候，宝钗是怎么回答的？她说：“幸于始者怠于终，缮其辞者嗜其利。”“缮其辞者嗜其利”是什么意思？

生（集体回答）： 很会说话的人，常常会过于看重利益。

师： 对了，这类似于孔子讲的“巧言令色，鲜矣仁”。大家觉得宝钗这话的言外之意是什么？

生 11： 言外之意应该是告诉探春，不要找那些太能说会道的老妈妈承包，她们太看重利益，就容易产生各种矛盾纠纷。

师： 那她为什么不直接讲哪些老妈妈不可用，而只是给探春指出了用人原则？

生 11： 不想得罪人吧。（师：得罪什么身份的人？）得罪贾府下人。

师： 所以说即便对待贾府的下人，宝钗也是谨言慎行，她不想开罪任何人。王熙凤就说宝钗："不干己事不张口，一问摇头三不知。"因此我们推断一下，今天发生的"红坠"事件，宝钗会不会在脱身后"向姨娘提一嘴"？（生：不会。）也就是说，在维护姨娘声誉与不得罪人之间，宝钗会选择后者。这种选择的本质是什么？或者说这体现了宝钗什么样的处世原则？

生（思考后，集体回答）：不管闲事，不惹是非；趋利避害，明哲保身。

师：但新的问题又来了。大家继续看课前任务单 3：宝钗得知金钏跳井的消息后，第一时间赶到王夫人处，给王夫人做案件的解剖分析。宝钗不是不沾贾府是非，不管贾府闲事吗？怎么这一回她改变风格，要"向姨娘提一嘴"了呢？

（PPT 展示）

> 宝钗叹道："姨娘是慈善人，固然这么想。据我看来，他并不是赌气投井。多半他下去住着，或是在井跟前憨顽，失了脚掉下去的。他在上头拘束惯了，这一出去，自然要到各处去顽顽逛逛，岂有这样大气的理！纵然有这样大气，也不过是个糊涂人，也不为可惜。"（第 32 回）

生 12：我觉得这回她虽然管了闲事，但惹不到是非。（师：怎么说？）因为金钏已经死了，宝钗和王夫人的这番对话，不会产生其他风波，王夫人还能得到一点宽慰，她和王夫人的关系也会更加融洽。但如果宝钗把"红坠"事件告诉王夫人，小红很可能会被赶出大观园，就像晴雯那样。这样，宝钗就卷入是非了。

师：说得非常好。两个事件表面上看很不同，但宝钗趋利避害的本质却是一样的。这就告诉我们，看问题要把各种现象联系起来，还要透过现象看本质。那我们看看曹雪芹此处是怎么写宝钗的心理的。

（PPT展示）

今儿我听了他的短儿，一时人急造反，狗急跳墙，不但生事，而且我还没趣。如今便赶着躲了，料也躲不及，少不得要使个“金蝉脱壳”的法子。

师： 果然，思辨能让我们更准确地理解小说人物，与作者和文本进行深度对话，这是思辨阅读的乐趣与价值。“不但生事，而且我还没趣”，可以说道尽了宝钗趋利避害的处世原则，她不可能跟王夫人谈及“红坠”事件。那同学们怎么评价宝钗的这种“趋利避害”的处世原则呢?

生 13： 我觉得以“趋利避害”为原则处世，虽然可以理解，但在“情”与“义”上就差了点。得罪小红固然不宜，但对姨娘的家务袖手旁观也显得不够道义。金钏再是糊涂人，丢了命总是可惜，而宝钗的逻辑是：人如果一时糊涂，那他的整个生命就没有价值了。我不能接受这种看法，这是对生命的漠视。

师： 不错，宝钗的“趋利避害”其实是另一种“无情”。那宝钗的“趋利避害”有无可取之处呢?

生 14： 至少可以自保吧，人际关系可以处得很不错。特别是金钏事件，金钏又不能死而复生，即便指责王夫人，也于事无补，还不如安慰内疚的活着的人。

生 15： 还有，宝钗虽趋利避害，但没有损人利己，陷害他人。而且她在能明哲保身的前提下，还是做了很多善事的，温和体贴，善解人意。比如她帮助湘云办螃蟹宴，解决了湘云的尴尬；她还常常帮助邢岫烟。

师： 对。宝钗的这种“趋利避害”，其实是儒家所讲的和合与务实精神。它在价值选择和利益平衡时，能从实际出发，从人与他人、人与社会的和谐关系出发考虑问题。以上我们从两方面探讨了宝钗“无情”的本质，即“情的抑制”和“趋利避害”，它们归根结底是儒家的理性精神。这种精神虽有缺憾，但也有它的意义和社会价值。这正是“任是无情也动人”了。

环节四　“嫁祸”的本质：理性失控

师： 说到“任是无情也动人”，这“无情”是要有底线的，可以趋利避害，但不能损人利己，否则人格卑劣，就无法“动人”了。说到这里，我们就有必要鉴别一下宝钗所使的“金蝉脱壳”计了。

（PPT 展示）

> 犹未想完，只听“咯吱”一声，宝钗便故意放重了脚步，笑着叫道：“颦儿，我看你往那里藏！”一面说，一面故意往前赶。
>
> 那亭内的红玉坠儿刚一推窗，只听宝钗如此说着往前赶，两个人都唬怔了。宝钗反向他二人笑道：“你们把林姑娘藏在那里了？”……
>
> 谁知红玉听了宝钗的话，便信以为真，让宝钗去远，便拉坠儿道：“了不得了！林姑娘蹲在这里，一定听了话去了！”

师： 关于这段，脂砚斋评宝钗“闺中弱女，机变如此之变，如此之极”，而张爱玲在《红楼梦魇》中却说：“此处她实在有嫁祸黛玉的嫌疑，为黛玉结怨。”同学们是赞成“机变说”还是“嫁祸论”？大家讨论交流后，自由发言，与《红楼梦》的资深读者们来一次对话。

（生激烈讨论）

生 16： 我同意“嫁祸论”。小红说“了不得了！林姑娘蹲在这里，一定听了话去了”，这已经产生了嫁祸的后果，后面多多少少会给黛玉带来麻烦，至少小红对黛玉会有戒备心。

生 17： 我也同意“嫁祸论”，但我觉得不能只以后果来断定是否嫁祸，还要看主观动机。宝钗既然喜欢宝玉，刚刚在路上又看到宝玉进了潇湘馆，那她肯定会嫉妒的，虽然她装作没事，说“倒是回来的妙”，但心里应该是酸酸的。

生 18: 我不同意（同学 17）。就算有动机，也不等于有行动，宝钗既然能控制感情，就能控制嫉妒之心。更何况小说后面写了宝钗心理："这件事算遮过去了，不知他二人是怎样。""遮过去"才是宝钗的真正动机。

生 17: 可是宝钗感情也有失控的时候啊，不然她怎会"娇羞怯怯"呢？所以嫉妒心也同样会失控。至于宝钗事后的心理，按照你的意思，她这样想才算是嫁祸："这件事算遮过去了，还顺手给黛玉下了套子，真是一举两得，谁叫宝玉跟她缠绵，而不爱我呢。"（学生笑）宝钗不可能这样想。

生 19: 我反对"嫁祸论"。宝钗因为刚刚是准备去潇湘馆找黛玉的，所以她能想到的第一人自然就是黛玉。况且当时情况紧急，她哪来得及多想？我认为这只是她的急中生智。

生 20: 那按照同学 19 的逻辑，我觉得宝钗首先想到的不该是黛玉，因为去潇湘馆找黛玉后，宝钗还扑了蝴蝶。她应急机制的首选应该是蝴蝶。她应该说："蝴蝶，我看你往哪里飞！"（学生笑）她何必非要牵扯出黛玉来呢？她既然能急中生智，心思又缜密，那她牵扯出黛玉，实在有嫁祸的嫌疑。

师: 好，大家的讨论很有价值。判断一个事实，我们要综合环境、动机、结果、对象等各种因素，进行分析权衡，确定真相。听了你们的辩论，我认为"嫁祸论"不能完全证真，也不能完全证伪，但我更倾向于相信"嫁祸论"。假如"嫁祸论"成立，宝钗的趋利避害就演进成了损人利己，则宝钗此行为与下列行为形成极大反差，你如何评价宝钗的此种反差？

（PPT 展示）

（宝钗）道："……你我只该做些针黹纺织的事才是，偏又认得了字，既认得了字，不过拣那正经的看也罢了，最怕见了些杂书，移了性情，就不可救了。"（第 42 回）

“我明日家去和妈妈说了，只怕我们家里还有，与你送几两，每日叫丫头们就熬了，又便宜，又不惊师动众的。”黛玉忙笑道：“东西事小，难得你多情如此。”（第45回）

生21： 前面嫁祸黛玉，后面又来关心黛玉，这太虚情假意了，说明宝钗很虚伪。（师：那她为什么要作假？）因为她注重人际关系，希望能在贾府赢得贤德的好名声，宝钗很在意自己贤淑的公众形象。另外，她这样做还可能是要收买黛玉，让黛玉对她不存戒心。

师： 你认为宝钗是为了自己的淑女名声和婚恋利益才这么做的，那有个问题就很关键了：她送燕窝、劝导黛玉看正经书的行为，能不能给黛玉带来切实的益处？

生21： 也确实能，对黛玉的身体和名声都好，特别是劝黛玉不看杂书这事，对黛玉在贾府立足很重要。

师： 如果宝钗这里要维护淑女名声和婚恋利益，那对黛玉看《西厢记》这事，她完全可以怎么做？

生21： 她可以对此视而不见，任其发展，甚至还可以找个机会，在贾母或王夫人那里不露声色地捅一捅，那既能衬托自己是个好姑娘，又能让黛玉的爱情前程彻底崩塌，这比“嫁祸”的杀伤力可就强多了。但宝钗确实没有这样做。那宝钗这不是人格分裂嘛。（学生笑）

师： 前面嫁祸黛玉，后面惜护黛玉，谁能给出一个合理解释？

（生思考，交流）

生22： 我觉得宝钗对自己是有道德要求的，她努力关心照顾身边的人，但偶尔也会因嫉妒心失控而犯错误。所以给人感觉就虚伪了。

师： 对了。宝钗这里的虚伪，不能理解成奸诈阴险，为达目的不择手段，而应要理解成一个理性主义者、一个道德的尊崇者，对人性负面东西控制的成功与失败。荀子说：“圣人化性而起伪，伪起而生礼义。”这里的“伪”意思是“人为”，即礼义和道德。礼义道德是用来控制和矫正人性负面的因素的，能控制好的人被称为圣人，控制不好的人，与负面因素相妥协的人，是庸人，甚至是恶人。这就是讲道德对于我们人生的意义。假如宝钗的“嫁祸论”成立，那么这种嫁祸的本质就是道德力量的失控，而非其他。所以同学们，如果“嫁祸论”成立，那大家还觉得宝钗“动人”吗?

生（集体回答）：能理解吧。总体上还是动人的。我们应该谅解宝钗这人性的弱点。

环节五　宝钗形象的意义

师：我们再回到开头。“任是无情也动人”，这是曹雪芹对宝钗形象的总体评价。这里的“无情”既有对爱情的否定与抑制，又有趋利避害带来的私心与冷漠，还可能有道德力量的失控，但总体上宝钗还是动人的，值得肯定的。宝钗形象体现了作者对儒家理性精神的基本认可与深刻反思。宝钗作为“理”的代表，与《红楼梦》标举的“大旨谈情”中的“情”构成了一组矛盾体，从而撑起了《红楼梦》的半壁江山。因此，思辨地看待宝钗这个形象，对我们把握《红楼梦》整本书有重要意义。

课后作业

宝钗用传统儒家的理性精神和礼文化规约自己，最终也免不了悲剧命运。请阅读下面的评论文字，并选择一道题尝试写作。

① 可叹停机德，堪怜咏絮才！玉带林中挂，金簪雪里埋。（曹雪芹）

② 如果说贾宝玉、林黛玉是叛逆者的悲剧，那么薛宝钗便是顺从者的悲剧。在某种意义上，可以说后者是更深刻地反映那个时代的社会的历史的悲剧。因为是时代雕塑了她，又是时代毁灭了她。（周中明）

1. 如何理解曹雪芹“可叹停机德”中的“叹”？请尝试以曹雪芹的口吻，写一首现代诗歌，表达你对这一“叹”的感悟。

2. 宝钗守礼的形象与“大旨谈情”的小说主题有何关系？请尝试写一篇600字的小论文阐释这种关系。

板书设计

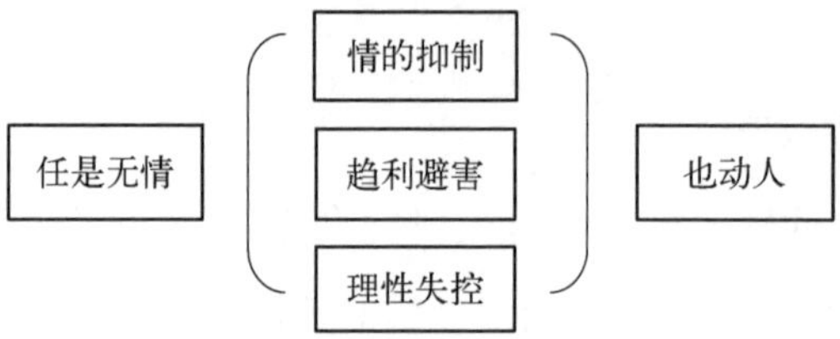

【附】课前学习任务单

章回	文本信息	宝钗性格
1. 生日点戏（第22回）	贾母因问宝钗爱听何戏，爱吃何物等语。宝钗深知贾母年老人，喜热闹戏文，爱吃甜烂之食，便总依贾母往日素喜者说了出来。贾母更加欢悦。	
2. 劝说宝玉（第32回）	湘云笑道：“……你就不愿读书去考举人进士的，也该常常的会会这些为官做宰的人们，谈谈讲讲些仕途经济的学问，也好将来应酬世务……”宝玉听了道：“姑娘请别的姊妹屋里坐坐，我这里仔细污了你知经济学问的。”袭人道：“云姑娘快别说这话。上回也是宝姑娘也说过一回，他也不管人脸上过的去过不去，他就咳了一声，拿起脚来走了。”	
3. 安慰姨娘（第32回）	宝钗叹道：“姨娘是慈善人，固然这么想。据我看来，他并不是赌气投井。多半他下去住着，或是在井跟前憨顽，失了脚掉下去的。他在上头拘束惯了，这一出去，自然要到各处去顽顽逛逛，岂有这样大气的理！纵然有这样大气，也不过是个糊涂人，也不为可惜。”	

续　表

章回	文本信息	宝钗性格
4. 娇羞怯怯（第 34 回）	（宝钗）叹道："早听人一句话，也不至今日。别说老太太、太太心疼，就是我们看着，心里也疼。"刚说了半句又忙咽住，自悔说的话急了，不觉的就红了脸，低下头来。宝玉听得这话如此亲切稠密，竟大有深意，忽见他又咽住不往下说，红了脸，低下头只管弄衣带，那一种娇羞怯怯，非可形容得出者，不觉心中大畅，将疼痛早丢在九霄云外。	
5. 蟹宴筹划（第 37 回）	（宝钗）道："既开社，便要作东。虽然是顽意儿，也要瞻前顾后，又要自己便宜，又不要得罪了人，然后方大家有趣。你家里你又作不得主，一个月通共那几串钱，你还不够盘缠呢……"	
6. 教导黛玉（第 42 回）	宝钗笑道："你还装憨儿。昨儿行酒令你说的是什么？我竟不知那里来的。"黛玉一想，方想起来昨儿失于检点，那《牡丹亭》《西厢记》说了两句，不觉红了脸……宝钗……道："……你我只该做些针黹纺织的事才是，偏又认得了字，既认得了字，不过拣那正经的看也罢了，最怕见了些杂书，移了性情，就不可救了。"	
7. 送黛玉燕窝（第 45 回）	"我明日家去和妈妈说了，只怕我们家里还有，与你送几两，每日叫丫头们就熬了，又便宜，又不惊师动众的。"黛玉忙笑道："东西事小，难得你多情如此。"宝钗道："这有什么放在口里的！只愁我人人跟前失于应候罢了……"	
8. 人事建议（第 56 回）	也有说："那一片竹子单交给我……"这一个说："那一片稻地交给我……"众婆子去后，探春问宝钗如何。宝钗笑答道："幸于始者怠于终，缮其辞者嗜其利。"探春听了点头称赞，便向册上指出几人来与他三人看。	
9. 怜惜岫烟（第 57 回）	（宝钗）道："将来你这一到了我们家，这些没有用的东西，只怕还有一箱子。咱们如今比不得他们了，总要一色从实守分为主，不比他们才是。""我到潇湘馆去。你且回去把那当票叫丫头送来，我那里悄悄的取出来，晚上再悄悄的送给你去，早晚好穿，不然风扇了事大……"	

续 表

章回	文本信息	宝钗性格
10. 评柳湘莲（第 67 回）	宝钗听了，并不在意，便说道：“俗语说的好，‘天有不测风云，人有旦夕祸福’。这也是他们前生命定。前日妈妈为他救了哥哥，商量着替他料理，如今已经死的死了，走的走了，依我说，也只好由他罢了。妈妈也不必为他们伤感了……那同伴去的伙计们辛辛苦苦的，回来几个月了，妈妈和哥哥商议商议，也该请一请，酬谢酬谢才是。别叫人家看着无礼似的。”	

点评

理性的光芒，思辨的力量

段增勇，四川省教育科学研究院学术委员会副主任，高中语文教研员，四川省普通高中课程改革语文学科专家组组长，四川省教育学会中学语文专业委员会常务副理事长、秘书长（兼），四川省教育学会阅读专委会秘书长。

关于宝钗的理解与评价，一向是两个极端。极端偏爱的，认为宝钗是儒家君子人格的代表、大家闺秀的典范；极端厌恶的，说她是小人，而且“小”过王熙凤。所谓“王熙凤之为小人，无人而不知之；宝钗之为小人，则无一人知之者”（陈其泰语）。

若阅读仅为满足个人的兴趣，这样极端倒也无妨。毕竟文学阅读乃自由领地，一万个哈姆雷特也是读者的权利。但在教学中，如果我们还这样放纵这种非理性的极端，放纵自以为是的情绪，那么教学的价值与意义就很值得怀疑了。文学阅读的重要意义，正在于训练学生的理解与判断能力，而好的理解与判断，显然不应该建立在偏见与极端之上，而应该基于公正的态度与合理的论证。

想达成对宝钗的公正评价，几乎是一件不可能完成的任务——任何试图为宝钗“定罪”或“开罪”的推论，几乎都可以在其中找到漏洞。这固然可以理解为曹雪芹的创作魅力，比如从“立体人物”或者“圆形人物”的角度分析其笔下人物的精神丰富性与性格层次性，但实际上，它也可能体现了曹雪芹对这个世界与人生的某些真实的看法。黛玉与宝钗，都不过是我们关于这个世界的幻象。幻象可以完美，真实则注定缺憾。

夏老师挑战的，就是这样一个高难度动作，她几乎达到了她的预设目标，她要在“开罪”与“定罪”之间维持一种近乎安抚性的平衡。在宝钗身上，既有刻意地禁锢爱情所带来的焦虑与不安，也有精致地趋利避害所带来的冷漠与怪异。一不小心，还有道德失控带来的自私与狭隘。不过，夏老师最后还是为宝钗扳回了大局：宝钗总体上还是动人的，任是无情也动人。

对于贬钗的，对于拥钗的，这样的论述能安抚他们吗？我对此没有信心。但是，对于学生来说，这样的对抗，这样的挑战，这样的思辨，实在是太重要了。客观与公正不是自我标榜的，而只能来源于不同立场与观点的挑战与对抗。我们要给学生的，不是一个客观与公正的世界，而是在复杂的世界中寻求客观与公正的立场与眼光。

在这个意义上，可以说，夏老师举重若轻，驾驭自如，引导学生逐层深入，一层一层拨开笼罩在宝钗身上的迷雾，让我们清晰地看到了宝钗的本色。

对宝钗的理解是我们把握《红楼梦》主旨的重要门径。循着宝钗的言行举止，可发现曹雪芹的思想脉络，他对儒家理性精神的基本认可，他对儒家文化人格所摆不脱的内在紧张与分裂的反思……宝钗作为“理”的代表，与《红楼梦》标举的“大旨谈情”中的“情”构成了一对矛盾，成为理解《红楼梦》的两把钥匙。

这节课将其中的一把交给了学生。

这节课牢牢抓住主线，而又能适时地“节外生枝”，使得课堂摇曳多姿，生机勃勃，自始至终散发出理性的光芒与思辨的力量。

课例13 淡极始知花更艳：读宝钗

李炟，广东省东莞高级中学正高级教师，语文特级教师，省名师工作室主持人，曾获第二届“海峡两岸暨香港、澳门”教学比赛一等奖。

设计意图

曹公在开卷第1回论及《红楼梦》成书意图：“今风尘碌碌，一事无成，忽念及当日所有之女子，一一细考较去，觉其行止见识，皆出于我之上。何我堂堂须眉，诚不若彼裙钗哉？……编述一集，以告天下人：我之罪固不免，然闺阁中本自历历有人，万不可因我之不肖，自护己短，一并使其泯灭也……亦可使闺阁昭传，复可悦世之目，破人愁闷，不亦宜乎？”因此，《红楼梦》可以看作为以“金陵十二钗”为代表的女子写的故事。而要论“行止见识”之优秀和杰出，恐怕要首推林黛玉和薛宝钗这两位大观园女儿国中的佼佼者。和其他十位女子每人一首判词不同，曹公把薛、林二位写在了同一首判词里。她们一个是“世外仙姝”，一个是“山中高士”，都是曹公非常喜爱的女性形象。曹公对两位杰出女子的才德给予了很高的评价，对她们的悲剧命运也都寄寓了深刻的同情。

但是，在许多读者的眼中，黛玉是失意者和被害者，她的病弱、孤苦以及泪尽而亡的悲惨结局值得同情；而宝钗则被当作插足宝黛爱情的“第三者”和黛玉悲剧命运的制造者，被许多读者鄙薄和厌弃。

在我看来，薛宝钗和林黛玉都是作者着力塑造的主要人物，可以说，钗黛的双峰对峙，各美其美，成就了《红楼梦》的经典性。如果其中一美缺席，或者“兼美”变成一美和一丑的对峙，《红楼梦》的思想性和“千红一哭，万艳同悲”的悲剧性都会大打折扣。

同时，薛宝钗也是《红楼梦》中最复杂、最难懂的人物，“曹公善明暗互转，真假互形，褒贬腾挪，真幻跌宕。他给你一个艺术的迷幻世界——这边说‘热毒’，那边说‘冷香’；这里说‘任是无情’，那里说‘也动人’；这边‘山中高士晶莹雪’，那边‘好风频借力，送我上青云’；这里‘屋子如雪洞一般，一色玩器全无’，那里‘艳冠群芳，非牡丹莫属’。这使得我们如堕雾中，恍惚迷离，却愈迷愈钻，愈钻愈不能罢——扯不清也要扯”[1]。解读宝钗，需要理性和客观的眼光，也需要具备一些人生阅历和传统文化底蕴，否则可能根本读不懂这个人物，更不能欣赏这个形象温柔敦厚、深沉平和的美学趣味。所以，薛宝钗是最容易被误读、被贴标签、被先入为主的经验遮蔽的一个人物。

“‘一切文学，余爱以血书者。’……俨有释迦、基督担荷人类罪恶之意。”[2]王国维评价后主词的这番话，用来评价《红楼梦》，也十分恰当；鲁迅评价《红楼梦》说“悲凉之雾，遍被华林”[3]；红学家周汝昌则说《红楼梦》“仪态万方地体现了我们中华文化的光彩和境界”[4]。引导中学生进行《红楼梦》整本书阅读，不能把这部伟大的作品当成“破人愁闷”的才子佳人故事，满足娱乐性需求，而要引导学生读出文化的美和精致，以及“无可挽救的颓败”[5]的悲剧意味，读出作者泣血的反思和追问。

而要读出这些题旨命意，要到达阅读理解的彼岸和高地，我以为正确解读薛宝钗，不失为一条合适的路径。我甚至认为，超越对薛宝钗形象的标签化解读，是《红楼梦》阅读走向深入的起点。

基于以上考虑，我设计了“淡极始知花更艳”——《红楼梦》人物薛宝钗形象探究课。通过梳理人物的主要言行、服饰外貌、才华学识、居所环境、诗词花语等内容全面客观地认识薛宝钗，从而达到祛蔽的目的。课堂聚焦“热毒”和“冷香丸”的象征意义，对人物进行深度解读，理解薛宝钗的复杂性格，以及作者塑造这一人物的目的。希望通过这节课，引导学生对薛宝钗这个复杂的红楼人物进行有深度有质量的解读，以达到思考《红楼梦》题旨命意的目的。教学目标确定如下：

1. 以探讨“热毒”和“冷香丸”的象征意义为抓手，引领学生对薛宝钗的判词、居所环境、重点情节和诗词作品进行深度阅读和理性思辨，尽量客观、公允地把握和理解人物形象。

2. 理解曹雪芹在宝钗身上寄寓的思想感情，正确理解小说主旨。

课前布置学习任务，梳理与薛宝钗相关的重要情节，包括第 4 回（薛家家世，进京待选），第 5 回（太虚幻境，判词和曲子），第 7 回（热毒和冷香丸），第 8 回（外貌言行），第 17 回（蘅芜苑，香草），第 22 回（生日宴点戏和《寄生草》），第 27 回（扑蝶和“嫁祸”），第 30 回（宝钗之怒），第 32 回（宽慰王夫人），第 37 回（《咏白海棠》，助湘云做东），第 38 回（《螃蟹咏》），第 40 回（蘅芜苑香草及室内陈设），第 42 回（教导黛玉，宝钗论画），第 45 回（钗黛释嫌），第 56 回（时宝钗小惠全大体），第 57 回（帮助及教导邢岫烟，当票的故事），第 63 回（牡丹花语），第 67 回（分送土仪），第 70 回（柳絮词），概括薛宝钗的性格特点。

教学扫描

环节一　导入

师：宝钗有一种病，是从胎里带来的“热毒”，需要吃一种药，叫“冷香丸”。同学们肯定能领悟到，这病和药，一定有象征意义。这节课我们先探究这个问题。薛宝钗是《红楼梦》中最复杂难懂的人物，读者对“热毒”和“冷香丸”的解读也众说纷纭，现在给大家呈现两种完全不同的解读。

（PPT 展示）

观点一

热毒，意为薛宝钗对世俗功利的热衷。

冷香丸则代表薛宝钗以端庄大方的淑女形象掩盖内心深处对荣华富贵的追求与迷恋，形成内热外冷的分裂。“冷”还代表冷漠，“香”是美丽，“冷香”意味着虽然美丽但是很冷漠。

观点二

热毒：正常的人的情感和欲望，与生俱来的生命激情。

冷香丸：指薛宝钗接受了一套当时社会主流的道德规范，掩盖、压抑自己的情感和欲望，让自己的一言一行都符合当时社会的道德规范。

师：你同意哪一种看法，或者有什么另外的看法，有什么依据？请自由讨论，合作探究，然后分享交流。

环节二　合作探究

（一）“热毒”和“冷香丸”的象征意义

生 1：我赞同第一种观点。“热毒”代表薛宝钗对世俗功利的热衷，“冷香丸”代表她以端庄大方的淑女形象掩盖自己内心深处对荣华富贵的追求与迷恋。“冷香”也意味着虽然美丽但是很冷漠。我的依据是，第 4 回写薛宝钗进京是为了待选秀女，可见她很想“平步青云”，后来不知道为什么没有成功。我认为她想争取贾府宝二奶奶的地位，因为她总是在讨好贾母和王夫人，博得长辈的好感，同时在贾府笼络人心，赢得口碑。还有，她总是劝宝玉走仕途经济之路，这些都是热衷功名的表现。另外她内心冷漠，对金钏和尤三姐的死反应都很冷淡。

师： 很好，观点鲜明，依据充分。

生 2： 我同意她（指生 1）的观点，第 70 回，薛宝钗填了一首柳絮词，有一句“好风频借力，送我上青云”，说明她渴望平步青云。还有第 27 回“滴翠亭杨妃戏彩蝶”那一段，她听到了红玉的隐私，又怕红玉“狗急跳墙，人急造反”，就使了金蝉脱壳之计嫁祸“情敌”林黛玉。这说明她非常有心机，城府很深。第 63 回也说她“任是无情也动人”。

生 3： 我认为“热毒”是她心里的欲望。她帮湘云主持诗社，说到押韵的问题，说不要用险韵拘禁了大家，说明她是有不受束缚的这种情感的。至于冷香丸，我觉得她更像是克制自己。就像她教黛玉不要去看杂书，她说自己小的时候也会跟着兄弟姐妹看杂书，但是被大人说了之后她就不去看了，她认为看杂书可能会扰乱女孩子的心性。由此可见，她在成长过程中用封建礼教去克制住自己心里的一些欲望（对措辞不很肯定）。

师： 天性，对吗？也就是说，你是认同第二种观点的。

生 4： 我觉得热毒象征着自我意志，冷香丸象征着礼俗。从她的家庭环境来看，她父亲早亡，哥哥又是个不晓事的，这样的人一般会比较懂事，比较懂世故，比较会为别人着想，没有自己的想法……

师： 没有自己的想法？

生 4： 嗯，是为了照顾别人的感受，克制自己的想法。从热毒发作的状况来看，只是咳嗽几下，症状很轻微，而冷香丸制作起来比较烦琐，就像那些烦琐的礼教礼俗。就是说，为了克制那小小的轻微的症状，要用一大套相当烦琐的礼俗。

师： 你这个说法倒很新颖，也很有意思。

生 5： 我觉得这两种观点都是有主观性的。一千个读者就有一千个哈姆雷特，每个人的想法、每个人的性格特征都会影响他对薛宝钗这个人物的理解。我觉得曹雪芹作为富有大智慧的伟大作家，他肯定会想得到这一点，所以他笔下的宝钗是朦胧的。刚才同学也说了，她父亲早亡，哥哥不成器，她身上有一份责任，所以，不管她真的对功利比较渴望，还是她内心向往像林黛玉一样的生活方式，她都不得不去追求世俗名利，因为她肩上有责任。

师：说得特别好。第一，解读到了伟大作家曹雪芹塑造人物的理念和方法——用千变万化的笔塑造立体丰满的性格复杂的人物；第二，解读到人物的性格是有一个发展的过程的，家庭的变故、身上的责任都会参与对人物性格的塑造。

生6：热是一种暖色调，但薛宝钗的穿着很朴素，住处的环境也非常朴素。我想热毒就是一般女孩子的天性，但薛宝钗觉得这是毒，是病，得治。冷香丸的配料是白牡丹花、白荷花、白芙蓉、白梅花，都是白色，属于冷色调，和朴素的衣着、住处是一致的，宝钗用它们来克制自己的天性，让自己成为她想成为的那种人。

师：我追问一下，你怎么看待她这种行为呢？欣赏或是——

生6：现在这个年龄，我不愿意成为这样的人；但是以后年龄大了，见识多了，我可能会向往成为宝钗那样的人。

师：为什么呢？

生6：因为宝钗经历的事情比她的同龄人多得多，她的性格会更成熟。和宝玉黛玉相比，她考虑的要多得多。

师：你认为这是一种成熟。好的。大家确实表现了我意想不到的精彩。下面我们聚焦同学们容易产生分歧的几个情节来细读和思辨。请看第4回，找到宝钗待选的相关情节。

生7：再看一遍，觉得薛宝钗待选秀女，应该不是出于自愿。因为所有仕宦名家之女都要参选，她要参选的项目也不是皇帝的妃嫔，只是公主郡主的入学陪侍，也就是高级宫女。以此为宝钗热衷功名的依据，似乎不太合适。

师：很好，细读可以避免武断。再比如刚才提到的“滴翠亭杨妃戏彩蝶”这一回，很多人认为宝钗“嫁祸”黛玉。我们不妨再读一遍，也许会有不同的看法。

生 8：那天是芒种，宝钗与姐妹们在园中玩耍，唯独不见林黛玉，就主动去潇湘馆找她。见宝玉进去了，怕自己也去“一则宝玉不便，二则黛玉嫌疑”，便抽身回来。这证明她心地纯正，没有妒忌之念。接着见到一双玉色蝴蝶，十分有趣，意欲扑了来玩耍，证明她当时并无醋意与不快。遇见红玉与坠儿正在说私相传递的事，她为了避免尴尬，装着追寻黛玉，遮掩过去。提到黛玉，是因为刚才她是去找黛玉的。当时处境窘急，来不及多想，脱口而出，也算情有可原，说故意嫁祸林黛玉，有点过了。

师：分析很细致，推理很严密。

生 9：第 22 回，宝钗 15 岁生日宴会。她按照贾母的喜好点甜烂之食和热闹戏，有同学认为是圆滑世故，讨好贾母。但我觉得照顾别人的感受，是宝钗一贯的作风，不仅仅是对贾母，就连对非常没有地位的贾环，她也很照顾。

师：分析得有理！继续看这一回，她点了一出“热闹戏”《鲁智深醉闹五台山》，宝玉嫌弃她的品位，她没有生气，而是耐心地给宝玉讲解《寄生草》曲文，宝玉因此得悟禅机。在热闹的生日宴会上，她欣赏别人欣赏不了的空寂幻灭之美，审美品位不一般。在照顾长辈感受的同时也兼顾自己的审美取向，这种圆融周到，也不是人人都能做到的。

生 10：有同学提到了柳絮词，认为其中“好风频借力，送我上青云”是薛宝钗热衷世俗功名的体现。我觉得这有点断章取义了。大家请看第 70 回，林黛玉的《唐多令》缠绵伤感，众人看了，都感叹“太作悲了”，宝钗认为柳絮是一件轻薄、无根无绊的东西，偏要把它说好了才不落套。很多人把“青云”解读为高官显爵，但其实“青云”还可以解作“高空的云”，借指高空。薛宝钗一贯不主张“无故寻愁觅恨”，《咏白海棠》里就有“愁多焉得玉无痕”的句子。可见宝钗追求的是创作不落俗套，在词中寄托了“任他随聚随分”的从容和豁达。这就好像我们读惯了悲秋的诗词，当读到刘禹锡的“自古逢秋悲寂寥，我言秋日胜春朝”时，觉得格调高是一样的道理。

师：把古诗鉴赏的经验迁移到小说阅读中，很好！

生 11：薛宝钗的《咏白海棠》也是托物言志。“淡极始知花更艳”，薛宝钗崇尚简素淡雅的美。她不爱花，从头到脚没有富丽闲妆，她的屋子雪洞一般，一色玩器全无。“冷香丸”的象征意义我觉得就藏在这两句诗里。生活上是极简主义，言行上是“罕言寡语，人谓藏愚；安分随时，自云守拙”。

师：大家的阅读发现越来越精彩了！

生 12：潇湘馆里的竹子代表黛玉的高洁，那么蘅芜苑里的奇草仙藤代表什么呢？第 40 回说“那些奇草仙藤愈冷愈苍翠”，香草美人不是代表品德高尚的君子吗？

师：又是一个精彩的发现！

生 13：我觉得大家分析得都很有道理，但我还是看不懂薛宝钗。她有时候非常热心，对湘云、黛玉、岫烟关心、爱护、体贴，不像是装出来的；但有时候又显得很冷漠，连王夫人、薛姨妈都对金钏、尤三姐的死震撼伤感，她却完全不在意。到底哪一个才是真实的薛宝钗呢？

师：问得好！宝钗身上确实表现出了许多矛盾之处，我们也可以尝试着解释一下这些矛盾，找到对立后面的统一。

生 14：我想，会不会薛宝钗是那个第一个从震撼、感伤里醒过神来，考虑下一步该怎么办的人？她经历过生离死别，酷爱她的父亲早亡，她体会过“转眼分离乍”和“赤条条来去无牵挂”。而且前面同学也说了，家道渐衰，哥哥不成器，她身上有责任，所以清醒而理智，知道伤感没有用，不如做好该做的事情。

师：非常好！我想，通过讨论和探究，关于“热毒”及“冷香丸”的象征意义，大家都有了比较一致的意见。我们现在来小结一下。

“热毒”是指人的正常情感和欲望；“冷香丸”是指薛宝钗自觉接受了当时社会主流的儒家传统道德规范，压抑和克制自己的一部分情感和欲望，让自己的言行符合当时社会的道德规范。

宝钗人物形象特征：生于皇商、书香世家的贵族少女；形象美丽，气质典雅；博学多才，聪明乖巧；随分从时，稳重平和；父亲早亡，家族渐衰，在大观园其他少女还不谙世事的时候，宝钗已经主动承担了家族责任。

（二）曹雪芹在薛宝钗这个人物身上寄托了怎样的“命意”

师： 鲁迅说，《红楼梦》单是命意，就因为读者的眼光而有种种。那么曹雪芹在薛宝钗身上寄托了怎样的命意呢？让我们继续探究和发现之旅。

生 15： 从判词和《终身误》曲词看，黛玉死了，宝玉娶了宝钗，但始终不忘黛玉，最后撇下宝钗出家了，宝钗空虚寂寞地度过了一生。

师： 大家如何看待他们的结局呢？

生 16： 宝黛二人心心相印但不能终成眷属，黛玉泪尽而亡，令人同情。而宝钗，在寂寞冷清中度过空虚的一生，没有喜悦，没有幸福，也没有希望，生命白白枯萎，可悲可叹！

师： 是的，钗黛二人在同一首判词里，二人各美其美，结局却都如此悲惨！

生 17：《红楼梦》是“悲金悼玉的”，宝玉在“薄命司”里看到的女子都是悲剧结局，《飞鸟各投林》中说：“好一似食尽鸟投林，落了片白茫茫大地真干净！”四大家族败落，书中绝大部分人是悲剧收场。群芳碎，千红一哭，万艳同悲，《红楼梦》就是一个大悲剧。

师： 曹公写的，是一个大悲剧。特别是以钗黛为代表的少女们，有鲜活美好的生命，但是一起被埋葬在轰然倒塌的大厦的废墟里。我们不禁要追问，造成这个大悲剧的原因是什么？大厦倒塌，是内部原因还是外部原因？我觉得，我们的追问，也是曹公的追问，是曹公泣血的反思。“满纸荒唐言，一把辛酸泪。都云作者痴，谁解其中味！”答案可能需要我们用一生去追寻。因为我们脚下的这片土地，就是曹公和他笔下那些曾经鲜活的美好生命脚下的土地；我们身处其中的文化，和那个时代也有赓续和传承的关系，这就使得这个追问非常必要！

课后作业

以“我看宝钗”为话题，结合今天课上内容，对比自己的初读感受，完成一篇人物评论。要求：观点明确，条理清晰，论述合理，自拟标题，不少于1 000字。优秀作品将在班级文化苑张贴展出，特别优秀的将推荐给相关报刊发表。

板书设计

1. 热毒：正常的情感和欲望。

2. 冷香丸：宝钗自觉接受了当时社会主流的传统道德规范，压抑和克制自己的一部分情感和欲望，让自己的言行符合当时社会的道德规范。

3. 宝钗人物形象特征：生于皇商、书香世家的贵族少女；形象美丽，气质典雅；博学多才，聪明乖巧；随分从时，稳重平和；父亲早亡，家族渐衰，主动承担家族责任。

参考文献

[1] 夏红梅.那两只玉色蝴蝶，眼中滴下佛陀的泪来——《红楼梦》第27回赏析[EB/OL]. [2021-12-28]. https://mp.weixin.qq.com/s/EJfGZb_6ULswY3AOE61qSw.

[2] 王国维. 人间词话 [M]. 北京：商务印书馆国际有限公司，2018：20.

[3] 鲁迅. 中国小说史略 [M]. 南宁：广西人民出版社，2017：255.

[4] 周汝昌. 红楼十二层：周汝昌妙解红楼 [M]. 北京：北京联合出版公司，2018：6.

[5] 余党绪. 无可挽救的颓败　无处安放的青春——《红楼梦》整本书阅读（一）[J]. 中学语文教学参考，2022（16）：25.

点评

围绕“包孕性片段”开展整本书阅读教学

邓彤，教育学博士（语文课程与教学方向），语文特级教师，正高级教师。上海市黄浦区教育学院培训部主任，教育部“国培计划”专家，上海市语文名师基地主持人。曾获全国语文教学大赛一等奖。发表论文百余篇。著有《邓彤讲语文》《整本书阅读的六项核心技术》《〈红楼梦〉整本书阅读》《〈乡土中国〉整本书阅读》《文本解读与文体写作》《写作教学密码》《微型化写作教学研究》等。

《普通高中语文课程标准（2017 年版 2020 年修订）》将 18 个学习任务群作为语文课程内容，统编高中语文教材业已将《红楼梦》整本书阅读列入，在此背景下，如何开展《红楼梦》整本书阅读教学就成为每一位高中语文教师必须思考的问题。

李烜老师提供的《淡极始知花更艳：读宝钗》课例，就做出了可贵的尝试。这里，我想从教学内容、文学语言和学习任务设计三个方面对本课例略加点评。

一、精选“包孕性片段”

教什么比怎么教更重要。一部《红楼梦》，内容极为丰富，“红学”知识更是汗牛充栋。从研究角度看，这些内容均有不可忽略之价值。但从教学角度看，教师必然面对着“学习时间相对有限”与“学习内容无限丰富”之间的矛盾。如何解决？选择“包孕性片段”作为核心学习内容就非常必要。

德国美学家莱辛在其美学著作《拉奥孔》中提出一个“包孕性时刻”概念，指的是雕塑、绘画艺术作品，必须选择一个瞬间状态，这个状态既是之前状态的“果”，又是之后状态的“因”，虽然只是一瞬间，却包含了整个事件的丰富信息。

受此启发，教师在开展《红楼梦》整本书阅读教学时，就应当遴选书中具有枢纽作用、能够充分体现作品特征的若干片段，以点带面，提纲挈领，前后勾连，窥斑见豹。一旦学生充分把握这些片段，就能够有效达成对全书的理解，获得基本的阅读方法，形成重要的阅读能力。这样的“包孕性片段”，体量不大，但内涵丰富，足以使学生窥斑见豹，通过一滴水珠，折射出《红楼梦》这轮文学太阳的光辉。

李老师课例中的“冷香丸”就是一个典型的“包孕性片段”。关于薛宝钗，可以阅读之处甚多，但教师却选择一粒小小药丸作为教学基点，以此有效勾连宝钗的性格、家世，串联主要故事情节；再通过“热毒”与“冷香”对比，形成强烈的反差，如此奇妙的矛盾和谐地存在于宝钗一身，可以充分体会到人物性格乃至人生的复杂性，甚至具有哲学的高度。选点精准，眼光独到，很见功力。

二、关注文本言语形式

汪曾祺先生曾撰文《中国文学的语言问题》，在文中他这样强调语言对于文学作品的意义：“语言不只是一种形式、一种手段，应该提到内容的高度来认识……语言不是外部的东西。它是和内容(思想)同时存在，不可剥离的。语言不能像橘子皮一样，可以剥下来，扔掉。世界上没有没有语言的思想，也没有没有思想的语言……语言是小说的本体，不是附加的，可有可无的。”

《红楼梦》是一部文学经典，被誉为“中国古典文学中的太阳”，“似乎已经把汉语汉字汉文学的可能性用尽了”(王蒙语)。对于这样一部文学经典，教师无论如何都不应该忽略其语言运用之魅力。应该说，这才是《红楼梦》阅读教学的核心内容，与上述“包孕性片段”应该是二位一体的。

如果李老师在教学中，能够引导学生多品析书中关于“冷香丸”“热毒”的相关语段，再由此勾连出故事情节、人物性格、主题思想，那这个教学设计就相当完美了。

三、设计合宜的学习任务

文学阅读课堂，不是教师面对学生宣讲个人阅读体会的“讲堂”，而是教师设计学习任务驱动学生活动体验的“学堂”。按传统方式面面俱到地讲授《红楼梦》，是完全不可接受的教学行为。整本书阅读的主体是学生，教师的讲授永远无法代替学生自主阅读原著。教师滔滔不绝讲授，学生静坐聆听的教学方式必须变革。改变传统教学方式的路径就是设计学习任务。

设计学习任务的方式很多。国外阅读教学研究者向来重视设计有创意且富有挑战性、富有趣味的阅读任务：

1. 想象你就是书中的某个人物，根据“你”的经历和感受写一本日记。

2. 创作一首诗歌、歌曲或一个故事来表现书中的人物、冲突或主题等。

3. 根据书中的某一人物或情节画一张画或图表，并作出相应的详细解释。

4. 想象对书中某一人物进行采访，你可以问他书中有关的内容，也可以问他其他问题。用你自己的语气提问，然后用该人物的语气进行回答。

——《彼岸的教育》

在确定了具有“包孕性”特点的语言片段后，教师需要设计合宜的学习任务，以此驱动学生在任务中思考与探究。李老师的课例中，两大环节都具有任务设计的因素，例如，让学生探究“冷香丸”与“热毒”的象征意义，研讨曹雪芹在薛宝钗身上寄托怎样的“命意”，这些问题都有任务设计的基本特征。

当然，如果能够增加特定情境任务，设计学生喜闻乐见的活动方式（例如，撰写“冷香丸”服用说明书），也许，学生可以学得更加生动、深入。

课例 14 怀金悼玉遣愚衷：钗黛比较

张悦，北京市第一六一中学语文教师，西城区骨干教师。曾获北京市教育学会基本功展示大赛特等奖、北京市“京教杯”青年教师教学基本功培训与展示活动一等奖等奖项。出版专著《〈红楼梦〉阅读课》。

吴欣歆，北京师范大学文学院研究员，博士生导师，中小学（中职）语文国家教材重点研究基地副主任，《普通高中语文课程标准（2017 年版）》修订组成员，《义务教育语文课程标准（2022 年版）》修订组核心成员。著有《培养真正的阅读者——整本书阅读之理论基础》《教育写作指南：语文教师的学术表达》等。

设计意图

对于学生而言，《红楼梦》的阅读过程是逐渐深入文本、走进人物的过程，是由一般阅读者向专业阅读者的进阶过程。追求含蓄的言外之意是古典文学的传统，探寻空白处的言外之意是读者的乐趣所在。《文心雕龙·隐秀》有云：“夫心术之动远矣，文情之变深矣，源奥而派生，根盛而颖峻，是以文之英蕤，有秀有隐。隐也者，文外之重旨者也；秀也者，篇中之独拔者也。隐以复意为工，秀以卓绝为巧。”刘勰认为含不尽之意见于言外是文学创作较难驾驭的写作技巧，也是优秀文学作品的衡量标准。善于将真事隐去，让假语存焉的曹雪芹精通隐秀之道，用一支幻笔贯串了真假虚幻世界，抒发了怀金悼玉之感。薛宝钗和林黛玉是《红楼梦》阅读者乐于对照看的人物形象，本节课借助专题探究引导学生在通读形成的感性认识基础上，多维比较、反复思考，从文本现象走向作家审美立场，有效促进学生的深度阅读，促进反思性知识的形成与发展。

本节课以人物论为核心，从钗黛对举的回目说起，拓宽学生对钗黛形象对照的分析视野。基于此，将教学目标设定为：

1. 通过梳理钗黛成长史，多角度比较相同处境下两者的行为表现，理解钗黛作为独立生命体的独特性。

2. 通过对比红学家对于钗黛的不同观点和评判角度，深入理解钗黛之争的缘起和钗黛比较的价值。

3. 通过分析钗黛与红楼众多女儿命运的悲剧性，理解青春毁灭的作品主题和怀金悼玉的作者情感。

“钗黛之辨”环节从容貌、住所、性情、待人接物、与宝玉关系等维度进行钗黛比较。先分后合，由外而内，多角度分析钗黛各自的生命体验和相同处境下的不同表现，聚焦人物性格命运。辅之以名家人物论比较思路，归纳人物比较的方法，引导学生形成多维度、多角度比较人物的意识，理解古典小说的“犯避”之法。“钗黛之争”环节引入红学争论，引导学生从红学家的立场看待钗黛身上的儒道气质，对事实判断进行价值分析。以典型情节为例，引导学生运用上个环节归纳出的比较方式深入分析，理解钗黛之争缘起。“钗黛命运”环节聚焦青春毁灭的作品主题，以“红楼十二曲”引子中“怀金悼玉”为人物命运的定评，立足文本，深入比较钗黛命运的共性，以及钗黛所代表的红楼女子的命运。“钗黛之辨”“钗黛之争”“钗黛命运”三个环节引导学生熟悉《红楼梦》深度阅读路径：梳理文本，归纳人物比较维度；深入文本，探究人物比较根源；基于文本，借助人物理解主题。

《红楼梦》打破了传统的思想和写法，曹雪芹借助幻笔让千头万绪的线索自由交织，让复杂的人物自由抉择，共同构成一个完整的生态空间。这也就是脂砚斋在第 19 回中的批语：“一树千枝，一源万派，无意随手，伏脉千里。”何其芳在《论红楼梦》中对脂批作了进一步解读：“《红楼梦》是一个森林，一个海洋，我们不可能把他的每一棵树木、每一重波浪都加以说明，虽然这个森林和海洋又正是由这些细小的部分构成的。”就像“红楼十二曲”，各自成章又共同汇成怀金悼玉的主旋律。借助多维分析、情礼对抗和主旨探究让思辨介入，提升学生解读作品的专业性，尝试切换探究视角，摆脱惰性与惯性，走向清明和理性。

教学扫描

环节一　钗黛之辨

师： 同学们课前梳理了钗黛小传，将宝钗和黛玉作为独立的个体看待她们的成长史。这节课我们尝试进行多个维度的比较分析。请浏览前 80 回回目，找到钗黛对举同时出现的回目。

生 1： 第 27 回“滴翠亭杨妃戏彩蝶，埋香冢飞燕泣残红”、第 38 回“林潇湘魁夺菊花诗，薛蘅芜讽和螃蟹咏”和第 42 回“蘅芜君兰言解疑癖，潇湘子雅谑补余香”。

师： 这三个回目对钗黛的称呼分别是什么？

生 2： 杨妃、飞燕，林潇湘、薛蘅芜，蘅芜君、潇湘子。

师： 分别从什么角度对钗黛进行比较？

生 3： 杨妃和飞燕是身材吧，环肥燕瘦，宝钗丰腴像杨妃，宝玉就这么说过她，黛玉袅娜像飞燕；蘅芜和潇湘是她们在大观园中的住所，宝钗是蘅芜苑的主人，黛玉是潇湘馆的主人。

师： 入回目的都是重要信息，曹雪芹在前 80 回钗黛对举的回目关注的是两个人的外貌和住所，我们就先从这两个维度比较。请大家对照课前完成的钗黛小传，说说哪些地方提到了钗黛的容貌。

生 4: 前 80 回有两处提到了宝钗的容貌。第 8 回宝玉探病，看见宝钗坐在炕上做针线，先写宝钗穿的什么，然后写到宝钗的容貌。“头上挽着漆黑油光的鬙儿，蜜合色棉袄，玫瑰紫二色金银鼠比肩褂，葱黄绫棉裙，一色半新不旧，看去不觉奢华。唇不点而红，眉不画而翠，脸若银盆，眼如水杏。”第 28 回也写到了宝钗的容貌：“脸若银盆，眼似水杏，唇不点而红，眉不画而翠，比林黛玉另具一种妩媚风流。”这两处写宝钗容貌的语句几乎一模一样，只是换了个顺序。

生 5: 写黛玉容貌的就一处，第 3 回黛玉进贾府：“两弯似蹙非蹙罥烟眉，一双似泣非泣含露目。态生两靥之愁，娇袭一身之病。泪光点点，娇喘微微。闲静时如姣花照水，行动处似弱柳扶风。心较比干多一窍，病如西子胜三分。”怎么说呢，写了又好像没写。

师: 为什么这么说?

生 5: 宝钗的外貌描写很具体，写了脸、眉、眼、口，还有具体的服饰，能照着外貌描写勾勒出一个端庄的美人。可是黛玉的外貌写得比较抽象，应该说更多的是写神态而不是外貌，读下来能感受到病西施似的美人形象，但是又很朦胧。

师: 你分析得很好，钗黛的容貌描摹一重形，一重神，同样是美人，但各有风韵，各美其美。大家有没有关注到这三处钗黛容貌描摹是从谁的眼中看到的?

生（齐）: 宝玉。

师: 这能说明什么?

生 6: 说明宝玉看的是黛玉的内在、宝钗的外在，也暗示了宝玉心有所属。宝玉眼中的钗黛衣着描写占比不同，写宝钗的时候花费笔墨描绘她居家的衣着服饰，写黛玉的时候却几乎不提服饰。真正和宝玉有灵魂交流的人是黛玉，虽然他也欣赏宝钗的美，偶尔见了姐姐忘了妹妹，但对黛玉是真心喜爱，喜爱的是这个人本身，喜爱的是这个人的灵魂。

师： 再来看钗黛在大观园的住所。住所是主人审美气质的体现，大家能用这个句式描述一下钗黛的处所吗？蘅芜苑像……潇湘馆像……

生 7： 蘅芜苑像雪洞，潇湘馆像公子的住处。

师： 说说出处。

生 7： 刘姥姥进大观园的时候，贾母看到宝钗的蘅芜苑太冷清，像雪洞，非常不开心，觉得姑娘的房间这样素净，忌讳。“及进了房屋，雪洞一般，一色玩器全无，案上只有一个土定瓶中供着数枝菊花，并两部书，茶奁茶杯而已。床上只吊着青纱帐幔，衾褥也十分朴素。”潇湘馆也是这一回提到的，他们是先到的潇湘馆。“一进门，只见两边翠竹夹路，土地下苍苔布满，中间羊肠一条石子漫的路”，“窗下案上设着笔砚，又见书架上磊着满满的书”，刘姥姥把黛玉的卧房误认成公子的书房了。

生 8： 潇湘馆也像仙境，幽静但不冷清。第 27 回写黛玉嘱咐紫鹃“把屋子收拾了，撂下一扇纱屉；看那大燕子回来，把帘子放下来，拿狮子倚住；烧了香就把炉罩上”。还有大燕子自由来去，这么比起来，黛玉生活得更洒脱、精致，宝钗生活得很朴素、节制。

师： 容貌和住所风格都是人物性格气质的体现，下面我们试着关注人物的内在属性。请同学们对照钗黛小传，比较大事件下两人的不同表现。先来看元妃省亲，元春考查姐妹们诗才的时候，钗黛共同做了一件事——帮宝玉作弊。大家看看这一回，她们做同一件事的时候有什么差异？

生 9： 宝钗是帮宝玉改，黛玉是替宝玉作。宝钗细腻周全，指导宝玉把“绿玉”改成“绿蜡”。

师： 为什么要做这个修改，出于什么考虑？

生 9： 考虑元春的喜好。元春因为不喜欢“红香绿玉”，所以改成了“怡红快绿”。宝玉忙于写诗忽略了这个细节，还是写成了“绿玉春犹倦”。宝钗瞥见后就点醒宝玉别再用元春不喜欢的“绿玉”和她争。能看出宝钗心思缜密，善于体察人心，关照到了元春的喜好。宝钗一直这样，因此赢得了周围人的喜爱和亲近。比如她自己过生日点戏的时候也特意挑了贾母喜欢的热闹戏，宝玉问的时候她还能旁征博引地解释。这里也是，她能讲出“绿蜡”的出处，让宝玉信服，可以算作宝玉的“一字师”，像师长一样教宝玉。

师：那黛玉呢？

生 10：黛玉的才华是众姊妹中最出众的，她的诗作也得到了元春的夸赞。但她觉得没有充分展示自己的才华，因为元春只让他们题一匾一咏，不好意思多作，因此闷闷不乐。看到宝玉急得满头大汗，还差一首，就帮他作了《杏帘在望》。元春看时称赞这一首在四首中最出众，足见黛玉的诗才。比起宝钗的指点，黛玉直接替宝玉作能看出她展示才华的渴望，同时也能看出她和宝玉亲密无间，两人好似一人，作诗不分彼此。黛玉不会因为元春夸赞宝玉而嫉妒，她觉得赞美宝玉就是赞美自己。

生 11：从中也能看出她们和宝玉的亲疏关系。宝玉也这么说过，论血缘和相处时间都是他和黛玉更近。

师：大家考虑得很周全。请同学们回顾比较分析的过程，归纳一下我们是从哪些维度比较人物的。

生 12：称呼、身世、外貌、命运、遇事反应等等。

生 13：还有人物关系、性格、才华、住所环境等等。

师：横看成岭侧成峰，从不同视角看相似的人物，能够看到人物身上不同维度的差异。我们可以把称呼、性格、身世、外貌、才华、命运、遇事反应归属于人物内在属性，人物关系、住所环境归属于人物外在属性。除了内外维度，我们还可以借鉴一些比较维度。

（PPT 展示）

王昆仑《〈红楼梦〉人物论》目录		
花袭人论	晴雯之死	李纨与秦可卿
大观园中的遁世者	政治风度的探春	平儿与小红
《红楼梦》中三烈女	贾府的太太奶奶们	
宗法家庭的宝塔顶——贾母	刘老老是丑角吗?	王熙凤论
贾府的老爷少爷们	贾府的奴仆们	史湘云论
薛宝钗论	林黛玉的恋爱	黛玉之死
贾宝玉的直感生活	宝玉的逃亡	

下面这些是王昆仑《〈红楼梦〉人物论》中涉及人物比较的章节：李纨与秦可卿、大观园中的遁世者、平儿与小红、《红楼梦》中三烈女（鸳鸯、司棋、尤三姐）、贾府的太太奶奶们、贾府的老爷少爷们、贾府的奴仆们。这些涉及人物比较的章节能分成哪两类?

生 14: 我觉得李纨与秦可卿、平儿与小红、《红楼梦》中三烈女是一类，是个体的比较；大观园中的遁世者、贾府的太太奶奶们、贾府的老爷少爷们、贾府的奴仆们是一类，是群体的比较。

师: 你概括得很好——个体和群体。比较人物时我们可以一对一地比较，也可以关注相同处境身份的人物群体。大家再看看，这两类有没有交叉?

生 15: 有！李纨和秦可卿，她们也属于贾府的太太奶奶。从内在属性看，两个人身份一致，是“玉”字辈的儿媳妇，但是人物命运和性格大有差异。外在属性差别也比较大，她们分属荣宁二府，生活境遇大不相同，这直接影响了她们的命运。

生 16: 还有平儿和小红，她们也属于贾府的奴仆们，可以看作杰出的贾府奴仆。从外在属性看，人物关系网中她们都和王熙凤有关系，平儿是王熙凤的得力助手，小红通过那次“说奶奶”让王熙凤喜欢得不得了，从宝玉那里要了过来。同中有不同。

生 17: 把鸳鸯、司棋、尤三姐归为烈女，是个体也是群像。都说性格决定命运，她们的结局完全是由性格决定的。我觉得从某种程度来说也反映了《红楼梦》的悲剧主题——千红一哭，万艳同悲。无论是柔弱听命的女子，还是刚烈抗命的女子，多躲不开香消玉殒的悲剧命运。

师：大家分析得很好，无论是内在属性、外在属性的比较，还是个体、群体的比较，都能让我们看到人物之间的同而不同。人物比较是阅读《红楼梦》的主要方法。这样的创作手法就是古典小说中常见的“犯避”之法。金圣叹在《水浒传》第11回总评中提出了自己“犯避”的看法：“犯之而后避之，故避有所避也。若不能犯之而但欲避之，然则避何所避乎哉？是故行文非能避之难，实能犯之难也。譬诸弈棋者，非救劫之难，实留劫之难也。将欲避之，必先犯之。”金圣叹认为“犯之而后避”是二者辩证关系的落点。对于像曹雪芹这样技艺纯熟的小说家来说，面对相似写作材料时最好的处理方式不是“避”，一味地“避”反而会无限缩小自己的创作空间。“敢犯”“特犯”是小说家能为与胆识的体现，我们也可以多角度比较人物，分析作家写法的有效切入点。

环节二　钗黛之争

师：通过以上几处细节，我们能够感受到钗黛在外在容貌、住所风格、为人处世、情感表达等方面的反差。两种截然不同的美，两个性格鲜明的灵魂，要如何评判呢？“钗黛之辨”是红学的一桩公案，历来争执激烈。生活在清同光年间的邹弢和好友许伯谦经常谈论《红楼梦》，每每论及这桩公案，“一言不合，遂相龃龉，几挥老拳”，为了不伤感情，“两人誓不共谈《红楼梦》”。我们看看前代研究者的观点。

（PPT展示）

【王希廉评】

第18回：宝钗改“绿玉”为“绿蜡”，是聪明不是怜爱；黛玉代作《杏帘》诗，是怜爱不是聪明。各有分别。

第34回：宝钗探望送药，堂皇明正；黛玉进房，无人看见，又从后院出去，其钟情固深于宝钗。而行踪诡秘，殊有泾渭之分。

师：大家能从王希廉的评价中看出他的倾向吗？

生 18：他赞美宝钗，贬低黛玉。

师：他的评价标准是什么？

生 19：礼教。他认为宝钗的探望行为“堂皇明正”，从言行光明磊落的角度评价黛玉从后院离开的行为，虽然出于深情但是不合礼教。和宝钗相比，黛玉过于随性了，情感也毫不掩饰，没有做到乐而不淫，哀而不伤。

师：回归文本，王希廉的分析合理吗？宝玉挨打之后全家都来探望，钗黛都很心疼，都劝宝玉悔改，但是表达方式不一样。请大家重读第 34 回，尝试从礼教角度分析人物行为。

生 20：确实如王希廉所言，宝钗探病光明正大，黛玉钟情但行踪诡秘。不仅行动如此，语言也是如此。宝钗探望宝玉的全过程一共说了三句话：“晚上把这药用酒研开，替他敷上，把那淤血的热毒散开，可以就好了。”“这会子可好些？”“早听人一句话，也不至今日。别说老太太、太太心疼，就是我们看着，心里也疼。”宝钗探望的方式更加光明正大，有丫鬟通报；探望的目的也更加光明正大，带来活血化瘀的丸药——都是非常符合礼法的。她进来的第一句话不是说给宝玉听，而是说给袭人听的，嘱咐袭人如何使用药丸。从中不难看出宝钗不仅务实，还很细致。因为家里是皇商，有当铺等买卖，听说宝玉挨打后，即刻想办法找到上好的活血化瘀药，帮助宝玉缓解身体上的疼痛。这是黛玉能力不及的。嘱咐完袭人后才对宝玉说，问他好些没有，表达关心。直到第三句话才忍不住用情，她到宝玉床边问候，也红了眼圈，还说：“早听人一句话，也不至今日。别说老太太、太太心疼，就是我们看着，心里也疼。”宝钗说出了心里话，只不过没有黛玉那么直接，但是对于一向矜持的她来说已经很动情了。“听人一句话”说的是她平时劝导宝玉，“我们看了也心疼”就是她自己心疼，说完自己也不好意思了，非常娇羞，知道自己的行为有些超越礼法规矩。

师：的确，如果按照儒家礼法标准评判，宝钗宽厚周到，有涵养，有见识，善于避嫌，克己复礼；黛玉有妒心，善疑心，器量窄，恕己责人，尖酸刻薄。再来看另一方的评价。

（PPT 展示）

> 【冯家青评】
>
> 王夷甫有云：大圣忘情，下愚无情，情之所钟，正在我辈。其颦卿之谓乎？宝钗其奸雄之毒者乎？其于颦卿，则教之怜之，推情格外，以固结之。诚知与贾母之亲则不若黛玉，与宝玉之密又不若黛玉，惟故作雍容和厚之度，以邀时誉，而后谋成志遂，使颦卿死而不恨。吁可畏哉!
>
> 【佩之评】
>
> 不知不是心地狭窄之人，便不是深情之人。人性的性情，是自私自利的。况且恋爱两字中间，本不容有第三人。

生 21: 他们在为黛玉辩驳，紧扣一个“情”字，黛玉以“情”为最高标准，以自己的本心为最高标准。他们觉得宝钗恪守礼教，过于限制情感，压抑本心，把真性情藏匿起来。真性情的黛玉虽然没有得到所有人的赞誉，但是得到了宝玉的真心，这就够了。

师: 还看“宝玉挨打，钗黛探望”这个情节，大家能够从黛玉的言行中看出这份情吗?

生 22: 当然可以! 宝钗说了三句话，黛玉也说了三句话，和宝钗比，黛玉的私情太重了。这三句话依次是:“你从此可都改了罢! ”“我从后院子去罢，回头再来。”“你瞧瞧我的眼睛，又该他取笑开心呢。”宝玉醒来的时候，黛玉已经在床边哭了很久，“听了宝玉这番话，心中虽然有万句言语，只是不能说得，半日，方抽抽噎噎的说道”，不难看出她已经泣不成声很久了。劝宝玉改也不是要违背宝玉的性情，因为两人是心灵相通的，她理解宝玉，也接纳宝玉。黛玉从未像宝钗、湘云那样劝宝玉走仕途经济之路，这句“你从此可都改了罢”完全是出于心疼宝玉挨打。后两句也能看出黛玉知道自己的行为不合礼法，怕被耻笑，所以悄悄从后门走，带着一丝娇羞。如果说宝钗的探望务实，黛玉的探望就是用情，而且用情过深。

师：你的分析也符合脂砚斋在批语中透露的情榜定评。第 19 回有一条脂批：“后观情榜评日：‘宝玉情不情，黛玉情情。’”黛玉只对自己动情的人用情，也得到了对方的情。黛玉是“情”的代表，任性自然，符合道家风范；宝钗是“礼”的典范，恪守礼教，符合儒家审美。评点的双方正是因为站在各自审美观念和道德观念上，用情礼对抗的视角看待钗黛，才形成了钗黛之争。

环节三　钗黛命运

师：钗黛各美其美，通过多维比较和深入的文本分析，我们能够发现人物同而不同的行为举止、个性特征和内在价值。如果从人物命运的角度看宝钗和黛玉，她们最大的共性是什么？

生 23：最大的共性就是悲剧的结局。

师：续书的结局是黛死钗嫁，请大家回顾一下，前 80 回有没有暗示？

生 24：第 5 回宝玉魂游太虚幻境，听到了“红楼十二曲”，其中开篇《引子》唱道：“开辟鸿蒙，谁为情种？都只为风月情浓。趁着这奈何天，伤怀日，寂寥时，试遣愚衷。因此上，演出这怀金悼玉的《红楼梦》。”怀金悼玉是作者对钗黛命运的慨叹，预示着宝钗、黛玉悲剧的结局和宝黛钗爱情的毁灭。她们在很多方面同而不同，但是都难逃悲剧命运。

生 25：还有第 5 回的判词和图画。“可叹停机德，堪怜咏絮才”分别赞美宝钗的德行和黛玉的才华，同时也惋惜二人悲惨的结局。“玉带林中挂，金簪雪里埋”和枯木挂玉带、雪里埋簪子的画都预示着两个人会香消玉殒。

生 26：她们的判词和图画都在薄命司——红颜薄命，判词和“红楼十二曲”都预示女子们的命运。我觉得不只是宝钗和黛玉，所有女儿的结局都是悲惨的。

生 27：她们和宝玉的爱情的相同点也是悲剧。宝黛爱情要从神瑛侍者浇灌绛珠仙草说起。神瑛侍者想到太平盛世走一遭，就去找警幻仙子挂号，警幻仙子特意劝绛珠仙子借此机会了结灌溉之情。于是绛珠仙子决定随他下凡，用一世眼泪还情，注定悲剧。二宝的爱情从一个金锁说起，薛姨妈说“金锁是个和尚给的，等日后有玉的方可结为婚姻”，但是其中掺杂了太多的人情利益，同样注定悲剧。

师：大家分析得很好，能够从多角度看待钗黛命运的悲剧性，理解青春毁灭的悲剧主题。钗黛之辨，目的不在于辨出优劣高低主次，而在于透过不同人物不同视角的判断标准，更完整地认识作品，更接近作者的创作意图。说到底，还是要赞叹曹雪芹的创造力，能够让读者跟着他的文字产生强烈的情感，还能提醒读者客观冷静地思考。一位专业的创作者需要大众的关注，更需要专业阅读者的理解，希望同学们努力成为专业的阅读者。

课后作业

在“钗黛之辨”众多争论中，“谁是宝二奶奶的最佳人选”牵扯了最多书中人物的利益。请结合本节课所学，尝试从人物关系的角度，明确他们和钗黛的亲疏关系，理清交集，收集他们对钗黛的评价，判断他们的立场及其影响力。将判断结果标注在下图中，在三重世界中各选择一个人物，用他的口吻阐明立场及理由。

备选人物及三重世界关系图：

- 虚幻世界：警幻仙子、茫茫大士、渺渺真人……
- 现实世界：贾母、王夫人、薛姨妈、元春、王熙凤（赵姨娘、婆子、小厮等）
- 理想世界：当事人：宝玉、黛玉、宝钗
  旁观者：袭人、紫鹃、莺儿……

谁是宝二奶奶的最佳人选

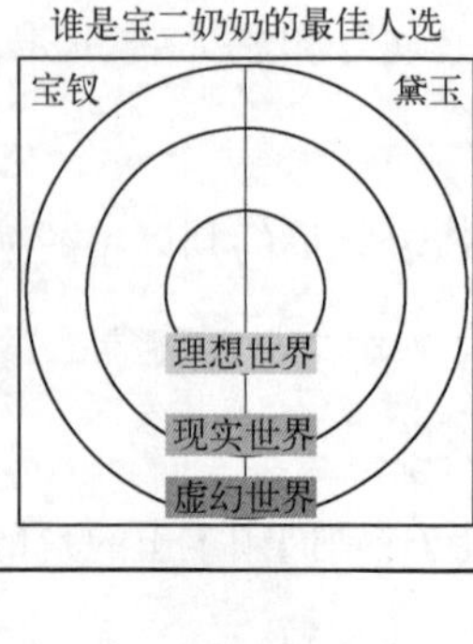

板书设计

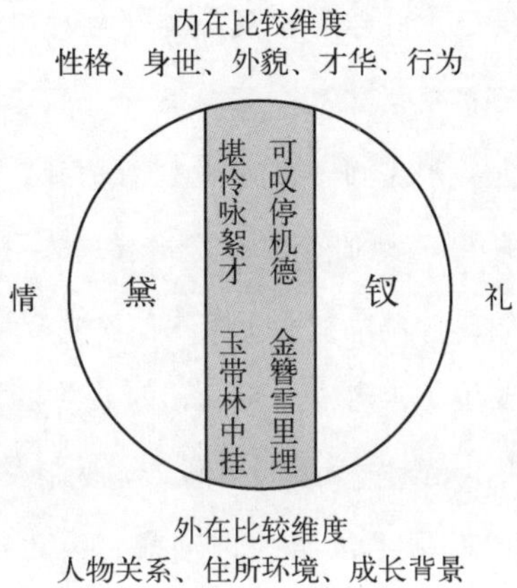

点评

聚焦关键问题，引发多维思辨

> 董明实，新疆教科院中学语文教研员。全国中语会常务理事，新疆中语会秘书长，新疆师范大学、昌吉学院全日制硕士研究生导师，参加统编高中语文选修教材编写，《语文教学通讯》《教育艺术》封面人物。

《红楼梦》是一部百科全书式的作品，内容丰富，思想深刻，阅读这样一部作品，需要反复品味，仔细揣摩，才能渐入佳境，得其三昧。读这样的书有难度，教这本书更是一种挑战，张悦老师执教的《怀金悼玉遗愚衷：钗黛比较》为我们提供了一个有价值的视角。

《红楼梦》人物众多，主题内涵丰富，张悦老师抓住小说中的两个重要人物：薛宝钗和林黛玉，引导学生展开对《红楼梦》的探究与发现。她的课共设计了三个环节：钗黛之辨、钗黛之争、钗黛命运。本质上讲，这是一堂通过分析小说人物形象而了解小说主旨的课，这三个环节本质上讲就是“她们是什么样的人”“她们为什么是这样的人”“她们最后怎样了”，通过对她们悲剧命运的探讨，揭示《红楼梦》这部鸿篇巨制的深刻主题。

第一环节的处理显示了张老师的用心，她让学生在前80回里找“钗黛对举同时出现的回目”，这是一举两得的做法，既能尽可能地缩小学生检索的范围，在课堂有限的时间里聚焦关键问题，又为下一步的对比做好铺垫。在认识钗黛二人的过程中，张老师并不是简单地给两个人物贴上标签，而是引导学生发现钗黛二人不同的特点，从容貌、住所、风格、为人处世、情感表达等方面探索，进而去发现更深层次的问题，思考形与神、外与内、情与性的深层区别，引发学生思考真与美的关系，真诚与虚伪的表征。正如余党绪老师《走向理性与清明——整本书阅读之思辨读写》一书中所说：“阅读中的苦闷感受，稍纵即逝；而理性的不安，也极容易被惯性思维所控制。缺乏反思习惯的读者，轻而易举就会放弃这些思考与发现的机会。”教师的理性思考能引导学生走出惯性思维，攀升到思维的高地。

在第二个环节中，张老师设置了一个情境任务，通过对王希廉的评价的讨论，引导学生用情礼对抗的视角看待钗黛之争，她敏锐地抓住小说第34回宝玉挨打后钗黛探视时的不同表现，发现人物内心深处的不同，由表及里，揭示本质原因，这是批判性思维培养的基本途径。这里有两个重大问题：一是悲剧命运的产生，二是《红楼梦》批判性主题的彰显。这两个问题是通过文本研读，让学生充分展开“钗黛之争”，在辩论的过程中逐渐明晰一切争辩都是有标准的，核心的问题是要搞清楚这个“标准”是什么立场的，符不符合时代的要求，这是评价的关键。这样就顺理成章地引出最后一个问题——钗黛悲剧命运的讨论。

“悲剧是强力撞击情感的艺术，是提升精神、净化灵魂的艺术。充满着高洁的意味，隐含着人生的教训与哲理。”(《戏剧艺术十五讲》)人物悲剧命运的思考是《红楼梦》这部名著震撼读者心灵的关键，也是作者用以揭示时代问题的关键，张老师的这堂课正是沿着这一思路逐层展开的，由个体人物的命运发现时代打在每个人身上的鲜明的烙印，理解这部著作所蕴含的深刻思想，体味文学艺术的无穷魅力！

课例15 顶梁柱与掘墓人：说凤姐

张晓毓，中学高级教师，北京市语文学科骨干教师，北京市教育科学研究院中学语文教研员，中国人民大学文学博士，北京师范大学出站博士后。参与编写统编高中语文教师教学用书，主持多项市级课题，出版著作1部，论文发表及获奖数十篇。

设计意图

王熙凤是《红楼梦》中一个很有探讨价值的人物。红学家李希凡说，凤姐是《红楼梦》里重量级的主人公，曹雪芹描写她的笔墨最多，前80回中有一半以上的章回都写到她，更重要的是，她是荣国府贵族生活的“神经中枢”[1]。曹雪芹将她置于错综复杂和多面矛盾的人物关系中，通过情节发展及人物命运折射出封建家族无可挽救的颓败这一批判性主题。读懂王熙凤，对读懂整本书有着重要的意义。

王熙凤的复杂立体，让这一形象耐人寻味。鲁迅在评论《红楼梦》创作成就时说：“敢于如实描写，并无讳饰，和从前的小说叙好人完全是好，坏人完全是坏的，大不相同，所以其中所叙的人物，都是真的人物。”[2]作为本书中塑造得最精彩、最成功的人物形象之一，凤姐是一个集真善美与假恶丑于一身的真实的“人”。掌握这一人物的阅读方法，有助于领会本书中这类人物形象的圆形特点。

或许正是因为王熙凤形象的复杂性及其在本书中举足轻重的作用，学生对她产生了浓厚的探究兴趣。在学生通读《红楼梦》后，我让他们选一个自己最感兴趣的人物，全班 25 名学生中有 12 人选了凤姐。为了准确地诊断学情，我指导学生梳理与凤姐相关的情节内容，再进行细读和思考分析，通过解决来自学生的真问题，带着学生走进这个人物的灵魂深处。在“说凤姐”的专题阅读过程中，学生一共提出了 105 个问题，例如：为什么凤姐对秦可卿那么好？凤姐对刘姥姥的态度是不是真诚的？凤姐对黛玉、宝钗、探春等姐妹究竟是什么态度？凤姐为什么非要杀了尤二姐？凤姐为什么对袭人、鸳鸯那么和善？为什么凤姐要收红玉为干女儿，看重的是红玉的才能吗？凤姐做的很多丑事坏事连下人都知道，贾母会没有察觉吗？为什么除了平儿，凤姐再没有别的心腹丫头？凤姐为何在天使与恶魔之间如此自如地切换角色？……

分析这些问题，不难发现，学生往往只关注到凤姐待人接物方面的言行举止，没有看到这一形象对于反映深广社会生活、揭示封建家族覆灭这一主旨的意义。和小说中的其他女性人物相比，凤姐的独特之处在于，她既是关联着贾府内上至家族统治者、下至丫鬟仆人的枢纽性人物，也是关联着贾府外上至宫廷官府、下至乡野佛门的关键性人物。作为贾府的当家人，她对贾府的管理与整个家族的败落有着直接关系。只有理解了凤姐管理贾府的所作所为，才能理解曹雪芹塑造这一人物形象的匠心，进而把握小说的主旨。

本节课针对学生对凤姐形象理解上的不足，从学生的问题库中提炼能够打开学生理解之门的关键问题，重点分析凤姐的管家策略与特点，解决关于人物形象与文本主旨之间关系的核心问题。教学目标确定如下：

1. 品读凤姐协理宁国府的典型情节，梳理并分析其他管家情节，分组讨论凤姐在家族大事、用人、经济等方面的管理策略与特点。

2. 比较凤姐管家与探春、宝钗、李纨管家策略的异同，结合秦可卿托梦的建议，讨论凤姐在管理上存在的问题。

3. 理解曹雪芹在凤姐身上寄予的复杂情感及其所传达的批判现实主义思想。

教学扫描

环节一　导入

师：在《红楼梦》第5回，曹雪芹为金陵十二钗各写了一首曲子，暗含了她们的命运，其中有这样一句词："机关算尽太聪明，反算了卿卿性命。"请问同学们，它的曲名是什么？写的是哪位女子？

生（齐）：聪明累，王熙凤。

师：作为贾府的当家人，王熙凤的"机关算尽太聪明"典型地体现在她的管理策略上。今天我们就一起合作探究凤姐管家的特点。

（板书：说凤姐）

环节二　梳理与品析：凤姐的管家特点

师：整部《红楼梦》洋洋洒洒近百万言，涉及凤姐管理贾府这个贵族大家庭的情节很多，大家也在课前做了梳理。你认为整本书中最典型的体现凤姐管理才能的情节是什么？

生（齐）：协理宁国府！

师：是的，这段情节让我们从正面了解凤姐是如何管理家族大事的。请找一处给你留下深刻印象的细节，结合具体内容，说说你读出了凤姐怎样的管理才能。请大家先小组内交流，然后每组选一名同学分享你们的一处阅读心得。

生1：我们组对凤姐从一开始就抓住宁国府管理痼疾这一点印象很深。她有着深刻的洞察力，判断准确，在接下了任务后，很快就理出头绪。“头一件是人口混杂，遗失东西；第二件，事无专执，临期推委；第三件，需用过费，滥支冒领；第四件，任无大小，苦乐不均；第五件，家人豪纵，有脸者不服钤束，无脸者不能上进。此五件实是宁国府中风俗。”而事实上，连宁国府自己的人都说：“论理，我们里面也须得他来整治整治，都忒不像了。”这表现了凤姐作为管理者出众的分析才能，做事之前冷静客观地分析全局，这也为她后面制定措施打下了基础。

生 2: 凤姐建立了明确的岗位责任，处罚严厉，铁面无私。她根据办丧事的各项任务，确定岗位职责，比如“单管人客来往倒茶”“单管本家亲戚茶饭”“单在灵前上香添油，挂幔守灵，供饭供茶，随起举哀”；每个人都必须严守职责，除规定任务外，“别的事也不与他们相干”，对于管理器物的人，“或丢或坏，就和守这处的人算账描赔”；她还指定了“来升家的每日揽总查看”，监督赌钱吃酒打架拌嘴的，而且不能徇私，否则就不讲情面；她还有严格的时间要求，不论大小事，都要在规定的时间上报。书里写了一个细节，有人迟到了，凤姐就严厉惩罚，打了二十板子，革去一月银米。“明日再有误的，打四十，后日的六十，有不怕挨打的，只管误！”众人不敢偷闲，“自此兢兢业业，执事保全”。她自己也以身作则，亲自到处巡查，保证所有的事情井井有条地推进。总体上看，她分工周详严密，责任到位处罚严厉，管理细致有条理，因而以往那些“无头绪、荒乱、推托、偷闲、窃取等弊”，全都得到有效解决。

生 3: 我们对凤姐的精明细致印象深刻。她一边管着宁国府的丧事，一边还要处理荣国府的事务，她都做得井井有条，比如王兴媳妇领牌取线，数目相合，才会让彩明登记，发放荣国府对牌，执事人开销错了，她要求算清了再来取。

生 4: 凤姐是一个敢想敢干、好卖弄才干的人。面对贾珍的请求，王夫人还有疑虑，怕她料理不清，但凤姐希望通过处理婚丧大事显示能力，让众人对她心服口服。她先见王夫人不允，后见贾珍说得情真，王夫人有活动之意，便向王夫人道："大哥哥说的这么恳切，太太就依了罢。"所以，我们觉得凤姐是一个好逞强的人，当然凤姐的自信，也是缘于她有足够的才干和绝对的把握。

师：同学们分析得都非常细致，老师想问问大家，为什么曹雪芹不直接写凤姐管理荣国府的场面？

生5：凤姐本来就是荣国府管家，荣国府是她熟悉的环境，她在这里主事如鱼得水。作者让她到一片混乱的宁国府临危受命，而且是第一次处理大场面的丧事，这样可以凸显她在管理上的魄力和手腕。她也确实"筹画得十分的整肃"，"于是合族上下无不称叹者"。这种写法能够烘托她非同一般的精明强干。

师：确实，精明强干是凤姐这位当家人最典型的特征。所以，冷子兴评价凤姐"男人万不及一"，第13回末的两句诗也这样说："金紫万千谁治国，裙钗一二可齐家。"

（板书：精明强干、贾府）

师：除了协理宁国府之外，凤姐在其他方面还体现了怎样的管理特点？请大家继续讨论，然后分享交流。

生6：我们组从选人用人的角度来分析王熙凤的管理特点。第16回，建造大观园时，贾琏的奶妈赵嬷嬷为她的两个儿子求差事，凤姐让他们和贾蓉一起到姑苏聘请教习，采买女孩子，置办乐器行头。第23回，贾芹的母亲求凤姐给贾芹差事，凤姐把给和尚道士送柴米的事交给了贾芹。她让贾芹三个月支取二三百两，而跟王夫人汇报时说，"月间不过派一个人拿几两银子去买柴米"。第24回，贾芸向倪二借了不到十六两银子，给王熙凤送了冰片麝香，求到种树差事，批了二百两，实际才用了五十两。从这些事情可以看出凤姐任人唯亲，一是看交情是否深厚，二是看对方是否能让自己有利可图，得到好处。当然，凤姐有时也会看对方是否有才能，比如第27回，她发现小红口齿伶俐，"口声简断"，就要收做干女儿，但我们认为她欣赏小红也是因为她自己口才不凡而偏好说话爽利的人。

（板书：任人唯亲）

师： 那么凤姐选用的人办事结果如何呢?

生 7： 她选用的人并不能很好地为贾府办事。第 56 回，探春和李纨说买办买的脂粉粗制滥造，“不知那里弄些来，不过是个名儿，其实使不得，依然得现买”，姑娘们只好花钱在外面买。平儿也承认“买的不是正经货，弄些使不得的东西来搪塞”。这样就造成了“钱费两起，东西又白丢一半，通算起来，反费了两折子”。也就是说，贾府的大半部分钱到了凤姐和她选用的那些人的腰包里去了。

师： 由此可见，凤姐任人唯亲，以利为先，这样贾府的管理和运行必然漏洞百出，遗患无穷。

生 8： 我们组分析凤姐的经济问题。首先来看贾府月钱的去向，第 16 回写凤姐把月钱拿去放高利贷，旺儿嫂子送利钱，这笔钱作为她的“梯己”被私吞。到了第 39 回，她做得更加明目张胆，袭人问平儿，为什么连老太太和太太的月钱都还没放? 平儿回答放高利贷了，“这几年拿着这一项银子，翻出有几百来了。他的公费月例又使不着，十两八两零碎攒了放出去，只他这梯己利钱，一年不到，上千的银子呢”。第 36 回，金钏死后，其他丫头想顶金钏儿的差事，几家仆人给凤姐送孝敬的东西，王熙凤等他们把东西送足了才回王夫人的话，但差事最后给了玉钏。我们组认为她非常贪婪，四处敛财，以权谋私。

（板书：以权谋私）

生 9： 凤姐的贪婪不只表现在放高利贷上，她还恣意妄为，弄权敛财。第 15 回在铁槛寺，凤姐很狂妄地说：“从来不信什么是阴司地狱报应的，凭是什么事，我说要行就行。”她听了老尼姑净虚的话，为了钱财罔顾做人做事的礼法规矩，“假托贾琏所嘱”，联系了官府的人给张家施压，拆散张金哥与守备之子的姻缘，逼得二人殉情自尽，她白得三千两银子。她为了银子枉死两条性命，让两个家庭支离破碎，而且“自此凤姐胆识愈壮，以后有了这样的事，便恣意的作为起来”。

（板书：弄权敛财）

生 10：凤姐对钱财的贪婪渗透到了生活的每一个细节里，不放过任何一个可以敛财的机会。第 43 回，凤姐过生日，贾母要大家凑钱，她省了自己替李纨出的十二两银子，却连赵姨娘、周姨娘都不放过。尤氏骂她：“我把你这没足厌的小蹄子！这么些婆婆婶子来凑银子给你过生日，你还不足，又拉上两个苦瓠子作什么？”“我劝你收着些儿好，太满了就泼出来了。”但凤姐并不为所动。

师：同学们细致地分析了凤姐在管理事务、用人、经济等方面的做法和特点，发言都很精彩。刚才同学们都提到了凤姐的为所欲为，那么，凤姐的“欲”到底有多大呢？

生（齐）：欲壑难填。

师：这个词用得好！老师提示大家，凤姐虽然是贾府实权当家人，但毕竟是贾家的媳妇，属于内眷，那么她做的这些事是否符合她的身份？

生 11：凤姐做的很多事都越过了家族内部事务的边界，她的手伸向了贾府之外的官场，甚至害了几条人命，触犯了当时的法律，也不符合起码的道义要求。

师：所以，我们不能只看到凤姐的管理才能，更要看到极度膨胀的私欲带来的毁灭。凤姐曾夸下海口：“便告我们家谋反也没事的”，这种公然无视法律的言行，势必为贾府埋下祸患。曹雪芹生活时代的法典《大清律例》规定，所有私自放债和典当东西的利钱，每月不能超过十分之三；即使年月时间很长，也不能超过十分之一，利钱最多不能超过本金。[3]凤姐的放贷行为属于“违制取利”。在贾府抄家的时候，她重利盘剥的违法行为和与她有关的命案就成为压倒贾家的稻草，加速了贾府的彻底败落。贾府抄家后，失势的凤姐反省自己：“我若不贪财，如今也没有我的事，不但是枉费心计，挣了一辈子的强，如今落在人后头。我只恨用人不当。”她知道是非界限吗？我想她是知道的，从她协理宁国府时的杀伐决断、铁面无私，可以看出她完全知道制度法规、公平公正的意义，只是利令智昏的她被无止境的欲望蒙蔽了双眼。可惜悔之晚矣！

环节三　比较与探究：更合理的管家策略

师：王熙凤作为贾府这个诗礼簪缨的大家族的管家确实才能非凡、聪明强干，但她的严酷、贪婪、狠毒也激起众怒。刚才有同学提到尤氏“劝说”凤姐要收敛一些，实际上凤姐自己也意识到了“一家子大约也没个不背地里恨我的。我如今也是骑上老虎了”，“我的名声不好，再放一年，都要生吃了我呢”。那么，曹雪芹在书中有没有写到更好的管家方式呢？请大家分小组讨论，然后分享讨论结果。

生 12：我们组认为曹雪芹在第 55、第 56 回写了一种更好的管家方式。因为凤姐抱病在身，所以探春、宝钗和李纨暂时接替她管家，她们的管理具有与凤姐截然不同的特点。首先，通过探春处理舅舅丧葬费一事，能看出她的公正清廉。探春查了旧例，只给了二十两银子，即使赵姨娘大闹，她也没有徇私。而王熙凤给她娘家和她哥哥王仁不知道多少东西，赵姨娘曾说：“这一分家私要不都叫他搬送到娘家去，我也不是个人。”其次，探春、宝钗和李纨兴利除弊，废除了几项重复的开支，把园中花草管理等事务承包给婆子们，既节约了采买东西的钱，也让承包的人有所收益，还能上交一些钱粮。再次，在用人方面，大家“共同斟酌”“冷眼取中”，确定的承包人都是“本分老诚能知园圃的事”。她们的措施更加合理，也能激发下人的积极性。

生 13：她们三人的管理也很严格，很有成效。虽然她们一开始不被看好，“只三四日后，几件事过手，渐觉探春精细处不让凤姐，只不过是言语安静，性情和顺而已”，遇上有大事，宝钗在上房监察，晚上各处巡察，下人们“更觉比凤姐儿当权时倒更谨慎了些”。

师：可见这个三人管理团队有凤姐的严格而没有她的严苛狠毒，有凤姐的精明而没有她的独断专权，有凤姐的不辞辛劳而没有她的自私贪婪。她们进行了一些改革，在用人上，公正，没有私心，任人唯贤，有问题大家协商，以和为贵，保全大体，赢得了人心。很显然，这是作者认可的理想模式，当然也反衬出王熙凤的管理不得人心。

（板书：不得人心）

师：除了日常生活的管理外，对于这个即将倾覆的没落家族，小说中有没有写到更加明确的建议，避免贾府陷入一无所有的境地？

生 14：第 13 回，秦可卿临死前给凤姐托梦，可以视为具体的建议。秦可卿说了两个问题："目今祖茔虽四时祭祀，只是无一定的钱粮；第二，家塾虽立，无一定的供给。"对此她指出两条建议：在祖坟周边买房置地，将家塾设于祖坟周边，"便是有了罪，凡物可入官，这祭祀产业连官也不入的。便败落下来，子孙回家读书务农，也有个退步，祭祀又可永继。若目今以为荣华不绝，不思后日，终非长策"。但这番话并没有引起凤姐的注意，可见她缺乏深谋远虑。

（板书：缺乏远谋）

师：这可以说是曹雪芹借秦可卿的托梦为贾府大厦将倾的结局埋下伏笔，也可以说是给凤姐指出了今后家族败落后的两条退路。可惜，王熙凤虽然看似聪明机敏，却只有小聪明而无大智慧，错过了这一剂救命良方。尽管机关算尽，却被小聪明所误，难怪她的曲子名为"聪明累"。

环节四　追问与深化：作者寄予的情感

师：曹雪芹为什么要塑造凤姐这样的管理者形象？在她身上寄予了怎样的情感呢？请同学们谈谈自己的理解。

生 15：凤姐做事严苛狠毒、贪婪弄权、触犯法律，更害死了好几条人命，曹雪芹塑造这一形象是为了批评像她这样的当家人和贵族阶层。

生 16： 凤姐在贾府是一个难以取代的角色，她果断精明，办事能力强，这也是事实，第 5 回她的判词中有一句是“都知爱慕此生才”，可见曹雪芹对她也不是全然否定，也欣赏她的才干。

生 17： 从曹雪芹个人的生活经历来看，曹氏家族主政江宁织造几十年，经历了由盛及衰，获罪抄家，最终一无所有的变故，他对封建家族由盛及衰的发展趋势肯定有深刻的思考。凤姐应该是集结了他生活中遇到的很多人的影子，承载了他对那些人的回忆和反思，当然也寄予了他对当时社会的观察和思考。

师： 同学们说得非常好！我们来读一读两位红学家的评论。

（PPT 展示）

> 写这样一个大家族，如果它的神经中枢没有王凤姐这样一个人物，那层层阶阶的贵族生活的体制，会无法转动。——李希凡，李萌《“都知爱慕此生才”——王熙凤论》[4]
>
> 就她（王熙凤）对以贾府为代表的封建阶级的衰落取向的认识来说，她虽然预感到“树倒猢狲散”的未来不可避免，虽然也曾一再替贾府的后事作过考虑，但她那只为个人打算的私心始终居于压倒一切的优势，形成了与贾府关系的那种支柱与蛀虫的对立统一。——王朝闻《论凤姐》[5]

师： 大家与红学家的看法基本上是一致的！曹雪芹对王熙凤的情感是复杂的。凤姐用她的才干和智慧，强撑着贾家这一贵族家族行将破落的门脸，但她的极度贪婪自私和短视，又挖空了贾府的根基。这既导致了自己的悲惨结局，也加速了贾府的坍塌，可以说她也是这个家族的掘墓人之一。

（板书：顶梁柱与掘墓人、“忽喇喇似大厦倾”）

红学家冯其庸曾说：“曹雪芹写这部书的根本的目的，他的强烈的创作冲动和激情，只能是由于他对自己难以忘怀的生活的追忆和怀念。”[6] 正是因为曹雪芹经历了曹家由盛转衰的过程，有了大悲大痛和大彻大悟的体验，正是因为他目睹了身边那些如同凤姐一样既可叹又可恨、既是顶梁柱又是掘墓人的管理者的命运，他才能把凤姐写得如此鲜活丰满，以至于时隔数百年，这一人物形象仍然吸引着读者不断地深思、研讨。

环节五　结语

师：临近下课，老师希望大家在阅读《红楼梦》，品析凤姐这个人物的时候，不只是把她当作阅读和欣赏的对象。在我们为她的精明强干与薄命结局而感叹，在钦佩曹雪芹塑造的这一具有永久艺术魅力的文学形象的同时，希望大家以之为鉴，反躬自问：王熙凤的命运给今天的我们带来了哪些警示？谢谢大家！

课后作业

请以“说凤姐”为话题，结合今天课上所学内容，对比自己的初读感受，选择一个自己感兴趣的角度，完成一篇人物评论。要求：观点明确，条理清晰，论述合理，不少于 800 字。

板书设计

顶梁柱与掘墓人：说凤姐

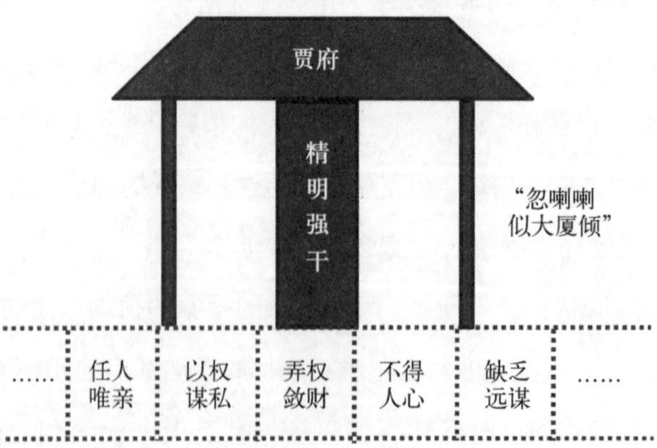

参考文献

[1] 李希凡，李萌.“都知爱慕此生才”——王熙凤论 [J].红楼梦学刊，2011(04)：10.

[2] 鲁迅.中国小说史略 [M]//鲁迅.鲁迅全集：第九卷.北京：人民文学出版社，2005：348.

[3] 张晋藩.《红楼梦》所反映的清朝诉讼制度 [J].红楼梦学刊，1980(02)：92.

[4] 同[1].

[5] 王朝闻.论凤姐[M].天津：百花文艺出版社，1980：17.

[6] 冯其庸.曹雪芹与《红楼梦》[J].红楼梦学刊，1988(02)：179.

点评

整本书阅读需要有效的“导”

何郁，北京市语文特级教师，正高级教师，北京市朝阳区教育科学研究院高中语文教研员，北京作协会员，统编高中语文教材编写者。著有《中国古代哲学十五讲》《留取丹心照汉青：文天祥传》等。

读书本来确乎是个人的事，但教学意义上的读书，或许还不能完全忽视教师的“导”。有一个事实可能要承认，经过小学和初中的教育后，我们的学生的读书口味和基本的感受能力或许已经被破坏得差不多了。所以，从这个意义上说，整本书阅读必须加强教师的“导”，要让整本书阅读在教师有效的“导”中变得有质量，甚至是高质量。

什么是“导”？“导”就是指导、引导，也可以是教导。指导可能偏向于教方法、给经验；引导可能在于设置情境，引领学生自我阅读和探索；教导可能是教师认为很重要的事情，必须跟学生讲清楚，比如价值观的问题、人文主题理解等。

问题是如何“导”，怎样的“导”是有效的，且不强制学生接受。张晓毓老师在讲《红楼梦》的王熙凤时，给我们做出了有意义的探索。

首先，这个“导”要指向整本书阅读，要教会学生“整合阅读”。学生之所以在初读时提出那么多问题，一个重要原因，就是片面阅读。在这个时候，教师务必要指导学生从全书的立场去认识王熙凤。于是张老师设计了一个纵向的阅读，让学生通过不同回目的内容，全面而深入地认识王熙凤。这就能帮助学生纠正片面阅读。或许这样做还不够深入，对王熙凤的理解还浮在内容层面，如何才能再深入一些呢？张老师又设计了一个横向的“整合阅读”，把王熙凤的管家方式与探春、宝钗、李纨三人的放在一起作比较，不比不知道，一比吓一跳，因为同样是管家，王熙凤更多地暴露了她不可告人的目的。在比较中才能看出王熙凤的“两腿泥”呢！

其次，在阅读的细微处甚至是不经意处，要体现教师的“引导”。张老师是比较文学博士，学术训练有素，善于爬梳资料，而且平时教学也善于借助资料打开学生的天窗。本次教学中，她及时引入《大清律例》，教师只需要把《大清律例》的惩戒内容摆出来，不用多说什么，学生就知道，王熙凤有多狂妄，有多贪婪。这种引导可以起到四两拨千斤的作用。谁说欣赏文学作品，不能借助历史资料呢？就看你怎么用，智慧地用，就能增加阅读的智慧。

张老师的最后一个环节，在我看来，有“教导之功”。引入著名红学家王朝闻、李希凡等对王熙凤的评价，就是很明确地告诉学生，认识王熙凤我们要深刻一些，要思辨地看，要多用社会学的眼光和立场分析问题，只有这样，我们才能得出客观科学的结论。张老师在整本书阅读的指导、引导和教导方面，都做出了积极的探索，非常值得肯定。

课例16 花下刺与刺上花：探春辨

赵韵如，贵州省毕节市第一中学语文教师，市级骨干教师，曾获贵州省高中语文优质课比赛二等奖。

设计意图

红楼女儿们性格各异，生动而鲜活，是中学生最感兴趣的内容。总的来看，贾府的四位姑娘里，三小姐探春是个性最为突出的一位。她处事果断磊落，在大观园兴利除弊，改革创新，也是“脂粉堆里的英雄”，赢得了不少学生的敬重。

探春可敬又可悲。“她那带着棱角的自尊心和个性，从来都是十分锐利和锋芒毕露的，既容不得任何人对她尊严的触犯，也从不向任何违反心中正统准则的行为让步。”[1]在那个“妻妾不分则宗室乱，嫡庶无别则宗族乱”的宗法社会里，她的可悲之处在于她的庶出身份，这是她与生俱来的缺憾，也成为其一生最大的隐痛。“才自精明志自高”的探春有着不让须眉的见识和才干，骨子里也有对嫡庶尊卑观念的强烈认同。她的生母是奴仆出身的赵姨娘，为人胡搅蛮缠粗鄙不堪，这让她对天生的血脉亲情产生无比的排斥，几近刻薄。二人复杂关系的背后体现了封建礼法社会中以“孝”为核心的伦理道德和嫡庶制度下的尊卑观念之间无法调和的矛盾。

《普通高中语文课程标准（2017 年版 2020 年修订）》明确指出：“通过阅读整本书，拓展阅读视野，建构阅读整本书的经验，形成适合自己的读书方法，提升阅读鉴赏能力”[2]，“整本书阅读与研讨”任务群，是指向阅读教学的任务群。从寒假开始，安排学生在相对集中的时间，尽可能将《红楼梦》全书“连滚带爬”地读完。有了通读阶段的阅读基础，通过“任务单”让学生用浏览、跳读、精读、重读等方法，鉴赏第 3、27、37、40、55、56、60 回等探春出场的重点章回。在对探春这个人物有一个较为完整的印象后，以“________的探春”为题，写一篇不少于 800 字的人物评论。

通过学生的评论发现，多数学生能够看到探春身上突出的性格特征，如她的机敏能干，敢作敢为；有些学生认为她的个性内涵比较复杂，对她为何对生母赵姨娘“冷酷无情”感到疑惑，这大概也是很多读者共同的疑问。作为一堂阅读中期的专题思辨课，本课即以此为切入点，设置以下教学目标：

1. 梳理作品中与探春相关的经典情节，理解人物形象的多样性和性格形成的复杂性。

2. 聚焦探春与赵姨娘之间最为激烈的两次矛盾冲突，通过探究冲突的原因，探寻探春性格形成的关键因素。

3. 用发展和思辨的眼光评价人物，从小说人物的命运中体会作品的悲剧内涵，促进批判性、深刻性、灵活性等思维品质的提升。

教学扫描

环节一　导入

师：课前我统计了大家写的人物评论里用到的高频词，大致分为以下两类，对比这两类评价，有何区别？

（PPT 展示）

美丽动人、冰清玉洁、聪明伶俐、富有才情……

精明能干、敢作敢为、志向远大、行事机敏……

生 1: 一类像形容女生，另一类像形容男生。有点女性气质和男性气质的区别。

师: 我们做个假设，如果你们事先不知道今天要讲探春，我给你们上面第一组词语，你们觉得可能是哪位女性?

生 2: 林黛玉。

生 3: 薛宝钗。

生 4: 宝琴。

生 5: 好像很多人都可以。

师: 那下面这一组呢?

生 6: 凤姐、探春。

师: 对的，大概多数人都会想到凤姐或探春。因为红楼女儿们大多具备第一组所代表的特点，而第二组词语常用来形容男性，在“女子无才便是德”的封建社会，只有极个别的女子才可能具备这些特点，这是她们身上的可贵之处。

环节二　探其行

师: 对贾探春，大部分同学和脂砚斋里的评价相似。

（PPT 展示）

脂批曾言:“探春看得透，拿得定，说得出，办得来，是有才干者。”[3]

但也有同学质疑探春的品行。其实红学家中也有这样的声音，清代陈其泰认为“探春为人，毫无含蓄，自以为能，遇事从刻”。解弢说探春“贱视其所生，避之唯恐不及，趋炎附势，矫做正直，吾甚恶之”。[4]

有一名同学提出了这样的疑问：探春为什么如此怨恨赵姨娘？她对生母赵姨娘是否过于冷酷无情？这个问题问得好，如果要讨论这个问题，我们要从文本出发，回到小说中赵姨娘和探春产生最激烈冲突的部分——第55回和第60回。这两回中两人情绪都很激动，我数了一下总共有8次提到两个人都在“气”。请大家再次浏览这两部分，重点关注二人说话的内容和情绪的变化，圈画出关键句子，说一说二人到底在“气”什么。

（生读文本，圈画思考）

生7：第55回中，因为凤姐生病，所以王夫人让探春和李纨、宝钗一起管家。赵姨娘的兄弟赵国基死了，探春只答应给二十两银子。赵姨娘觉得探春太公私分明，明明开始有人说给四十两的，但探春就是不肯，赵姨娘气她无情冷酷。

师：为什么之前给四十两呢？

生7：李纨建议按袭人母亲的标准给，但按照府里的规矩，赵姨娘他们算是“家生子”，只能给赵国基二十两。赵姨娘觉得自己还比不上袭人这样的丫鬟，大家都踩在她头上去了，很生气。

师：探春是按照府里的“规矩”，而赵姨娘生气，却是因为自己的面子过不去。大家注意探春的情绪变化，她一开始并没有生气，甚至还主动安抚赵姨娘，后面怎么也开始生气了呢？

生8：她气的是赵姨娘不讲规矩，扯她后腿。太太刚让她掌事，赵姨娘就不讲道理让她为难了。赵姨娘总想把探春拉到自己的队伍中来，时刻提醒探春她是姨娘生的女儿，自己的弟弟就应该是探春的舅舅。但探春并不想承认这样的关系，所以她当着赵姨娘说“谁家姑娘们拉扯奴才了”，是在提醒赵姨娘，赵国基只是一个奴才，在贾府里要讲规矩，主子只会疼那些出力得用的人，如果他是个好人，就不用人拉扯。

师：探春一直在强调，“我并不敢犯法违理”，于法于理，她都没错。而后面她的情绪突然发生了变化，你觉得是哪一个词犯了探春的忌讳？

生 8: 应该是赵姨娘说赵国基是她“舅舅”，说舅舅死了要多给点钱。她还故意羞辱探春，说:“姑娘放心，这也使不着你的银子。明儿等出了阁，我还想你额外照看赵家呢。如今没有长羽毛，就忘了根本，只拣高枝儿飞去了！”所以探春气得脸都白了，哭了起来。探春觉得自己是贾家的小姐，她舅舅是王夫人的哥哥，九省检点王子腾。赵国基只是贾环的奴才，当着那么多人的面说是她舅舅，好像自己也成了贾家的下人，她其实很介意自己庶出的身份。

师: 自己的身份容不得别人看低。那另外一回呢?

生 9: 还有一回是“蔷薇硝事件”。贾环找芳官要蔷薇硝，芳官舍不得，就拿了包茉莉粉忽悠他，贾环把茉莉粉给彩云，被彩云识破后嘲笑了一通。当时赵姨娘也在场，她觉得一个戏子竟然敢戏弄他的儿子。贾环不敢去评理，说赵姨娘也不敢去惹探春。赵姨娘好面子，又被夏老婆子她们挑唆，就去找芳官，还和她们扭打起来。

师: 用赵姨娘的话来说，探春是她“肠子里爬出来的”，不能拿她怎么样。探春的反应是什么?

生 9: 探春给了赵姨娘一个台阶下，她不想闹大这件事。

师: 什么样的台阶? 你来说说。

生 9: 她劝说姨娘还是回房去煞煞性儿，别听那些说瞎话的混账人挑唆。探春一眼就看出了这件事是别人挑拨的，赵姨娘耳根子又软，没有算计，行事不端，让别人看了笑话。那些人看热闹不嫌事大，可她作为贾府的管家人，下面的人闹事，她是万万容不得的。

师: 大家注意，当赵姨娘讲完事情的前因后果后，探春叹气说:“这是什么大事，姨娘也太肯动气了！”她为什么要叹气呢?

生 9: 她觉得这是一点小事，不能为了一点小事而失了体统。探春劝赵姨娘回房去，这么大年纪，要尊重自己，要有个姨娘的样子。还拿周姨娘和赵姨娘对比，意思是周姨娘也是姨娘，却没人欺负她，关键是自己要行得正，做出来的事情叫人信服。

生 10：我觉得探春已经看出贾府里的一些混乱了，这事其实不完全是赵姨娘的责任，芳官一个下人都不把主子放在眼里，下面的人在贾府里兴风作浪，正应了她那句话“百足之虫，死而不僵”，家里人先乱起来，才会一败涂地。所以她才越想越气，命人去查是谁挑唆的。

师：我们来梳理一下，在这两次争吵当中，赵姨娘看重的是利益、人情、面子，而探春看重的是礼法、规矩，是自己的出身。判词里说她“才自精明志自高”，精明能干的探春关心府中的事务、家族的命运，有着超过许多男儿的家族责任感，从某些角度来说，探春和薛宝钗有些相似，她们都严格遵守着当时社会的主流意识形态，希望通过遵守和利用这些规矩和制度，去维护家族的利益。

（PPT 展示）

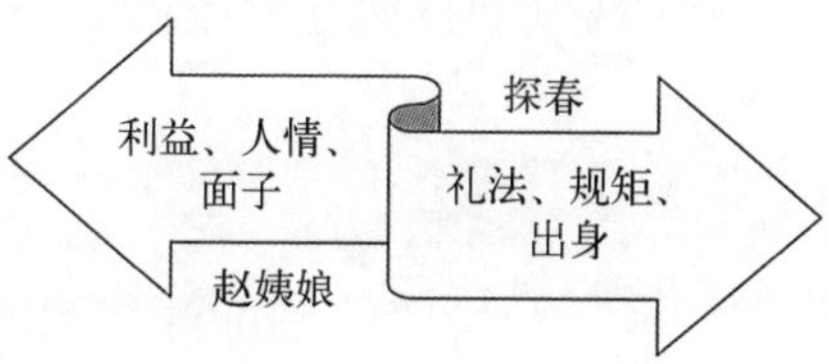

环节三　谈其人

师：探春很讲规矩，但有时好像又不那么讲规矩。大家看第 27 回，她和宝玉在一起的时候，怎么又不讲嫡庶了？

（PPT 展示）

“我只管认得老爷、太太两个人，别人我一概不管。就是姊妹弟兄跟前，谁和我好，我就和谁好，什么偏的庶的，我也不知道。”（第 27 回）

生 11：探春和宝玉平时关系很好，探春让宝玉给她带些小玩意儿，探春就做了鞋给他作回礼，宝玉告诉她说，有一次赵姨娘知道了，怪她只给宝玉做不给贾环做，探春一听很生气，说她想和谁好就和谁好。

师： 探春与宝玉关系亲密，对赵姨娘却显得冷酷无情，其中原因仅仅是因为“谁和我好，我就和谁好”吗？其实性格形成的因素很复杂，比如有先天的遗传因素，就像我们常说的“江山易改，本性难移”，但一个人在成长期的生活环境以及所受的教育也会潜移默化地影响他的观念和气质。我们在分析探春性格形成的原因时，可以参考下面的图，试着从这四个方面去思考，哪些原因使得探春对她的生母如此冷酷无情？

（PPT展示）

（生思考讨论）

生12： 从个性禀赋来说，探春是一个疏朗开阔的人。刘姥姥二进荣国府的时候，作者曾介绍过她的秋爽斋，听到这个名字就会觉得主人是一个很清爽的人，屋内的布置也一点不像其他小姐的闺房，三个房间全部都是打通的，非常开阔大气，连里面的摆设也是这样的风格。探春还非常喜欢书法，连丫鬟的名字也和书、墨有关。而赵姨娘就比较市井，不但没有姨娘的风范，而且泼辣粗俗，两人完全不是一类人。

师： 越是优秀的作品，我们越能从那些看似不经意的细节里找到解读文本的关键密码。从探春房内挂着的那一大幅颜真卿的字就可以看出，骨力遒劲、法度严谨的颜体是她最喜欢的，这也许就是我们常说的字如其人吧。

生 13: 老师刚刚说到性格的形成有遗传的因素，我觉得探春其实某些方面和赵姨娘也有点像，她们身上都有一种不甘示弱的劲头，不会轻易吃亏。可是赵姨娘没文化，只会胡搅蛮缠。探春自幼饱读诗书，又养在老太太身边，胸襟见识自然和赵姨娘有本质上的区别，她遗传了赵姨娘的不甘示弱，但没有赵姨娘的蛮不讲理。她曾写过“高情不入时人眼，拍手凭他笑路旁”，这个女孩子是很有骨气和思想的，所以探春成了贾府中最精明最要强的姑娘。

生 14: 我想从生活环境上来说，探春从小就没有同赵姨娘一起生活，自然和赵姨娘没有什么感情，她是王夫人带大的，和王夫人比较亲。可是她毕竟是庶出的，王夫人不是她的亲生母亲，所以当贾母因为贾赦想纳鸳鸯为妾的事迁怒王夫人时，屋里的人都不敢替王夫人辩解，探春立马站了出来，这就赢得了王夫人的好感。宝玉是家里嫡出的公子，他在家里很受重视，和宝玉在一起，也会让自己的身份地位看起来更高贵一些。我想如果从人的功利心来说的话，她会比较想和宝玉一起玩，多少也会有些目的性。

师: 如果这样来看的话，探春似乎是一个工于心计的人。其他同学也这样认为吗?

生 15: 我不太同意他的观点，从文化的角度来说，探春率先提出建海棠诗社，可以看出她是一个受到过良好教育的人，而她受到的教育是封建社会的正统礼教，会在乎尊卑，在乎嫡庶，宝玉是嫡出，她是庶出，这也是不可改变的事实。她对宝玉的态度，谈不上有目的，只是想和他接近。

师: 一个聪明的读者不会被动地全盘接收作者给出的信息，还要将自己的思考与书中的人物不断碰撞和磨合。我们来看看第 27 回中宝玉和探春见面时的寒暄，我请两名同学来读一读这一段，从中你读出了什么?

（PPT 展示，一男一女朗读）

又见宝玉来了，探春便笑道："宝哥哥，身上好？我整整的三天没见你了。"宝玉笑道："妹妹身上好？我前儿还在大嫂子跟前问你呢。"探春道："宝哥哥，你往这里来，我和你说话。"……探春因说道："这几天老爷可曾叫你？"宝玉笑道："没有叫。"探春说："昨儿我恍惚听见说老爷叫你出去的。"宝玉笑道："那想是别人听错的，并没叫的。"探春又笑道："这几个月，我……"（第 27 回）

生 16: 可以看出两个人关系非常好，三天不见，十分想念。探春一见面就问最近老爷是否叫宝玉，因为老爷一叫宝玉，准没好事，不是挨打就是挨训，这两句话表现出探春对宝玉的关心。

师: 我们再请刚才读宝玉一段的同学来说说，为什么宝玉说话时一直是笑着的？这笑里有什么呢？

生 16: 他俩的关系比较亲密，探春知道宝玉最怕老爷叫他，查他功课，故意拿这件事取笑他。而宝玉的笑，体现出哥哥对妹妹的包容。其实探春和宝玉从小在一起长大，感情一直是很好的。宝玉生辰，怡红院的丫鬟们晚上偷偷给他过生日，他提议把三姑娘也请来；探春病了，宝玉让人送去荔枝和颜真卿真迹；她喜欢那个盛荔枝的碟子，宝玉干脆送给她；探春要起诗社，给宝玉下帖子，宝玉立马就响应了。

师: 所以有人见面是又气又吵，有人见面是有说有笑。你想强调的，是两个人在性格上有相投的地方。很不错，找到了很多细节。来看看这句话。

（PPT 展示）

探春听说，登时沉下脸来，道："这话糊涂到什么田地！怎么我是该作鞋的人么？环儿难道没有分例的？……"（第 27 回）

探春说自己不是该做鞋的人，如果我再追问一句，宝玉难道没有分例的？为什么还要做呢？

生 17: 其实我觉得宝玉和探春并没有真正特别要好，宝玉不喜欢那些功名利禄上的事，但探春的性格是很积极上进的，这里就不一样。但是他们也有共同的志趣，也有感情。而贾环从小被赵姨娘养得粗俗顽劣，大家都不喜欢他。探春说给宝玉做鞋是心甘情愿的，说明她和宝玉的关系不一般，她说我不是该做鞋的人，是在强调自己的身份，她内心很在乎自尊和出身。

师: "敏"探春的"敏"里不仅有机敏，也有敏感。她的敏感和自尊，源于她内心对出身的一种自卑。探春和宝玉有一个很大的区别就是他们的出身不同，宝玉是嫡子，在贾府有着尊贵的地位，而探春只是妾室所生，虽然才华横溢，很有管理才能，但王熙凤也说过"可惜她是庶出的"。即使是她管家的时候，家里的下人奴才们也会轻视她。探春又是一个要强的人，她想通过自己的努力赢得他人的尊重，体现自己的价值。

生 18: 我还想补充一点，我也觉得赵姨娘就是一个小人。作为母亲，她不但没有站在探春的角度替她着想，没有真正尽过一点母亲的责任，而且总想从自己的儿女身上占更多的便宜，得到更多的好处。我觉得探春的态度是可以理解的。

师: 是呀，这也给我们一些启发，无论在什么样的社会背景之下，你想得到他人的尊敬，你首先得学会尊重别人。通过不同角度不同层面的思考，同学们看问题越来越深入了。从当时的社会观念来看，嫡庶之间的区别早已深入人心，在贾府这样一个贵族家庭里，表面上探春是名正言顺的"主子姑娘"，享有贵族小姐的一切特权；背地里她是低人一等的姨娘所生的"庶出丫头"。植物学里说，植物的枝或茎上长刺是其本身为适应生长环境而产生的一种生态反应。美丽的玫瑰为保护自己、警告动物，在进化过程中慢慢形成了尖硬的刺茎。而探春身上的"刺"，正是她在那个家里自我保护的一种反抗与坚守。因为有刺，玫瑰方显动人之美，让人疼，也让人敬。

环节四　叹其运

师：很多同学都对探春说过的一段话印象深刻。

（PPT 展示）

他是太太的奴才，我是按着旧规矩办。说办的好，领祖宗的恩典、太太的恩典；若说办的不均，那是他糊涂不知福，也只好凭他抱怨去。太太连房子赏了人，我有什么有脸之处；一文不赏，我也没什么没脸之处。依我说，太太不在家，姨娘安静些养神罢了，何苦只要操心。太太满心疼我，因姨娘每每生事，几次寒心。我但凡是个男人，可以出得去，我必早走了，立一番事业，那时自有我一番道理。偏我是女孩儿家，一句多话也没有我乱说的。太太满心里都知道。如今因看重我，才叫我照管家务，还没有做一件好事，姨娘倒先来作践我。倘或太太知道了，怕我为难不叫我管，那才正经没脸，连姨娘也真没脸！（第 55 回）

这段话里反复出现两个人：一个是太太，一个是姨娘。但她却始终无法对这两个人喊出最亲的两个字：母亲。生母是她不愿承认的来处，而养母是她无法真正依靠的归处。她说如果她是个男人，必早走了，立一番事业。假如她真的变成了一个男儿身，她和赵姨娘的关系，会发生改变吗？

（生思考）

生 19：赵姨娘只想从子女那里获得利益，她还是会用同样的态度去对待探春，甚至会索取更多，这样更是会让人厌恶，探春也会更想逃离她，逃离这个家。

生 20：我也觉得不会。身份、地位与性格，决定了她的一切，从出生那一刻起，她所生活的环境，就决定了她未来的结局，哪怕她变成男儿身，依然改变不了庶出的身份。她变成男生的话，可能就是另一个贾环，和赵姨娘生活在一起，一辈子碌碌无为，王夫人对她也不会是现在这个态度了。

师：太太为什么不会喜欢她了？

生 20：她现在是个女儿身，就算再有才干，最终也总是会嫁出去的。如果变成了一个男儿身，王夫人绝对不会容许一个优秀的庶子威胁到自己亲生儿子的地位，贾宝玉将来是要继承整个贾府的，只有他是贾家走得出去的人。贾环从小在贾府里不受重视，连丫鬟们也敢欺负他，他那种猥琐气质除了受赵姨娘的影响外，和王夫人的放任应该也有关系。

师：感觉同学们脑补了很多宫斗剧的情节呀。这样看来，探春始终逃不脱传统观念和社会规则给她带来的桎梏，而另一方面，她敢于表现自我，用自己的一言一行向那个社会里固有的观念和成见发出质疑和反抗，这又是很难得的。探春和赵姨娘之间的问题，其实很难说谁对谁错，（板书：血缘、阶级，宗法伦理、嫡庶制度）从血缘关系上说，一个是晚辈，一个是长辈；而从阶级关系上说，一个是主子，一个是奴仆。这两方面恰恰体现出封建社会礼法制度的内在矛盾——以“孝”为核心的伦理道德和嫡庶制度下的尊卑观念之间无法调和的矛盾。因此：

（生齐读）

> （《红楼梦》）是中国专制制度里社会人生的一面镜子，我们可以从中看见中国社会生活中各个阶层、各类人物的生存挣扎、思想矛盾、精神困窘，更可以从中领悟到中国宗法伦理基础上的伦理主义文化和专制主义社会所包含的深刻悖论。[5]

师：在等级森严的封建贵族社会里，“巾帼不让须眉”的探春为这个趋向没落的大家族带来了一丝希望和光亮，可她的补天之才最终也无法挽救家族的颓败；她的才干、聪明和要强之心跟注定要毁灭的命运形成了无可挽回的矛盾，让这个人物充满了悲剧色彩。当我们再回顾这个庶出少女的人生时，你能够读出她人性中的悲情，继而读出那个社会的悲剧，读出书中遍被华林的悲凉，才算真正读懂了探春，读懂了《红楼梦》。

课后作业

结合今天课上的内容，对课前写的人物评论进行再次修改和完善。

板书设计

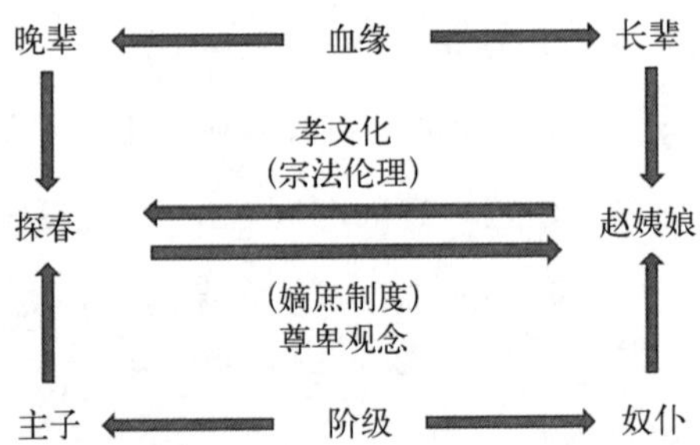

参考文献

[1] 李希凡，李萌．“孰谓莲社之雄才，独许须眉”——贾探春论[J]．红楼梦学刊，2006（02）：109.

[2] 中华人民共和国教育部．普通高中语文课程标准（2017年版2020年修订）[S]．北京：人民教育出版社，2020：11.

[3] 曹雪芹．戚蓼生序本石头记[M]．北京：人民文学出版社，1975：2142.

[4] 段江丽．红楼人物家庭角色论[M]．沈阳：辽宁人民出版社，2019：294.

[5] 马小朝．历史与人伦的痛苦纠缠——比较研究中西悲剧精神的审美意蕴[M]．北京：中国社会科学出版社，2008：218.

点评

思辨让我们走向思想的高度

潘庆玉，山东师范大学文学院教授，博士生导师，霍英东高校青年教师基金奖获得者，加拿大西门·菲沙大学CIRCE研究中心顾问，《语文建设》杂志编委，齐鲁名师导师。专著《语文教育哲学导论》获得山东省社会科学优秀成果一等奖，入选第一批“中文学术图书引文索引”（CBKCI）；出版“富有想象力”教学研究丛书。

探春这个人物在《红楼梦》众多女子形象中光彩照人，她兰心蕙质却又英气爽劲，历来深受读者喜爱。赵韵如老师这节课，以带刺的玫瑰作比，带领学生从“探其行”“谈其人”“叹其运”三个角度深探“脂粉堆里的英雄”的精神世界，揭示人物间的冲突矛盾，剖析复杂微妙的心理活动，感悟难以解脱的悲剧命运。整堂课虽采用板块式设计，却上得如行云流水，跌宕生姿，缓急自如。学生被一个个高质量的问题所激发，在课堂上畅所欲言，展开了多角度、多层次的质疑辩难。教师不时发出机智而精准的追问，一次次把课堂思辨的水平推向高潮。这是一节有内涵、有方法、有实效的优质思辨课堂。

整堂课的设计由浅入深、由表及里、层层递进，体现了文学作品思辨教学的层次性。文学作品的思辨教学与论述类文本的思辨教学不同，它不能脱离故事情节、人物形象、环境描写与主题意蕴这些基本要素架空地进行，它必须建立在学生对作品文学特质的感悟、理解、品析之上。它所思辨的内容要来自学生对文本的理解，展开思辨的过程就是师、生与文本之间进行对话的过程，采用的基本方法就是立足文本寻找证据，推敲词句，结合文本语境、文化语境和历史语境进行推理和评判。赵老师的这堂课很好地体现了文学作品思辨教学的规律和特点。在导入部分通过关键词比较，拎出探春这一人物形象的特别之处：男子气；在“探其行”环节通过对赵国基去世发钱、芳官骗贾环两个关键事件的情节还原，分析出探春的身份焦虑：庶出；在接下来的“谈其人”环节，发掘探春“想和谁好就和谁好”背后的独立人格和无奈选择；最后通过对“太太”“姨娘”满口叫而独独喊不出“母亲”这一内隐矛盾的挖掘，把整堂课的思辨引向造成人物命运悲剧的社会根源：孝文化与宗法制度的深刻矛盾。可以说，这节课正是借助思辨的力量，让学生体验到了不一般的文学课堂，从感性的故事走进人物命运的深处，与之同呼吸，共叹惋！

思辨教学不是静态的作品分析和理论阐述，而是动态的逻辑展开与思想生成；不是单向的个人独白，而是在对话中进行的多向探索、流动建构；它既需要优秀的教学预设，又需要灵活多变的课堂机智。在教学过程中，赵老师积极搭建思维支架，或顺向点拨，或逆向激发，或无疑处起疑，或有疑处生发，展示了一名优秀语文教师的教学智慧，让我们看到一堂思辨性文学课的模样。课前，以“________的探春”为题，让学生写一篇不少于800字的人物评论，为课堂思辨设置共同的主题，牵一发而动全身；以两行关键词形成对比进行导入设计，搭建了学生初步把握人物形象的直观支架，简洁而有力；借清代陈其泰、解弢的质疑说肯定学生的质疑，顺势提出本节课的主问题“探春为什么如此怨恨赵姨娘？她对生母赵姨娘是否过于冷酷无情？”借力打力，引发共振；一句“说一说二人到底在‘气’什么”的顺势点拨，把讨论聚焦在人物的内心活动上来；“如果这样来看的话，探春似乎是一个工于心计的人。其他同学也这样认为吗？”及时质疑辩难，触发了对探春人格的深度讨论。分析人物性格形成的原因时，赵老师在 PPT 上呈现了个性禀赋、生活环境、教育因素、文化背景四个维度，借助这个系统支架，学生在课堂上展现了思维的敏捷性、深刻性、灵活性和批判性，可谓脑洞大开，精彩纷呈！

一句话，这节课让探春的人物形象走进了学生的内心深处，对其命运的悲剧意味有了全面的、深入的、多角度的认识，充满智慧的思辨教学让经典文学作品达到了应有的思想高度！当然，整本书阅读受限于时空条件，总会存在缺憾，这节课如果能在文本细节上给予更多的揣摩和咀嚼，站在不同人物的身份、设身处地地展开思维碰撞和思想交锋，也许会带来更开阔的空间、更多样的观点、更精彩的论证。

课例17 平生遭际实堪伤：叹香菱

董志，复旦大学文学博士，上海市延安中学语文教师。参与国家社会科学基金一般项目“近代上海报人小说家群体研究”，在《明清小说研究》《语文学习》等刊物发表学术论文若干。

设计意图

《红楼梦》自诞生以来，以其塑造的异常出色的人物形象和极其丰富深刻的思想内容打动了一代又一代读者，是民族文化史上的瑰宝。我们今天进行《红楼梦》整本书阅读，正是要用这一文化遗产锻炼我们的阅读能力，提升我们的认识水平，全面理解和继承它。

因此，人物分析无疑是把握《红楼梦》文学世界的有效路径，但小说实际所写的又何止是人物？它无疑承载着作者对社会的思考和认识，我们在阅读时应该牢记这一点。

本课选择香菱作为切入点，正是基于以上认识。选择香菱，只是选择了一个能够驱动学生全面阅读、全面理解《红楼梦》的角度——它不是“香菱传”，不仅仅为了理解香菱这个人物而设计，而且是为了推进全面而深入理解《红楼梦》的教学目的而设计。

选择香菱，还因为她能满足整合全书内容的需要。《红楼梦》是描写贵族大家族的小说，不少教学者自然把目光集中于宝、黛、钗、凤等“主子”身上，而忽略了书中大量存在的下人、侍妾、奴仆等形象，这对于全面领会小说的思想艺术来说无疑是个损失。在这些奴仆形象中，香菱极具代表性。书中对香菱的正面描写只有四回，但并不意味着她不重要：她是《红楼梦》中第一个出场的女性人物，位列金陵十二钗副册第一位，尤为重要的是，她的情节跨度从第 1 回到第 80 回，贯串整个前 80 回。作为串起整本书阅读的次要人物，香菱应当是不二之选。

大观园是作者用文学手段构建的相对独立的世界，很多情节发生在这里，但大观园以外的世界也不该被遮蔽。“曹雪芹有一个野心，那就是以个人的命运来透视家族的命运，以家族的命运来透视时代的命运和社会的命运。”（余党绪语）小说曾自述“使闺阁昭传”的创作题旨，“闺阁”不应仅包括贾府内部的太太小姐，它应指向不同地位、不同身份的红楼女性群体，从而深刻揭示更加广阔的社会生活内容。香菱正是勾联《红楼梦》“两个世界”的典型人物。她出入于大观园内外，尤其是她作为底层“薄命女”的生命历程，不仅使读者产生广泛的共鸣，亦可视为书中女性悲剧命运的缩影，体现“千红一哭，万艳同悲”的悲剧主题。

以香菱为讨论对象，也是为了通过思辨性阅读教学还原《红楼梦》深刻的社会批判性。全书弥漫的宿命论思想是使它成为“彻头彻尾之悲剧”（王国维语）的重要因素，人物在不可知力量的控制下无论怎样挣扎，也逃不出先验的“命中注定”，这在无形中消解了一切现实的制度问题、社会问题，掩盖了《红楼梦》批判现实的锋芒，所以，正确看待《红楼梦》宿命论思想是深入理解全书的关键。香菱在书中苦难而坎坷的一生，是一句“有命无运”涵盖不了的，需要通过设计教学完成祛蔽的任务。

本节课的教学目标：

1. 回顾《红楼梦》整本书，了解香菱的一生。

2. 通过讨论、交流，探究香菱悲剧人生形成的具体原因，在初步了解

《红楼梦》宿命论思想的基础上学习思辨。

3. 通过对香菱悲剧人生的考察，体会《红楼梦》深刻的社会批判性。

教学扫描

环节一　导入

师：同学们，在《红楼梦》众多的奴仆形象中有这样一个人：她是第一个出场的女性人物，位列金陵十二钗副册第一位，书中对她的集中刻画虽然只有四回，但她的情节跨度却从第1回直到第80回，贯串整个前80回。她是贩卖人口犯罪的受害者，也是书中最具诗人气质的人物之一。她是谁?

生（齐）：香菱!

师：这节课，我们就在整本书的范围内，聚焦香菱的一生，看看这个人物能带给我们怎样的启示。

环节二　总体梳理："伤"在何处

师：我们先来看第5回里香菱的判词。

（PPT展示）

> 根并荷花一茎香，平生遭际实堪伤。自从两地生孤木，致使香魂返故乡。

师："根并荷花一茎香"，"根并荷花"是香菱的名字，因为香菱原名英莲，荷与莲同根，后改名"香菱"和"秋菱"，莲花和菱花常相伴而生。"自从两地生孤木，致使香魂返故乡"是用拆字法暗示一个"桂"字，指薛蟠的老婆夏金桂，暗指香菱最终被夏金桂虐待而死。这里的"平生遭际实堪伤"是对香菱生平的概括。那么，香菱这样一个女子的一生"伤"在何处呢?

生 1: 我认为香菱的一生是悲惨的。她三岁落入人贩子之手，开始苦难人生，后被卖给冯渊，又被“呆霸王”薛蟠霸占，纳为小妾，最后被夏金桂虐待而死。

师: 你说得不错，香菱的一生就是在社会底层沉沦、受难的一生。但是，香菱一生中就没有过幸福的时光吗?

生 2: 我认为有。香菱出生于富足人家，遇到冯渊之后，也曾对未来有过憧憬；香菱学诗，也体会过短暂的快乐。但我认为这些并不能改变她不幸人生的底色，因为给了人希望和幸福，再失去它，只会让人更加痛苦、绝望!

师: 说得太好了！香菱的一生不仅是苦难的，也是坎坷的。每当出现幸福的希望时，马上又被拖入更深的黑暗中，香菱就在这样的轮回中辗转、折腾，命运似乎总喜欢残酷地跟她开着玩笑，总是无情地捉弄这个“笑嘻嘻”“温柔安静”的女孩，完美阐释了什么是“平生遭际实堪伤”！

环节三　进入专题：小说的宿命论思想

师: 那么，对于香菱的人生遭际，我们应当如何看待呢？首先来看小说自身对此问题的看法。细读文本，不难发现，小说分别通过香菱、贾雨村和赖头和尚表达了对此问题的看法:

（PPT 展示）

那日冯公子相看了，兑了银子，拐子醉了，他自叹道：“我今日罪孽可满了！”（第 4 回）

雨村听了，亦叹道：“这也是他们的孽障遭遇，亦非偶然。不然这冯渊如何偏只看准了这英莲？这英莲受了拐子这几年折磨，才得了个头路，且又是个多情的，若能聚合了，倒是件美事，偏又生出这段事来……这正是梦幻情缘，恰遇一对薄命儿女。”（第 4 回）

师： 以上材料中，无论是贾雨村，还是香菱自己，都将所受困苦的原因归结于什么?

生3： 命运!

师： 香菱用“罪孽可满”来感叹自己可能降临的幸福，认为自己遭遇不幸都是由于前世作的孽。贾雨村更是把一个人口贩卖加人命案件解释为“孽障遭遇，亦非偶然”，归于先验的、人力无法改变的神秘力量。如果他们二人的解释还有角色本身局限的影响的话，那么，以先知形象游离于小说情节之外的“赖头和尚”则更能说明问题。

（PPT展示）

> 及至到了他门前，看见士隐抱着英莲，那僧便大哭起来，又向士隐道：“施主，你把这有命无运、累及爹娘之物，抱在怀内作甚？”（第1回）

师：“有命无运、累及爹娘”是他对英莲未来人生下的断语，意为她虽然有生命的长度，但会因为运气不好而遭受痛苦。而我们知道，英莲此后的人生历程完全符合这一预判，创作者就是根据这一预判来设计人物命运的。

由此可见，对于香菱的悲剧，无论是小说中的角色，还是创作者自己，都是用一种神秘的、不可知的宿命来解释，通俗来说，就是“命中注定”。

环节四　深度分析：香菱悲剧的批判性反思

师： 小说将造成香菱人生悲剧的原因归为无常而又无奈的命运，你同意吗?

（多数学生摇头表示不同意）

师： 如果不同意，那么你认为造成香菱悲剧命运的原因是什么？为了使大家的发言能更多地紧贴文本，我把这个问题换一种表述。

（PPT 展示）

你认为香菱的悲剧人生是谁造成的？

师： 请同学们以小组为单位，相互交流、讨论，五分钟后请各小组派代表向全班展示你们的讨论结果。

（生分组讨论）

生 4： 我认为是人贩子。甄英莲本来衣食无忧、父母宠爱，然而元宵节后一切都改变了。

师： 英莲被拐在小说里有预告吗？

生 4： 当然有，赖头和尚就警告过“好防佳节元宵后，便是烟消火灭时”。

师： 既然如此，是不是说明英莲被拐是命中注定的事呢？

生 4： 也不能这么说……

师： 那么，英莲被拐的原因你认为是什么？

生 5： 我认为不应该把英莲被拐的原因简单归结到命运，要怪就怪当时混乱的社会，买卖人口的猖獗！

师： 你拒绝书中现成的说辞而勇于独立思考，我为你的勇气和质疑精神喝彩！不错，书中其实是用一种神秘主义的宿命论思想来解释英莲的遭遇，把一个明显的恶性犯罪转变成发生在个体身上的偶然性事件，而当小说用宿命论来解释英莲的不幸的时候，显然会掩盖这一情节反映的具体问题，淡化了小说深刻的社会批判性。

英莲在元宵节走失被人贩子拐卖这件事反映了什么？它无疑表明了当时存在的把人当物品贩卖的现象的猖獗，折射出当时混乱的社会现实。

师： 还有吗？你认为造成香菱悲剧人生的还有谁？

生 6： 我觉得薛蟠和冯渊都有责任。薛蟠不用说了，破坏香菱正常生活的希望，还霸占了她，但我认为冯渊和薛蟠没有本质区别。他们为了英莲大打出手，表面看是喜欢英莲，其实都是把英莲当货品看，并没把她当人看，他们问过英莲的意愿吗？对他们来说，英莲只是付钱买来的商品。

师：说得好！所以，也不是英莲所说是前世的“罪孽”导致了今生的不幸，你觉得实际原因是什么呢？

生 6：我觉得是社会上存在一种不把人当人看，把人当物品来买卖的观念。

师：无独有偶，贾雨村是怎么对待英莲被拐这个案子的呢？甄家是贾雨村的恩人，他也曾许诺帮忙寻访英莲。然而，当门子道破这件案子的利害关系后，贾雨村当即改变了念头，既不追究薛蟠，也不帮英莲与亲人团聚，却同样以“孽障遭遇”“梦幻情缘”来解释它，写了讨好贾政和王子腾的书信，把英莲变成讨好巴结贾府、王府的礼物。

在英莲被拐事件中，拐子、冯渊、薛蟠、贾雨村，他们身份不同，在对待香菱的态度上却惊人的一致，这深刻揭示了当时社会上下存在一种把人物化的观念，人可以当作商品随意买卖，可以作为巴结行贿的筹码，人失去了为人的自由、尊严。香菱的遭遇，是当时底层社会女性处境的折射。还有比这更悲惨、更不合理的吗？我们读《红楼梦》应当看到这一层。

师：还有吗？

生 7：还有虐待香菱致死的夏金桂。

师：按曹雪芹原先的写作计划，香菱应该是被薛蟠的正妻夏金桂压迫折磨而死。夏金桂为何要置香菱于死地，书里怎么说？

生 7：书里说因为夏金桂妒悍，贾宝玉甚至去求一味“疗妒汤”的药来治疗夏金桂的奇妒。

师：按小说里的解释，我们假设薛蟠的正妻可以换一个人，不是奇妒的夏金桂，而是一个脾气温和的人，香菱的人生是不是就不会这么悲苦？

生 7：我认为香菱的死是必然的。因为夏金桂说过“卧榻之侧，岂容他人酣睡”，在古代，妻妾之间的矛盾是不可调和的。

师：你的眼光很敏锐。诚然，香菱的悲剧和夏金桂的泼辣、狠毒有关联，但这依然具有很大的偶然性，用运气不好，或者用癞头和尚的“有命无运”能给我们满意的解释吗？

所以，夏金桂为什么非要置香菱于死地呢？

因为造成香菱悲剧的根本原因是不合理的妻妾制度。夫妻关系天然具有排他性，而妻妾制度又是建立在男尊女卑、女性依附于男性的社会基础之上的，妻妾制度中的女性不能独立于社会，她不可能去对抗夫权，只能通过同性之间的“内卷”来为自己争取地位。夏金桂对待香菱是这样，凤姐对待尤二姐也是这样。香菱不幸成为这种妻妾制度下的牺牲品。

如果按书中的解释，又将人物的悲剧归于个人性格或道德的缺陷，则遮蔽了问题的根源。

师：还有同学要补充吗？

生 8：我认为香菱自己也负有一定责任。

师：哦？你的观点比较新颖，请具体谈一谈。

生 8：按理说，薛蟠毁了香菱的幸福，人品又不堪，如果我是香菱，我会对薛蟠恨之入骨。但香菱好像没有，书中写香菱对薛蟠一直很好。比如薛蟠娶妻，香菱大度得有些不正常，还说“巴不得早些过来”，宝玉听说之后表示很担心她以后的生活，还遭到她一顿抢白，二人闹得不愉快。难道有人会为自己的丈夫娶别的女人而高兴吗？我觉得香菱没有原则，好坏不分。

师：其他同学，你们注意到了吗？

生 9：我倒觉得香菱是故意的，为了显得“大度”“贤惠”而抑制自己的正常情感。男人可以三妻四妾，女人不能有任何反对，她完全被这种礼教思想洗脑了。

生 10：我同意。香菱是被封建礼教毒害的可怜虫，这有点像《祝福》里的祥林嫂。还有一个例子就是香菱学诗，她学得异常投入。她越投入，越说明她的精神需求缺口有多大，这是谁造成的呢？毫无疑问是薛蟠。但即使这样，她对薛蟠的爱一直没有变。比如她的第三首诗借咏月怀人，借思妇之口发问“缘何不使永团圆”，思念出远门的丈夫。这里可以看出她对丈夫无条件的爱——即使薛蟠其实并不是她的如意郎君。

师：两名同学思考得非常深入，读书也很细。的确，封建社会强加给女性的所谓“女德”“夫权”，那些条条框框，香菱是顺从的，甚至已经成为她自觉的潜意识。但是，说香菱对自己的悲剧也负有责任合不合适呢？我个人认为值得商榷。就像祥林嫂一样，我们不能用现在的标准去苛求那个时代的人：你为什么不反抗？对她们来说这是不公平的。我认为，两名同学的补充更说明了一个问题，就是封建礼教对女性的摧残已经到了怎样的地步！

师：现在，我们小结一下。通过讨论我们明确了造成香菱悲剧命运的人有万恶的人贩子，有“呆霸王”薛蟠，有冯渊，有贾雨村，还有夏金桂，然而，这一切还只是表象，真正的罪魁祸首，是男尊女卑的社会制度，是压抑、束缚、摧残女性的男权社会，是上千年的封建礼教。

同时也应该看到，如果我们不能透过小说的宿命论思想，看到它所反映的深刻的社会现实，那么，伟大的现实主义巨著《红楼梦》的社会批判性则在一定程度上被遮掩，小说的思想价值就不免遭到了削弱。

环节五　横向扩展：整本书范围内观照红楼女性的悲剧命运

师：接下来，咱们关注与香菱同为奴仆的两个人物——晴雯和袭人，看看她们有没有类似的情况。

（PPT 展示）

晴雯判词：霁月难逢，彩云易散。心比天高，身为下贱。风流灵巧招人怨。寿夭多因毁谤生，多情公子空牵念。

袭人判词：枉自温柔和顺，空云似桂如兰。堪羡优伶有福，谁知公子无缘。

师： 判词里晴雯的结局是早夭，那么，原因是什么呢？判词里给出的解释是“心比天高”“风流灵巧”，以及世人毁谤，你觉得呢？

生 11： 我觉得这些都是原因，但不是根本原因。

师： 你已经养成理性思辨的习惯了，那请你说说根本原因是什么。

生 11： 根本原因是封建社会森严的等级制度。身为奴婢，她从不屈服，从不奴颜婢膝，很珍惜自己的羽毛，不被那个社会所容，所以注定被毁灭。

师： 说得好！

生 12： 判词里袭人最终和宝玉无缘，而是嫁给了“优伶”蒋玉菡，书中也有解释，就是袭、蒋早就在不经意间交换过汗巾，书中说是“姻缘前定”。我认为这也是用宿命论思想掩盖了深刻的现实原因。

师： 现实原因是什么呢？

生 12： 现实原因是即使没有蒋玉菡，袭人也和宝玉无缘，因为他们两个的人生观根本不同，这才是他们不能在一起的根本原因。

师： 最后，我们来总结本节课。我们通过关注香菱这个人物的一生，来探究造成香菱人生悲剧的具体原因，从而反思《红楼梦》中的宿命论思想。怎样看待《红楼梦》的宿命论思想是个内涵丰富的话题，它在书中有何价值？这个问题留待同学们课后慢慢体悟。但它的不足之处也很明显，就是用宿命论解释具体事件时会将问题简单化，从而难免削弱了小说深刻的社会批判性，不利于同学们全面、客观看待问题能力的提升。通过本节课的讨论，我们努力祛除一些妨碍认知的迷雾，使我们在阅读时更加理性和清明。

谢谢大家！

课后作业

请在“元春早亡”和“可卿早亡”中任选一个话题，基于《红楼梦》文本实际，就你的阅读体会和思考，完成一份《____早亡原因分析报告》，然后同学之间相互交流、探讨。

要求：立足文本，逻辑合理，分析翔实。

板书设计

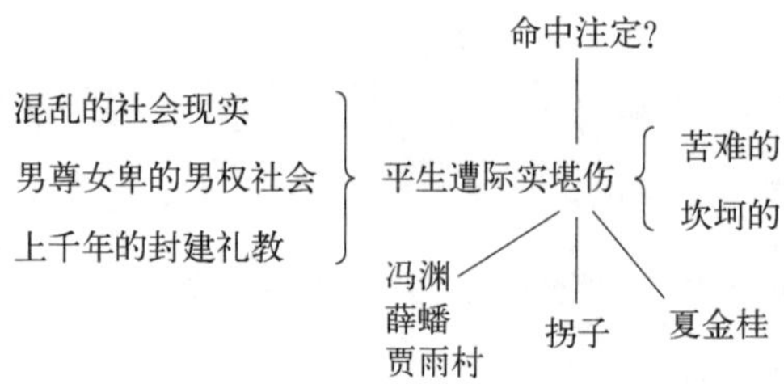

点评

从香菱入手分析红楼人物，有其特殊意义

詹丹，上海师范大学光启语文研究院教授，都市文化学博士点带头人，兼任中国红楼梦学会副会长、全国大学语文研究会副会长。著有《重读〈红楼梦〉》《〈红楼梦〉通识》《统编语文教材与文本解读（初中卷）》等。

香菱在小说中出现的位置特别耐人寻味，她以英莲的名字在第1回甄家故事中出现，由于自己被拐的不幸以及由此构成甄家败落的转折点，具有了广泛的隐喻性。而在小说第80回，也就是通常认为的曹雪芹传世的残稿终点，她的故事又占有很大篇幅，起点与“终点”呼应，画出了她人生的悲剧轨迹。据此，教师拈出她判词“平生遭际实堪伤”中的“伤”的一字评来组织学生讨论思考，既准确提炼出她生平事迹的要点，也引出了笼罩在她头上的宿命论思想的讨论。其意义，不仅在使得学生与香菱这位苦命女性发生共情体验，同时，也是要在这种共情中，通过梳理周边人物的行为及议论，获得超越人物乃至作者写作意图的反思性立场，从而达成对香菱悲剧原因的深刻认识。就此而论，这样的课堂教学，是在不脱离对红楼人物感性体验的基础上而具有的思辨性提升。人物生平在小说中的时间跨度，其涉及的社会关系之广度，以及相关议论引出的思考深度，都是能彰显《红楼梦》整本书阅读教学思辨特色的。

在讨论悲剧原因时，有学生提出香菱本人深受传统思想束缚，所以也要为自己的悲剧承担部分责任。对这样的苛责，教师没有以所谓的多元共生来加以认同，而是提出不同的商榷意见，我觉得是合理的。如果从思辨性角度考虑，这固然可以说明传统落后的思想对女性的一种精神奴役，说明她的不幸之深，但也正可以进一步让读者思考，当恪守传统礼仪的女子都不能够过上幸福生活时，不是更深刻地说明了社会制度本身的野蛮和无情吗?

教师引导学生透过小说笼罩在香菱头上的宿命论思想，看到现实的冷酷，具有相当思辨色彩。但这种思辨，又需要在针对具体对象的细分中，得到精准的分析。例如，同样拿神秘莫测的天命来说事，香菱这么说，则是不具备改变条件的无奈，意味着她的深深绝望；而身为知府大人的贾雨村也这么说，就是对恩人之女不思报答，是推卸自己本应该承担、也可以承担责任的托词。这样，体现曹雪芹宿命论思想的一僧一道的“有命无运”的神秘预言，一种似乎是“天命”加害于香菱的不可控、不可测，在小说情节中就具体展开为“人力”的共谋与合围。

正因为在当时，香菱的不幸具有广泛的代表性，所以在课堂教学中，由香菱的人物讨论引出对晴雯、对袭人的讨论，以确立整本书视野下的人物分析的广度，有一定的合理性。但从小说整体来考虑，如果环节的推进不仅仅是立足于主题方面的命运类似，而且能揭示情节肌理上的渗透，就更加流畅和自然。可以发现，第 5 回贾宝玉神游太虚幻境，交代翻看金陵十二钗册子时，同时看了“正册”十二人，“副册”一人，“又副册”二人。为什么副册只交代香菱一人呢？从宝玉的角度来说，也许是因为他翻看的随意，但从每册的最前位置看，似乎又有一定的关联。正册是把黛玉和宝钗合一起，副册只有香菱一人，而又副册只呈现晴雯、袭人两人。晴雯、袭人是黛玉和宝钗的影子，这已是读者的共识，所以都位列每册的开头，那么香菱呢？考虑到第 7 回写周瑞家的和金钏都认为香菱和秦可卿相像，而秦可卿则与宝玉梦中的兼美有隔不断的联系，兼美则是兼有黛玉、宝钗之美，这样，香菱放在副册开头，向上映射了正册的黛玉、宝钗，向下照应又副册的晴雯、袭人，由此从香菱引出对晴雯和袭人的讨论，也许就十分自然。换言之，这本来是可以贴着小说思路展开的。以上管见，未必恰当，还请任教老师和方家指正。

课例18 走正道而陷歧途：失败者贾政

张华峰，语文特级教师，广西桂林市国龙外国语学校科研处副主任，广西高中语文学科中心组成员，广西中语会常务理事，广西师范大学国培计划导师，编有《论语选读》。

设计意图

贾政，作为贾府第三代掌门人，是第三代男家长中唯一相对正面的角色。但在以往的人物分析中，贾政常常被人们忽略或简单化。

贾政的名字来自《论语》："政者，正也。子帅以正，孰敢不正？"赞同认可贾政的学者认为他是"封建社会的样板正人君子"，身上拥有众多的美德："作为儿子的贾政，是孝子的典型，尽其所能顺亲、娱亲。作为丈夫的贾政，对嫡妻王夫人给予了相当程度的平等与尊重，可以说是通情达理的丈夫。"而批评他的学者就更多了，有的认为他是"一个寂寞而失落的父亲"，更多的人将其定性为"顽固坚持封建正统立场的卫道士"，更有甚者，认为他是个彻头彻尾的伪君子。

贾政，是荣国公之孙，贾代善、贾母的次子，贾赦的弟弟。他是王夫人、赵姨娘的丈夫，元春、宝玉、贾环、探春的亲生父亲，是宁荣二府人物关系图中的关键人物。贾政是贾府第三代的实际"掌门人"，理解他的心理和作为，能够更便捷地进入《红楼梦》的艺术世界。

对贾政的分析之所以出现很大的反差，其中一个重要的原因是将贾政当作一个静态的、片面的形象加以分析，没有考虑到贾政从青少年到中老年发生的变化，没有采用发展的辩证的眼光来分析贾政的心路历程。

课前要求学生制作贾政与各类人物的关系的思维导图，理解贾政在贾府的重要地位；摘抄贾政语言中引用儒家经典、诗词的例句，初步了解贾政的文化修养；梳理贾政出仕前、仕途中、抄家后三个阶段的相关情节，概括贾政的性格特点，并思考其性格变化的原因。

本节课针对贾政形象理解上的片面与僵化，结合中学生的实际理解能力，引导学生实现从学习到研习的转变，用几个能够打开学生理解之门的关键问题，重点剖析贾政少年、中年和老年的性格转变及其原因。教学目标设定如下：

1. 引导学生全面、理性地解读贾政的人物形象。

2. 理解贾政少年、中年性格转变的缘由，从而初步探究曹雪芹创作贾政这一人物形象的动机。

教学扫描

环节一　导入

师：大家知道贾政是贾府里面的第几代人物吗？

生 1：第三代。

师：在贾家的第三代人物中，他毫无疑问是最重要的一个。请说说为什么。

生 2：第三代是“文”字辈，意味着“人文昌盛”。大家一直以为宝玉、黛玉等第四代“玉”字辈是贾府“烈火烹油、鲜花着锦”的一代，其实，就物质生活而言，第三代“文”字辈才是衔着金钥匙出生的一代人。贾政在这一辈人中算是出类拔萃的，他的那几个兄弟都不争气，不成器，不成才。要么修道士，要么吃喝玩乐，好像没干什么正事。因此贾府实际上的重任就落在贾政身上。

师： 说得非常好。你能展示一下你绘制的以贾政为中心的人物关系图吗?

（生展示）

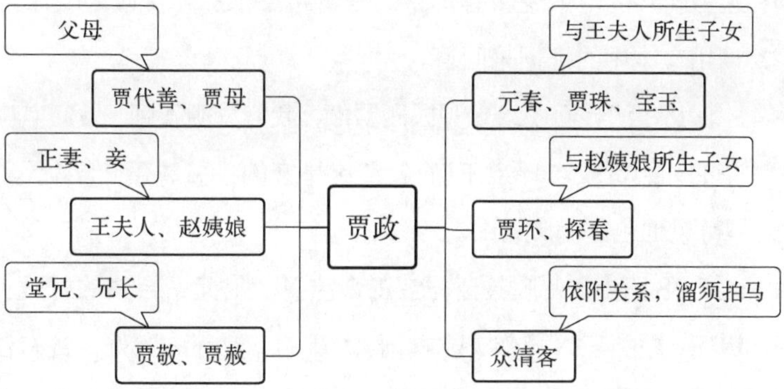

生 3: 贾珠年纪很小就去世了，可以不论。贾敬与贾赦：贾敬信道，不问家务；贾赦好色，胡作非为。贾政是小说中荣国公的孙子，贾代善和贾母的儿子，王夫人、赵姨娘的丈夫，元春、宝玉、贾环、探春的父亲，这是一个非常重要的角色。但在小说中，和宝黛钗比起来，贾政又不是重要人物。

（板书：贾政——走正道而陷歧途的失败者）

环节二　梳理概括：贾政出仕前后的思想性格

师： 作为贾府名义上的当家人，贾政在出仕前有着怎样的思想性格呢？请各位踊跃发言。

生 4: 在第 2 回中，冷子兴是这样介绍贾政的：

> 次子贾政，自幼酷喜读书，祖、父最疼，原欲以科甲出身的，不料代善临终时遗本一上，皇上因恤先臣，即时令长子袭官外，问还有几

> 子，立刻引见，遂额外赐了这政老爹一个主事之衔，令其入部习学，如今现已升了员外郎了。

从这一段话可知，贾政年轻的时候爱好读书，却没有参加科举考试，而是享受荫功，差不多就是依靠世袭得的官吧。因此，我们可以推断贾政年轻时爱读的书，很可能与宝玉一样，大概不是“四书五经”之类应考的书籍，各种闲书的可能性比较大。

师：这名同学运用了逻辑推理，值得肯定。那么，贾政的文学才华怎么样呢？请用文本中的证据来回答。

生 4：第 17 至 18 回中给大观园题匾额，我们分明看到，贾政其实是颇有文学才华的，如贾政点评宝玉时说：“这是套的‘书成蕉叶文犹绿’，不足为奇。”可见他也是满腹诗书。

生 4：第 78 回中，贾政甚至与宝玉合演了一出父子合作的好戏：贾政命宝玉、贾环、贾兰三人同作《姽婳词》，贾兰、贾环先写好，各有佳处；宝玉更是“立意不同”，且合了贾政的“主意”。于是，贾政主动“笑着”提出“你念我写”，结果，宝玉一边念，贾政一边写，并不时催促“快续”“再续”，还提出了一些建设性意见。这个场面还是很感人的。可见贾政其实也是雅人，也是有趣之人，并不是时时刻刻板着脸孔的。

（板书：风雅之士）

师：贾政出仕前除了爱看闲书，还有什么特点呢？

生 5：第 78 回是这么写的：“近日贾政年迈，名利大灰，然起初天性也是个诗酒放诞之人。”“诗酒放诞”说明出仕前的贾政也放荡不羁。

生 6：老师，还有第 84 回贾母说的话：“想他那年轻的时候，那一种古怪脾气，比宝玉还加一倍呢。直等娶了媳妇，才略略的懂了些人事儿。如今只抱怨宝玉……”从贾母的这些话可以看出，之前同学说的贾政不喜欢读“四书五经”的推断是有根据的，他年轻时比宝玉还要能闹腾。

（板书：颇有清才）

师：出仕之后的贾政性格是什么样的呢？同学们不妨多关注贾政是如何处理他的人际关系的。

生 7：我从他和宝玉的关系来分析。贾政这个时候已经是百年望族的大家长，他完全是一个严父。宝玉十分惧怕他，在宝玉挨打这一回体现得最为明显。

师：贾政对宝玉有没有慈爱的时候？

生 8：还是有的。例如大观园“题对额”的时候，贾政刻意让宝玉在众人面前表现，这时候贾政的“笑着骂道”里面就包含了对儿子的欣赏，为儿子骄傲。这是一个慈父的形象。

（板书：严父慈父）

师：这么说来，贾政应该是一位很好的父亲啊，严慈结合。那宝玉有没有按照贾政设想的路线成长呢？贾政算不算一位成功的父亲呢？

生 9：宝玉基本上按照自己的节奏成长，或者说宝玉是在贾母等人的呵护下成长的。贾政虽然严格，但说话过于尖酸，对宝玉打击很大。例如：

> 贾政冷笑道：“你如果再提‘上学’两个字，连我也羞死了。依我的话，你竟顽你的去是正理。仔细站脏了我这地，靠脏了我的门！”

小说中类似这种讽刺和打压宝玉的话语不胜枚举，宝玉对贾政自然害怕得不行。

生 10：此外，贾政对宝玉的慈爱也只是表面的或者说暂时的。请看这么一句话：

> 宝玉道：“只从太太吩咐了，袭人天天晚上想着，打发我吃。”贾政问道：“袭人是何人？”王夫人道：“是个丫头。”

贾政连宝玉的贴身大丫鬟都不认识，可见他对宝玉的关注、陪伴太少。

师：同学们说得很好。其实就在宝玉挨打之时，一个父亲要把孩子捆起来勒死他，也不是一个好父亲该做的事情。贾政和宝玉的父子关系令人感慨。谁来说说贾政和他自己的母亲也就是贾母的关系如何呢?

生 11: 也不好。首先我们看贾政自己的感叹。在“制灯谜”那一回中，贾政说:“何疼孙子孙女之心，便不略赐与儿子半点?”这句令人感伤的话语中，可以看到对宝玉异常慈祥的贾母，对自己的儿子有点冷落。

师: 其实在“宝玉挨打”一回中，从贾母“只是可怜我一生没养个好儿子”的话语中，也可以看出贾母对贾政的不满。而从贾政命令众人不许传信给贾母来看，贾政对贾母干涉自己管教儿子太多也一直心有所怨。当然，同学们还应该看到，贾母对贾政有没有慈爱的一面?此外，如果对比贾赦的话，贾母更喜欢哪个儿子一点呢?

生 12: 当然有慈爱的一面，例如在林黛玉进贾府那一回中，我们可以发现，贾政住在荣国府中间最大的房子，贾政的房子和贾母的房子后边有走廊可以穿过去；而贾赦和贾政的房子之间却用围墙隔开。从中可以发现他们母子三人的关系不一般，也可以看出贾母更喜欢贾政一些。因为贾赦很坏，院子里有许多盛装丽服的姬妾，可以看出他的好色。他甚至连贾母的丫鬟鸳鸯都要抢过去。因而贾母一直很讨厌贾赦。贾母曾这么说贾赦:“放着身子不保养，官儿也不好生作去，成日家和小老婆喝酒。”相比之下，贾母还是和贾政更加亲近一些的。

不过贾政不光是和宝玉关系不太好，其实和元春、探春的父女关系也不乐观。在元春省亲那一回，元春说“送我到那不得见人的去处”，可以看出，元春当妃子看似风光，其实也很痛苦。至于探春，最后也嫁到“一帆风雨路三千”的海外边陲小国，想来对贾政也不会感激。

师: 你的发言很有特点，需要细细分析一下。老师赞同你关于贾赦贾政的比较，但是对于元春的话可能要细细辨析一番。虽然元春这么说，好像在抱怨父亲把她送到皇宫，然而，在那个年代，这恐怕由不得贾政。例如宝钗一开始来金陵就是来准备参加选秀的。至于探春远嫁，恐怕也不是贾政能够左右的。

同学们刚才从几个角度分析了贾政的家庭的悲剧，其实他还是朝廷的官员。那么他的从政经历是不是就很顺利呢?

生 13: 好像也不好。他想做清官，试图做一个“富而好礼”“主忠信”的好官员，然而现实也让他做不成清官。我记得他的手下后来纷纷辞职，贾政还想坚持，后来李十儿不断劝导，贾政不得不默许他的手下李十儿借他的名义去贪腐。

（板书：孝顺儿子、清廉官员）

环节三　合作探究：走正道的贾政为何陷入歧途

师： 竭力走正道的贾政，刻意按照儒家的标准行事，他尽力想做严慈结合的好父亲，想做忠君勤勉的好臣子，想做孝顺恭谨的好儿子，想做夫唱妇随的好丈夫，然而现实却和他开了很大的玩笑，他貌似处处事与愿违。请问，想走正道的贾政为什么陷入歧途？作者是在批评儒家吗?

生 14: 我认为他承担着整个家族的期待，所以不得不保持相对务实的姿态。不光是来自社会的要求，他自己也意识到了这一点，于是不得不成熟一些。前面我们谈到，贾政本性也是喜欢“潇洒自如”的，然而这种转变让他也讨厌自己的角色。因而我们认为贾政的失败来源于自己的转变，或者说是转换角色的不成功。

贾政一方面一直有着逍遥自在的想法，一方面承担着整个家族的重任，容不得一丝一毫的闪失，所以他对宝玉做出“违背自己最初意愿”的事情，可见贾政也有迫于无奈的一面。

师： 这个观点很有意思。有意思的地方在于用发展的眼光看到了贾政做儿子和做父亲的变化。同学们可以想想，如果你们来当贾政，当这个大家庭的大家长，面对宝玉这样聪颖却贪玩的儿子，面对贾赦这样贪婪荒淫的兄弟，面对贾府这样错综复杂、牵一发而动全身的家庭，你会做得更好吗?

生 15: 很难啊。我认为也是当时的社会环境逼迫贾政，当外界的力量大于贾政的努力的时候，贾政的失败、无奈也就在所难免了。例如宝玉挨打的情节，一般人都在责备贾政过于凶狠，但如果我们知道事情的起因之一是忠顺王府来找麻烦——这根本就是得罪不起的人啊，就能理解了。贾政边打边哭，可以看出贾政也是迫于无奈的——他根本就没有多少选择。环境逼迫他表态，如果不制裁宝玉的话，他根本无力承受忠顺王府的怒火。

师: 很难是很难。但是说打宝玉是因为“无力承受忠顺王府的怒火”，难道贾政是打给忠顺王府的长史看的吗?

生 16: 前面同学的话是有点问题。忠顺王府来贾府寻找蒋玉菡是宝玉挨打的原因之一，但不能说是唯一的原因。那一回的回目叫作：手足眈眈小动唇舌，不肖种种大承笞挞。我们就可以看出，宝玉挨打的直接原因还是贾环在父亲面前“小动唇舌”。

我认为贾政做事情里外不是人，也有他本身能力不够的原因。时代是相同的，但是相同的年代总会有成功的人士。贾政太固执太老实，才导致自身的进退失据。他只会按照儒家的那套东西来活着，并不能适应那个社会的变化。当固有的理念需要变化的时候，不能死守着固定的观念不变。

师: 你认为是儒家自身的观念也存在一些问题，对吧?

生 17: 对的，儒家也需要“与时俱进”。儒家的一些观点，比方说有关君子的一些论述，像“君子无所争”“君子喻于义”“君子上达”等等，如果只知道死守孔子的教诲，而不知在现实生活中灵活变通的话，就有可能像贾政一样动辄得咎。

生 18: 贾政性格潇洒、不喜闲事也会导致他不太在意细节，喜欢“假手他人”，自己很少“亲力亲为”。第 4 回，作者这样描写贾政：“素性潇洒，不以俗务为要，每公暇之时，不过看书着棋而已，余事多不介意。”用我们现在的话来说，就是有些“官僚主义”，他对下人的一举一动不太关注，例如宝玉身边的丫鬟叫什么名字都不知道，因而构成了他能力欠缺的一个重要因素，就是过于相信别人，容易被人欺骗，自己抓不到第一手的信息。

生 19: 这也导致他对宝玉没有真正关心到点上去，进一步讲，贾政对所有的事情都没有全身心投入，他只是靠着所谓的正气，自己不去做坏事。但是他既没有和坏人坏事做斗争的勇气，也没有抓铁有痕的狠劲，做什么都漂在水面上，不能深入。这一点在贾琏、赖大负责修建大观园时中饱私囊就可以看出。

师: 贾政的转变，可以从主客观原因加以分析。主观原因是贾政自己爱好读书却没能通过科考出身，留下遗憾，振兴贾府的重任毫无疑问要传给天分极佳的宝玉，这迫使贾政要把宝玉培养成贾府新的接班人。此外，从客观因素来看，社会、家庭的儒家因素都决定了贾政要踏踏实实做事，老老实实为官，一切要为百年望族的贾府考虑，这就要求贾政牺牲小我的放诞天性，以相对威严庄重的姿态出现。孟子所说的“此之谓失其本心”，在贾政这里有很好的体现。

总的来说，贾政的失败既有角色调整的失败，也有个人能力不足的失败，还是“潇洒理家”“假手他人”的必然。

（板书：父子关系僵硬、多次被母亲责骂、不得不随波逐流）

环节四　深入研讨：贾政更有可能的结局

师: 第 120 回贾政的结局怎样呢？你觉得根据我们之前的分析，这样的结局合理吗？为什么？请同学们谈谈自己的理解。

生 20: 第 119 回是“中乡魁宝玉却尘缘，沐皇恩贾家延世泽”，贾政承袭了荣国公的爵位，这是一个喜剧的结尾。

（板书：程高本结局——恢复爵位、贾府复兴）

生 21: 我们组觉得这个结尾不太符合曹雪芹创作的原意。曹雪芹创作时应该是要写“落了片白茫茫大地真干净”，要写成悲剧结尾的。

生 22： 其实从修建大观园时贾政的一些话语中可以看出，即使是贾府最为繁盛之时，贾政也时不时有想要隐居的念头。行到潇湘馆，他感叹“若能月夜坐此窗下读书，不枉虚生一世”，表露了内心埋藏已久的真情。而进了稻香村，他则直接表露了“归农”之意，并吩咐贾珍用竹竿在树梢挂一个酒幌。再入茆堂，贾政见“纸窗木榻，富贵气象一洗皆尽”，便心中喜欢。而当宝玉指出稻香村和其他景观不相协调时，贾政怒斥他“只知朱楼画栋，恶赖富丽为佳”。那么被贬之后，贾政很有可能借机隐居乡野，不再关注世俗事务。

师： 同学们说得非常好！家族中的角色、社会、时代，没有给他这个机会。入世不顺却又无法像甄士隐一样在了却牵挂后潇洒出世，使贾政这个形象呈现出了内在矛盾，而这也是传统文人身上普遍存在的。这预示着他最有可能做出的终极抉择——辞官归隐。这便与那些退居山林乡村的“隐士”，殊途而同归。

其实，就某种意义而言，贾政归隐的追求也侧面映衬出曹雪芹的某些现实境况。曹雪芹晚年穷困潦倒，却嗜酒狂放。他的字正是“梦阮”，可见他对阮籍的向往。而书中也有很多地方都表达了他对魏晋风度的向往追求。曹雪芹的朋友张宜泉在其诗《题芹溪居士》写道：“借问古来谁得似？野心应被白云留。”

（板书：退隐山林）

从仕与隐的角度来看，在夹缝中求出路的贾政，很能反映作者的生活状态。归隐的理想其实也是中国古代文化长河中渊源悠久的一条分支，贾政就是一个失意的正统文人的写照，他在时代变迁中做出了自己的努力，最终却完全无能为力。但不管怎样，这样的失败者还是值得我们敬重的：至少他有着难能可贵的坚持，不那么容易随波逐流。

师： 同学们，你能从身边的父亲或者新闻报道中，看到新时代的“贾政”依然以各种不同的方式存在吗？请大家朗读鲁迅的一段话：

（PPT 展示）

“自己背着因袭的重担，肩住了黑暗的闸门，放他们到宽阔光明的地方去；此后幸福的度日，合理的做人。”这是一件极伟大的要紧的事，也是一件极困苦艰难的事。

但世间又有一类长者，不但不肯解放子女，并且不准子女解放他们自己的子女；就是并要孙子曾孙都做无谓的牺牲。（《我们现在怎样做父亲》）

生 23:《红楼梦》是矛盾的。贾政的身上也充满着矛盾。其实，即使在我们当下，依然生活着无数的“贾政”。有的父亲自己是达者，要求儿女也必须是达者；有些父亲自己是生活中的失败者，要求孩子必要胜过自己。为了使儿女成龙成凤，他们甘当孺子牛，甘愿牺牲一切……一旦希望可能落空，所有的关爱就会瞬间转换为“宝玉挨打”里的那种残暴。现实生活中，我们会看到一些父母压迫孩子的新闻，难道不值得我们从贾政这里开始反思吗？

环节五　结语

师: 我们今天这堂课探究了贾政这一人物形象。我们看到，贾政有很好的想法，也做了很多的尝试。他想走正道，想成为正人君子、好父亲、好儿子、好丈夫、好臣子；然而在末世降临的年代，他的种种努力都宣告失败。为何如此呢？

我和同学们分享贾政的几个小细节：

第一，贾政的书房和贾政的清客名字。在第 8 回写道：

偏顶头遇见了（贾政）门下清客相公詹光单聘仁二人走来，一见了宝玉……二人点头道：“老爷在梦坡斋小书房里歇中觉呢，不妨事的。”

贾政的门客叫“詹光”，其实是“沾光”的谐音，说明是个爱占小便宜的人；而单聘仁呢？则是“善骗人”的谐音。从这里可以看出贾政的迂阔之处，不够精明；而贾政的书房叫“梦坡斋”，意思就是梦中遇见东坡，再次印证了我们之前探究过的“逍遥自在”。试想，如此逍遥不管俗务的迂阔之人，怎能不被下人蒙得团团转呢？

第二，大家记得贾迎春后来嫁给了谁吗？对了，就是那个武官孙绍祖，虐待迎春的人。这场婚事可以看出贾赦的残忍贪婪，为了五千两银子的欠账，就牺牲了女儿的幸福。对这场婚事，贾府的人都是什么表现呢？先看贾母——

> 贾母心中却不十分称意，想来拦阻亦恐不听，儿女之事自有天意前因，况且他是亲父主张，何必出头多事，为此只说“知道了”三字，余不多及。（第79回）

贾母讨厌贾赦，虽然知道迎春的婚事不太好，但是碍于他是贾赦之女，一句话都没有多说。而贾政呢？请看——

> 贾政又深恶孙家，虽是世交，当年不过是彼祖希慕荣宁之势，有不能了结之事才拜在门下的，并非诗礼名族之裔，因此倒劝谏过两次，无奈贾赦不听，也只得罢了。（第79回）

只有贾政“劝谏过两次”，这就难能可贵了。兄弟之间一般更加不好多说，但是贾政还是劝谏了两次。他为了一个侄女的幸福，倒争取了两次。

元春、探春出嫁的细节书中没有写到，但是我们可以反推，如果贾政能够做主，如果她们两姐妹的遭遇真的很凄惨，贾政会不会阻止呢？

在大观园中，贾政对宝玉题的匾文虽然有很多贬斥之语，但最后还是基本上采用了宝玉的提法。为什么呢？因为宝玉小时候受过元春的教育，用宝玉题的匾文，最容易让元春感受到欣慰。这既是贾政在讨好皇妃，也是贾政作为父亲对一双儿女用心良苦。

文学总是反映生活的，我们研读贾政，既要让大家能够理解贾政，体贴贾政，让大家知道做父亲的艰难，也要让大家明白，即使今天，贾政式的家长依然比比皆是。

文学总是要超越生活的，我们研读贾政，更要明白贾政身上寄寓的文化意蕴，了解只知道固守传统所带来的悲剧，更要以贾政为镜子，照出贾政的不足，从而超越贾政——这就是思辨阅读的要义。

课后作业

请完成必修下第七单元《红楼梦》整本书阅读的“任务 5：设想主要人物的命运或结局”。

板书设计

贾政：走正道而陷歧途的失败者

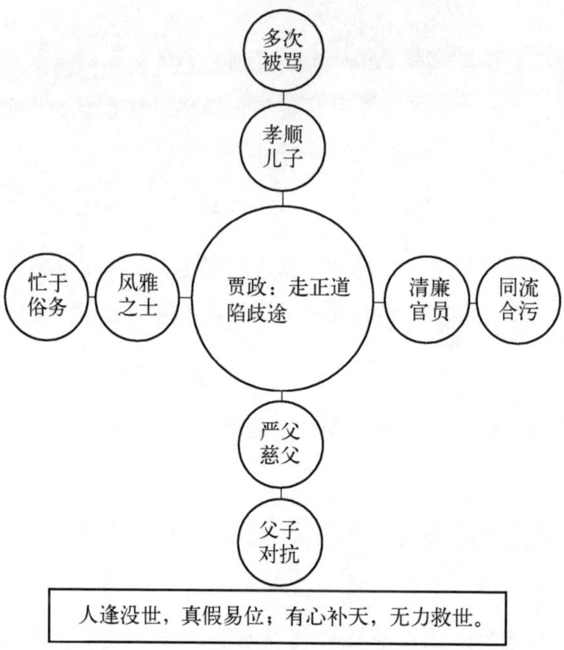

点评

紧扣课标精神，做好文本梳理

吴泓，语文特级教师，广东省深圳市首批教育专家工作室主持人，统编高中语文教材编写组成员，《中国教育报》2011年度“推动读书十大人物”。

从学习设计上看，《红楼梦》人物贾政鉴赏课，很好地体现了课标精神。

首先，看“课前学习”。

教师提出“梳理贾政与各类人物的关系”“摘抄贾政语言中引用儒家经典、诗词的例句”和“梳理贾政出仕前、仕途中、抄家后三个阶段的相关情节”这三项任务。

第一，紧紧扣住课标“课程内容”在“整本书阅读与研讨”学习任务群的“学习目标与内容”里提出的“理清人物关系”的要求。

第二，紧紧扣住“语言建构与运用”这一核心素养，即从人物的语言切入。

第三，紧紧扣住课标针对“语文学习活动”提出的“梳理”这一关键学习活动。

仅以梳理人物关系为例。我们知道，每一个人都是活在“关系”当中的。要理解这一人物，先要把这一人物放到他（她）所处的家庭或社会的关系当中去审视或考察。而要鉴赏或分析好贾政这一人物形象，就得梳理并明确他在这当中所处的地位或位置。唯其如此，才能够很好地把握这样一个人物的基本性格特征以及后来的发展和变化。

其次，看课中三个教学环节。

课标将“语言建构与运用”放置于语文学科核心素养的首位，其用意在于语言的梳理是语文学习的入口。另外三大核心素养“思维发展与提升”“审美鉴赏与创造”“文化传承与理解”，全凭借语言的梳理才得以顺利完成。这里，我们不妨以最重要、最基础的“环节二”的部分内容为例，来说一说梳理小说中人物的语言为什么会有如此重要的作用。

试节录学生梳理的与贾政有关的语言，制作成如下表格：

回目	言说者	语言	性格概括
第 2 回	冷子兴	次子贾政，自幼酷喜读书，祖、父最疼，原欲以科甲出身的，不料代善临终时遗本一上，皇上因恤先臣，即时令长子袭官外，问还有几子，立刻引见，遂额外赐了这政老爹一个主事之衔，令其入部习学，如今现已升了员外郎了。	酷喜读书
第 17 至 18 回	贾政	这是套的“书成蕉叶文犹绿”，不足为奇。	颇有文才
第 78 回	贾政	贾政命宝玉、贾环、贾兰三人同作《姽婳词》，贾兰、贾环先写好，各有佳处；宝玉更是“立意不同”，且合了贾政的“主意”。于是，贾政主动“笑着”提出“你念我写”，结果，宝玉一边念，贾政一边写，并不时催促“快续”“再续”，还提出了一些建设性意见。	风雅之士

可见，人物性格之所以得以概括，得益于对人物语言的梳理。后两个教学环节教师引导学生领悟探究性或批判性思维，也得力于前一个教学环节学生对语言的分类梳理。

课例19 善恶两歧性中天：王夫人论

梁秀清，安徽省蚌埠第二中学语文教研组长，安徽省优秀青年教师，蚌埠市教坛新星，曾获安徽省高中语文优质课评比一等奖、安徽省中小学阅读指导课评比一等奖。

设计意图

正如鲁迅先生评《红楼梦》说："其要点在敢于如实描写，并无讳饰，和从前的小说叙好人完全是好，坏人完全是坏的，大不相同，所以其中所叙的人物，都是真的人物。"本节课立足王夫人形象复杂性的分析，展开专题研讨，引导学生正确评价王夫人的善与恶，并尝试用所学到的方法去分析小说中的其他人物，实现转化运用。教学目标确定如下：

1. 围绕"王夫人是真慈悲还是伪善良"这个问题，梳理整合，找出与王夫人相关的小说情节，分析人物行为动因，了解人物形象特征。

2. 通过交流讨论，形成对王夫人这一人物形象全面、客观的评价，深入理解其形象的复杂性与真实性。

3. 学会根据人物的身份、地位、经历、所处社会背景等多种因素综合分析人物形象，实现迁移拓展。

基于以上教学目标，我们将整个学习过程分为课前阅读引导、课堂交流讨论、课后转化运用三个部分。

课前阅读引导意在为学生的课外自主阅读做好总体指导。首先，学生通过检索与概括主要情节，梳理王夫人的主要“事迹”，完成对人物的简单梳理。其次，学生通过制作人物档案，对王夫人这个人物形成整体性认识，特别强调关注其人生的“资本”与“痛点”，引导学生聚焦重点，尝试发掘王夫人行事的深层心理。最后，学生通过收集书中人物对王夫人的评价，拓展阅读学者对王夫人的评价，发现矛盾问题，意识到王夫人形象的复杂性，实现志趣激励。示例：

作者及书中人物	评价	关键词
曹雪芹	王夫人固然是个宽仁慈厚的人（第 30 回） 王夫人原是天真烂漫之人，喜怒出于心臆，不比那些饰词掩意之人（第 74 回）	孝顺 豁达 慈爱
刘姥姥	他们家的二小姐着实响快，会待人，倒不拿大。如今现是荣国府贾二老爷的夫人。听得说，如今上了年纪，越发怜贫恤老，最爱斋僧敬道，舍米舍钱的（第 6 回）	
贾母	可怜见的，不大说话，和木头似的（第 35 回） 你这个姐姐他极孝顺我，不像我那大太太一味怕老爷，婆婆跟前不过应景儿（第 46 回）	
探春	太太满心疼我，因姨娘每每生事，几次寒心……太太满心里都知道。如今因看重我，才叫我照管家务（第 55 回）	

读者/学者	评价	关键词
洪秋蕃	不是主持中馈之人	无能 伪善 凶残
犀脊山樵	无知人之明	
胡学敏	凶残有余，表面上像尊菩萨，慈悲为怀，骨子里刀刃在手，杀人不见血	
本班学生	破坏木石前盟、宝黛爱情的刽子手	

课堂交流讨论基于课前阅读展开，围绕“王夫人是真慈悲还是伪善良”这个话题，引导学生全面、理性地讨论分析其形象的复杂性和真实性。课堂主体部分聚焦金钏儿投井这一核心事件，联系其前因后果，探究王夫人的复杂心理、多样性格。课堂最后，组织学生梳理讨论交流的结果，形成评价定论，并总结分析人物形象的方法，以期学生课后能实现对课堂所学的转化运用。

课后转化运用主要通过布置课后拓展研习作业，引导学生总结所学，并运用所学就自己感兴趣的人物继续展开专题研讨式的自主学习。

教学扫描

环节一　交流阅读评价，寻找专题研讨问题——王夫人是真慈悲还是伪善良

师：皇皇一部《红楼梦》，所写人物有数百之多，除了争奇斗艳的小姐丫鬟们，贾府的太太奶奶们也是其中浓墨重彩的一笔。曹雪芹在小说中说有一位夫人“宽仁慈厚，原是天真烂漫之人，喜怒出于心臆，不比那些饰词掩意之人”，刘姥姥曾说这位夫人“着实响快，会待人，倒不拿大。如今上了年纪，越发怜贫恤老，最爱斋僧敬道，舍米舍钱的”，大家知道这位夫人是谁吗？

生（齐）：王夫人。

（板书：王夫人）

师：作者曹雪芹和书中人物对王夫人多是交口称赞，说她孝顺仁慈、宽厚爱人。你赞同吗？

生 1：我认为王夫人的宽厚仁爱是分人的，她对关系亲密的人更宽容，比如她会容忍宝玉的离经叛道，但对关系较疏离的人，当他们触及自己的利益时，尤其是跟宝玉相关的利益时，她就会不顾及对方，变得凶狠。

生 2：我认为王夫人是个恪守封建伦理道德的人，同时眼高手低，一旦有人或事触及她所溺爱的宝玉的利益，她就会大动肝火，固执蛮横。

生 3: 王夫人的本性确实是宽厚的，而这种宽厚的性格在某种程度上来自其所受的封建伦理的教化。但是我认为，这种封建伦理又在她心中种下了“恶”的种子。金钏儿与宝玉调笑几句，便遭掌掴斥骂，无情逐出，这直接导致了金钏儿的死。但她也不是一个完全的恶人，所作所为并不能说是“纯粹的恶”，她接受的封建伦理教化让她不能容忍分毫越礼。

生 4: 我认为，善良的前提是理解别人的痛苦。王夫人虽然宽厚慈悲，但是这是在不侵犯她个人利益的前提下，一旦她自己受到威胁，她就会残忍冷酷起来，而且不辨是非，这时候，她的慈悲善良就会化作冰冷的刀刃。从本质上讲，她不懂也不屑于懂底层人的痛苦。她信佛教，讲因果报应，她的善良是为自己，掺杂着自私自利的成分。

师: 同学们的观点给了我很多启发，关于王夫人的评价历来确有争议，今天这节课就让我们就“王夫人是真慈悲还是伪善良”这个问题展开深入分析。

环节二　分享人物档案，确定分析人物形象的立足点——王夫人的资本与痛点

师: 要分析一个人物，先要对这个人物有个整体性的了解，包括她的身份、地位、爱好、周围的人际关系、过去的经历等。下面请结合你们课前制作的人物档案，分享你对王夫人的整体了解。

生 5: 王夫人是荣国府二老爷贾政的夫人，地位很高，与王熙凤一同构成荣国府的“实权派”。她来自金陵王家，她的兄弟王子腾从京营节度使升到九省都检点，强大的娘家是王夫人“强硬”的底气，她的女儿贾元春，才选凤藻宫，是贾府的靠山。书中对王夫人的日常活动着墨不多，她平日爱好吃斋念佛。不过，王夫人虽然是贾政正妻，但夫妻二人相敬如“冰”，书中贾政就很少在王夫人那里过夜，比较偏爱赵姨娘。

生 6: 王夫人对姑娘们是没的说，包括对庶女探春。不过王夫人对宝玉的感情很复杂，林黛玉进贾府的时候，王夫人曾称宝玉为“孽根祸胎”“混世魔王”，既有溺爱，又有忧虑。其实，我认为，王夫人从一个“着实响快”的二小姐到吃斋念佛的管家夫人，与她的经历关系密切，这一点我们有必要了解一下。年轻的时候她应该和王熙凤一样是个飒爽女子，但是深宅的生活和子女的离去促成了她的改变。贾珠身为嫡长子，十四岁进学，娶了国子祭酒的女儿，可以说是贾府的未来之星，但是天妒英才，老天就这样把他从王夫人身边带走了。另外，元春也早早入宫了，虽然成了贵妃，但唯一能说知心话的女儿去了“见不得人的地方”。剩下的小儿子贾宝玉，虽然是贾母的“掌中宝”，但是个混世魔王，整天跟姊妹们厮混。王夫人心中的焦虑与落寞可想而知了。

师: 看来王夫人这个人物的内心世界不简单，今天这节课就让我们围绕金钏儿投井事件的始末，一起去分析她是真慈悲还是伪善良，以期窥一斑而见全豹。

环节三　立足文本精读，围绕问题展开专题研讨——理解王夫人形象的复杂性

师: 要见其为人，先观其做事。通过梳理王夫人相关的情节，我们发现王夫人在小说中做的第一件大事是什么?

生（齐）: 赶走了金钏儿。

师: 这件事造成了什么严重的后果?

生（齐）: 金钏儿投井了。

师: 好，现在就让我们一起回到事发现场，细读第 30 回的相关内容，讨论在逐金钏儿这件事情上你们怎么看待王夫人的行为。

生 7: 王夫人是一个做事不分青红皂白的人，整件事因宝玉调戏金钏儿而起，若论起责任，虽然金钏儿也有错，但是宝玉应该担负主要责任。王夫人只打了金钏儿，并未打骂宝玉，可见王夫人做事不分青红皂白。从这件事情上，我们也可以看出王夫人作为一个母亲过分溺爱宝玉，没有原则。

生 8: 王夫人是封建社会世家大族的夫人，碰到金钏儿与宝玉调情这种不合礼法的事情，加上金钏儿教唆宝玉去捉奸，所以一气之下才赶走了她，这种做法合情合理，我们也不要过分苛责她。

师: 你注意到她是封建社会世家大族的夫人，这一点很好，我想再请你基于这一点思考一下，王夫人作为一个封建社会大家族的夫人，面对这种事情仅责打婢女，不责骂儿子，为什么?

生 8: 可能是因为她的思想中根深蒂固的等级观念，金钏儿在她眼中只是个下人。

师: 同学们的分析让我们明白，王夫人作为一个封建时代的普通母亲，她对儿子的包庇和溺爱好像都符合人之常情，我们能理解；她作为一个封建社会大家族的夫人，手握重权，骨子里的尊卑观念也是改不掉的，她随便一个小举动就有夺人性命的威力，这也着实让人胆寒。

（板书：身份——普通母亲）

师: 金钏儿投井后王夫人有什么反应？从中可以看出她是个什么样的人?

生 9: 我认为在这件事情上她是有负罪感的，王夫人先是哭了，而且是独自在房中哭，我想直接原因是对自己赶走金钏儿，导致她自杀感到悲痛和自责。同时，我认为她哭也不全是为了金钏儿，王夫人共有三个孩子，贾珠早逝，元春入了宫，如今贾宝玉又不肖，想想自己的命运，再想想如今金钏儿因与宝玉生事投了井，她怎能不悲痛而泣。

师: 她独自垂泪不仅是为金钏儿，也是为自己，说得很好。

生 10: 虽然王夫人哭了，但是她后面和宝钗说的话，让我觉得她也有虚伪的一面。她先在宝钗面前假说金钏儿是弄坏了东西被赶走的，这就是在掩盖真相，又说不知道金钏儿气性居然这么大，说几句就投井死了。但是金钏儿跟了王夫人十多年，并且还苦苦哀求王夫人，王夫人都不为所动，人死了，又说人家气性大，这是想推卸责任。

生 11: 我觉得这也有可能是她知道自己做错事了，想通过这种方式来换取宝钗的理解和安慰，减轻自己的负罪感，增加自己的底气。包括她一上来就跟宝钗说金钏儿投井事件是“奇事”，说明她可能没料想到，也不愿意接受这件事情和自己有关。这也是人的本性，我们不能因为这一点表现就说她罪大恶极。

师: 王夫人是怎么料理金钏儿的后事的呢？大家觉得安排得怎么样？

生 12: 给了五十两银子，这是很大一笔钱，像袭人这样的大丫鬟每月月钱才一两，后来拿姨娘待遇也才二两，《茶馆》中，卖个大姑娘才十两。在当时的社会环境中，一个丫鬟自杀死了，王夫人却给这么一大笔钱，这体现了她内心对金钏儿的歉疚，在当时也算得上是个慈善人了。

生 13: 不能这么说，王夫人不仅给了银子还做了其他事呢！王夫人先是赏了金钏儿她娘五十两银子，看到没？是“赏”！出于抚恤，给银子是情理之中。给簪环和妆裹的衣服也可以说是出于多年主仆的情谊，或者是愧疚吧。但是王夫人还请了僧人念经超度，这是为了超度金钏儿，还是超度自己的“罪恶感”，让自己安心呢？

师: 两名同学讲得都很有道理，那么王夫人“赏”五十两银子到底多不多呢？

生 14: 五十两银子对王夫人来说肯定不值一提，但对金钏儿一家来说肯定已经很多了。在王夫人看来，处理这件事情五十两应该已经足够了，事实上这也确实让金钏儿的家人对王夫人心怀感恩，这样王夫人不仅面子上过得去了，还减少了内心的愧疚。

师: 确实，刘姥姥来打秋风得了二十两银子就乐不可支了，可见五十两不少了；但刘姥姥得的那二十两不过是贾府婆子丫头们做衣裳的钱，而金钏儿可是一条生命，这样看这五十两又实在太少了。通过同学们这一番讨论，我感觉善恶两个字好像已经不足以评价王夫人了。在撵走金钏儿这件事上，她是个因过度溺爱孩子而对下人冷酷无情的母亲；在料理金钏儿后事这件事情上，她又是一个既心怀愧疚、处事得体，又疏离冷漠的当家夫人。

（板书：地位——正室夫人）

师：虽然金钏儿投井死了，王夫人出钱料理了后事，但这件事情的影响还没有结束，金钏儿投井还是《红楼梦》中哪件大事的原因之一？

生（齐）：宝玉挨打。

师：现在就让我们一起阅读第 33 回宝玉挨打的相关内容，圈画出王夫人是如何劝阻贾政的，并尝试体会她的心情，可以参照下面的图示去思考。

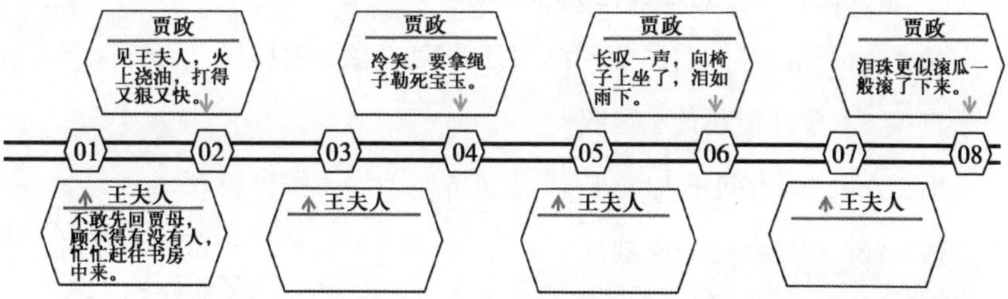

生 15：在“宝玉挨打”的情节中，王夫人劝说贾政共有三次“哭戏”的描写，第一次哭，王夫人以“老爷自重”“老太太不自在”威胁贾政，未能达到效果，因而王夫人“连忙抱住哭道”，把“夫妻情分”的底牌打出来了，同时她又说“我如今已将五十岁的人了……今日越发要他死，岂不是有意绝我”，看似是哭自己的难处，实则也击中了贾政的痛处——年迈、绝后。王夫人第二次哭已经达到了制止贾政打宝玉的目的，但她并没有停止哭，贾宝玉的伤触及了她对大儿子的思念，加上想到宝玉不争气，将来自己可能无依无靠，“不觉失声大哭”，真情流露，不能自已，是在哭自己的悲惨命运了。

师：看来王夫人这三哭，不仅劝住了贾政，也哭出了自己悲苦的内心。我们看到王夫人刚出场时，还未说任何话，贾政见了她，“火上加油”，“打得又狠又快”，这是为什么？从中可以看出王夫人怎样的处境？

生 16: 金钏儿是王夫人的贴身丫鬟，王夫人作为一个母亲，居然管教不好自己的儿子，贾政此时心中充满了对宝玉不争气和对王夫人溺爱儿子的愤怒，打得更狠也是在指责王夫人这个母亲不称职。联想到王夫人之前死过一个儿子，现在只有贾宝玉这一个依靠，丈夫又指责她教不好儿子，她的处境也挺不容易的。

师: 在“宝玉挨打”这个情节中，我们既看到了“夫权”对王夫人的压迫，也看到了“子权”的不可靠给她带来的焦虑与痛苦，她的哭泣就是一个封建社会老母亲无可奈何的哀鸣。

（板书：社会——封建女性）

师: 金钏儿投井的后遗症到这里还没完，宝玉挨打后，还有件事也和此事有关，大家知道是什么事吗？

生（齐）: 袭人向王夫人进言，王夫人听信谗言拉拢袭人。

师: 好，现在我们一起翻开小说第 34 回，来读读这个部分，探讨王夫人为什么轻易听信了袭人的“谗言”。

生 17: 王夫人只是叫一个“跟二爷的人”，袭人就主动来了，她来的主要目的是说服王夫人让宝玉搬出大观园，王夫人听到袭人对怡红院现状的夸大报告后完全相信了，可见王夫人察人不明、持家无方的弱点。她在管理宝玉的生活作风方面显出一般母亲不该有的无力感，也可以看出她对宝玉至深至切的爱，可以说，王夫人对宝玉的爱是没有前提，乃至没有原则的，爱至深则盲。

生 18: 袭人以王夫人的痛点为根本立足点，王夫人就只有这么一个儿子了，却如此不争气，惹出一箩筐事，袭人的进言处处为宝玉的名声和未来着想，王夫人作为一个母亲怎么能不被打动。

生 19: 袭人的城府是有目共睹的，从她亲自来见王夫人，到王夫人反复询问之下她仍坚持“不知道”，再到自然提出自己的建议，就能看出了。

一个想探问真相是否泄露了又不能直说，一个明明知道真相又假装自己不知道，这两个人都戴着面具，各怀心事。但袭人在暗，王夫人在明，她爱子心切的心思根本藏不住。最后两个人虽然没掀开面具，但是发现彼此想的居然一样，王夫人就顺理成章把袭人拉过来做盟友，不存在谁听谁的，或者说今天王夫人听了袭人的，袭人今后要听王夫人的。

师：大家说得都很有道理。王夫人鲁莽逐金钏儿是宝玉挨打最重要的导火索，宝玉挨打时她以情要挟却又情真意切，宝玉挨打后她关心则乱听信谗言，大家有没有发现，小说中王夫人的重头戏都和什么有关?

生（齐）：都和宝玉有关。

师：的确，这也许就是她最可悲的地方，王夫人怒逐金钏儿导致其投井而死，金钏儿投井导致宝玉挨打，宝玉挨打引来袭人进言，这个连锁反应还在继续，正所谓草蛇灰线，伏脉千里，王夫人最终掀起了抄检大观园的巨浪，毁掉了大观园中的诗意栖居。我们看到，平日里，王夫人吃斋念佛，有心向善，遇事冷静，进退有度，对王熙凤的敲打也只是点到为止，且勇于承认自己的错误，可是一旦碰上宝玉的事情，她立刻变得敏感、鲁莽、糊涂、草率起来。对于她认为有利于宝玉的人，比如袭人，她感激不尽，尽力拉拢；对于她认为有害于宝玉的人，比如晴雯，她雷霆震怒，毫不留情。我们一面看出了她的强干，一面又看见了她的无助；一面看出了她的凶残冷漠，一面又看见了她的凄凉可悲。

环节四　形成人物评价，通过梳理研读方法指导转化运用——我来评价王夫人

师：今天我们借对金钏儿投井事件始末的分析，深入认识了王夫人这个人物形象。大家觉得我们在分析她的时候，除了要关注她的所作所为，还要注意些什么呢?

生 20：我觉得还要结合她的身份、地位、经历和她所处的时代等因素综合考虑。

师：我们能不能用今天的这个方法去分析《红楼梦》中的其他人物呢？

生21：能，比如袭人到底善不善良。

生22：这样分析探春也行，探春庶出女儿的身份就对她影响很大。

师：在《红楼梦》中，我们看到的人，绝不是脸谱化的，正如王夫人，他们往往非“恶则无往不恶，美则无一不美”。要深入理解他们，我们需要设身处地地站在他们的立场去思考，从他们的身份地位中去寻找他们行为的动因，从他们所处的复杂关系中去发掘他们的特殊心理，从他们的人生境遇中去寻找他们的行为逻辑，从他们所处的社会背景中去追溯他们的性格根源，这样也许我们才能真正认识这些复杂、多面、真实的人，进而理解小说主题，感悟世间百态。

课后作业

1. 梳理课堂所学，联系整本书的内容，以“王夫人人物论”为副标题，写一篇人物形象分析小论文，不少于800字。

2. 选取《红楼梦》中的另一人物，运用所学到的方法，展开人物形象专题分析，并尝试撰写小论文，不少于800字。（以上作业二选一）

板书设计

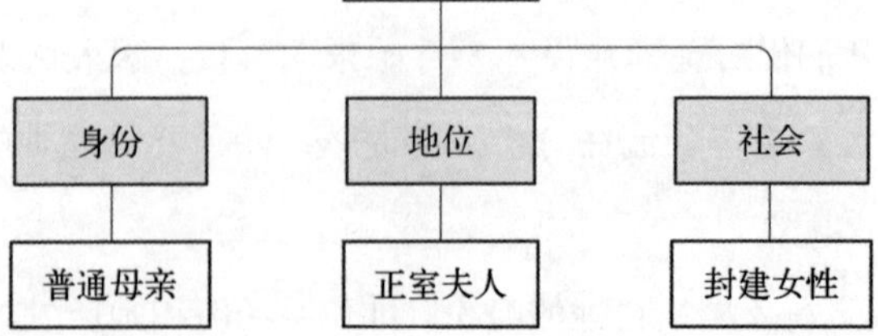

参考文献

[1] 王昆仑.红楼梦人物论 [M].北京：北京出版社，2004.

[2] 李希凡，李萌.传神文笔足千秋——《红楼梦》人物论 [M].上海：东方出版中心，2017.

[3] 张庆善，等.红楼梦中人 [M].北京：中华书局，2008.

[4] 段江丽.红楼人物家庭角色论 [M].沈阳：辽宁人民出版社，2019.

点评

怎样的预设才能带来有效的生成

葛福安，中学高级教师，广东省深圳市教育科学研究院高中语文教研员。曾获“山东省高中语文教学十佳”、广东省语文教学比赛一等奖。

课例的意义与价值当然是对同类课程的启发，我相信老师们阅读梁秀清老师的这节《善恶两歧性中天：王夫人论》的课堂实录，自然会获得很多启示，比如《红楼梦》整本书阅读活动的过程设计、过程管理、活动评价、拓展应用等等，这都给人留下很深的印象。

课例的意义与价值对于“当事人”的意义价值，应该是课后反思。梁秀清老师曾就这堂课进行了非常真实而深刻的课后反思，她曾提及：“感觉到这节课有预设有余、生成不足，局限有余、开放不足的问题。”

那么，这个问题是如何产生的？该如何解决呢？

我想，梁老师所说的“预设”，应该是指“王夫人是真慈悲还是伪善良”这一课堂研讨主题定位。其实，这一“预设”定位之“有余”与否，还取决于这个定位和学生的阅读期待之间有无距离。这里我们不妨细看活动设计中的“课前阅读引导”环节。

在整本书阅读或教学的过程中，“课前阅读引导”尤为重要，其重要性不仅仅在于它是这场整本书阅读活动的“热场”，“热场”更强调氛围或情绪的调动，而且它还是整本书阅读整体活动的基础和前提。当然，对于一个早已是“红迷”的学生而言，有没有这样一个引导，可能意义并不大，当然，这也需要语文老师了解这些“红迷”的阅读水平，并发挥他们在班级阅读过程中的带领作用，这种作用甚至高于老师的作用；而对于兴趣一般或者对《红楼梦》相对陌生的学生而言，这样的导引就显得尤为必要和重要。因此，从班级总体的角度来看，这样的引导，就必须具备“任务驱动力”，这种“力”，决定着整个阅读活动的方向、过程的推进，以及深度和广度。

梁老师所做的课前引导工作非常细致而有层次。三步引导，分别是“检索”“建档”“评价”，在自主梳理与探究的过程中形成对人物的认知。而三个环节所涉及内容，在后面的阅读研讨中，所起作用各不相同。“检索”让与人物相关的事件显现，成为研讨的“素材”；“建档”让人物的行为、事件、性格条理化，也为深化认知与评价打下基础；“评价”更多的是“已有评价”，而且这些评价之间有矛盾之处，这种矛盾正是让学生“生成”新评价的刺激点。

在这方面，梁老师列出洪秋蕃、犀脊山樵、胡学敏和本班学生的评价，其中本班学生的评价恰恰是最应该关注的。本班学生对王夫人的评价为“破坏木石前盟、宝黛爱情的刽子手”，显然，这个评价是指向王夫人对“宝黛爱情”的反向作用，支撑学生获得这样一个评价的小说内容，可能不是“金钏儿投井”，而是更多体现在“拉拢、培养袭人”“借骂晴雯而贬低黛玉”“联合凤姐采用调包计”等情节之中。

如果研讨会定位于本班学生“破坏木石前盟、宝黛爱情的刽子手”这一评价前提，并从这个角度引导学生思考王夫人和宝玉、黛玉、宝钗的关系，甚至关联到与王熙凤、贾母、元春等人物的关系，再去设计新的主题探究，如“王夫人与宝黛爱情”等，这样，让探讨主题与“课前阅读引导”的学生生成建立了强关联，就不是“学生读学生的，老师讲老师的”，而是“学生和老师共同阅读”，教师的预设和学生的生成就能成为一体，因而有了相应的互动性和驱动力。

主旨探究

在阅读教学中，整体与部分的关系一直备受关注。但是，只有在整本书这样的大文本阅读中，这才是个真实的问题；而在《红楼梦》的阅读中，它更是个不能不直面的坚硬的问题。以贾宝玉论，脂评说他“说不得贤，说不得愚，说不得不肖，说不得善，说不得恶，说不得正大光明，说不得混账恶赖，说不得聪明才俊，说不得庸俗平凡，说不得好色好淫，说不得情痴情种”。如果着眼于宝玉的某个部分，譬如某个人生时段、某个特定境遇或某段特定的人际关系，每一个“说不得”其实都是说得的；但问题在于，当你确定了一个“说得”时，你会发现其他“说不得”就冒了出来。若拘泥于某个部分，或者满足于部分与部分之间的简单综合，我们的理解必然顾此失彼，漏洞百出，所谓按下个葫芦起来个瓢，顾了这头顾不了那头。贾宝玉就是由这一连串的“说得”与“说不得”构成的，这个复杂的聚合体才是贾宝玉的“整体”。整本书阅读，就得在这矛盾百出的“宝玉”中，构建出一个合理而清晰的“宝玉”来。

不独人物的理解需要这样的整合，小说的叙述方式、结构图式、人物风貌、语言风格等都需要整合。最重要的，还是小说主旨的整合与提炼。

所谓主旨探究课，就是希望借助主要内容的整合、主题思想的归纳、作家创作意图的推断等总体性任务，引导学生养成整体把握的意识与能力。《红楼梦》的主旨向来众说纷纭，这也是很多老师避而不谈的一个原因。其实，中学生阅读不必一味求深，更不必求新，通识性理解即可，譬如“大旨谈情”，就是一个很好的题旨聚焦点。

值得注意的是，当前的整本书阅读存在着明显的“去主题”“去中心”倾向。这或许与人们对长久以来垄断阅读教学的“主题思想”的厌恶相关，但走到另一个极端，无视创作意图、文本内核与总体意义，就等于泼脏水的时候把孩子也给泼掉了。《红楼梦》是一本可以从任何地方进入的书，但在全书面前，我们却常有一种门都摸不到的迷惘。坦率地说，探寻《红楼梦》的“整”，是一件吃力不讨好的事情，远不如领着学生玩味具体的人物或情节来得开心。但问题在于，如果没有“整”的意识与眼光，局部的咀嚼与分析又有什么意义呢？整本书阅读的价值又在哪里？最坏的可能是，细部的咀嚼越透，离开《红楼梦》越远。

课例20 花落人亡两不知：青春的毁灭

谢澹，浙江省绍兴市第一中学正高级教师，语文特级教师。著有《笔墨正年华》，主编《沧浪之歌：文学阅读与写作》《〈红楼梦〉思辨读写一本通》。

设计意图

本节课的课前学习要求是学生读完小说，至少读完小说前 80 回。本节课在对小说的基本内容和人物形象做了散点透视后，引导学生对小说主题有一个清晰明确的认识。这堂课属于主旨探究课或者“母题阐释”课。从母题角度理解小说，主要是为学生提供一个符合小说主要内容，能够通观全书，同时又切近他们理解，有助于高中学生精神成长的角度。经过慎重思考和谨慎选择，我们确定了“青春的毁灭”这一母题。首先，高中生正值青春，以青春之心理解小说之青春，容易产生亲切之感与共鸣，拉近与小说之间的距离。其次，《红楼梦》中很多人物都有可分析之处，但落到课堂，却不免有散乱之嫌，因此，需要有一堂课将这些人物串联起来，让学生形成一个总体认识。对于每个主要人物来说，“青春的毁灭”可能都是无法绕开的话题。最后，“青春”主要发生在大观园这一理想世界中，“青春的毁灭”是大观园的毁灭，也是理想世界的覆亡，是小说悲剧性的主要体现。教学目标确定如下：

1. 通过“最青春”文创选题这一任务，梳理小说中典型的“青春”场面，学习“青春”的内涵。

2. 通过填写命运表格这一任务，梳理青春人物及家族的最后结局，学习“毁灭”的内涵。

3. 通过阅读具有象征意义的《葬花吟》，引导学生理解复杂多元的青春被毁原因。

教学扫描

环节一　导入

师：台湾学者蒋勋说《红楼梦》描写了一个“青春王国”，是一部“青春小说”。你同意他的观点吗？你认为他为什么这样说？

生 1：同意。因为这部小说中的主要人物，比如宝玉、黛玉、宝钗、湘云，他们的年龄都比较小。金陵十二钗正册、副册、又副册中的人物都是年轻人。

师：嗯，说得再准确些，小说人物基本上都是十三四岁、十五六岁的少年，稍大一点的也就二十岁左右。大家现在是几岁？

生（集体）：十五岁、十六岁。

师：大家看，小说里的人物和大家的年龄是差不多的。同学们恰值青春年华，小说中的人物也是。这可以算是一个理由。还有吗？

生 2：我也同意。我觉得他们不仅年龄正值青春，而且做的事情也很青春。

师：你能具体说说吗？

生 2：比如他们在一起放风筝、玩花签、办诗社，我觉得这些事都很有朝气，是年轻人喜欢的事情。另外，他们之间也经常吵架，但马上又和好了，这点和我们也很像。

师： 这名同学补充了一点，小说中不仅人物正值青春，而且故事也是青春故事。是吧？其他同学呢？

生3： 我基本同意。（生笑）

师：“基本”怎么说？

生3： 我同意是因为刚才两名同学说得有道理，但我觉得他们说的还是片面的，因为《红楼梦》里还有非青春的人物和非青春的故事，比如贾母、贾政等等。

师： 这些是非青春的人物，那么非青春的故事是指什么？

生3： 比如贾雨村乱判葫芦案、刘姥姥进大观园这样的故事。

师： 哦，这个同学还关注到了非青春人物和非青春故事，我们可以来看看，这些人物和故事与开头两名同学讲到的人物和故事，地点上有什么差异？

生（七嘴八舌）： 贾府、大观园。

师：“贾府”好像不确切，贾雨村的故事发生在贾府外，刘姥姥的故事发生在贾府内。我们简单划分，是不是可以说，前面两名同学说到的人物故事主要发生在大观园内，而第三个同学说到的人物故事主要发生在大观园外？那么，大家觉得红楼故事最吸引你的是什么？

生4： 最吸引我的是青春故事，大观园外的故事太沉重了。

生5： 青春故事，后者是青春故事发生的社会背景，更可见青春故事的难能可贵。

师： 我也同意同学们的看法。《红楼梦》最珍贵最突出的地方在于写了一群青春少年在大观园这个青春乐园里的故事。

环节二　学习“青春”的内涵

师： 那接下来我们就具体看看《红楼梦》所描写的青春具有怎样一些

特点。说来也巧，过段时间呢，老师主编的一本书《〈红楼梦〉思辨读写一本通》要开新书发布会了，我们想制作一套“红楼最青春”的书签送给与会读者。现在我们想向各位同学征集选题，你认为哪个人物的哪个画面可以入选？请你用“我推荐‘人物＋事件’这幅画面，因为它体现了青春的……”的句式来说明理由。同学们可以借助下面这张表来思考，当然表格外的人物如果你觉得符合要求也可以提出来。

（PPT 展示）

“红楼最青春”书签人物参考表

小姐、媳妇系列：元春、迎春、探春、惜春、黛玉、宝钗、湘云、凤姐、李纨、妙玉

丫鬟（妾）系列：晴雯、袭人、香菱

公子系列：宝玉

理由：我推荐（　　　）这幅画面，因为它体现了青春的（　　　）。

生 6： 我推荐宝钗扑蝶这幅画面，因为它体现了青春的欢愉热情。

师： 嗯，尤其是宝钗这样平时一直庄重自持的姑娘。

生 7： 我推荐湘云醉卧这幅画面，因为它体现了青春的豪气沉酣。

师： 尤其这种豪气的体现者竟然是位女性。

生 8： 我推荐凤姐逢源这幅画面，因为它体现了青春的泼辣能干。

师： 凤姐逢源，这是指什么事件？

生 8： 就是凤姐协理宁国府。“逢源”是指她做事非常顺利，治家得心应手。

师： 哦，那可能改成“凤姐协理”会更明确一些。

生 9： 我推荐探春理家这幅画面，因为它体现了青春的志气才气。

师： 嗯，“才自精明志自高”，志气才气。

生 10： 我推荐黛玉葬花这幅画面，因为它体现了青春的善感多情。

师： 青春也是多愁善感的，很不错。

生 11：我推荐晴雯拌嘴这幅画面，因为它体现了青春的任情任性。

师：你说的是晴雯吵架后来撕扇的那段，对吧？任情任性、率真勇敢。

生 12：我推荐李纨请梅这幅画面，因为它体现了青春的爱美本心。

师：这个细节抓得很不错，李纨也有爱美爱花的一面。

生 13：我推荐香菱学诗这幅画面，因为它体现了青春的诗意追求。

师：香菱一生中最美的时光。

生 14：我推荐宝玉作业这幅画面，因为它体现了青春的温暖友情。（生笑）

师：你是说大家帮助宝玉补作业这件事吧，我们同学也很想要这样的朋友，是吧？（生笑）

生 15：我推荐妙玉联诗这幅画面，因为它体现了青春的温情温暖。

师：凹晶馆联诗，对于妙玉来说，既是她诗才的体现，也是她温情的体现。

好，到目前为止我们已经有 10 名同学的文创建议了，其他同学可能还有对“最青春”的理解，没关系，同学们课后可以继续探讨。6 人为一小组，总共 8 组，课后每一小组贡献一张“最青春”书签。具体要求，我课后再布置。

刚刚同学们说得都很好，的确体现了青春的各种特质，如果我用“青春徽章”来概括的话，那么同学们提供了欢愉欢笑、诗情诗性、沉酣沉醉、任情任性、温情温暖、豪侠豪气等闪耀的徽章。同学们说的基本上是“个人特写”，如果给这套书签再加一个封套，展现“青春群像”，想想看，可以取材哪些场景？大家可以快速浏览一下小说回目。

生（七嘴八舌）：脂粉香娃割腥啖膻（第 49 回）、寿怡红群芳开夜宴（第 63 回）、林黛玉重建桃花社（第 70 回）

师：同学们说的这些都是很好的题材。由此，我们可以做个总结：无论从个体而言，还是从集体来说，《红楼梦》中的大观园的确可以说是中国古典文学中前所未有的青春王国。

（PPT 展示）

《红楼梦》中的青春：爱情萌动、友情温暖；才华馥郁、诗意盎然
还有热烈的争论，跃动的、温暖的心……
是转眼过去的日子，也是充满遐想的日子
——《青春万岁》序诗（王蒙）

环节三　学习“毁灭”的内涵

师：刚才我们梳理了青春的明媚热烈，但我们都知道《红楼梦》是一个悲剧，沉醉在青春里的少年们大概自己也没有想到接下去等待自己的命运会是这样的。请同学们根据小说前 80 回，填写下面这张表格中“命运”这一列。如果前 80 回还没走到结局，那么可以参考第 5 回推断。

（PPT 展示）

人物	“最青春”事件	命运	人物	“最青春”事件	命运
元春			妙玉		
迎春			凤姐		
探春			李纨		
惜春			可卿		
黛玉			袭人		
宝钗			晴雯		
湘云			香菱		

师：好，填得差不多了吧，同学们来讲讲看，一人一个，轮下去。

生（轮流）：元春死亡，判词原因写得不清楚，续书是病死；迎春婚

后被虐待而死；探春远嫁；惜春出家；黛玉病死；宝钗守寡；湘云夫妻离散；妙玉陷入泥淖；凤姐被休或者短命而死；李纨在儿子显贵后随即死去；秦可卿病死；袭人嫁给蒋玉菡；晴雯被逐后病死；香菱被夏金桂虐待而死。

师：同学们说得都很好，我们来看看这张表，出现最多的是“死亡”，不过人的终点本身就是死亡，为什么这些人的“死亡”就是悲剧呢？

（PPT展示）

人物	“最青春”事件	命运	人物	“最青春”事件	命运
元春		死亡	妙玉		陷入泥淖
迎春		死亡	凤姐		被休或者死亡
探春		远嫁	李纨		死亡
惜春		出家	可卿		死亡
黛玉		死亡	袭人		公子无缘
宝钗		守寡	晴雯		死亡
湘云		夫妻离散	香菱		死亡

生16：因为这些都是非正常死亡。元春按照第5回注释是死于两种猛兽，所以有人说她应该死于宫廷争斗；迎春和香菱都是受虐待而死；黛玉虽然本来身体就弱，是病死，但她的死与她和宝玉不能在一起有关，所以也是非正常死亡；晴雯虽然也是病死，但直接原因其实是她被逐出贾府，因此也是非正常死亡；凤姐无论是被休还是事败短命而死都是悲剧。

师：说得很好。还有两个最终死亡的人物没有涉及，可能情况相对复杂，我来补充。李纨一生有个梦想，就是——（生：望子成龙。）这个梦想实现了没？（生：实现了。）是的，贾兰是年轻一辈中最有出息的。李纨一辈子过得很苦，丈夫早早去世，她一人恪守礼教培养孩子，中国人说有一种福气叫享儿孙之福，但对李纨来说苦尽应该甘来的时候，甘却来得过于短暂了，而她活着，大多数时候又如槁木死灰。另一个是秦可卿，小说中她是病死，判词是上吊自杀，有矛盾，但总之青春而死，也是悲剧。因此，我们可以概括一下，这些死亡都是青春而逝，都是非正常死亡。

那另外几个悲剧如何理解呢?

生 17: 宝钗守寡当然是悲剧；湘云夫妻离散当然也是悲剧；妙玉这么一个有洁癖的人堕入泥淖之中，当然也是悲剧；袭人虽然嫁给了蒋玉菡，但蒋玉菡是“优伶”也就是戏子，地位低下，完全不能和宝玉相比，也是悲剧。

师: 这名同学又补充了三个姑娘。还剩下探春和惜春。探春远嫁，惜春出家，这两位的悲剧性怎么理解呢?

生 18: 探春远嫁，就不能常回来看父母，所以是悲剧。

师: 同学们认可吗?

生 19: 我不认可，现在远嫁的姑娘多了，嫁到国外都有，怎么称得上是悲剧呢?

生 20: 我认可，现在远嫁和那个时代远嫁是不一样的，现在交通发达，通信也发达，经常可以回家看父母，也可以视频聊天。那个时代远嫁虽然是生离，其实就是死别，元春至少还能回来看看，探春恐怕还不如元春呢。

生 21: 我也同意。我觉得如果贾家还是全盛时期的话，是不太会把探春嫁得那么远的，探春之所以远嫁可能和迎春嫁给孙绍祖一样，有家族衰败的原因，有点类似古代的和亲。

师: 探春远嫁一方面可能是生离死别，另一方面可能是不得已而为之。这两点基本上可以说服我们，是吧。那惜春呢? 惜春不是一直想出家吗? 最后出家，这怎么会是悲剧呢?

生 22： 她是想出家，可是她出家的时候，贾家已经完全败落了。家族全盛时的出家，可以说是自觉自愿；败落后的出家，只能说是不得已而为之了。

生 23： 我注意到惜春虽然是想出家，但她出家不是出于自己对佛学的热爱，而是因为在家里过得不愉快，她想要摆脱家庭。

师： 哦，你说她的出家主要是为了逃避家庭。能具体说一下吗？

生 23： 在抄捡大观园时，她和尤氏有一段对话，具体我有点记不清了，反正就是说，家里不干净，她才想去做尼姑求干净的。

师： 这个同学看书很仔细呢。的确有这样一段对话，今天我们就不展开讲了，同学们课后好好去读一读，看看惜春出家究竟是什么原因。根据同学们所说的，惜春出家的“自愿”很可能也是被家庭逼迫的，而她出家的时间已经是家族败落之后了，因此出家就是寻一个容身之地。惜春出家也是悲剧。

这么多年轻的女子死的死，嫁的嫁，散的散，离的离，千红一哭、万艳同悲！这个时候你还记得课堂一开始我们梳理过的这些女子在干什么吗？（师生：在吟诗，在扑蝶，在醉卧，在理家，在放风筝，在帮宝玉补作业……）还有，刚才没有讲到的，但小说中也写到的，在看戏，在画画，在下棋，在赏花……实在太悲凉了，是吗？（生沉重点头）

这些姑娘的悲剧虽然各有表现，但如果用一个词来概括，大家想想看，你会用什么词？这些美好的青春最后都——

生（七嘴八舌）： 消散了、消失了、死亡了、毁灭了。

师： 我们来看看同学提供的这些词语，大家觉得哪个好？

生 24： 消散、消失似乎太轻了，死亡和毁灭两个词似乎都可以。

生 25： 我觉得“毁灭”好，第一，她们不全是死亡；第二，毁灭意味着即使暂时不死，但青春也已经被毁了；第三，毁灭是外力作用下的，死亡不一定。

环节四　探究“毁灭”的原因

师：外力作用下的死亡，说得很好。那么你觉得外力是什么呢?

生 25：黑暗的制度吧。

师：万恶的封建社会?

生 25：差不多吧。

师：有没有具体的罪魁祸首?

生 25：好像也很难说。她们的悲剧应该都和家族倾覆有关。对，我想到了一个成语，“覆巢之下，安有完卵”。

师：嗯，《红楼梦》中这些青春少年的悲剧好像的确很难归咎于某个人，她们的毁灭和一种强大的覆亡力量有关。同学们想想看，小说中有一个非常著名的场景，似乎预示了“千红一哭，万艳同悲”的结局，有同学能想到吗?

（生陷入沉思）

生 26：黛玉葬花!

师：何以见得?

生 26：《葬花吟》，青春如花，女儿如花。“一朝春尽红颜老，花落人亡两不知。”

师：大家觉得有道理吧?《葬花吟》不仅是黛玉的葬词，也是众多女子的葬词吧。那我们来看看这首诗歌，请同学们把小说翻到第 27 回，从这首诗中，大家能否看出“青春毁灭”有哪些原因?

生 27：“红消香断有谁怜”“柳丝榆荚自芳菲”“梁间燕子太无情”，可以看出现实的无情，没有人怜惜、同情这些女子的命运。

生 28：“一年三百六十日，风刀霜剑严相逼”，可以看出现实的残酷，环境很恶劣。

生 29：“天尽头，何处有香丘?未若锦囊收艳骨，一抔净土掩风流。质本洁来还洁去，强于污淖陷渠沟”，可以看出现实的污浊，整个社会是污淖渠沟。

师： 大观园内的世界青春盎然，但大观园外的世界残酷、无情、肮脏。虽然《红楼梦》的悲剧不是“冤有头债有主”式的，但悲剧的外力可能更加强大，更加让人难以察觉，以致身处其间，无人可以幸免。因此刚才同学说“毁灭”是外力作用下的死亡，是很有见地的。另外，我再补充一点，鲁迅先生说过：悲剧是把有价值的东西毁灭给人看，用的也是“毁灭”这个词。《红楼梦》正是如此，你看，这么美这么有价值的青春都被“毁灭”了。当然，今天我们的讨论还是很粗糙的，在后面专门探讨悲剧原因的课里，我们会进一步分析这个社会的运行机制及其带来的结果，可能有更深入的发现。

（PPT展示）

> 小结：《红楼梦》中的毁灭：爱情失落、友情离散；才华空掷，诗意寂寥
>
> 所有的结局都已写好
所有的泪水也都已启程
……
含着泪　我一读再读
却不得不承认
青春是一本太仓促的书
——《青春》（席慕蓉）

师： 今天的课就上到这里。最后，我们来总结一下，今天我们从一个角度梳理了《红楼梦》的整个故事，那就是“青春的毁灭”。我们梳理了小说中主要人物的一些“最青春”画面，我们也梳理了这些人物最后的悲剧命运，并且粗浅地探讨了悲剧发生的原因。美学家李泽厚先生在《美的历程》中有一句话：“关于《红楼梦》，我们已经说了千言万语，将来还有万语千言。”

今天的学习，是我们“千言万语”的开启，之后我们还将有“万语千言”来学习这部经典作品。

课后作业

第一，小组合作，完成“最青春”书签。

第二，想一想：既然《红楼梦》是个大悲剧，读了让人难过、伤感，那我们为什么还要读呢？阅读悲剧的价值在哪里？

板书设计

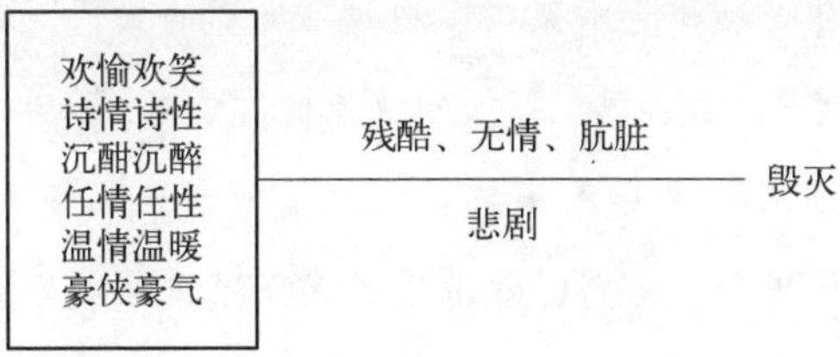

点评

题好文一半

吴欣歆，北京师范大学文学院研究员，博士生导师，中小学（中职）语文国家教材重点研究基地副主任。《普通高中语文课程标准（2017 年版）》修订组成员，《义务教育语文课程标准（2022 年版）》修订组核心成员。著有《培养真正的阅读者——整本书阅读之理论基础》《教育写作指南：语文教师的学术表达》等。

“题好文一半”，是我看到谢澹老师教学实录的第一感觉。新闻工作者说的“题好文一半”，我理解有两个意思，一是说好题目能够起到阅读导览的作用，整版报纸一眼扫过去，题目帮助读者做出阅读选择；二是说好题目能够提纲挈领，用简约的文字显现丰富的信息，帮助读者迅速把握文章主体内容。“青春的毁灭”充分体现出这两个意思，一眼而知教学内容，一眼而知教学流程，简约明确，根底稳固。谢老师的课堂突出了整本书的特点，彰显思辨的力量，可圈可点处颇多，主要体现为三点。

第一，将散落在《红楼梦》各章的故事汇总成一个“总的故事”，教学指向整本书的思想内容和艺术架构。通过“青春的毁灭”这一话题集聚了宝玉、黛玉、宝钗、湘云、凤姐等人物及他们的故事，产生“量”的冲击力和震撼力，集聚起来的青春故事越美好，集聚起来的毁灭的结局就越悲惨。谢老师用“最青春”的文创营造出让人无限向往的青春王国、青春乐园，用“命运”的表格梳理列举各种形态的触目惊心的“死亡”，两者形成尖锐对比，引领学生跟作品中的人物共情，跟作者的情感共鸣。

第二，教学过程中关注学生语言经验的积累和认知角度的拓展，凸显了《红楼梦》写作手法的精妙之处。学生畅谈“最青春”的过程中，有意无意地使用了揭示人物个性特征的词语，谢老师有意识地将这些词语汇集起来，有意识地提示学生共同的青春中有不同的人物特质，体现“特犯不犯，同而不同处有辨”。学生主要关注个体，谢老师提醒学生也要关注群像。讨论《红楼梦》中悲剧的共同特点，谢老师启发学生比较“消散”“消失”“死亡”“毁灭”……语言的发展与思维的发展相互依存，相辅相成，学生的思维发展在语言经验发展的过程中得以实现。

第三，帮助学生多角度建立关联，在联系的基础上深入思考，产生新的阅读发现，建构整本书阅读的思想方法。学习是一个不断利用既有知识解释新知识并建立关联的过程。学生在阅读过程中建立关联的角度决定着阅读发现的广度和深度。“青春”的关联，“毁灭”的关联，“青春”和“毁灭”的关联，在建立联系的过程中，学生的情感发生着变化，思考也发生着变化。“青春”是必然的生命历程，“毁灭”却不一定是必然的生命结局。学生看到多样化的青春风貌，看到差异化的毁灭方式，看到作者将两者建立关联产生的悲剧效应，获得了走进作品主题的思想方法。

题好，还要做得好。谢老师选好了题目，用好了方法，学生表现能够说明这是一节指导学生思辨式阅读的好课。

融合运用

在长期的语文教学中，我们习惯了以篇章教学来落实语文学科的教学目标，而整本书阅读基本处在课外状态，其价值定位也多是涵养人文、陶冶情操等偏“虚”的一面。强调经典的人文熏陶作用当然不错，但容易造成一个错觉，似乎整本书阅读在思辨读写等语文核心能力的培养上无所作为。这样的理解不利于整本书阅读教学的推进。整本书阅读教学与篇章教学是并存互补的，在语文核心素养的培育上，各有其优势，也各有其短板，重要的是扬长避短，互相融合，共同发力。

《红楼梦》整本书阅读教学是语文教学的一部分，应与其他学习内容对接与融通，相互借力，追求语文学习的综合效益。《红楼梦》与生活有着高度的“同构性”，蕴含着丰富的思想文化资源和艺术表达资源，值得我们在转化运用上下功夫。融合与运用的路径主要有三种。

1. 以《红楼梦》为基础资源的读写转化。比如第 40 回“史太君两宴大观园，金鸳鸯三宣牙牌令”，刘姥姥一句“老刘，老刘，食量大似牛，吃一个老母猪不抬头”，逗笑了贾府主子仆从各色人等。这个描写堪称经典，以此为基础设计场景描写的写作训练，可收四两拨千斤之功效。再如，将

《红楼梦》作为写作的思想、内容与表达的资源，也是转化运用的一种。

2. 以《红楼梦》为关联文本的群文阅读。通过与基础文本的比较与辨析，完成特定的学习任务。如将《红楼梦》引入《乡土中国》的教学，这是典型的群文阅读。《红楼梦》表现的是封建贵族的日常生活，但内核还是乡土社会的生产方式和生活方式，在温情脉脉的人情世故下面，潜藏着礼教秩序、等级制度、横暴权力、长老统治的激流与风暴。请看下面的设计：

阅读《红楼梦》中王熙凤与探春的相关章回，完成任务。

（1）下图是以王熙凤为中心的差序格局圈层。请根据你的理解，完善下图，并说明理由。

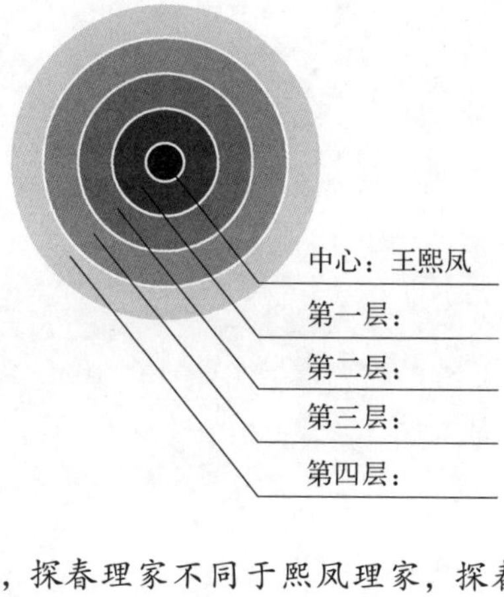

（2）有人说，探春理家不同于熙凤理家，探春的管理思维更接近于“团体格局”。但也有人认为，探春与王熙凤都生活在贾府，都生活在以差序格局为基础的传统社会，二人本质上是一样的。你认为呢？

很显然，这个设计旨在引导学生准确理解《乡土中国》的核心概念“差序格局”与“团体格局”，防止概念理解的简单化与标签化，而这正是《乡土中国》教学中较为普遍的问题。凭借王熙凤与贾探春两个栩栩如生、内涵丰富的人物形象，讨论与辨析就有了张力与空间。

3. 基于《红楼梦》文本特质设计的其他学习活动。比如补写、续写、改写。众所周知，前 80 回与后 40 回之间存在着诸多扞格之处，且不同版本之间多有分歧。这给学习活动的设计提供了巨大空间。

课例21 续梦红楼解风情：续写创作课

马臻，湖南省长沙市明德中学语文教师，长沙市“卓越教师”。发表教育评论、论文近百篇。指导学生参加“北大培文杯”等国家级作文赛事，有70余人次获奖。主编《最后的演讲——闻一多作品聆听与欣赏》等。

设计意图

《红楼梦》整本书阅读，应该着眼于阅读和思考，也应该在阅读和感悟的基础之上，进行转化运用。正如余党绪老师所说，《红楼梦》整本书阅读教学是语文教学的一部分，应与其他学习内容对接与融通，相互借力，追求语文学习的综合效益。《红楼梦》与生活有着高度的“同构性”，蕴含着丰富的思想文化和艺术表达资源，值得我们在转化运用上下功夫。

《红楼梦》整本书阅读续写创作课，属于“融合运用”这一环节，但建立在此前的通读指导、总体梳理、专题研讨、主旨探究等基础之上。它要求学生通读《红楼梦》，并在教师的带领下，对重点章回有一定程度的细读与了解，对书中的人物形象、情节结构、艺术手法、思想主题等都有了一定程度的把握，才能进行续写。为了让学生写作有一定的集中性，并进一步激发学生阅读《红楼梦》的热情和想象力，我要求学生在尊重原著人物形象的完整性和主题的一致性的基础上，挑选原著中的某一个人物或某一段情节进行续写，表达自己的感受、思考与想象，以此深化对《红楼梦》的理解。

基于上述理由，本课教学目标主要是三点：

1. 在尊重《红楼梦》原著基本脉络的基础上，通过教师引导、学生探讨，赏析、品评续写《红楼梦》的得失。

2. 通过续写的方式，释放学生想象力，深化学生对《红楼梦》的理解和思考。

3. 提升学生的语言感受力和表达力，加深学生对《红楼梦》语言风格、创作风格的理解。

本课的教学难点在于引导学生把握《红楼梦》原有的语言风格和基本精神，并形成自己的写作特点。课前我布置了作业：在尊重《红楼梦》的人物形象特点和基本精神的基础上，发挥自己的想象力，选取《红楼梦》中某一个人物或某一段情节进行续写，不少于 1 000 字。

教学扫描

环节一　续梦红楼

教师简略介绍二百多年来《红楼梦》的续书情况及背后的精神分歧（5—7 分钟）。

一、“红学”之《红楼梦》续书的基本情况（简单的红学知识普及）

《红楼梦》的续书之多，在文学史上是独一无二的，据统计，有超过二百种各类型的《红楼梦》续书。就现存的《红楼梦》续书看，各种续书的思想倾向不尽相同，反映了作者各自的思想艺术观念，各种续书对《红楼梦》人物的命运有不同的安排，艺术水平亦参差不齐。版本大致可分为两大系统：

（1）自 120 回的程高本系统开始续写，这种大多是晚清时期的续书版本。

（2）自 80 回的脂批本系统开始续写，这种续书大多是民国及当代的作品。

从续书的版本系统，大体可以判断其成书时间先后及真伪。

二、林林总总的续书，有两个基本的分歧

（1）《红楼梦》的悲剧精神的延续或改造。

（2）人物命运、结局的变化和争议。

总体来看，《红楼梦》的续书，大多扭转了原著的悲剧结局，作者们往往借助许多超现实事件的铺排，使贾府由衰败转为兴盛，使宝、黛由离散而聚合，让整部作品获得"大团圆"的结局。

续写《红楼梦》，就是立足于《红楼梦》（主要是前 80 回），用自己的想象来理解《红楼梦》、进入《红楼梦》。我选取了一部分学生的优秀续写作品，印发给全体学生。

环节二　梦解红楼

师：同学们，我们课前已经续写了《红楼梦》，每个同学都上交了自己的作品。我挑选了其中六篇互不相同、各具特色的作品，给大家阅读。著名红学家俞平伯先生在《红楼梦辨》开卷第一篇，就说："论续书底不可能"，他的理由是"文章贵有个性，续他人底文章，却最忌的是有个性"，"我以为凡书都不能续，不但《红楼梦》不能续，凡续书的人都失败"。《红楼梦》之所以难以续写，是因为作者的精神难以追摹。那么，同学们的续写是否能够成功呢？这是我们今天要探讨的问题。

下面，我们分小组讨论，每个小组派一名同学选择其中一篇作品进行评述，评述的内容如下：

一、作品主要续写的人物对象是谁？相对于原著，续写内容上有何调整或补充?

二、续作中的相关内容情节在原著中有哪些根据?

三、续作符合原著的人物性格特点和基本创作精神吗?

(3分钟讨论)

生 1: 我们组评论的是陈佳闽的作品。她的作品续写的人物是宝钗和探春。相对于原著的话,她写的是宝玉出家后宝钗的状况和探春婚后的情况。我们赏析这篇文章,首先是觉得,她的创作在原著中是有依据的。原著中第 56 回“敏探春兴利除宿弊,时宝钗小惠全大体”已经写到了探春和宝钗的交流,说明她们两个之间有深入交流的基础。其次,她写的一些细节都提到了原著中的事情,呼应前文,比如“滴翠亭杨妃戏彩蝶,埋香冢飞燕泣残红”,以及薛宝钗对黛玉的歉意。再次,她写到薛宝钗死在了大雪中,这与判词中的“金簪雪里埋”相呼应。整篇作品的人物形象也符合曹雪芹的创作精神。最后,她的很多细节描写、服饰描写都很尊重原著,描写非常细腻,和原著一脉相承。

师: 很好,你讲得很全面,就是陈佳闽的写作是以原著为根据的。而且你注意到一个细节,就是续作对原著中服饰描写的继承。说实话,这个很难,是一个突出的优点。也许我们可以将之概括为“以原著为根据”“以细节传神采”(板书)。你们组觉得她的续作还有其他优点吗?

生 1: 我觉得陈佳闽对宝钗有同情和了解。一般人可能会觉得薛宝钗有心计、不是很单纯。但是陈佳闽在续作中体谅了薛宝钗,甚至替她做了解释、道歉,这很好,有自己的思考。

师: 你发现了陈佳闽对薛宝钗的尊重和“善意”。那么,你觉得这篇续作存在哪些问题吗?

生 1: 陈佳闽的续作写到了薛宝钗死前对自己的反思,她说:“想起我这一生。你瞧我这一生,是不是寡淡得和这纱帐子一样?”“倘我能学来些云姑娘的率性儿、林妹妹的真情儿,是否就会得个不同的结果?你看窗外那花朵，都有过绽放的时候”，还说“若有来世……我定会……褪下这金锁……放开性子”，为何薛宝钗会有这种觉悟和感叹？这些在原著中似乎缺少根据，薛宝钗自己本身没有这种思想基础。

师： 事实上，我第一次看到这一篇续作时，和作者商量了一下。薛宝钗平常是一个冷静的大家闺秀的形象，但最后却没得到幸福，贾宝玉对她也无法产生像对林黛玉那样的爱情，所以导致了最终的悲剧。我当时跟陈佳闽说：薛宝钗这么聪明灵慧的人，在最后的结局中，有没有可能因为痛苦而对自己的人生产生一点点感悟和反思？在我们日常生活中，一般人的价值观和思维方式是很固定的。但只有经历特殊事件或大风浪的时候，才有可能对自己固定的价值观和思维产生反思。可能陈佳闽后来因此增加了这一部分内容。我觉得，如果不增加这部分内容，那么，就无法给阅读者新鲜的内容，无法和原著产生对话。刚刚这名同学觉得证据不够，有没有同学觉得原著中是有证据的？

生 2（陈佳闽）：正如刚刚老师说的那样，我是后面加的。我觉得加上比较好。我写到她和探春的对话，探春说：“只可惜我那点子小打小闹，终是挽不了本的。”宝钗抚着她的手背，摇头道：“你已尽力了，大家都见了，至于是成是败，也非人力所能扭转。”所以我觉得宝钗在这里也会想到，她这一生也是人力无法扭转的，她可能会有这一生无法轰轰烈烈爱一场的遗憾。探春和她交流中已经有了反思，那么这可能会触发宝钗的反思。

师： 那你觉得薛宝钗对自己的反思有没有一个限度？你刚刚用了一句“轰轰烈烈爱一场”，这句话显然不是薛宝钗那个时代可以有的思想，这种思想是现代人才有的观念了。所以，你觉得薛宝钗对自己的反思的限度在哪里？

生 2： 我刚刚的话确实比较现代，脱离了当时的时代。我觉得薛宝钗的反思应该和她的环境结合起来。她只能从周围环境中反思，可能最多是从林黛玉等人的身上，感受到自己其实还可以稍微放开一点性情，不应该太压抑自己吧。她不可能有反叛的意识，主要还是封建礼教之内的。

师： 关于这个问题，其他同学还有不同意见吗？

生 3： 我觉得陈佳闽这样写薛宝钗，还是有合理性的。首先，薛宝钗很聪慧，她其实并不是从小就是这样压抑自己的，应该与后来的教育、环境和她自己的身体条件有关。她和黛玉交心的时候，说自己读过《西厢记》一类的书，只是后来因为封建教育的关系，没有再读了。这就说明她有一定的基础。所以，贾府后来衰败，她后来遭遇波折，婚姻成为悲剧，她应该会想起自己当年的阅读，可能会想起自己兢兢业业的压抑的一生，就会想起自己小时候快乐而自由的时光，有所触动乃至反思。所以，这种续写是有道理的。

师： 讲得很好，从原著中找到了证据，薛宝钗也接触过一点非礼教的文化，用这来说明陈佳闽的写作是有道理的，就增强了说服力。我们读《红楼梦》时会发现，薛宝钗是一个有反思能力的人，她经常反思自己的缺点，不像某些人，只会找自己的优点。这可能也是她最终能够反思自己的原因吧。所以，在写作中我们一定要尊重原著中人物的性格，要与之一脉相承，也许，我们可以称之为"以连贯写人物"（板书）。好，这个话题我们先探讨到这里。其他组同学在赏析自己选择的作品时有哪些发现？

生 4： 我们组赏析的是朱子熹的《得证据贾琏喜生计，悲无情凤姐苦被休》，我觉得朱子熹的这篇作品有好几个优点：一是遵循了原著的人物形象和创作精神，写出了凤姐最终被休的悲剧。这个在判词中曾提到，是有根据的。二是在写的时候融入了很多之前的情节，比如尤二姐的事情，呼应前文。三是她的语言表达很好，尤其是凤姐的口语，非常泼辣、鲜活，应该说对原著的模仿很到位。

师： 那她的续写有没有缺点？

生 4： 在某些细节上可能存在问题。比如写到贾琏休了凤姐，要把凤姐关到柴房里去，这个有点夸张，凤姐是大家闺秀，不太可能这样；写下人们当面骂王熙凤，这在当时的社会环境中应该也不可能；作品情节太平淡，缺少跌宕起伏，似乎只是对原文判词的一种解读，缺少新鲜感。

师： 点评得很全面，很好。应该说，《红楼梦》背后有一种伟大的现实主义精神，鲁迅在《中国小说史略》中讲道，《红楼梦》这部小说“正因写实，转成新鲜”，恰恰因为《红楼梦》非常认真地立足于现实之上，直面现实，反而在中国小说中变得很“新鲜”“罕见”。《红楼梦》第 1 回作者自己也提道：“至若离合悲欢，兴衰际遇，则又追踪蹑迹，不敢稍加穿凿，徒为供人之目而反失其真传者。”也就是说，他的创作原则是牢牢立足于实际的，“不敢稍加穿凿”，不能失去“真传”。那么，刚刚这名同学说朱子熹的续作太平淡，没有跌宕起伏，但是我们知道，现实一般是比较日常的，没有那么有戏剧性，不可能有很大的跌宕起伏。要求情节跌宕起伏，会不会与曹雪芹的精神相违背?

生 5: 不会违背。记得易卜生有一部戏剧《玩偶之家》讲到娜拉出走，出门时“砰”地一声把门关上。这种情节其实日常生活中也有，但仍然充满了戏剧性。我觉得情节的戏剧性，不取决于小说情节转换是否迅速、有没有特殊事件发生，而是取决于矛盾的发生、矛盾的冲突是否强烈。

师： 那你觉得朱子熹的续作中写到贾琏与凤姐的矛盾，说得过去吗?

生 5: 我觉得有点过。

师： 这名同学对于情节的戏剧性有自己的深刻思考。其实，朱子熹的作品在我们班算是比较传统的，没有过分的情节。在大家交上来的作品中，有些同学的作品很夸张，比如有同学写到贾琏伙同贾府其他坏人，共同贩卖了巧姐；比如写到贾琏休凤姐，没有什么铺垫，直接休，这些情节都很生硬。

情节生硬，或不合现实，可能是《红楼梦》续书中常见的现象。据相关研究，《红楼梦》续书的基本格局，从首部续书《后红楼梦》起就奠定了。

为使宝黛团圆，为释红楼旧恨，很多续作者在情节方面进行了不同的设计，这些情节往往都有点夸张，大致可将其分为“还魂型”“另类转世型”“三界互通型”“第二代型”等。大家一看到这些名字就笑，应该是揣测到了这些续书往往是用一种非正常、非日常的情节，逆转了曹雪芹的创作思想与意图，扭转了《红楼梦》中已经发生的悲剧。从创作时期看，清朝嘉庆年间为鼎盛期，道光年间渐衰，然而其余波至民国而不绝。大家以后有时间，可以找几部续书来看。总之，在这里，我们应该能够体会到，续写要遵循一个原则“以真实塑历史”（板书）。好了，我们回到朱子熹的作品，其他同学还有没有意见?

生 6: 我觉得朱子熹的写作还是有根据的，至少小说中第 69 回已经提到了贾琏自己要给尤二姐报仇，所以，她写的这个情节顺理成章。

师: 很好，补充了一个根据。讲到这里，我们会发现，续作《红楼梦》有一个基本的原则，就是要尊重原著的人物形象和基本精神，不能穿凿附会、扭曲形象，而且最好能够呼应前文，有根有据。当然，对原著的遵循并不意味着我们自己就没有创造和发挥的空间，没有释放我们想象力的空间。事实上，在具体的情节和细节中，我们不妨大胆设想。这一点我们也许能概括为“以传承来创造”（板书）。

接下来，我们一起赏析另外几篇可能更有想象力、挑战了原著的作品。

……

环节三　想象红楼

《红楼梦》是一部伟大的残缺之书、遗失之书、未完之书，是永远也读不完的“沙之书”（博尔赫斯语），留下了很多空白。

晚清小说家吴趼人在其《红楼梦》续书《新石头记》中讲过一段话，恐怕代表了很多续写《红楼梦》的作者的心声，他说：“自曹雪芹先生撰的《红楼梦》出版以来，后人又撰了多少《续红楼梦》《红楼后梦》《红楼补梦》《绮楼重梦》，种种荒诞不经之言，不胜枚举，看的人没有一个说好的。我这《新石头记》，岂不又犯了这个毛病吗？然而，据我想来，一个人提笔作文，总先有了一番意思。下笔的时候，他本来不是一定要人家赞赏的，不过自己随意所如，写写自家的怀抱罢了。至于后人的褒贬，本来与我无干。”很多续作者明明知道自己的续作其实不好，“看的人没有一个说好的”，但还是忍不住一定要去续写，为什么？因为通过续写，可以表达自己内心的喜怒与哀乐、困惑与深思，他们是借《红楼梦》的“酒杯”，表达自己胸中的“块垒”。

因此，我们阅读《红楼梦》，不仅要阅读、理解、思考，也要敢于发挥想象，用创造性的想象来贴近《红楼梦》的艺术世界、心灵世界，用创造性的想象来理解曹雪芹的意图和精神，用创造性的想象来填补没有做完的梦，来思考红楼、理解红楼、进入红楼，乃至用自己的方式来创造“红楼”。也许，我们每个人都有自己的红楼之梦。请同学们分享在续写《红楼梦》的过程中遇到的困难。

这一环节目的在于进一步引导学生总结自己的续写经验，并由写作来体悟《红楼梦》的特点。一般而言，学生在续写过程中有三个方面的困难：

一是无法生动地传承原著的语言风格。《红楼梦》的语言既典雅，又生动，在遣词造句、细节描写上有独特的风格。学生无法模仿这种风格，其原因往往是原著读得太少、太粗。因此要建议学生多读多揣摩，自然能够在一定程度上模仿原著的语言风格。

二是无法妥当想象和设计情节。原著中有很多情节上的伏笔和暗示，脂砚斋的点评对后来的情节也有很多预告，但是，这些暗示都比较朦胧，相互之间如何交织成浑然一体的小说叙述，是很难想象的。因此，我们要大胆鼓励学生放飞想象，只要能够保证人物基本的性格精神不变，符合原著基本的客观事实。

三是无法适当地传递原著的思想精神。《红楼梦》是一本有着卓越不凡的思想品质的书，在处理世界、人生、男女等主题上别具一格，因此，在续写过程中，时代、情节可以大胆想象，但一定要立足于原著的思想精神特点，写出独特的境界，表达独到的体悟。

课后作业

请结合今天课堂上所提出的续写《红楼梦》的相关准则及要求，对自己的续写作品进行修改、补充和完善。

板书设计

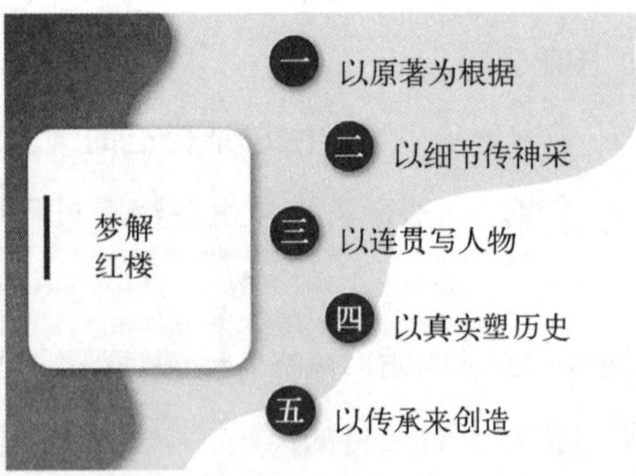

学生习作

泣萧条探春还故地，觉大限宝钗诉衷情

陈佳闽

探春向王夫人强笑道："到底难得回这儿一趟，我愿去大观园里走走。”王夫人点头应允：“这自是不妨的。况你宝姐姐近来身上不大好，园里清静些，他便住怡红院里养着。你去见见，想来他也是愿意的。”

打发了一众跟随的侍从，探春寻旧路缓步向怡红院走去，只见往日的山石生苔，花木杂间，窗梁蒙尘，鲜有人迹。不免一路伤，一路叹：“这偌大的贾府，终究败落至斯！旧友四散，死的死，嫁的嫁，不过数年，竟如沧海桑田之隔！”想到此，禁不住簌簌落泪。

步至怡红院前，探春轻叩院门，无人应答，于是便推门而入。只见芭蕉仍翠，海棠正盛，却难免少了些嬉闹的人声。行至宝钗房外，探春唤了声：“宝姐姐，我来看你了。”便平复心绪，推开半掩的房门。

宝钗一袭素衣，脸色苍白而平静，躺于榻上。闻声，吃力地撑起身子，冲探春微笑颔首：“三妹妹，恕我无法起身相迎了。”探春环顾四壁，见往日的饰物、玩器全无，空余了数杆笔、一樠书。五色窗、彩绫帐，亦换作了一色青纱。

宝钗亦打量着探春，见他鬓间缀着通草绒花，身上穿着孔雀羽穿珠褂，外披莲花流苏云肩，下着藕色绉裙。面色红润，神采奕奕，但眉间似有忧愁之态。宝钗微笑道：“数年不见，三妹妹出挑得越发水灵了，想来王爷不曾亏待你吧！”探春听出宝钗的宽慰之意，却愈发悲上心头。再见宝钗通身无一饰物，于极素净间透出一股萧条之意，忍不住扑入宝钗怀中，眼圈通红，从腕上褪下一个碧玉镯，塞入宝钗掌心：“一份心意罢了，务必请姐姐收下，日后见了它，就如见了我一般——”言罢哽咽不能自持。

宝钗抚着探春的背，轻叹道：“傻丫头，你素知我不戴这些的，不过穿得素简些，怎就伤感至此了？这个镯子我虽不用，但也难却你这份情。我先替你保管着，哪日我不在了，你再来取也是一样的。”探春听后，急得连忙捂住宝钗的嘴：“呸呸，宝姐姐，素日那样一个明白人，怎今天说起糊涂话来！”

稍稍平静后，探春理好衣襟，坐在榻旁的椅上，握住宝钗的手，只觉透心冰凉。方欲唤人加些炉火，却忽想起莺儿不在。问起他来，宝钗摇头道:“他跟我，也实在尽心了。前几日病得重些时，他夜夜伺候，几乎不曾合眼。我几次劝他去睡，他执意不肯。昨日传来他妈病重的消息，我唯恐耽搁了他，好不容易将他打发回家了。”言罢咳嗽了片刻。待呼吸平静下来，宝钗忽抬头，指着探春那件孔雀羽穿珠褂笑道:“你可记得，谁有件相似衣裳吗?”

探春含泪点头道:“怎会忘? 宝玉当年那雀金裘，可不还是老太太给的吗?”一面又在心里埋怨自己，不该穿这件衣裳，惹宝钗睹物思人。宝钗看出他的自责，捏一捏他的手，示意他宽心，笑道:“你别怕，我并不怨他。早在元妃赐婚的那一天，我便料到了今日。一个人的日子虽难熬些，但也清静。宝玉那样的人，心里认定了谁便不会改了。与其他留下，日日相对无言，以泪洗面，倒不若走了的好。”

说罢，宝钗似是累了，闭眼在枕上靠了半晌。探春见他乏了，方欲悄然离去，却被宝钗拉住了手:“三妹妹，再留一会儿，还有些话我思来想去，也只有对你可以说了。”挣扎着立起身子，宝钗垂眼自叹道:“直至今日，我虽活得不长，见得不多，却自认半生清白，不曾背离祖训。但我却后悔，做过一件对不起你林妹妹的事——”探春忙截住话头:“这又何必，林妹妹早已芳魂归天，你纵对我说，又于事何补呢? 快不要想那回事，放宽心，调理好身子才是正经。”宝钗却摇头道:“说清了才好，否则心里堵着这一桩事，更难得宽心了。”接着道:“那年芒种节，大家找不见林妹妹，我本要去闹了他来，到了潇湘馆，见宝玉与他一处。我若贸然进去，恐他俩不便，就抽身去寻别的姊妹。不想，路上见一双玉蝴蝶，实在漂亮，我欲扑来玩耍，便一直跟到滴翠亭。忽听见亭内有人密语，似是宝玉房里的小红和坠儿，我恐无意听了人家的短，反倒生事，故唤‘颦儿’之名，以消自己的嫌疑。”

探春叹道:“这虽不当，却也无伤大雅。”宝钗只是摇头:“可怜林妹妹，还不等我坦白致歉，便驾鹤西去了！徒因我之故，白惹了一身嫌疑，他若有在天之灵，会如何想我？”宝钗低声饮泣，继续道：“可叹元妃一道诏谕，将我俩完全变成陌路人！他病重时，我本欲去访，但又想这心病实乃宝玉而起，而我又是那横在他俩之间的栏。他愿不愿见我姑且不论，即使见了，他以礼待我也不是，白眼啐我也不是，将恼恨积在心间，不反添了病吗？是以，直至他不省人事之时，我才斗胆去他身旁坐了坐，所愿的无非是他还记得些往日的真情，不要过分恼我罢了。”

宝钗似勾起了旧恸，再难保持平静，挖心掏胆地咳起来。忙用手帕掩嘴，又一面垂泪，脸色愈发苍白。探春急着为他拍背顺气，这才注意到往日丰腴的宝钗，今已瘦成一张薄纸，似风吹便散。两人伤情了好一阵，这才渐渐平复下来。

探春忽想起冷香丸，便问宝钗道：“平日里姐姐吃的那丸药，怎不见用了，是药效退了不成？”宝钗低语道：“那样的稀罕物，也只是家里有闲钱、有闲时方能炮制的。你看看如今，仆役已不剩几个，家里吃的、穿的尚需节省，哪里腾得出钱来捣鼓这个？我虽帮不上忙，可到底少生些事端为好。”探春道：“我本就想替你分担些，但又知送财送物你皆不会收，姐姐不若将那方子告诉我，我也好替你调制几丸。”

宝钗笑道：“倒难为你费心！”将具体药材、调制方法简要告与探春，“你也见了，这冷香丸也不是一年半载便制得成的。你现已有家室，自不可能在此处过久淹留。若是回府上再制，又难在路途遥远，小小的几丸药，你又如何将它寄与我手呢？心意我领了，但福寿此事，本在天命，我这病静养即可，到了时辰，走得安宁、干净便好，其他的便也不奢望了。”

探春早已红了眼眶，仰头长叹道：“偌大的贾府，何以连几味药材都支不起了？当年我曾说过，咱家里若自杀自灭起来，又怎能不一败涂地？于是派我管事那会儿，眼见出得多、入得少，还要摆阔架、装体面，心里不知怎么急呢。只可惜我那点子小打小闹，终是挽不了本的。”宝钗抚着他的手背，摇头道："你已尽力了，大家都见了，至于是成是败，也非人力所能扭转。"

静默了片刻，宝钗怔望着头顶的青纱幔，脸上现出一抹恍惚。"三妹妹，自从宝玉走后，我常常想起这些年的日子。想起我这一生。你瞧我这一生，是不是寡淡得和这纱帐子一样？"探春沉思了半晌，缓缓摇头道："宝姐姐，别的我不敢说，但这姐妹里头，唯有你可称得上是活得明白。我向来佩服你的为人。""明白是明白了，可我仔细想想，终是少了些洒脱，少了些透彻。我费尽心思打理上上下下，在明里暗里周旋、调和；处处留心、步步在意，终是为了一个不落人口舌。倘我能学来些云姑娘的率性儿、林妹妹的真情儿，是否就会得个不同的结果？你看窗外那花朵，都有过绽放的时候。"

宝钗的脸色渐转青白，气也短了些，呼吸滞塞，急得探春又是端茶又是抚背，却被其扬手止住，一句话喘成三四截："若有来世……我定会……褪下这金锁……放开性子……不负这一生……"末了，他闭了闭眼，又睁开，目不转睛地盯着探春惶急的面容，挣扎着吐出字来："虽说……做贾府媳妇……日子不长……但……做女儿时……与你们……在大观园里……相处……总是……快意难忘的……"话尾，声儿渐渐弱了，眼皮不堪重负地合上，额头滚下一颗汗珠，脸上却留着一抹笑。

探春扑进宝钗渐冷的身子里，嚎啕起来。青纱窗外，杜宇凄啼，其声声啼血，不忍卒听。探春泪眼抬头，却见六月的大观园，飘起大雪。

可叹大雪送芳魂，白骨余冷香。大观园，贾府，金陵城，一日之间，尽白了头。

得证据贾琏喜生计，悲无情凤姐苦被休

朱子熹

话说锦衣军查抄宁国府后，贾府的生计每况愈下，众人只得紧巴着过

日子，从前豪门宴饮、舞榭歌台之事，现已少了大半。小子丫头婆子等下人口中常含怨气，见贾母已死，凤姐权力大减，竟敢当面骂凤姐“夜叉”等语。凤姐本是个厉害人物，面对众人肮脏口舌，竟无还击之力。邢氏素日不喜王熙凤权诈计谋，掌权承欢，现见他为贾府平添祸患，波及自身财货，便更不大欢喜起来，平日种种恶言相向，不在话下。

一日，贾琏念起此日乃尤二姐忌日，便唤了兴儿，一径到了东府后边那与二姐私会的房子里。至舍，屋内陈设皆如依旧，不想勾起贾琏万般情思来。他坐上与二姐共寝的炕，二姐的眉眼、言笑仿佛就在眼前。贾琏双目通红，一叠声唤候在门外的兴儿。“叫你查办之事，可曾办妥？”兴儿忙道：“妥了，妥了。那胡君荣原是王府的旧人，请那庸医之人，竟是旺儿的远亲。”贾琏听了，心内暗喜，又问道：“可查出张华告官一事？”兴儿道：“可妥了，不瞒爷，这姓张的告官，果是那夜叉使的鬼。”贾琏心中一喜，觉大仇将报，双目舒展，大声道：“果真如此？快快说来。”兴儿便赶忙将旺儿收买张华一事细细讲与贾琏。话毕，贾琏又道：“可有实证？”兴儿道：“那张花子已买通，状子手印皆已到手。”那贾琏喜得跳下炕来，心中哀愁早已少了大半，复又歪躺炕上，暗生一计，遂细细吩咐兴儿如何如何，不在话下。

那凤姐见贾琏大清早便出门，又不好多问，只得病卧于床，仔细思忖。忽又记起今日来，不禁双目尽湿，泪眼滂沱，暗叹苦命。平儿自凤姐病倒以来，左右侍奉，手持汤药，未曾废离。又见此光景，心中不免为凤姐感叹起来。平儿见凤姐如此，赶忙问道：“奶奶病又犯了？”凤姐道：“犯病，又如何呢？”话罢，又剧烈咳嗽，眼泪簌簌地流。平儿安慰不止，哄得凤姐正要入睡。

突然，门外吵闹异常，凤姐惊醒，不顾肺内如灼烧般疼痛，支起身，怒喝：“快来人，看谁在外边如此放肆？”话毕，平儿忙推开门，正打算喝止，一看，不是别人，正是贾琏。那贾琏正与一花子纠缠，兴儿昭儿忙在旁边帮忖。只听那花子叫道:“既叫我告官，我听了，你们又反诬我贪财，叫我好死。”贾琏装作不明白，大声道:“你这花子，欺人太甚。我贾府此等清白之地，何曾指派你干此等脏事?快快滚去，别污了这地！”凤姐儿听了，记起张华一事，大惊失色，歪倒在床，闭眼思量如何应对。可知那花子竟道:“说什么不知，白作了睁眼瞎子，你家旺儿，和那阎王二奶奶可明白了！”强拗不过，贾琏遂唤旺儿。旺儿至，见着那花子，心中暗恨，悔放了他一命，又看贾琏满脸怒色，暗叫不好。贾琏怒喝:“跪下！”旺儿跪倒在地，对着贾琏使命磕头，口内叠声叫道:“二爷饶命，都是二奶奶指使的，与小人无关。”凤姐闭眼听着，听到此句，便恨自己眼力太低，看错了狗奴才。平儿在一旁，心中更为凤姐忧愁起来。凤姐知不妙，便悄悄唤平儿，命他从后门出去，请王夫人过来。平儿照做，忙出门。

话说那贾琏听到旺儿将所有全部招供，遂携了张华、旺儿、兴儿至凤姐房内。初见凤姐，贾琏见其黄瘦的脸，病恹恹的面容，勾起往日情思，不免有担忧怜爱之意，可又念其手段阴谋，心又硬了下来。不等凤姐清醒，贾琏厉声骂道:“死毒妇，你好生起来罢！”那凤姐不过装睡，听这番毫无情意之话，心内早已苦涩不堪，含泪睁开眼，又告诫自己不可失去颜面，支起身，翻下炕，问道:“二爷今日怎么了，竟如此无情?说什么毒妇，爷听小人言，竟忘却当年情分?当年情意浓烈，说什么海誓山盟，到头来还不是白话一段段，什么也不留。”贾琏冷面道:“情分只存于当年，看看你这夜叉干的好事！”说罢，便让张华上前，一一陈述凤姐所为。凤姐未等其开口，便道:“二爷怎么了，一个花子的话也信?狗嘴里吐不出象牙，爷能让他说出什么东西?爷想想，你听花子的话，是在拜花子为师吗?再者，这事若传至府外，众人不知道会怎么说贾家?说我们已经到与花子同伍的地步吗?爷如此做，怎么对得起老太太的在天之灵?怎么还你父亲的养育之德?”贾琏一时无言，遂令张华退下，再令旺儿上前。旺儿哆哆嗦嗦道:“二奶奶，那花子乃张华，与尤二姐订婚的小子，你当时指派我叫他打官司来着，奶奶怎就忘了。”未等他说完，那凤姐早已丹目圆睁，一腔子火全发泄出来，使命啐道：“呸！没脸的王八羔子！你痰迷了心，脂油迷了窍，把你奶奶放到哪里去了？你和那花子一条藤，使命害我吧！我买通那花子，砸自己的脚，有何好处？没凭没据，胡口乱说，还当自己是三岁小儿？胡诌的鬼话，聋子还不信！你身为贾府的家人，理当为你主子着想，在府中这么些年，报恩主子的事什么也没做，欺诈挖苦倒是做了一大堆，没良心的白眼狼，有谁稀罕！太太知晓了，该会如何治你！”旺儿战战兢兢，不敢言语。

贾琏瞧见凤姐妙语如珠，左右开弓，一下子竟不知该说什么。便命旺儿出去，与张华将之前的证据拿来。凤姐见房内只有他俩，便哭哭啼啼、悲悲戚戚，滚入贾琏怀中，嚎啕大哭起来，呜咽着道：“他如此污蔑我，你也不制止，反任其胡来！你说我在这府中熬了这么久，给你们贾家做牛做马，哪日不是尽心尽力？你瞧不见我的功劳，也要看到我的苦劳啊。我嫁给你这么多年，难道就无一丝夫妻情分吗？如今家道不如往日，我们两个更该尽心尽力，相互扶持，振兴家业。你平日那些事，我都看在眼里，欲要发作，却强忍在心。你想想，你国孝家孝在身，却偷娶尤氏。若非我将他接回，帮你遮掩，不知他要在屋里熬多久。”贾琏听了凤姐一番话，顾念着夫妻往日情分，心中本来略有回转，可听他提起尤二姐，记起当日凤姐阳奉阴违、权谋狡诈的种种手段，又记起当日那个未成形的男婴，便肝火直冒、悲怒交加，一把将凤姐从怀中推出，说：“我本想起巧姐，顾念恩情！可听你这么一说，倒是记起了旧事！当日你活生生逼死尤二姐和那胎儿，何曾有过半点犹豫！你在这家中弄权使诈，骑在我头上作威作福，这么多年，何尝给过我什么恩情和脸面！”那凤姐本是娇弱之人，哪经得这么一摔。当下在地上大哭起来：“狠心的冤家！我也是为了你好哇，你想想你做的是什么事啊……我的巧姐啊，你亲爹要活生生拆了这个家啊，娘亲……平儿，平儿！把巧姐抱来，我们……”

贾琏收回手，正色道:“你少给我装可怜！你做了什么，心知肚明，不要在这里故弄虚玄！你敢承认，当日你没在尤二姐背后两面三刀？你是聪明，刀刀致命，刀刀又不见血！你就与那花子、胡庸医无一丝瓜葛？”凤姐哭哭啼啼，一时不语。贾琏道:“妇有三从四德，你且告诉我，是哪四德？”凤姐无力站起，只管咳嗽，不曾回他。贾琏道:“妇之四德，曰妇德、妇方、妇容、妇工。你这毒妇，贤德二字你可曾沾过边？别认为我什么都不知，你的手上，不知沾了多少人的鲜血。今日我不将你休掉，逐出贾府，才是愧对父母生养之恩！”

话毕，只见平儿忙携着王夫人赶来，见此光景，早已泪流满面。平儿忙扑过去，挡在凤姐前面，问道:“爷也太心狠了，奶奶有病在身，怎经得如此折腾？”凤姐见平儿王夫人到来，泪珠儿流个不停，大声哭嚎道:“太太，他要休了我。”那王夫人听了，面色一改，怒喝贾琏:“多大个人了，怎么还做出这等事来！这家好不容易安定下来，又兴风作浪！”贾琏要旺儿、兴儿赶至。邢夫人闻讯也赶来了，见凤姐形状惨淡，心内反而暗暗高兴，脸上不觉露出了神气。王夫人怒对邢夫人道:“看看你的乖儿，竟休起媳妇来了！”那邢夫人听了这话，怒回王夫人道:“这毒妇手下可有我孙儿的性命，这会子不休了他，再有一个孙儿，岂不性命难保？”王夫人见凤姐身体孱弱，被平儿扶起，坐在炕边哽咽，眼肿得似桃一般。王夫人问贾琏道:“此事当真？”贾琏点头，不语。邢夫人见状，看向凤姐，立马插话，冷笑一声道:“当年药死尤氏肚中男胎的胡庸医，便是这人派人请的。你看，这便是证据。”邢夫人遂唤兴儿，兴儿从怀中掏出一张字据，上写了凤姐与庸医的协议:药死腹中胎儿，五百两银即归胡君荣，还有双方的红手印。

王熙凤见此凭据，心中暗自懊悔，可又恨那胡庸医恬不知耻，背信弃义。那王夫人见此，如鱼刺哽在喉，说不出话，只恨凤姐毒辣。贾琏又道:“这人手段如此阴险，万万留不得的。太太，您是不知，当初尤氏嫁入府中之前，曾与人订婚，这人名叫张华，现早已成花子，这女人为了除掉尤氏，暗中收买张华，指使其闹至官府，以坏侄子与尤氏名声。”王夫人邢夫人听罢，瞪圆双眼，直勾勾盯向凤姐，凤姐平日里那些口舌仿佛缺失了般，没说任何话，只是呜咽着。邢夫人道：“果真如此？速速把张华叫来。”

听罢张华的诉说，王夫人问道：“可有证据？花子的话不足为信，再者，如今府上事故迭出，家业凋零，好不容易安生下来，又折腾不休，唉……一日夫妻百日恩，阿凤虽有千般不是、万般罪恶，但为了大家，还是尽心尽力的……”王夫人口内虽如此，心内却焦急不堪，因想到王子腾已死，王家衰落，现贾政又被弹劾，自身在贾府中的地位下降，想救凤姐却也无能为力了。若是当初，纵有一百个张华来，也不可动王家一根毫毛。遂感叹凤姐的遭遇。张华从怀中拿出纸据，白纸黑字，十分清楚，贾琏早已失耐性，急命人去取纸墨笔砚。纸笔至，贾琏忙一把夺来，执笔便写，拟定休书一封。凤姐见此，心中忧伤交集，眼前一黑，便昏死过去。

恍惚中，凤姐见一男子，形容委琐，举止荒疏，隐约向他走来，定睛一看，可不是贾瑞。他拿着一面上好的宝镜，向凤姐儿道：“嫂子可让我好想。”说着，便向凤姐儿扑来，凤姐狠命一闪，又至另一间房里，见正中间吊着一个女人，正向凤姐招呼，凤姐一看，魂魄吓飞大半：可巧竟是鲍二媳妇！只见那鲍二媳妇咧嘴向着凤姐大笑，目光诡异，满嘴鲜血，喷涌而出……凤姐死命狂奔，见尤二姐带着一女人提着鸳鸯剑向他砍来。那尤二姐满面鲜血，神色狰狞，口内叫唤道：“姐姐，还我的孩儿来！还我的孩儿来！我死得冤啊！可怜我肚中的乖孩儿呀……”凤姐见了，大声叫骂着，飞快奔走。忽见一老妇，独自坐在太师椅上，可是贾母。凤姐奔向贾母，滚入他怀中，飞快说了一长串：“老太太救命，有人要害我。”贾母道：“好孩子，你竟是太聪明了些！”凤姐听着话有异，便抬头望向贾母，只见贾母不知从哪拿出一把银晃晃的尖刀，对着凤姐的胸脯，狠狠刺下。

凤姐惊醒，发现自己身穿粗布衣裳，横躺在一堆枯草之上，身旁放着贾琏的休书……

长夜漫漫，等到破晓，才有人至府中，传告凤姐死讯。

点评

续写创作不是目的，而是手段

连中国，语文特级教师，北京市教科院基教研中心语文教研员。有教育教学专著《唤醒生命：每个孩子心中都有一个巨人》《语文课》《语文课Ⅱ》《语文课Ⅲ》。

首先，对高中生而言，续写创作《红楼梦》不是目的；引导学生由此回归到《红楼梦》的理解与把握上来，这一追求才是值得称道的。

《红楼梦》的续写创作，并非易事，此课例中，马老师也说“它要求学生通读《红楼梦》，并在教师的带领下，对重点章回有一定程度的细读与了解，对书中的人物形象、情节结构、艺术手法、思想主题等都有了一定程度的把握，才能进行续写”。这个要求对学生而言并不低。因此，续写创作还应该回归到学生对《红楼梦》题旨的把握上面。课例中教师这样的教学追求就是值得称道的：“为了让学生写作有一定的集中性，并进一步激发学生阅读《红楼梦》的热情和想象力，我要求学生在尊重原著人物形象的完整性和主题的一致性的基础上，挑选原著中的某一个人物或某一段情节进行续写，表达自己的感受、思考与想象，以此深化对《红楼梦》的理解。”在此基础上，明确提出本节课的三点教学目标。

这样的课程设计，符合学生阅读《红楼梦》的基本规律，有助于《红楼梦》阅读进一步地推进。通过续写创作构成一种对《红楼梦》阅读的深思与回归。

其次，本节课教学由三环节组成，环环相扣，层层推进，步步深入；课程设计合理，渐入佳境。

第一环节：续梦红楼。了解历史上二百多年来《红楼梦》的续书情况及背后的精神分歧。

第二环节：梦解红楼。从学生课前的创作中选取六篇互不相同、各具特色的作品，作为课堂讨论资料。俞平伯先生说：续书难成。教师点出主要的评述的内容，引导学生重点讨论同学续写的成败得失。引导学生既要有新生内容的产生，又要有在对旧作理解上的回归。

第三环节，想象红楼。教师强调：我们阅读《红楼梦》，不仅有阅读、理解、思考，也要敢于发挥想象，用创造性的想象来贴近《红楼梦》的艺术世界、心灵世界，用创造性的想象来理解曹雪芹的意图和精神，用创造性的想象来填补没有做完的梦，来思考红楼、理解红楼、进入红楼，乃至用自己的方式来创造"红楼"。也许，我们每个人都有自己的红楼之梦。进一步引导学生总结自己的续写经验，并由写作来体悟《红楼梦》博大的特点。课堂由此三部分组成，为学生创作高质量的续写作品，提供了必要充分的保障与支持。

于此基础上，我想建议的是，从来没有人为了读书而读书，只有在书中读自己，在书中发现自己，或检查自己。在阅读《红楼梦》的时候，还应该推动学生构建磅礴浩大的《红楼梦》与自己更内在的一种关联，这样读书才能为"我"所有。

后记

让阅读真实发生，让学习真实发生

余党绪

一

我不是“红迷”，也不是“曹粉”，说《红楼梦》总是提心吊胆。2014年出版的《经典名著的人生智慧》，本来也有关于《红楼梦》的内容，最终还是忍痛舍弃。坦率地说，我也看过一些关于《红楼梦》的书，遗憾的是，即使在某些知名的专家那里，我也看到了张冠李戴的错误，更不要说内容分析上顾此失彼的漏洞了。说到底，还是对《红楼梦》心存畏惧，对自己信心不足。

记不起何时开始看《红楼梦》了，但真切地关注《红楼梦》教学，则是在我的学校推进“经典精读”的过程中。2000年，刚上任不久的张正之校长委托我起草一个学校语文课程方案，后来我将方案略作改造，以《统整课程　统整研训》之名发表在《上海师范大学学报》上。从那时起，我和同事们就开始了万字长文阅读、经典精读等阅读探索。骄傲地说，读经典名著的学校不少，但像我们那样，20多年前就用课程与教学来保证与支持的，恐怕不多。在很长一段时间里，上师大附中语文课程被简称为“4+1+X”，那个“1”就是“经典精读”。“经典精读”是上师大附中学生的必选选修课，也是上师大附中语文老师必须承担的学校课程——聘用协议里就有一条，教师必须开发一门经典精读课程。这个“精”很关键，好多人都喜欢按照自己的理解，顺口将这门课说成“经典阅读”，只要我发现了，总会不厌其烦地纠正。精读，不仅区别于一般的泛读，而且强调在教师的指导下开展学习。

那时，我的同事徐芳老师——大家开玩笑，说她有点林妹妹的气质，开了一门《红楼梦》精读课。根据学校安排，徐芳老师每周用一个课时，持续一个学期，引导学生读书讨论，还做了很多专题学习。跟很多人料想的不同，《红楼梦》选修课受到学生的热烈欢迎，他们读原著读得津津有味；续写作品也让人大为称赏。徐芳老师是个“红迷”，一说起《红楼梦》就兴奋，表情瞬间丰富起来。就这样，她带着虔诚的热情，还有教学的勇气与毅力，教了一轮又一轮，后来出版了一本关于《红楼梦》的著作，叫作《红楼三味》，作序的是著名红学家孙逊教授。我就是在徐芳老师的感染下，出于教学的功利考虑，断断续续地又看了几遍《红楼梦》，也看了一些红学著作。印象比较深的，是那段时间看了很多刘心武的红楼研究，感觉就像读侦探小说。

应该说，那十几年亲身的经典教学实践，还有作为“经典精读”的主张者与推动者的观察与思考，为我后来聚焦整本书阅读积累了丰富的素材与案例。不夸张地说，2017年版高中语文课标颁布之后，关于经典阅读的争议，课程建设中的各种偏差，教学中出现的各种问题，我们在这十几年的探索中都看到了，甚至也都经历过了。其中，徐芳老师的尝试与思考给了我最多启发。

徐芳老师主张将《红楼梦》当作三本书来读，即谜语书、百科全书、教科书。关于谜语书，徐老师写道：

> 《红楼梦》的谜团也实在太多，几乎每一个人物的结局都是谜，怪只能怪曹雪芹死得太早，留下了这半部红楼、无数谜团。但不幸中的

> 万幸是:《红楼梦》前八十回留下了无数的暗示，好比是一个“隐喻的海洋”，更是一个“巨大的谜面”，为众多研究者、猜谜者带来了破译的希望和解谜的依据。在《红楼梦》的教学中，猜谜已不再是游戏，而是研究，一种饶有兴趣的研究。(《核心概念：发展——附中这八年》，上海人民出版社2009年版。下引徐芳老师的相关内容，均见此书。)

把《红楼梦》当作谜语书，但不以猜谜的心态与方法来读书，这是很有见地的。我们完全可以把“猜谜”理解为文本细读，在文本的事实与结构逻辑中探寻人物的命运。这其实是对读者的知识积累与思维品质的检验，反过来看，也是一种刺激与栽培。

关于教科书，徐老师说:“因为职业的关系，我还将《红楼梦》当作一本独特的语文教科书来读。说它独特，是因为再没有一本语文教科书像它那样……《红楼梦》的天地实在很大，对于我们语文老师来说，它真是一本求之不得、独具特色、精彩纷呈的语文教科书。”这一点我特别赞同。直到现在，还有老师将整本书阅读看作语文课程的外挂，甚至是食之无味的鸡肋。而在十几年前，徐老师就意识到《红楼梦》与语文课程的关系，主张经典名著与语文课程的互动与融合。让经典阅读有助于学生语文素养的构建与发展，而不要总在抽象的意义上鼓吹经典阅读的“无用之用”，这是我的观点。这个观点的形成，也得益于徐芳老师的实践——我在她的《红楼梦》教学中，看到了融会贯通与得心应手的语文妙境。

关于百科全书的说法，还记得与徐芳老师做过一些讨论。徐芳老师特别看重《红楼梦》的文化价值与内涵。她说《红楼梦》是“迄今为止最理想、最全面、也最有趣的‘百科全书’”，只是把《红楼梦》当作小说读，太可惜了。在徐老师的教学中，有大量的传统文化的引入与研习，这让她的教学充满了浓厚的文化气息与教学个性。不过，我也看到，徐老师并没有把《红楼梦》上成文化普及课，她凭借超群的文学感悟力，将文化研习与文学理解融为一体。那么，只把《红楼梦》当作小说读，是不是可惜呢？我觉得《红楼梦》就是一部小说，无论它的文化内涵多么厚重，其核心依然是人物的性格与命运。把《红楼梦》当作小说读，本身并不可惜，可惜的是在阅读中忽视了小说深厚的历史背景与文化内涵，结果只读出了一些自以为是、习以为常、浮光掠影的感受。这是遗憾的，却是非常普遍的现象。我确实看到了太多脱离人物性格与命运而津津乐道于各种文化信息的课堂。每每看到这样的教学，我就会想到徐芳老师那既有灵动的文学色彩又有浓重的文化意味的课堂。

此外，徐老师在教学的组织形式与方式上也做了大量探索，比如她让学生勾画大观园的结构图，鼓励学生“斗胆”续写《红楼梦》，学生的兴趣都很浓。这里呈现的是学生笔下的“黛玉之死”。在后 40 回中，“黛玉之死”是成功之作还是败笔，一直存有争议。像马瑞芳教授就认为黛玉之死过于“戏剧性”，且缺乏与“绛珠仙子”的身份相契合的诗情画意。马老师又是小说家，在林黛玉的雅致与纯洁上，她容不得半点瑕疵。这名学生的续写似乎还是渲染了临死的痛苦与悲凉，但临终的那一瞬间，还是让我联想到了仙子的优雅……

黛玉之死

黛玉一人走向山坡，再有两三步，就是池沿。那身子竟有千百斤重似的，两只脚却也早已软了，好一会子到了池沿。黛玉颜色苍白，倚着竹栏，两眼直直的。

只见皓月高挂，清池粼粼然。冷风一过，黛玉颤巍着，咳嗽不止，又吐出一口血来。迟了半日，一面喘着，一面直盯冷月，寒意袭来，如同将身浸在水里般。想宝玉与宝钗的婚事，又想自幼父母早亡，寄居在贾家屋檐下。此时心里，酸、愁、苦，堆在一块，竟也说不出是什么味了。

风声飒飒，不觉满脸已尽是泪渍。又觉喉间血腥难受，我这病怕是不能好的了，现今宝玉亲事既已定，自己还要受这病折磨，看丫头、嬷嬷们的脸色，何苦来？倒不如早些死了清净。黛玉一面思忖，一面身子往前倾，一步一步慢慢走来，两只脚早已深浸水里，一缕凉风吹来，吹得寒毛直竖，遍身冰凉，两只脚却也不听使唤，往前迈着，却也奇怪了，不像方才那么软了。

一会子功夫，水已至脖颈，黛玉合上眼来，微微一笑，向后仰去……

㊁

随着新课标的颁布和新教材的推出，《红楼梦》整本书阅读成为教材的一个学习单元。这样，《红楼梦》就不再只是“红迷”或精英们聚讼的对象，而成了全体教师面向全体学生的教学内容。新教材带来的震撼是前所未有的，随之而起的各种异议或非议自然也多了。为什么要读《红楼梦》？为什么偏偏是《红楼梦》？《红楼梦》还要教吗？要教到什么程度？如此等等。这些议论，我们20多年前做“经典精读”时其实也都遇到过，而且理由也没什么本质的不同。这些问题本身是开放的，你想说服别人，很难。当时自己还年轻，也曾试图去“统一思想”，结果就不用说了。我想，重要的不是说服别人，而在于说服自己。说服了自己，才能心无旁骛、扎扎实实、持续地去探索。

上师大附中的语文学科正是在经典精读、长文阅读等系列探索中迎来了发展的一个高峰。那几年，就算是高考成绩，也让人刮目相看。这里面，有没有经典精读的功劳？我没法实证，但我一直相信规律。符合规律的事情，总不会太糟糕。在短暂的人生中，我们应该选择规律而非功利。长远看，合乎规律的才是功利的。孔子说：“人之生也直，罔之生也幸而免。”遗憾的是，很多人似乎相反，投机的念头太多，总想靠“罔”而生。在语文教学上，不愿意在读书上下苦功夫，下慢功夫，下细功夫，总希望多快好省，总想找到某种包治百病的灵丹妙药——这样的想法早晚都会受到规律的惩罚。

《红楼梦》这样的文学与文化经典，最需要我们下苦功夫、慢功夫和细功夫。

没人否定经典的阅读价值，但为什么教材将它做成一个教学单元，就引起了那么多人的质疑乃至反对？想来想去，大概还有一个原因，就是对当下的语文教学不信任，担心不合理的课程与教学介入反而破坏了学生的阅读兴味。几十年来，关于语文教学的非议一直不断，每隔几年就能掀起一波嘲弄语文教学的高潮，这也算当代教育的一个奇观吧。从“误尽天下苍生”的否定，到“一怕文言文，二怕周树人，三怕写作文”之类的民间戏谑，语文学科就像体育界的男足，扮演着引爆全民狂欢的喜剧角色。但是，这些议论与指责在多大意义上切中了语文学科的真相与本质呢？作为一线教师，我拒绝加入这样的全民狂欢。我珍惜自己的每一节课，欣赏同事们的每一个探索，我不认为语文教学一定会构成经典阅读的障碍。

找几个极端的例子来否定一切，这样的思维方式本身就是错误的。经典教学一定会出现各种错误与笑话，但我们不能因噎废食。而且，教学中出现的各种不合理现象，也只能在不断的探索中去解决，而不是干脆放弃教学的探索。在这个问题上，王本华老师的观点更值得听取：“要把名著阅读作为语文课程的一部分，有规划，有指导，给时间，出成果，而不是把它作为可有可无的点缀，也不能在教学中放任自流，随意而为。”“有规划，有指导，给时间，出成果”，这应该是从事整本书阅读教学的基本共识。

在我看来，将整本书阅读纳入语文课程，这是新课标的重大贡献，它给语文学科带来的影响远未显示出来。可以断言，像任务群、大单元、大概念、情境、项目学习这些理论或概念，恐怕多数都会是过眼云烟；而整本书阅读不仅会长久存在，还会显示越来越强大的生机与活力。道理很简单，它关注的是经典，是名著，是人类文化的精华，是文学世界的明珠。只要语文学科在，只要语言文学教育还有价值，经典名著的光辉就不会褪色。

除了经典本身不可替代的永恒价值，以整本书阅读的方式来读经典，也给传统的语文教学带来了全方位、深层次的冲击。我在《整本书阅读或可成语文教改的发动机》一文中，从教学价值的确定、教学内容的选择、教学资源的组织及教学方式的革新等四个角度进行了论证。这篇5年前的文章，今天再读，依然不觉得有什么夸大其词的地方。

我之所以热情洋溢地从事整本书阅读的教学，也有前车之鉴的考虑。从事语文教学30余年，经历了一轮又一轮的改革，做的时候轰轰烈烈，事后看看，能够转化为积极成果的还是有限。回顾历次语文学科改革，真正撼动了语文教学格局的，大概也只有世纪之交的那场围绕“人文性”与“工具性”而展开的大讨论了，因为它触及学科的根子问题，性质是事物的根本。相比之下，以往的多数改革都着眼于教学方式的革新，这样的改进思路近乎舍本逐末，缘木求鱼。一般说来，波及全局的改进，如果着眼的仅仅是技术，是细节，是形式，基本上都会落空，甚至可能陷入形式主义或技术主义的泥潭。

整本书阅读不是这样。它着眼的是教学内容，教学上的形式革新或技术变革都源于对新的内容的响应。我研究了大量项目式学习、大单元教学的案例，我的感觉是，基于整本书阅读的教学探索总体上更合理、更可信、更贴切。原因倒也不难理解，整本书阅读的高阶性与复杂性，为这些深度学习提供了更切实的实践空间。有些人习惯于螺蛳壳里做道场。尽管螺蛳壳里也能雕琢出精美的、精致的“道场”，但毕竟缺乏大格局，缺乏大思维，结果多半是精致的小气，精美的肤浅。

那么，整本书阅读为什么一定要读《红楼梦》？换个思路也许更容易理解。如果只挑一本古典文学作品让高中生阅读，除了《红楼梦》，还有哪一本更合适呢？似乎也难有更好的选择。所以，我觉得问题不在于该不该选择《红楼梦》，而在于为什么只有这么一个选择。可否在整本书阅读的单元里多安排几部著作？比如再推荐一本《三国演义》，或者加上《桃花扇》，等等。让师生们有更多选择，情况会不会好一些？无论如何，让所有学生在同一时间读同一本书，至少不是一个最佳选择。

可以罗列无数条选择《红楼梦》的理由，我比较看重的，还是它在思想与文化观念上的超越性。《水浒传》《三国演义》这些古典小说，总是摆不脱片面的忠君观念、嗜血的暴力倾向、陈腐的女性观，还有践踏道德伦理底线的破坏情结，当然也永远少不了肮脏的政治交易与宫廷阴谋，这些因素也许能在艺术上得到某些合理的解释（事实上，很多学者正是借助艺术表现这个理由，为《三国演义》《水浒传》等做了太多的转圜与辩护），但在教育的意义上，它们至少会带来一些纠结、疑虑与混乱。而《红楼梦》则如一缕清风，一洗古典小说的陈腐格调，表现出全然不同的另外一番面貌。在曹雪芹的文字里，我们分明看到了他与他的时代的距离以及他的审思。我们不能对一个两百多年前的写作者寄予过高的希望，但事实上，曹雪芹给予我们的，往往比我们预期的还要多。对封建礼教所造成的生命悲剧，对等级秩序的冷血，对“文死谏，武死战”的愚忠与迂腐，对男尊女卑的残酷，对道德溃败所带来的社会崩塌，小说都有深刻的思考。当然，这些思考都是借助栩栩如生的形象塑造所完成的，是在艺术空间的创造中达成的。

要走进这样的思想与观念体系，我们需要穿过艺术这个沼泽。有的人终将淹没在沼泽里，而更多的人则会横跨泥淖，抵达某个值得我们向往的境地。摆渡我们的，就是那致命的审美与思辨。

㊂

《红楼梦》该教什么？

我的观点比较明确，立足于宏观与总体的把握，聚焦核心；关注通识性与共识性的理解，重在基础。

前一句主要针对“整本书”而言，后一句则主要针对《红楼梦》“这本书”而言。

教师中有很多“红迷”“曹粉”，不乏有读过一二十遍的。但读得熟，不等于理解得深；读得多，也不等于理解得透。关键是，熟悉文本的，不一定就能教好《红楼梦》。就像某些“民科”红学家，对《红楼梦》如数家珍，却被各种眼花缭乱的信息所迷惑，终究不能跳出文本，遑论以教学者的眼光审视文本并在其中发现教学的内容与资源。

教学《红楼梦》有两个准备工作是必要的，一是对《红楼梦》的学术研究做必要梳理，以此作为教学的学术担保；二是充分考察学生的实际水平和现实需求，以此作为教学的学情担保。

《红楼梦》的研究史是一部“你死我活”的吵架史，堪称定论的少之又少。封面上印刷的作者明明是曹雪芹，但依然有学者不认账，红学史家陈维昭先生似乎就认为还有一位“原始作者”，而曹雪芹只是小说的“写定者”。至于版本的差异、小说的主题、人物的命运结局等，更是众说纷纭。在语文教学中，很多老师将“言之成理”“自圆其说”奉为圭臬；若以此论，则红学研究注定是一本众说纷纭的糊涂账。

中学教学对学术性的要求虽然有限，但在文本梳理与分析的时候，还是要秉持兼听则明的原则，不仅广采博收，还要比较辨析。因为我们面对的，是尚未成年的中学生；我们传达给学生的，应该是相对客观、理性与公正的判断，是那些有共识基础的知识与观点。哪些算是有共识的呢？这就要关注红学研究的相关成果。我以前对二十世纪五六十年代的红学研究不感兴趣，在阅读了李希凡、何其芳、王朝闻、蒋和森、舒芜等人的著作后，才发现，虽然他们难以超越阶级斗争理论的时代影响，在主旨的理解与人物的分析上多有生硬僵化之弊；但他们分析问题的开阔与缜密，文本挖掘的细致与深度，却是很多时尚的红学家难以企及的。若能对那些不恰切的或者过度的阶级分析予以澄清与扬弃，则启发性很强。而且，他们的文字总体上平实凝练，不故弄玄虚，也不搬弄理论，与某些当代红学家大相异趣。

在《红楼梦》整本书阅读教学中，最该谨慎对待的，还是那些颠覆性的文章，那些惊听回视的言论。前些年刘心武先生关于秦可卿的研究，近些年走红大陆的台湾教授欧丽娟老师的观点，都让我们眼前一亮。刘心武是知名作家，他的文学感觉与艺术想象其实也值得《红楼梦》爱好者的尊重；欧丽娟是专业的《红楼梦》研究者，她的学术造诣非我辈门外汉所能置喙，而且欧老师面对的是大学生，在开放而多元的课堂上，卓尔不群的态度和与众不同的观点本身就是教学的宝贵资源，更能引发学生的思辨。不过，面对中学生，在中学课堂上教授《红楼梦》，我们就不能简单照搬他们的思路和分析了。

以欧丽娟老师为例。欧老师拨乱反正的姿态与论断让人耳目一新，她对林黛玉、晴雯、薛宝钗、袭人、贾宝玉、探春、王熙凤、王夫人等都做了新的评价。对某一个人物做出新的评价，并不新鲜；但像欧老师那样，基于为礼教更名与辩护的立场，基于她极力倡导的客观与理性，对众多人物做出了系统性、革命性、颠覆性的评价，却是罕见的。这大概也是她网络走红的重要原因吧。

欧老师的很多论述都充满见解与新意，给人以强烈的冲击感。她讲贾探春，讲到赵姨娘对探春的“血缘勒索”，就发人深省。再如关于“晴雯之勇”的分析，也很有见地。应该看到，“晴雯之勇”确实包含了不逊、粗暴和暴陵的色彩，欧老师的论述有助于我们全面地看待晴雯。不能不承认，在过去很长一段时间里，晴雯因其阶级出身的卑微，或因与宝玉的亲密关系，或因“晴为黛影”的说法，我们对她做了有意无意的美化，似乎要刻意地塑造一个完美的底层少女形象。欧老师的分析至少对我有着显著的点醒作用，促使我反思先前的理解是否带有个人的偏见。不过我也看到，欧老师大概对晴雯的印象实在太坏，如同她对黛玉一样，未能看到作者寄寓在晴雯身上的理想色彩，对晴雯因卑贱的出身与地位而表现出来的某些精神创伤与性格弱点，也缺乏必要的体谅与宽容。

欧老师见解独到且立意颠覆，这让她有时候就像一个斗士。在她的课堂上，我经常能听出她因为心爱的《红楼梦》被人误解或曲解所带来的悲愤和无奈。但这种斗士的心态也在一定程度上影响了她的正面立论。比如林黛玉，欧老师经常提醒读者注意她的贵族出身、宝二奶奶不二人选的地位，以及在贾府的优渥待遇，似乎要以此证明黛玉的伤感是自作自受。但事实上，大家闺秀，贵族小姐，老太太的掌上明珠，养尊处优，这是大家公认的；争议只在于，有了这些因素，黛玉在贾府就一定快乐和幸福吗？不快乐就是“作”吗？对于林黛玉寄居贾府的处境，大家习惯上都用“寄人篱下”这个词来形容。欧老师对此也持质疑态度。但事实上，“寄人篱下”在词典上的解释是“寄居在别人家里，指依靠别人过活”。于林黛玉而言，这既是客观现状，也是她的主观感受啊。

“大旨谈情”是关于《红楼梦》主旨的主流看法，欧老师另辟蹊径，极力地渲染“礼教”的积极价值。客观看，礼教之于社会的积极价值是不可否认的，在晚近以来批判纲常礼教与家族罪恶的思潮下，对《红楼梦》中与家族、礼教相关内容的批判确有偏激之处。其实，曹雪芹也并无否认礼教之意，即使在贾宝玉身上，遵从礼教与对抗礼教也是并存的，宝玉的叛逆并不表现在对礼教的全然无视与公然践踏上。相反，他在礼仪规范上的乖巧与周到，还让老太太引以为傲。欧老师看到了这一点，她的解读确有纠偏之功用。但问题是，她似乎要从一个极端走到另一个极端，将“理”推向价值的极致，将薛宝钗、王夫人等“完美化”，为王熙凤“脱罪化”。我读欧老师的分析，感觉不是王熙凤设计害死了尤二姐，倒像是尤二姐把王熙凤害惨了。在“弄权铁槛寺”一节，她否认王熙凤收受贿赂、中饱私囊的动机，理由是王熙凤讲过“我也不等银子使，也不做这样的事”。可问题是，小说在第16回明明白白地写着:“这里凤姐却坐享了三千两,王夫人等连一点消息也不知道。自此凤姐胆识愈壮,以后有了这样的事,便恣意的作为起来,也不消多记。”这样为王熙凤“洗白”,显然有违文本提供的事实。

欧老师意欲为薛宝钗平反。几百年来,“拥钗”与“拥黛”两派尖锐对立,言论都有走向极端的偏差。比如陈其泰说“宝钗之为小人,则无一人知之者”,季新斥责她的谋婚之举为“娼妓行为”,这些理解把人物脸谱化了。欧老师发现了薛宝钗的诸多美德,比如她极力践行儒家道德,自觉锻造自己的人格,在我看来这些分析都是实事求是的。但是欧老师似乎不能容忍薛宝钗身上有任何缺点,要把薛宝钗的所有“污点”都洗刷得干干净净。于是,她的论述似乎也出现了前后矛盾的逻辑缺陷。比如第27回“滴翠亭杨妃戏彩蝶,埋香冢飞燕泣残红”,薛宝钗有没有“嫁祸”?下面将欧老师为薛宝钗的辩护列表呈现,与此对照的是我的质疑:

问题	欧的辩护	我的质疑
有没有嫁祸动机?	薛宝钗就是不想惹麻烦,出于一个“但求无碍的消极避祸心理”,找个借口把事情遮掩过去。	宝钗急于摆脱困境,避祸是首选;但有没有借机宣泄对黛玉的怨气,需进一步分析。
黛玉可不可嫁祸?	林黛玉在贾府是宝二奶奶的“不二人选”,没人敢跟她过不去,想嫁祸也嫁祸不了。	黛玉可不可嫁祸,与宝钗想不想嫁祸,是两码事。何况,别人无法嫁祸,不等于宝钗也没法嫁祸。
有没有“祸”?	小红和坠儿是“丫头中的丫头”,根本构不成对包括林黛玉在内的贵族小姐们的威胁和伤害,原本就没有什么“祸”。	既然无“祸”可言,宝钗还“急中生智”地遮掩什么呢?
嫁祸有没有结果?	此事再无下文,再无人提起,黛玉“毫发无伤”。	没有发生后果,不能反证没有“嫁祸”的动机。

续 表

问 题	欧的辩护	我的质疑
为什么宝钗偏偏拿黛玉当挡箭牌?	心理的惯性作用。戏蝶前宝钗去找黛玉，见宝玉进了潇湘馆，为避嫌半途抽身出来。情急之下，最先浮出来的记忆，就是黛玉。这正显示了宝钗的敏捷与智慧。	其实，最近的记忆是“扑蝶”。若以“扑蝶”为借口来遮掩此事，不仅人畜无害，而且自然而然，还能显示宝钗的敏捷与智慧。

欧老师的意思是，薛宝钗既没有嫁祸动机，也没有嫁祸行为，更没有带来什么恶果，一切都像田园牧歌一样，优雅，风轻云淡，诗意盎然。

事实究竟是怎样的呢？其实原文讲得很清楚：

> 宝钗在外面听见这话，心中吃惊，想道：“怪道从古至今那些奸淫狗盗的人，心机都不错。这一开了，见我在这里，他们岂不臊了。况才说话的语音，大似宝玉房里的红儿的言语。他素昔眼空心大，是个头等刁钻古怪东西。今儿我听了他的短儿，一时人急造反，狗急跳墙，不但生事，而且我还没趣……”

文本自己会说话。宝钗不仅瞬间听出了小红的声音，而且深知小红本来就是个“眼空心大”“头等刁钻古怪”的人。同时，正如欧老师所强调的那样，宝钗偷听到的内容，事涉小红与贾芸的隐私，伤风败俗，性质恶劣，弄不好是要出大事的。“人急造反，狗急跳墙”，宝钗难道不明白这个理儿？正是预感到了小红有“生事”的可能，宝钗才灵机一动，表演了这一出金蝉脱壳之“戏”。真的像欧老师说的那样“无祸可嫁”吗？显然不是，宝钗分明感到了危险的真实性。那么，明知小红可能“狗急跳墙”，还将黛玉做挡箭牌，这样的行为到底是高尚呢，还是不太厚道？

欧老师对宝钗急中生智的谎言，予以极高的评价，说它不仅“纯粹是出于游戏好玩之故”，而且表现了宝钗“巧于应变的急智、灵活、聪明与慧黠”。宝钗的谎言真的完美无缺吗？就是按照欧老师的“心理惯性”的说法，她最近的记忆应该是“扑蝶”啊。为此，我戏拟一个金蝉脱壳之计，也许这才算是完美的计策：

> “……如今便赶着躲了，料也躲不及，少不得要使个‘金蝉脱壳’的法子。”犹未想完，只听“咯吱”一声，宝钗便故意放重了脚步，笑着叫道：“蝴蝶飞呀蝴蝶飞呀，我看你往哪里飞！”一面说，一面故意往前赶……

小说浓墨重彩地渲染“宝钗扑蝶”，宝钗的心理记忆一定很深刻，急切中这只蝴蝶必定最先浮出记忆。借这只蝴蝶来撒谎，既保全了自己，又不伤及任何人，这恐怕才算完美的“好玩”的“游戏”！

宝钗有没有嫁祸林黛玉？其动机确实难以坐实，但看她的行为，我们至少可以说，此等言行不大光明，尤其将这种行为与她自我标榜的闺阁风范和贵族教养比较一下，就更能看出宝钗言行间的矛盾了。

《红楼梦》是一部宏大的作品，宏大到能容纳一切真知灼见，也能容纳一切奇思妙想。黛玉有黛玉的优点，宝钗有宝钗的缺点，我更偏爱黛玉，你更喜欢宝钗，这本身都是正常的。重要的是，正如欧老师所说，不要放任自己的感觉，不要放任自己的情绪，不要放任自己的观点，这样就把辨析变成了辩护，把论证变成了印证。

杰出的学者一定有其杰出之处。研读学者们的著述，是为了做出我们自己的判断与选择。

㊃

教师自己读懂文本，再辅以学术研究的可靠成果，这是开展《红楼梦》教学的前提与基础。除此之外，还得分析学情，把准学生的认知水平与现实需求。

在整本书阅读教学中，让阅读真实发生，这是一个极有诱惑力的命题。无论是连滚带爬，还是精研细读，总之要真实地读书，这是大家的共识。但怎样的阅读才算是真实发生了呢？阅读因人而异，因书而异，阅读的真实性恰恰是最难判断的。因此，我觉得还应加上一句话：让学习真实发生。学习意味着理解、构建、转化乃至运用，学习的结果是可测评可判断的。归根到底，强化阅读中的学习因素，赋予阅读以学习的意义，才能让阅读真实发生。

即使在课堂教学中，伪阅读也大量存在。伪，意味着理解的缺乏，反思的匮乏，构建的缺失。整本书阅读所面临的最大难题，恰恰是学生不读书，这给伪阅读提供了泛滥的土壤。当“不读书”成为最大难题的时候，人们对读书这个“行为”的需要，远远超过了对读书的“实质”需要。只要读书的行为发生了，目的好像就达到了，至于这个行为能否给学生带来实质性的效益，我们似乎无暇顾及。君不见，在很多地方，读书已经成了一种表演、一种仪式、一个符号。我们不能否认符号与仪式的作用，但却不能因此而沾沾自喜。

赋予阅读以学习的意义，阅读才能体现自己的教育价值。在阅读中学习，意味着通过阅读，我们的价值观念、思维方式与知识结构都得以更新与完善。这是一个从小我走向大我的过程，也是一个从自然、自在的我，走向自觉、自主的我的过程。

在阅读中学习，离不开教师的课程设计与教学引导，这一点毋庸置疑。新课标已经将整本书阅读作为学习任务群，教材已经将整本书阅读作为一个单元的内容，再去讨论该不该课程化，这是个没有意义的问题。“课程化”不是一线教师的主动选择，这是课标与教材设计整本书阅读的前提。纳入课标，意味着它就是语文课程的一部分；进入教学单元，意味着我们要按照教学的规律处理相关内容。

要不要课程化不是问题，课程化是不是合理才是真实的问题。

课程化的关键是转化。

经典是公共的、全民的财富，它的价值是普泛的、抽象的，如何才能将它转化为学生学习的资源，让经典的价值体现在每一个具体的人身上？这是课程设计的核心问题。

阅读是一个因人而异、可深可浅的行为，有人出于兴趣，止于感觉；有人为了娱乐，止于动心。读是读了，结果不过是读读而已。那么，如何才能将阅读的过程转化为理解、反思与构建的过程？这是教学设计的核心问题。

基于多年的思考与大量的教学观察，还有对学界研究的参考与借鉴，我将《红楼梦》的课程教学设计分为三个层次，由体到线，由线到点。三个层次对应的是课程设计、学习设计及教学设计，图示如下：

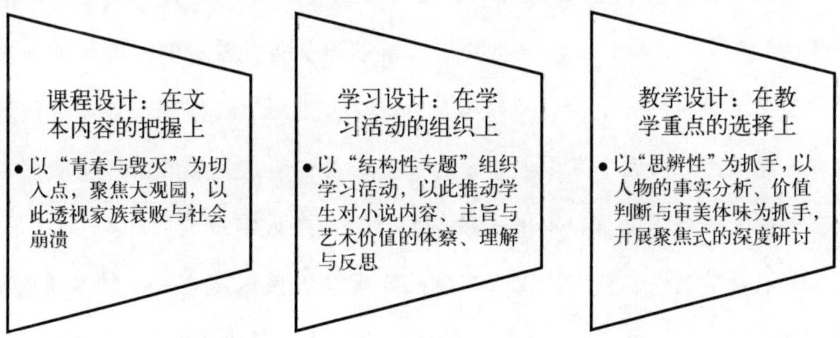

《红楼梦》的课程与教学设计，要有“保底”意识。当《红楼梦》进入了教材，且在必修范围，意味着它不再是“红迷”独享的爱好，也不是可以随意拒绝的对象，因为它是公共教学的对象。因此，不能再用“红迷”“曹粉”的标准看待学生，也不能假设每个学生都会迷恋到废寝忘食，更不能人为地拔高教学要求，似乎要培养红学家似的。

教学的前提假设应该是：没人喜欢《红楼梦》，没人读过《红楼梦》，没人要做红学家。

教学的预设目标应该是：有些人喜欢了，多数人通读了，红学家也是可以期待的。

在教学视野中，《红楼梦》仅仅是学生学习的一个部分，它不是膜拜的偶像，而是学习的资源。

“底”在哪里？我概括为三句话：充分的原生态阅读，精要的专题性研讨，必要的聚焦式教学。按照课标精神，这三者缺一不可。在教学的意义上，仅有原生态阅读是不够的，有些人鼓吹学生能把书读完就算大功告成了，这是不符合课标精神与教材要求的。当然，过高的专题学习要求，也只适合在资优生中开展，没必要全面铺开。

《红楼梦》的阅读教学，个性的、随性的、任性的铺开都是容易的，而基于“精要”与“必要”的教学才是困难的。在这个意义上，确立这个“精要”与“必要”，就是最关键的任务。这方面，有很多资源可以利用。比如学者们的探索。上海师大的詹丹教授除了在《红楼梦》的文本细读上卓有建树，对《红楼梦》教学中的通识与共识的梳理也值得关注；安徽师大的俞晓红教授站在文学教育的高度定位《红楼梦》阅读，她对《红楼梦》整本书阅读教学的系统思考，是切近中学课程建设的宝贵资源；南京大学的苗怀明教授在语文教育史的大视野中理解整本书阅读的意义，他在大学推进的那些“花式”学习，对中学教学也极有启发；咸阳学院的李祝喜教授深度介入中学《红楼梦》课程开发，他对《红楼梦》生命情怀的索解也切中了青少年的阅读心理。

一线教师的实践经验也更利于同行们的直接借鉴乃至借用。本文开头介绍的徐芳老师，应该算是这个领域的先行者。我们常说要站在巨人的肩膀上，但巨人的肩膀未必那么好站，站在同行尤其是有经验的同行的肩膀上，也许更有现实的可行性。

这也是本书编写的一个初衷吧。

㊄

《红楼梦》整本书阅读教学是一件新生事物，成功的课程开发与教学经验还很稀缺。物以稀为贵，先行者的实践值得关注。先行者的可贵，不仅在于他们蹚出来的成功路径，而且在于他们经历过的挫折，比如踩过的雷，摔过的跤，掉过的坑，走过的弯路，做过的无用功。詹丹教授曾批评说，某些老师谈教学，写文章，缺乏历史意识与文献意识，好像一切都是从零开始的，是从他开始的。这话也适用于整本书阅读教学。总有一些不甘寂寞的人，在某个时段，在某个领域，在不为人知的地方，或者还顶着我们所不知道的压力，默默地探索与耕耘。他们的经验让我们的起点不再是零。

本书的编写，就源于这样一个朴素的念头：能否将已有的教学经验，通过课例展示出来？作为一线教师，我深知，课例可能是一线教师最乐于接受的经验传播方式，它的优势在于聚焦与浓缩：聚焦的是《红楼梦》的具体问题，浓缩的是教学者的整体素质。

有了这个念头，便四处寻访，到处打听，发“英雄帖”，通过各种渠道广而告之。先是聚集了一百多位《红楼梦》的爱好者，征集了近 50 个课例；经过几番筛选与反复打磨，最后形成了这 21 个精品。课例都是执教者原创的，其中 19 个为首发。这就是本书的主体部分。

感谢各位参与课例开发的老师。在开发的过程中，他们听取了我关于《红楼梦》阅读教学“五环节”的建议，尽可能按照“五环节”来设计自己的教学。“五环节”也可以看作“五课型”，是我构思的整本书阅读教学的一个理想教学模型吧，包括通读指导、总体梳理、专题研讨、主旨探究与融合运用。之所以特别强调是“理想”，是因为在具体的教学中，根据不同的经典，根据不同的学情，“五环节”完全可以取舍与合并，比如“总体梳理”与“专题研讨”就很难分开，教学中常常你中有我，我中有你。“五环节”仅仅是教学设计的一个参考，生动的实践不需要削足适履。

就《红楼梦》而言，情况略有不同。我一直认为，《红楼梦》是整本书阅读教学的典型范本，整本书阅读教学中的所有要素与问题，在《红楼梦》

教学中都会出现。在《红楼梦》的教学中，严格遵照“五环节”并不会产生叠床架屋的累赘感。原因在于,《红楼梦》的体量之大、内容之复杂、结构之系统、表达之精湛，远非一般名著所能比拟，或许一个精致的课程与教学设计更能让我们切近《红楼梦》的核心，更能发挥整本书阅读之于语文素养培育的积极作用。

本书21个课例兼顾了五种课型，也是希望借此检验“五环节”是否可行。在通读指导课中，特意邀请北大附中的都晓梅和李杭媛两位老师根据她们的教学实践，开发了一个总体阅读进程的课例。她们的实践说明，只要教师指导得法，引导给力，用三个月时间通读《红楼梦》是可以完成的。龙尧老师与王兆芳老师的课例，一个着意于小说开端的主旨暗示，一个聚焦“宝黛初会”的隐喻意义。在小说阅读中，选择开头、结尾或情节发展中最有张力的环节进行深度挖掘，对于通读全书与总体把握，都具有四两拨千斤的点化作用。

《红楼梦》的总体梳理，不妨根据小说的“三要素”展开，重点放在人物关系与情节线索的梳理上。这一部分的5个课例中，王振宁老师关注的是贾宝玉的社会关系以及这些社会关系给他带来的影响；蒋红云老师关注的是“宝玉挨打”，通过这个“大关目”，引导学生梳理事件的前因后果，进而理解“草蛇灰线，伏脉千里”的构思艺术；同样是“大关目”，朱华华老师通过对“抄检大观园”“金钏儿之死”事件中不同人物的言行的梳理，引导学生体会人物的不同性格与精神状态，理解她们的悲剧命运；庄宽老师的课例可归入“风物品鉴”类，梳理“手帕”这一物件在人物表现上的不同作用。5个课例的重点，都在于文本相关信息的关联、归类、比较与整合，体现的正是梳理的学习规律。

专题研讨的数量占比过半，总共11个课例，都是关于“人物论”的，这也是我关于“三个聚焦”（即聚焦大观园、聚焦人物论、聚焦思辨性）教学思路的体现。《红楼梦》中的多数人物都有思辨的空间，但我们关注的，还是一些重要人物，以此体现中学教学的侧重点。而在重要人物中，宝黛钗又是关注的焦点，共有6个课例。张安群老师提供了两个课例，一个分析贾宝玉的“情不情”，抓住了宝玉精神世界的本质特征；一个阐释“绛珠还泪”的寓意，旨在理解黛玉的性格与命运。黄梅、夏红梅与李炬三位老师的课，一个着眼于黛玉的“小性儿”，两个辨析宝钗的理性与无情，旨在引导学生对人物做出公正的理解与评价。此外，我还特意邀请张悦老师和吴欣歆老师开发了一节“钗黛比较”的课，这既是呼应红学研究中的热门话题，也是理解《红楼梦》最常用、最好用的手段。

王熙凤是不可不讨论的人物，张晓毓老师揭示了她既是“顶梁柱”又是“掘墓人”的双重性与复杂性。与张晓毓老师异曲同工，赵韵如老师以“花下刺”与“刺上花”来定位探春的个性与光辉。董志老师的“叹香菱”是唯一聚焦底层人物的课例，给“小人物”的探讨提供了一个参照。张华峰老师与梁秀清老师的课例是关于贾政与王夫人的，总体倾向上也有相近之处，都给予这一对夫妇必要的理解与同情。

需要说明的是，“人物论”的核心是思辨，思辨的核心是达成对人物公正的理解与评价。我在阅读这些课例的过程中，经常有因共鸣而激起的开怀，也不乏由抵牾所带来的沉思。我想，《红楼梦》人物评价上存有分歧是必然的，只要能够尊重文本的事实，秉持客观、理性与公正的态度，断言就是值得尊重的。也有个别课例，起初在人物评价上存有明显的偏激与片面，经过反复的对话与辨析，我们还是达成了基本共识。正如我反复强调的，教学当然需要个性，但我们给学生的，最好是那些具有通识性、共识性的知识与理解。

还有一节主旨探究课与一节融合运用课。谢澹老师从“青春”的视角切入《红楼梦》的悲剧主旨，也体现了“三个聚焦”的课程理念。马臻老师在转化运用上用力很深，他的《红楼梦》续写课，以续写来验证阅读的效果，这样的尝试自有其价值。

略感遗憾的是，计划中有一个关于《红楼梦》的语言艺术或结构艺术的课例，最终未能完成。尽管在现有的课例中，也涉及《红楼梦》的语言与结构，但毕竟不是聚焦式的研究。在我看来，《红楼梦》的艺术魅力是无限的，从艺术上分析《红楼梦》，小说的总体构思和语言表达艺术是最值得关注的两点。

㊅

这本书另一个值得说道的内容，是我有幸邀请到22位业界颇有影响的专家、教授参与课例的开发，他们对课例的评点不仅让开发者受益良多，也给我提供了学习的宝贵资源。评点专家主要有四类，第一类是詹丹、俞晓红、李祝喜等教授。他们既是红学研究的资深专家，也是密切关注中学整本书阅读教学的大学教授。其实，有些课例的开发，本来就受到了这些红学家的学术启发。董志、庄宽之于詹丹教授，蒋红云之于俞晓红教授，王振宁之于李祝喜教授，都存在这样的参考与借鉴。

第二类是高校从事课程与教学论研究的专家们。《红楼梦》的阅读教学，不仅要借助红学家的学术研究成果，也需要借助课程与教学研究中的新成果，让经典阅读在语文核心素养的培育中发挥更大的作用。我有幸邀请到吴欣歆、李煜晖、郑桂华、张心科、汲安庆、潘庆玉等专家，他们的热心与尽心让我感动。煜晖老师慷慨允诺完成千字评点，结果一发而不可收，洋洋洒洒写了五千字。虽然李老师嘱我删减，但是我还是决定全文呈现。

第三类是省市的语文教研员。这里有北京市教科院的连中国老师、四川省教科院的段增勇老师、湖北省教科院的蒋红森老师、新疆教科院的董明实老师、广东省教科院的吴晓军老师、深圳市教科院的葛福安老师、北京市朝阳区教科院的何郁老师、上海市黄浦区教育学院的邓彤老师、上海市闵行区教育学院的王林老师、成都市锦江区教科院的易晓老师等。他们的角色对于语文教学具有特殊的意义：一方面，他们大都曾经是一线的优秀教师，深谙语文教学之道；另一方面，他们都处在一个省一个地区的学科教育的引领位置。他们对课程的理解，对教学的评价，都是一线教师的宝贵资源。

第四类是一直在一线探索经典阅读教学的老师。深圳新安中学的吴泓老师、北京第八十中学的王岱老师、四川天府新区华阳中学的熊梅老师，都给予了大力支持。要特别感谢吴泓老师，若干年来，我们在经典阅读、专题学习与思辨读写等领域的交流，让我获益良多。

几乎所有专家在撰写评点的时候，都与课例作者进行了深入沟通，个别课例还在专家的指导下做了重大修改。

最后，要特别感谢中国红楼梦学会会长张庆善教授和中国教育学会中学语文教学专业委员会理事长王本华老师。年底是一年里最寒冷的时节，今年又赶上新冠肺炎疫情放开管控后病毒肆虐的特殊情况，两位专家正在经受病毒的折磨。为了本书如期出版，他们都慷慨允诺为本书作序。我也经历了这个过程，身体乏力，浑身酸痛，咳嗽不断。我能想象两位专家写作时的痛苦与艰难。读着他们的序言，我惭愧，但更感动。我想，在这深厚的情谊中，饱含着张庆善先生对《红楼梦》的热爱，饱含着王本华老师对语文教学的热爱。

谢谢本书所有的参与者，感谢责编陈晓琼老师的付出，感谢关心我的朋友们。

2022 年 12 月 31 日

图书在版编目（CIP）数据

《红楼梦》整本书阅读课例研究 / 余党绪主编. —上海：上海教育出版社，2023.3
ISBN 978-7-5720-1863-3

Ⅰ.①红… Ⅱ.①余… Ⅲ.①阅读课－教学研究－中学 Ⅳ.①G633.302

中国国家版本馆CIP数据核字(2023)第038087号

责任编辑 陈晓琼
封面设计 东合社

HONGLOUMENG ZHENGBENSHUYUEDU KELI YANJIU
《红楼梦》整本书阅读课例研究
余党绪 主编

出版发行 上海教育出版社有限公司
官 网 www.seph.com.cn
地 址 上海市闵行区号景路159弄C座
邮 编 201101
印 刷 上海展强印刷有限公司
开 本 700×1000 1/16 印张 25.75
字 数 343 千字
版 次 2023年3月第1版
印 次 2023年3月第1次印刷
书 号 ISBN 978-7-5720-1863-3/G·1700
定 价 68.00 元

如发现质量问题，读者可向本社调换 电话：021-64373213